Charlotte Seither
Dissoziation als Prozeß
Sincronie for string quartet von Luciano Berio

Charlotte Seither

Dissoziation als Prozeß

Sincronie for string quartet
von Luciano Berio

Bärenreiter
Kassel · Basel · London · New York · Prag

Meinen Eltern in Verbundenheit und Dank

Der Abdruck der Notenbeispiele erfolgt mit freundlicher Genehmigung der Universal Edition Wien und der Paul Sacher Stiftung Basel.

Von der Paul Sacher-Stiftung sind die folgenden Notenbeispiele übernommen: 1, 4, 7–13, 15, 17, 18, 20, 21, 23–25, 27, 29–34, 38, 39.

Luciano Berio: »Sincronie« © 1964 by Universal Edition (London), Ltd., London für die Noten in Abb. 26 (unten), 28, 29 (unten), 39 (unten), 41–71, 81–84, 88–111, 114–117 (oben), 118, 121, 124, Abb. in Fußnote 179 links und Fußnote 181 links und rechts.

Die Deutsche Bibliothek — CIP-Einheitsaufnahme

Ein Titeldatensatz für diese Publikation ist bei Der Deutschen Bibliothek erhältlich

© 2000 by Charlotte Seither, Berlin

Umschlaggestaltung: Jörg Richter, Bad Emstal-Sand, unter Verwendung eines Fotos von Charlotte Oswald, Wiesbaden
Satz und Innengestaltung: Dr. Rainer Lorenz, Kassel
Druck: Druckhaus „Thomas Müntzer" GmbH, Bad Langensalza
ISBN 3-7618-1466-6

Inhalt

Zum Geleit	VII
Vorbemerkung	IX
Abkürzungsverzeichnis	X

PRÄMISSEN
Grundlagen einer Theorie des Streichquartetts	1

LUCIANO BERIO: SINCRONIE (1963–64) FOR STRING QUARTET
HISTORISCHE GRUNDLAGEN
Das Streichquartett im œuvre Luciano Berios	11
Zur Entstehung von *Sincronie*	16
Quellenbestand	21

DER KOMPOSITORISCHE PROZESS
Prädisposition des musikalischen Materials	25
Tonhöhen	26
Grundvorrat und Komplementvorrat	26
Teilvorräte, Gruppen, Komplementteilvorräte und Komplementgruppen	31
Spreizgruppen und Spreizgruppenkomplemente	35
Zusammenfassung	37
Tondauern	38
Gesten/Artikulation	40
Instrumentation	42
Formdisposition/Parametervarianz	48
Zusammenfassung	49
Genese der musikalischen Textur	51
Partialskizzen	51
Skizzen zum Werkbeginn	51
Skizzen zu Partiturausschnitten	59
Skizzen von strittiger Zuweisung	68
Zusammenfassung	76
Gesamtentwürfe	77
Zwischenfassung (Z)	77
Erste Endfassung (E1)	79
Zweite Endfassung (E2)	82

DAS WERK
Formbildende Tendenzen der musikalischen Textur	85
Exkurs: Zum Titel *Sincronie*	86

Texturtypen	87
Additive Akkordreihung	88
Liegeklang und Verwischungsinitial	92
Partielle Episode	94
Geschlossene Episode	96
Dissoziierte Sektion	100
Gelenkt-aleatorische Sektion	103
Zusammenfassung	109
Traditionelle Satzanleihen	110
»Durchbrochene Arbeit«	110
»Begleitgruppe und Solo«	111
»Schlußgruppe«	112
Unisono-Markierung	113
Zusammenfassung	116
Vernetzung kompositorischer Details	117
Vorschlagsfigur	117
Kristallisationsfigur	121
Zusammenfassung	129
Musikalische Figuren	130
Vorschlagsfigur	130
Schaukelfigur	133
Repetitionsfigur	134
Ricochet-Figur	138
Kleinfiguren	139
Zusammenfassung	145
Formbildende Tendenzen der Komposition mit Gruppen	146
Additive Reihung	148
Permutative Reihung	153
Integrative Reihung	156
Freie Reihung	159
Zusammenfassung	161
Schlußbetrachtung: Satz und Form	162

ANHANG
DOKUMENTATION LUCIANO BERIO

Biographie	167
Werkverzeichnis	169
Schriften von Luciano Berio	182
Schriften über Luciano Berio/Print-Interviews	185
Filme	198
Rundfunk-Features	198

SONSTIGE VERWENDETE MATERIALIEN

Literatur	200
Musikalien (Berio)	203

Zum Geleit

Seitdem sich die Autoren künstlerisch anspruchsvoller Musik für ihre Werke nicht mehr der traditionellen, grundsätzlich mehr oder weniger unmittelbar verstehbaren Tonsprache bedienen, sind kommentierende Texte für das Verstehen dieser Werke wichtig geworden. Es ist daher, unter lebhafter Beteiligung der Komponisten, nach Vorformen im 19. Jahrhundert, eine besondere, sehr vielgestaltige Kommentarliteratur entstanden, die von der technischen Analyse bis zur ästhetisierenden und der geschichtsphilosophisch argumentierenden Apologie reicht. Diese Literatur ist mittlerweile zu einem wesentlichen Bestandteil des heutigen Musikkonsums geworden.

Seit einigen Jahren beteiligt sich auch die akademische Musikwissenschaft an der Mehrung dieser Literatur, die sich nach verschiedenen, sich ihrerseits sogleich weiter differenzierenden Richtungen entwickelt, vor allem in »Zeitgeschichte« und (musikalische) »Analyse«. Neu ist der Anspruch, der gern durch das Wort »Quellenstudien« hervorgehoben wird. Eine Studie dieser Art ist jedoch nur möglich, wenn die wichtigsten Quellen – Manuskripte, Skizzen, Dokumente usw. – uneingeschränkt zur Verfügung stehen, der wissenschaftliche Charakter solcher Studien nur dann gewährleistet, wenn, bei selbstverständlicher Achtung des Urheberschutzrechts und des Persönlichkeitsrechts, die absolute äußere und innere Unabhängigkeit des die Quellen nutzenden Wissenschaftlers gewährleistet ist. Es gilt nicht nur für die Kunst, sondern, was wohl zu beachten ist, auch für die Wissenschaft: es ist, wenn auch zum Teil aus sehr unterschiedlichen Gründen, nicht alles jederzeit möglich. Man möchte hinzufügen: glücklicherweise.

Arnold Schönberg, der nicht gut auf die Musikwissenschaft zu sprechen war, schrieb in dem mittlerweile sehr bekannten Brief an seinen Schwager Rudolf Kolisch (vom 27. Juli 1932), der die Reihe seines Quartetts opus 30 analytisch ermittelt hatte: »Ich kann nicht oft genug davor warnen, diese Analysen zu überschätzen, da sie ja doch nur zu dem führen, was ich immer bekämpft habe: zur Erkenntnis, wie es gemacht ist, während ich immer erkennen geholfen habe: was es ist!« (Briefe, 1958, S. 179). Aber wie sollen diese beiden Dinge getrennt werden? Schönberg hat traditionelle Elemente als Haftpunkte seiner Tonsprache erhalten (oder wiedergewonnen) und so sinnvolle musikalische Analyse selbst mit der traditionellen Terminologie ermöglicht. Aber später, nach der Eliminierung sämtlicher traditionellen Elemente, kann niemand ausmachen, was die Sache, um die es geht, das Werk, eigentlich ist, wenn er nicht weiß, wie es gemacht ist. Das hängt vornehmlich damit zusammen, daß es, das Werk, jetzt etwas in einem viel umfassenderen Sinn »Gemachtes« ist, als dies früher der Fall war. Der Komponist muß eben nicht nur das Werk selbst schaffen, sondern auch das »Material«, das er gestalten will, die »Sprache«, in der er sprechen will.

Die Gewinnung dieses Materials ist nun zugleich Voraussetzung der Komposition und ein Teil derselben. Dieser kommt jedoch nur mittelbar zum Erscheinen. Als Geordnetes erschließt sich das Material nur der Analyse des Notentextes, nicht etwa des Klanges (also der musikalischen Wirklichkeit), und zur Klarheit über das, was »die Sache« (im Sinne Schönbergs) ist, gelangt die Erkenntnis nur über die Aufklärung der Entstehungsgeschichte, d. h.

hier über die der jeweiligen grundsätzlich freien Entscheidungen des Komponisten. (Auch der Verzicht auf freie Entscheidungen – etwa zu Gunsten eines Automatismus – ist eine freie Entscheidung.) Diese Entscheidungen können nur mit Hilfe der authentischen, primären Quellen – musikalische (und sonstige) Skizzen und Entwürfe, Aufzeichnungen, Niederschriften – gewonnen werden, also eben durch Quellenstudien.

Quellenstudien dieser Art finden in der Schrift »Dissoziation als Prozeß« ihren Niederschlag. Diese Monographie über Luciano Berios Streichquartett *Sincronie* ist das Werk der Komponistin Charlotte Seither. Sie diente, an bestimmten, keineswegs stets nur äußerlichen Einzelheiten erkennbar, als Inauguraldissertation. Die wahrhaft komplizierte Genesis eines höchst bemerkenswerten musikalischen Werkes ist nicht nur durch Quellen belegt beschrieben, sondern auch (und vor allem) musikalisch von der ersten Disposition des Materials an bis zur letzten Umarbeitung (nach dem Erstdruck) nachvollzogen. Der reichhaltige Quellenbestand (vornehmlich der Sacher Stiftung in Basel) gestattete so eine detaillierte Darstellung, außerdem war der Komponist zu Auskünften bereit. Die Verfasserin war überdies – als Kollegin – nicht genötigt, alle diese Dokumente lediglich als Außenstehende zu betrachten, sondern konnte, trotz des Abstands von mehr als dreißig Jahren seit der Komposition, beinahe als Teilhabende die Vorgänge beschreiben und deuten. So sind gewisse, sonst fast unvermeidliche Verständnisschwierigkeiten erst gar nicht aufgetreten. Ob die gegebene vertraute, sachliche Nähe auch einen freien Blick, den kritische Distanz gewährt, ermöglichte, mag als Frage zunächst offen bleiben. Der Blick von außen wird sich später dann von ganz allein ergeben, wenn es für den von innen zu spät sein wird. Aber gerade dieser ist hier die Voraussetzung der Einsicht. So ist hier der (seltene) Fall gegeben, daß über eine künstlerische Sache nicht nur geredet wird, sondern diese selbst zur Sprache kommt.

Berlin, im Februar 2000   Rudolf Stephan

Vorbemerkung

Unter den Streichquartetten der Neuen Musik ist *Sincronie* (1963/64) von Luciano Berio wenig bekannt. Aus analytischer Perspektive bietet das Werk jedoch einen geradezu exemplarischen Einblick in Berios kompositorische Werkstatt: *Sincronie* zeigt, wie Berio sich einer abstrakten Form nähert, wie er sie aus den Tendenzen des Satzes und der harmonischen Organisation gewinnt und wie sie sich in ihrem *quid pro quo* entfaltet. Hier, aus der kompositorischen Faktur des Werkes, gewinnt die vorliegende Arbeit ihre Fragestellung, hier setzt sie an, um die individuelle »Handschrift« von Berio und die Grundzüge seines musikalischen Denkens zu ergründen.

Ausgangspunkt der Studie ist das autographe Skizzenmaterial bis hin zu den verschiedenen Druckfassungen, wie sie in der Forschung bereits mehrfach Gegenstand der Betrachtung gewesen sind. Davon unabhängig wurden die Quellen noch einmal neu gesichtet, durch spezifische, mitunter aus dem Werk selbst gewonnene Analyseverfahren weiterführend erschlossen und die Ergebnisse systematisch vertieft. Nicht selten war das Finden einer geeigneten Analyse- oder Deduktionsmethode dabei die schwierigere Aufgabe als das Durchführen oder Auswerten des Verfahrens selbst. Durch die Betrachtung des abgeschlossenen Werkes, dem hier ein eigener, umfangreicher Werkteil gewidmet ist (vgl. S. 85–164), ergaben sich für die Auswertung der Quellen weitere, aufschlußreiche Aspekte. Auch diese Annäherung an *Sincronie* kann und will dabei – wie letztlich alles Bemühen im Bereich der musikalischen Analyse – keine »endgültige« sein, sondern versteht sich als ein *work in progress*, dem sicherlich noch viele andere Aspekte hinzugefügt werden können.

Als aktueller Forschungsbeitrag ist auch das erweiterte Werkverzeichnis und die Literaturliste zu verstehen, wie sie im Anhang dokumentiert sind (vgl. S. 169–199). Die Notenbeispiele wurden, da es sich z. T. um unveröffentlichtes Archiv-Material handelt, von der Verfasserin per Hand übertragen, orthographische Unstimmigkeiten, wo nötig, durch eckige Klammern gekennzeichnet und ansonsten unkommentiert übernommen. Die Angabe der Takte wird, da diese in der Partitur nicht enthalten sind, nach dem Modus (3-1-2) abgekürzt (= Seite 3, Zeile 1, Takt 2).

Vorliegende Arbeit wurde 1998 an der Freien Universität Berlin als Dissertation angenommen. Mein Dank gilt Herrn Professor Rudolf Stephan, dem verehrten Doktorvater, der das Projekt mit großer Geduld und stets konstruktiven Anregungen begleitet hat. Das Zweitgutachten wurde freundlicherweise von Herrn Professor Jürgen Maehder übernommen. Besonderer Dank gilt der Paul Sacher Stiftung in Basel. Ohne die Einsicht in die dortigen Quellen und die freundliche Unterstützung von Herrn Ulrich Mosch und den Mitarbeitern hätte die vorliegende Arbeit nicht entstehen können. Auch Herr Paul Sacher (†) hat das Projekt noch mit einer Druckkostenzugabe unterstützt. Wertvolle Hinweise verdanke ich Herrn Gösta Neuwirth sowie den Mitarbeitern des Archivs der Universal Edition Wien. Mein Dank gilt dem Hause Bärenreiter, insbesondere Jutta Schmoll-Barthel, für die stets sachkundige und menschlich angenehme Betreuung. Mit viel Geduld und Mühen hat Rainer Lorenz den Satz eingerichtet. Für das freundschaftliche Gespräch, Anregung und Korrektur danke ich Pia Nordblom, Ulrike Barnusch, Hartmut Schick und Ullrich Scheideler.

Berlin, im Februar 2000   Charlotte Seither

Abkürzungsverzeichnis

Zur Nomenklatur der Materialien[1]

(V)	Grundvorrat
(KV)	Komplementvorrat
(TV)	Teilvorräte
	(ta), (tb), (tc), ..., (tn)
(TKV)	Komplementteilvorräte
	(tka), (tkb), (tkc), ... (tke), danach abgebrochen
(G)	Gruppen
	(a), (b), (c), ... (n)
(KG)	Komplementgruppen
	(ka), (kb), (kc), ... (kn)
(SG)	Spreizgruppen
	(sa), (sb), (sc), ... (sn)
(SKG)	Spreizkomplementgruppen
	(ska), (skb), (skc), ... (skn)
(IG)	Instrumentationsgruppen
	((ia), (ib), (ic), ... (in), wobei jede Gruppe noch einmal für sich Varianten bildet, z. B. (ia) = (ia^1), (ia^2), (ia^3), ... (ia^{15})

Großbuchstaben bezeichnen einen übergreifenden Materialverband, Kleinbuchstaben ein einzelnes, darin enthaltenes Glied. Die Buchstaben »j« und »k« entfallen, da sie im italienischen Alphabet nur in Fremdwörtern gebräuchlich sind.

Allgemeine Abkürzungen

(3-2-5)	Seite 3, Zeile 2, Takt 5 (falls nicht anders angegeben, bezogen auf: Luciano Berio: Sincronie for string quartet (1963/64), 2., revidierte Ausgabe (UE), Nr. 13790 Mi)
Vl I	Violine I
Vl II	Violine II
Vla	Viola
Vcl	Violoncello
PSS	Paul Sacher Stiftung
146-0462	Signatur der Paul Sacher Stiftung, stellvertretend für die Gesamtbezeichnung »Film Nr. 146 pos PSS, Dokument 146-0462«
(Z)	Zwischenfassung
(E1)	Endfassung 1
(E2)	Endfassung 2
(D1)	Druckfassung 1
(D2)	Druckfassung 2

---

1 Die folgende Systematik wurde von der Verfasserin eingeführt, um die Identifikation der Materialien im Zuge der Analyse zu erleichtern. Berio selbst verwendet in seinen Quellen - wenn überhaupt - nur die Kleinbuchstaben a, b, c, ..., n (für alle Gruppierungen), so daß nicht zu erkennen ist, um welche Spezifizierung es sich handelt.

AMP	Association of Music Publishers New York
BH	Breitkopf & Härtel Wiesbaden
BM	Bellwin and Mills New York
BoH	Boosey & Hawkes Music Publishers London
CM	Chester Music London
DU	Éditions Durand & Cie Paris
EMB	Editio Musica Budapest
HEU	Éditions Heugel Paris
LE	Alphonse Leduc Éditions Musicales Paris
P	Edition Peters New York
PWM	Polskie Wydawnictwo Muzyczne Warszawa
RCA	Edizioni Musicali Rom
RI	Ricordi & C. s.p.a. Milano
SCH	Schott Musik International Mainz
SZ	Edizioni Suvini Zerboni Milano
TO	Tonos Musikverlag Darmstadt
UE	Universal Edition Wien
S.	Seite
T.	Takt
Mss.	Manuskript
diss.	engl.: dissertation
Hg.	Herausgeber
Abb.	Abbildung
Sg.	Singular
Pl.	Plural
Nom.	Nominativ
mod.	modifiziert (mit kleineren Abweichungen)
s.a.	sine anno
s.p.	sine pagina

Musikzeitschriften werden in der üblichen Weise abgekürzt (z. B. MuB = Musik und Bildung, NMZ = Neue Musikzeitung usw.) Literaturangaben werden nur bei der ersten Nennung komplett angegeben und im folgenden abgekürzt. Seitenzahlen erscheinen in den Literaturangaben nur als Ziffern (z. B. 1967, Heft 7, 5).

Prämissen

Grundlagen einer Theorie des Streichquartetts

Wohl kaum eine instrumentale Gattung hat eine derart präzise und dennoch vergleichsweise spekulative Gattungstheorie entwickelt wie das Streichquartett[1]. In ihm treten relativ fest umrissene Verlaufs- und Konzeptionsvorstellungen zusammen, die unter den verschiedensten historischen Bedingungen stets neu erprobt, erweitert und auf vielfältige Weise umgedeutet worden sind. Im Streichquartett, so läßt sich für die auf zwei Violinen, Viola und Violoncello[2] zurückreichende Form konstatieren, vollzieht sich die Ausfechtung eines dialektischen Potentials. In ihm legen sich die Grundlagen eines diskursiv-entwickelnden Formbildungsprozesses geradezu bar dar. Nicht selten hat man gerade hier, im vierstimmig-abstrakten Instrumentalsatz[3], das kompositorische Denken auf den Prüfstand gestellt und neue Mittel und Wege ersonnen, aus denen sich Material und Form wechselseitig in Frage gestellt haben. Wir finden diesen *diskursiv-dialektischen* Werkansatz, der von der Gattungstheorie nachhaltig kanonisiert worden ist[4], in den Werken von Haydn, Mozart, Beethoven, Schumann, Wolf, Brahms, Schönberg und Bartók bis hin zu Lutosławski, Nono, Lachenmann, Xenakis und Ferneyhough überliefert.

Die kompositorische Praxis hat die Auseinandersetzung mit diesen Grundlagen oftmals als eine besondere Herausforderung empfunden: Nicht selten lassen sich gerade hier – im vermeintlich engen Rahmen der Gattungstheorie – auch avanciertere Konzepte finden, in denen die Koordinaten kritisch hinterfragt, umbewertet, neu definiert oder überhaupt neu »erfunden« worden sind. Andere Komponisten wie etwa John Cage rekurrieren mit dem Streichquartett lediglich auf eine etablierte Ensembleformation, nicht jedoch auf einen übergreifenden Gattungszusammenhang: Das einzelne Werk steht mitunter nur für sich selbst und sieht sich von seinem ideellen (Gattungs-)Anspruch befreit. Beide Entwicklungslinien – die *diskursiv-dialektische* wie auch die *spielerisch-»divertimentohafte«* – stehen in der Musikgeschichte oft nebeneinander und lassen sich bis in die jüngste Gegenwart hinein verfolgen.

---

1 Vgl. hierzu Ludwig Finscher: Studien zur Geschichte des Streichquartetts I. Die Entstehung des klassischen Streichquartetts. Von den Vorformen zur Grundlegung durch Joseph Haydn (= Saarbrücker Studien zur Musikwissenschaft, hg. v. Walter Wiora, Bd. 3), Kassel 1974 [im folgenden abgekürzt: Finscher: Studien]. Der zweite Band dieser Studie ist bis heute ein Desiderat geblieben.
2 Auch andere Zusammenstellungen wurden im Laufe der Geschichte immer wieder erprobt, wenn sie sich auch nicht mit gleicher Intensität verfestigt haben (vgl. u.a. auch die Geschichte des Gamben- und Barytonquartetts). Daneben finden sich, insbesondere in den Quartetten des 20. Jahrhundert, auch Zusätze wie Live-Elektonik, Zuspielband, Handpercussion, Vokaleinsatz bzw. szenische Elementen der Spieler etc.
3 Der Begriff des »Satzes« ist hier insofern zu erweitern, als er insbesondere in der Musik des 20. Jahrhunderts nicht nur die satztechnische Beziehung von Tönen untereinander, sondern die Textur als Ganzes umfaßt.
4 Auch ist dieser Ansatz, wie etwa bei Ludwig Finscher (vgl. Fußnote 1) mitunter mit dem Paradigma der Gattungstheorie selbst identifiziert worden: Werke wie etwa die Streichquartette von Penderecki, Pousseur erweisen sich dort als ein *quid est non* (vgl. Ludwig Finscher: Streichquartett [Stichwort], in: Die Musik in Geschichte und Gegenwart, hg. v. Friedrich Blume u.a., Bd. 12, Kassel 1965, Spalte 1559–1601 [im folgenden abgekürzt: Finscher: Streichquartett], hier Spalte 1593. – Die Frage, ob eine Theorie der Gattung somit normativ-exklusiv zu verstehen sei (Finscher) oder ob sich ihre Kriterien derweil gerade aus der Kontinuität der historischen Wandlungsfähigkeit selbst entfalten (Danuser, Schalz, Zenck), kann an dieser Stelle nicht weiter erörtert werden.

Mit der Besetzung von zwei Violinen, Viola und Violoncello liegen dem Streichquartett vier hochentwickelte Instrumente zu Grunde, die sich zu einem vierstimmig-differenzierten Klangkorpus zusammenschließen. Aus einer homogenen Klangfamilie entnommen, in der sie bisweilen an die vier menschlichen Stimmlagen erinnern[5], kommen ihre Register über weite Strecken zur Überschneidung, spannen in ihrer Gesamtheit jedoch einen umfassenden Ambitus auf. Die Kontrastwirkung, wie sie etwa von einer gemischten, mit Bläsern oder Klavier besetzten Besetzung erzielt wird, bleibt dagegen deutlich zurück[6]: Die Gegenüberstellung verschiedener Klangfarben entfällt, so daß sich die »Topographie des Klanges«[7] nur aus der Aufteilung in linke und rechte, innere und äußere, benachbarte und voneinander getrennte Stimmen ergibt. Die dramaturgische Gestaltung verlagert sich nach innen, so daß der vierstimmige Satz, die Ausbildung und Differenzierung eines größtmöglichen Beziehungsreichtums im Mittelpunkt steht[8].

Die besondere Art, in der die vier Stimmen im Streichquartett zusammenwirken, hat, wie bei kaum einer anderen Gattung, im Laufe der Musikgeschichte immer wieder Vergleiche herausgefordert. Ausgehend von der besonderen »Intimität« und »Introvertiertheit«, die dem vierstimmigen Satz von jeher zugesprochen wurde[9], ist diese oftmals mit einem vertraulichen, beseelten und vernünftigen Gespräch unter vier Personen verglichen worden – eine Metapher, die mit der Aufklärung auf fruchtbaren Boden gefallen ist und sich schon bald zum gängigen Topos verfestigt hat[10]. Nicht selten ist die Idee des musikalischen Gesprächs somit als eine »Konversation in Tönen« verstanden worden, die, so die neuere Forschung, »das Sprachprinzip auf den als Zusammenstellung mehrerer stimmlicher Individuen verstandenen mehrstimmigen Satz überträgt«[11]. Die Analogien, die hier zum Charakter eines Gespräches

---

5 Hierüber mag bereits der Begriff »Stimme« Aufschluß geben, mit dem, als ein Relikt aus der Vokalmusik, von jeher der Part auch instrumentaler Partien bezeichnet wurde. Daß die Baugeschichte der vier Instrumente auf verschiedene Wurzeln verweist, mag ihrer Fähigkeit zur homogenen Verschmelzung derweil keinen Abbruch leisten.

6 Vgl. auch Vera Funk: Klavierkammermusik mit Bläsern und Streichern in der 2. Hälfte des 18. Jahrhunderts (= Detmold-Paderborner Beiträge zur Musikwissenschaft, hg. v. Gerhard Allroggen und Silke Leopold, Bd. 5), Kassel 1995, 40ff. – Der »mangelnd orchestrale Habitus« des Streichquartetts wird schließlich auch für die um 1850 konstatierbare Krise der Gattung verantwortlich gemacht, wohingegen »orchestralere« Kammermusikbesetzungen (wie z.B. das Klaviertrio) dies offenbar eher zu kompensieren vermochten (vgl. hierzu Hartmut Schick: Studien zu Dvořáks Streichquartetten (= Neue Heidelberger Studien zur Musikwissenschaft, hg. v. Ludwig Finscher und Reinhold Hammerstein, Bd. 17), Laaber 1990 [im folgenden abgekürzt: Schick: Dvořák-Streichquartette], 13.

7 Nicole Schwindt-Gross: Drama und Diskurs. Zur Beziehung zwischen Satztechnik und motivischem Prozeß am Beispiel der durchbrochenen Arbeit in der Streichquartetten Mozarts und Haydns (= Neue Heidelberger Studien zur Musikwissenschaft, hg. v. Ludwig Finscher und Reinhold Hammerstein, Bd. 15), Laaber 1989 [im folgenden abgekürzt: Schwindt-Gross: Drama und Diskurs], 47f.

8 Daß das Streichquartett ab etwa 1805 auch in Form von Studienpartituren publiziert wurde, zeigt, daß es sich nicht nur als ein Genre des praktischen Musizierens, sondern zunehmend auch als ein theoretisches Studienobjekt etabliert hat.

9 »[...] wie die vierstimmige zyklische Sonatenform ein besonders prägnantes ›Muster zusammenstimmender Ordnung‹ ist, so ist die Vierstimmigkeit im homogenen solistischen Streichersatz, nach Webers Worten ›das Nackende in der Tonkunst‹, das höchste Muster solcher Ordnung auf dem Höhepunkt der Entfaltung der dur-moll-tonalen Harmonik, und wie die Vorstellung vom vierstimmigen Quartettsatz als einem ›Gespräch‹ nicht nur Relikt einer historischen Phase der Musikästhetik und Hilfsbegriff zum plastischeren Verständnis anspruchsvollster musikalischer Arbeit ist, sondern ebenso Ausdruck der Sache selbst, der stimmigen Individualisierung in ihrer reinsten und zugleich reichsten Form, so verweist die hervorgehobene Bedeutung dieser vier individualisierten Stimmen auf die Rolle der Symbolzahl Vier und ihre Beziehungen zu zahlhaften Welt- und Naturordnungen, die denn auch in der Theorie des Streichquartetts nicht unwesentlich weitergewirkt haben.« (Finscher, Studien, 16).

10 Vgl. Ludwig Finscher: Streichquartett [Stichwort], in: Die Musik in Geschichte und Gegenwart, hg. v. Friedrich Blume u.a., Bd. 12, Kassel 1965, Spalte 1559–1601 [im folgenden abgekürzt: Finscher, Streichquartett], hier Spalte 1561. – Daß die Gesprächsmetapher bereits lange vor Goethe bekannt war, darauf weist Finscher in diesem Zusammenhang noch einmal hin (ebd., 161).

11 Schwindt-Gross: Drama und Diskurs, 7.

gezogen werden, lassen sich demnach aus semantisch-figürlichen wie auch aus syntaktischen Ähnlichkeiten zwischen Musik und Sprache entfalten[12].

Für Schwindt-Gross konstituiert sich der Sprachcharakter zunächst aus dem Moment der Sukzession, dem zeitlichen Progredieren, das einen gerichteten »Gang der Gedanken« ausformt sowie aus der »Disposition der Gedanken unter den Gesprächsteilnehmern [selbst], die gleichzeitig anwesend sind und deren Beiträge zum Gespräch im zeitlichen Verlauf jeweils aktualisiert werden.«[13] Das musikalische »Gespräch«, das sich auf diese Weise entspinnt, vermittelt sich so aus dem »Verhältnis zwischen Sukzession und Simultaneität, zwischen Zeit und Raum, [...], zwischen Horizontale und Vertikale, zwischen musikalischem, speziell motivisch-thematischem Prozeß und Satztechnik.«[14] Aber auch psychische und soziale Aspekte lassen sich innerhalb der Gesprächsmetapher aufzeigen: In ihr legt sich der »Respekt für das Einzelne und den Einzelnen« dar, verbunden mit einer »dialogische[n] Disziplin, die hier von gleichberechtigten Partnern aufzubringen ist.«[15] Schließlich gründet sie auch in der gemeinsamen Verantwortung aller vier Spieler für ein gemeinschaftliches Ganzes[16]:

> »Jene Vergeistigung eines gleichwohl unverkennbar sozialen Vorgangs aber modelt dessen eigene Erscheinung, den Wettstreit. Der kammermusikalische nämlich ist ein negativer und kritisiert insofern den realen. Der erste Schritt, Kammermusik richtig zu spielen, ist, zu lernen, nicht sich aufzuspielen, sondern zurückzutreten. Das Ganze konstituiert sich nicht durch die auftrumpfende Selbstbehauptung der einzelnen Stimmen – sie ergäbe ein barbarisches Chaos – sondern durch einschränkende Selbstreflexion. [...] Die soziale Tugend der Höflichkeit hat, bis zu Weberns Gestus des Verstummens, mitgewirkt bei jener Vergeistigung der Musik, deren Schauplatz die Kammermusik – vermutlich sie allein – war.«[17]

Darüber hinaus scheint das »Gespräch« der vier Instrumente »die unbewußte Leit-Idee« gewesen zu sein, aus der sich die »erstaunliche Vorwegnahme der später so unerhört verfeinerten Techniken der motivischen Entwicklung und Durchführung und des Prinzips des durchbrochenen, kammermusikalisch-solistischen Satzes erklärt, aus der [...] die Theorie der Gat-

---

12 Daß musikalische Logik sich freilich nie mit der Logik sprachlicher Form gleichsetzen läßt, erläutert Clemens Kühn: »Musik besitzt nicht die Logik des sprachlichen Diskurses. Sie besitzt nicht dessen denkerische Schlüssigkeit und begriffliche Bestimmtheit. Die fertige musikalische Form ist so eine mögliche, aber im Grunde nicht die einzig denkbare Lösung, da ein Anfangsgedanke prinzipiell verschiedene Wege zur Fortsetzung zuläßt.« (Clemens Kühn, Form [Stichwort], in: Die Musik in Geschichte und Gegenwart. Allgemeine Enzyklopädie der Musik, begründet v. Friedrich Blume, zweite, neubearbeitete Ausgabe, hg. v. Ludwig Finscher, Sachteil, Bd. 3, Kassel 1995, Spalte 607–642, hier Spalte 614). Die Tatsache, daß das Bemühen um Analogien zwischen Musik und Sprache in der Forschung bisweilen überstrapaziert worden ist, läßt Schwindt-Gross zu der Beobachtung gelangen, daß Musik »nicht eigentlich als *Analogie*bildung [im Original gesperrt] zur Wortsprache verstanden« werden könne, sondern »ihren Sinn und ihre Legitimation direkt aus der Sprache, aus der Sprachhaftigkeit selbst« beziehe (Schwindt-Gross: Drama und Diskurs, 72).
13 Schwindt-Gross: Drama und Diskurs, 8.
14 Ebd., 8.
15 Nicolas Schalz: Nach Luigi Nono. Streichquartette der 80er Jahre, in: »... mit innigster Empfindung«. JETZT [sic] das Streichquartett, Reader zur gleichnamigen Tagung vom 22.–24. März 1991 im Theater am Leibnizplatz Bremen, hg. v. projektgruppe neue musik [ohne Einzelherausgeber], 35–45 [im folgenden abgekürzt: Schalz: Streichquartette], hier 36.
16 »Das Ideal lautet: Vier Musiker kommen zusammen, und ein jeder von ihnen ist in demselben Maß fähig zu führen und zu folgen.« (David Blum, in: Id. (Hg.): Die Kunst des Quartett-Spiels. Das Guarneri-Quartett im Gespräch mit David Blum, Kassel 1988, 22f.).
17 Theodor W. Adorno: Kammermusik, in: Einleitung in die Musiksoziologie. Zwölf theoretische Vorlesungen, Frankfurt 1973, 107–127 [im folgenden abgekürzt: Adorno, Kammermusik], hier 109.
18 Carl Dahlhaus: Die Musik des 18. Jahrhunderts (= Neues Handbuch der Musikwissenschaft, hg. v. Id., Bd. 5), Laaber 1985 [im folgenden abgekürzt: Dahlhaus, 18. Jahrhundert], 279f.

tung schließlich ein zentrales Abgrenzungskriterium gegen andere Gattungen ableitete […]«.[18] Demgegenüber zeigt sich die neuere und neuste musikalische Praxis von der Vorstellung befreit, daß bestimmte geistige Kategorien nur durch bestimmte kompositorische Verfahren hervorgebracht werden können[19]. Die Gestalthaftigkeit, das figurative Denken wird aufgehoben, die Bestandteile der musikalischen Textur werden atomisiert. Das einzelne Werk schafft sich sein Material und seine Form erst neu und legt sich als ein Einmaliges, Unverwechselbares dar: »Das Gebilde soll, ohne Rückhalt an einem Schema, für sich selbst einstehen: als unwiederholbares Individuum, nicht als Exemplar einer Gattung; und das Werk, nicht bloß die Gattung, soll in der Geschichte überdauern.«[20]

Die neuen Textur- bzw. Organisationsformen, wie sie die Musik der 1950er und 60er Jahre hervorbringt, scheinen, wie nahezu alle Bereiche des kulturellen Lebens, von einer umfassenden »Entgrenzung« bestimmt, die sich sowohl an der veränderten Oberfläche (neue Ensemblekonstellation, erweitertes Instrumentarium, unkonventionelles Notat, mobile Form, Raumkonzept etc.) als auch am veränderten Gehalt der Werke (Aufhebung einer als verbindlich gesetzten Form, Negation des sozialen Ortes, Entbindung vom schöpferischen Subjekt[21] u.a.) nachzeichnen läßt. Der kompositorische Handlungsspielraum scheint geradezu explosionsartig erweitert. Das informelle Kunstwerk, wie es sich in Abkehr von den Relikten noch nachkriegsbestimmter Traditionalismen, von den Tendenzen des Serialismus oder aber von freien Ansätzen konstituiert, gewinnt seine Form aus der Modifikation von Dichte, Umfang, Klangfarbe, Geräusch, der Einrichtung zeitlicher und räumlicher Abäufe oder aus der ad-hoc-Konstellation alternativer Formelemente und legt sich so in einem neu zu bewertenden Formzusammenhang dar:

> »Die seriellen und postseriellen Organisationsformen neuer Musik haben die teleologischen Formkonzeptionen der vorigen Epoche aus den Angeln gehoben. Der kompositorische Eingriff in ein früher axiomatisches Material hat in Theorie und Praxis gleichzeitig den gängigen Unterschied zwischen Form und Material getilgt. Das seiner dinglichen und semantischen Eindeutigkeit beraubte Material stiftet eine Vielfalt *gleichwertiger* [im Original kursiv] formaler Bezüge, die, selbst variabel, ihren eigenen Wirkungsradius abstecken (dessen Totalität dann die ›Form‹ ist), die aber keinerlei Richtung vorschreiben, in die Konsequenzen zu ziehen wären. Die Entscheidung des Komponisten, die der kleinsten Elemente sich noch bemächtigt hat, ist umfassend geworden; Eigengesetzlichkeit des Materials und hiermit vorgegebene Formschemata oder Entwicklungsrichtungen sind außer Kraft gesetzt. Der Relativierung einer Polarität von Form und Material entspricht die Konstruktion *mehrdeutiger* [im Original kursiv] Formen.«[22]

---

19 Vgl. auch Nicolas Schalz: »Daß diese ›Urprinzipien‹ der Gattung nicht zu einer einseitigen, gar tyrannischen Charakteristik verkamen (in der Adorno sie gerne aufbewahrt hätte), liegt an der unterschiedlichen Handhabung durch das komponierende Subjekt, an jeweils anderen subjektiven wie situationsbedingten Impulsen.« (Id.: Streichquartette, 35).
20 Carl Dahlhaus: Die Neue Musik und das Problem der musikalischen Gattungen, in: Id.: Schönberg und andere. Gesammelte Aufsätze zur Neuen Musik, Mainz 1978, 72–82 [im folgenden abgekürzt: Dahlhaus, Gattungen], hier 80.
21 »Das Werk von Cage führt die Tradition des Streichquartetts also weder kontinuierlich fort, noch übertrumpft sie diese, sondern unterbietet sie durch Kunstlosigkeit.« (Martin Zenck: Von Cage zu Nono. Zur Geschichte der Streichquartettkomposition von 1950–80, in: »… mit innigster Empfindung«. JETZT das Streichquartett, Reader zur gleichnamigen Tagung vom 22.–24. März 1991 im Theater am Leibnizplatz Bremen, hg. v. projektgruppe neue musik [ohne Einzelherausgeber], 21–28 [im folgenden abgekürzt: Zenck: Von Cage zu Nono], hier 24.
22 Konrad Boehmer: Raum-Formen, in: Das böse Ohr. Texte zur Musik 1961–91, hg. v. Burkhardt Söll, Köln 1993, 79–89 [im folgenden abgekürzt: Boehmer: Raum-Formen], hier 83.

Mit der Tendenz zur *mehrdeutigen* Form[23], die nun nicht mehr durch eine eindimensionale Kausalität bestimmt ist, entzieht sich das Werk also zunehmend seinen traditionell gattungsspezifischen Merkmalen. Seine Grundlagen bildet es mit jedem Werk neu aus:

> »... das bewußtsein [sic semper] davon, daß form eben nicht der abstrahierbare verlauf oder die architektur ist, sondern daß form das zusammenwirken all dessen ist, wenn es ein übergeordnetes ganzes sein soll, das eben kein falsches ganzes, sondern ein richtiges ganzes ist, in dem die einzelheiten aufgehoben erhalten bleiben, offene form, wenn sie richtig angewendet ist, setzt dieses verständnis von form voraus. dann ist es nämlich so, daß [...] die teile gegeneinander als fungibel erkennbar sind, daß ihre formalen tendenzen erkennbar werden und daß erkennbar wird, daß das, was als gesamtes daraus entsteht nicht darin aufgeht, daß also beides sein eigenleben gegeneinander behält, und so entsteht dann form in einem einzig menschenwürdigen sinn, daß sie sich als im resultat werdendes darstellt und nicht als totes kaputtes resultat [...].«[24]

Hat sich mit dem Serialismus der 50er Jahre zunächst das Bedürfnis verbunden, die musikalische Textur durch mehrere, getrennt voneinander ablaufende Schichten zu generieren, so legt sich der einzelne Ton hier als ein Summenwert dar, der sich aus der Überlagerung verschiedener Parameter (d.h. verschiedener physikalischer Größen) zusammensetzt. Der Ton wird so zu einem objektiv zu bestimmenden, physikalisch präzise beschreibbaren Meßwert. Die Auswahl des Materials wie auch die Vorgehensweise im kompositorischen Prozeß leiten sich von einer prädisponierten Struktur ab, in der verschiedene Proportions- und Ordnungsverhältnisse niedergelegt sind. Diese werden auf verschiedene, neu sich ausbildende Zusammenhänge übertragen: Das Werk wird so (von der konzeptionellen Idee her) aus einer (einzigen) Proportionsformel darstellbar, alles zeigt sich mit allem in der Vielfalt der Erscheinungen proportional vernetzt. Die Tonhöhe als bislang dominierende Kraft zeigt sich weitgehend nivelliert und tritt, als eine Komponente von vielen, in einen universal sich entfaltenden Zusammenhang ein. Schließlich wird auch der Kompositionsprozeß selbst mit in die Vorordnung einbezogen[25]. Wir können die Idee der seriellen Musik somit als einen Versuch beschreiben, Material, Syntax und Form auf dialektische Weise zu vermitteln, so daß sich alles mit allem unmittelbar kausal bzw. proportional vernetzt. Die Objektivität der Beziehungen wird so auf unmittelbare Weise zum Ausdruck gebracht, die Welt zeigt sich im Begriffe einer »unaufhörlichen Expansion«.[26]

In ihrem Titel legen sich die Quartette der 50er und 60er Jahre, wie Dahlhaus konstatiert, nicht mehr als »Streichquartette« dar, sondern rekurrieren mit Titeln wie »Prisma«, »Konstel-

---

23 Gemeint ist hier eine festgelegte, in ihrer Ausdeutung jedoch mehrfach bewertbare Form, die nicht mit einer mobilen Form zu verwechseln ist.
24 Mathias Spahlinger: Gegen die postmoderne Mode. Zwölf Charakteristika der Musik des 20. Jahrhunderts, in: »... mit innigster Empfindung«. JETZT das Streichquartett, Reader zur gleichnamigen Tagung vom 22.–24. März 1991 im Theater am Leibnizplatz Bremen, hg. v. projektgruppe neue musik [ohne Einzelherausgeber], 11–19 [im folgenden abgekürzt: Spahlinger, Gegen die postmoderne Mode], hier 15. – Die Zitate Spahlingers werden hier wie auch im folgenden in der bei ihm üblichen Kleinschreibung übernommen.
25 Vgl. Spahlinger: »form ist nicht das ganze oder nicht das resultat, sondern ein parameter, der sich sogar im widerspruch zu den formalen einzelheiten befinden kann.« (Id.: Gegen die postmoderne Moderne, 15).
26 Gianmario Borio, auf einen Gedankengang von Boulez rekurrierend, in: Gianmario Borio: Musikalische Avantgarde um 1960. Entwurf einer Theorie der informellen Musik (= Freiburger Beiträge zur Musikwissenschaft, hg. v. Hermann Danuser, Bd. 1), Laaber 1993 [im folgenden abgekürzt: Borio: Musikalische Avantgarde], hier 29. – Daß das serielle Denken, wie es Boulez, Lévi-Strauss, Pousseur oder Eco entfaltet haben, nicht nur als ein Kompositionsverfahren, sondern als eine darüber hinausreichende Weltanschauung zu verstehen sei, darauf weist Borio noch einmal gesondert hin (vgl. 29).

lation«, »Spektrum« etc. oftmals auf technische Termini, die der Physik, Linguistik, Soziologie oder anderen (bevorzugt empirischen) Wissenschaften entnommen sind. Indem diese »ein Werk als besonderes, individuelles, nicht an eine Gattung gebundenes Gebilde kennzeichnen«, bleiben sie dennoch »abstrakt genug [...], um dem Wesen der Instrumentalmusik nicht zu widersprechen«[27]. Dahingegen werden poetische oder gar expressiv anmutende Titel – Indizien, die als Relikt einer derweil verdächtig gewordenen Genieästhetik gedeutet werden können – weitgehend vermieden[28]. Daneben finden sich umfangreiche Kommentare und Analysen, in denen die Intentionen und Methoden des Kompositionsprozesses weitreichend offengelegt werden, so daß sich das einzelne Werk als ein grundsätzlich deduzierbares, in seiner Ganzheit gleichermaßen »verifizierbares« darlegt. Die (bürgerliche) »Aura«, die das Streichquartett in der Gattungsgeschichte immer wieder umgeben hat, wird kritisch durchleuchtet, soziale und gesellschaftliche Prämissen werden umfassend hinterfragt[29].

Mit dem Ende der 50er Jahre, äußerlich flankiert durch das Auftreten von Cage bei den Darmstädter Ferienkursen (1958), zeigen sich die treibenden Energien des Serialismus allmählich erschöpft[30]. Was bislang geschichtlich notwendig erschien, wird nun ob seiner ästhetischen Stimmigkeit in Frage gestellt. Das Strukturdenken des Serialismus wird von einer neuen Form des Klang- und Ereignisdenkens abgelöst, das sich von einer Ästhetik des Offenen und Vielschichtigen bestimmt sieht. Die qualitative Unterscheidung von Ton und Geräusch verliert zunehmend an Bedeutung, das Verhältnis von Notat und Klang bzw. der Aktion, die zur Hervorbringung eines klanglichen Ergebnisses nötig ist, wird auf vielfältige Weise neu bestimmt. Klangfarbe, Dichte, Ambitus und musikalische Kohärenz werden zu Bezugspunkten, an denen sich der Verlauf verschiedener Spannungs-, Ballungs-, Verdichtungs- und Dekonzentrationszustände bemißt. Das »schöpferische Subjekt«, die unantastbare Autorität des Komponisten wie auch die Rolle der Ausführenden werden dabei erneut in Frage gestellt, das Spektrum der verschiedenen Musizierformen wird umfassend erweitert (Environment, Wandelkonzert, Performance etc.). Galt das Streichquartett noch bis zur Nachkriegszeit als unantastbare, elitäre Repräsentationsform des (akademischen) Bürgertums, so wird es mit Komponisten wie Lachenmann oder Spahlinger gar zum musikalischen Tableau einer musica negativa, auf deren Reibefläche sich nun gerade Protest- und Verweigerungsmomente darlegen[31]. Der geistige Gehalt wird verdichtet oder aber demontiert, der Klangraum erweitert, die musikalische Form geöffnet oder gesprengt:

27   Dahlhaus: Gattungen, 72.
28   Der Rückgriff auf eine expressive, an das schöpferische Subjekt gebundene Musik, die auch auf konventionelle Formen und Gattungskonventionen rekurriert, vollzieht sich erst zur Mitte der 70er Jahre in der damalig jungen Generation (Wolfgang Rihm, Hans-Jürgen von Bose, Wolfgang von Schweinitz, Manfred Trojahn, Ulrich Stranz u.a.).
29   Der Sphäre bürgerlicher Privatheit entsprungen, wurde gerade das Streichquartett immer wieder mit den Ritualen der bürgerlichen Konzertkultur identifiziert. Daß dies in den ausgehenden 1960er und 70er Jahren zu einer »Krise der Gattung« geführt haben soll, wird in der jüngeren Forschung gelegentlich behauptet, muß dabei jedoch näher differenziert werden: Fakt bleibt, daß die »Krise des Streichquartetts« (wie auch der Oper oder der Sinfonie) zu jener Zeit primär als eine Krise seiner gesellschaftlichen *Repräsentation* zu verstehen ist, die die qualitative Stilhöhe einzelner, herausragender Werke (Ligeti, Lachenmann u.a.) wie auch die unvermindert hohe Produktion – mitunter recht traditioneller – Streichquartett-Kompositionen (Henze, Zechlin u.a) jedoch nicht unbedingt beeinträchtigt hat.
30   Obwohl der Serialismus auch für Komponisten wie Kelterborn, Klebe u.a. noch wichtige Studienerfahrungen mit sich bringt, scheint sein eigentlicher innovativer Impetus hier vorerst aufgebraucht. Daß er für Komponisten wie Nono und Krenek weiterhin ein wichtiger Katalysator bleibt, entbindet ihn jedoch von einer dogmatischen Verfechtung.
31   Kritisiert werden hier überwiegend bürgerliche Konventionen, aber auch die stumpfe Konsumentenhaltung, wie der Musikbetrieb sie vielerorts hervorbringt: »diese vier musiker und ihr gesellschaftlicher ort stehen für die indolenz, ja hohlgewordenheit künstlerischer autonomie, die doch einmal emanzipatorisch war und hinter die nicht zurückgefallen werden darf; sie stehen für selbstbewußtsein, bewußtes sein und bewußtsein von sich selber, stehen für den trug und die hoffnung, für die

»Will man in wenigen Worten die prinzipiellen Charaktere ›offener‹ Form angeben und diese gleichzeitig als Konsequenz und Gegensatz zu den ›geschlossenen‹ Formen der tonalen Musik (wie Fuge oder Sonate) beschreiben, so kann man sagen, daß jene wesentlichen Merkmale in der *Richtungslosigkeit* [im Original stets kursiv] der Form sich finden, was heißt, daß diese sich nicht von einem gegebenen Ausgangspunkt auf ein bestimmtes Ziel und einzig zu diesem hin entwickelt, so daß hierdurch das Prinzip einer *linearen* dynamischen Formentwicklung zugunsten eines Prinzips, das man das eines ›dynamischen Zustands‹ nennen könnte, aufgehoben ist. In der Sonaten-Form z.B. sind die einzelnen Form-Glieder – Exposition, Durchführung, Reprise und Coda – *notwendige Stationen* auf einem zu durchlaufenden Weg: Ihre Reihenfolge und ihr Platz innerhalb größerer Zusammenhänge sind festgelegt durch ihre *Funktion*. Wird aber jener zu durchlaufende Weg ersetzt durch die Komposition eines *Zustandes,* dann ist es nicht mehr von vorrangiger Bedeutung, *wann* die einzelnen Formteile erscheinen, sondern *daß* sie erscheinen. Denn sie alle tragen zu dem bei, was man beim Hören als das *Charakteristische* der *Form* empfindet. Ihre *Summe* ist der spezifische Charakter eines Werkes und nicht mehr ihre *Reihenfolge*.«[32]

Stand der traditionellen Gattungstheorie bislang noch ein relativ festgefügter Wertekatalog zur Verfügung, aufgrund dessen sich die Kontinuität der Gattung am einzelnen Werk bestätigen ließ, so scheint diese sich nun – wenn überhaupt – an einem darüber hinausgreifenden Anspruch, einer, wie Danuser vorschlägt, allgemeiner formulierten »Stilhöhenregel« zu bemessen: So das einzelne Werk den historischen Stand seines Materials in anspruchsvoller Weise darlegt, so es die geistigen Kräfte seiner Zeit auf authentische Weise bündelt, bleibe die Kontinuität der Gattung, so Danuser, auch über den (historischen) Wandel hinweg gewahrt: »Kontinuität und Zerfall stellen dabei keine einfachen Gegensätze dar, denn der Kunstanspruch, der mit der Gattung Streichquartett erhoben wurde, zeichnete sich durch eine Originalität aus, die eine Kontinuität der Gattung nur als eine sich verändernde zuließ und die ihrerseits, vom konservativen Standpunkt aus an früheren Gattungsstufen gemessen, als Zerfall gedeutet werden mochte.«[33]

Der Anspruch, den das Streichquartett in seinem beständigen Streben nach Originalität, nach der Konzentration auf das »Eigentliche« und »Wesentliche« innerhalb des musikalischen Satzes darlegt, scheint dem Programm der Avantgarde, wie sie sich in den 1950er und 60er Jahren entfaltet, indessen wieder durchaus vertraut: Indem die Komposition vom (akzidentiellen) Beiwerk der (musikalischen wie auch gesellschaftlichen) Konvention entkleidet wird, indem sie den Hörer notfalls auch durch einen kruden Akt der Verweigerung auf die musikalische Substanz selbst wirft[34], mag die Gattung ihren eigentlichen Impetus – *die musikalische*

---

freiheit, die der bürger errang und ohne die keine freiheit vom bürger sein wird, welche statt der zwangskollektivierung hätte werden sollen.« (Spahlinger: Gegen die postmoderne Mode, 18).

32 Konrad Boehmer: Probleme »offener« Formen in der Musik, in: Das böse Ohr. Texte zur Musik, 1961–91, hg. v. Burkhardt Söll, Köln 1993, 69–78 [im folgenden abgekürzt: Boehmer: Offene Formen] hier 70.

33 Hermann Danuser, Die Musik des 20. Jahrhunderts (= Neues Handbuch des Musikwissenschaft, hg. v. Carl Dahlhaus, Bd. 7), Laaber 1984 [im folgenden abgekürzt: Danuser: 20. Jahrhundert], 169.

34 Vgl. Lachenmann: »Form des wahrnehmenden Hörens bietet sich nicht unbefangen an, sie muß erst freigelegt werden. Freilegen heißt, Dazwischenliegendes wegräumen, jene in der Gesellschaft vorgegebenen dominierenden Hörgewohnheiten, Hörkategorien außer Kraft setzen, aussperren. Hören ist schließlich etwas anderes als verständnisinniges Zuhören, sondern meint: anders hören, in sich neue Antennen, neue Sensoren, neue Sensibilitäten entdecken, heißt also auch, seine eigene Veränderbarkeit entdecken und sie der so erst bewußt gemachten Unfreiheit als Widerstand entgegensetzen; Hören heißt, sich

Ausfechtung eines dialektischen Potentials im vierstimmigen Satz – auf neue Weise zurückerhalten. Die Kontinuität der Gattung scheint dabei – ungeachtet der verschiedensten Paradigmenwechsel – nur schwerlich preisgegeben:

> »und was aus der neuen musik zu lernen ist, ist, daß man in der sache und sogleich über sie hinaus sein kann.«[35]

---

selbst neu entdecken, heißt sich verändern.« (Helmut Lachenmann: Hören ist wehrlos ohne Hören, in: MusikTexte, Nr. 10, Köln 1985, 8).
35 Spahlinger: Gegen die postmoderne Mode, 16.

LUCIANO BERIO

Sincronie (1963–64)
for string quartet

Historische Grundlagen

Das Streichquartett im œuvre Luciano Berios

Obwohl Berios Werkverzeichnis bis heute von einer erstaunlichen Fülle und Vielfalt gekennzeichnet ist, nehmen die Kompositionen für Streicher – speziell auch für Streichquartett – eine eher untergeordnete Stellung darin ein[1]. Nicht allzu oft finden sich darin Formationen, die in mehreren Werken aufgegriffen oder gar zu einer systematisch ausgearbeiteten Werkreihe zusammengeschlossen werden[2]. Demgegenüber sind größere, gemischte, nicht selten mit einer Singstimme kombinierte Ensemblebesetzungen durchaus zahlreich vertreten. Tatsache ist, daß die Klang- und Artikulationsmöglichkeiten, wie Streicher sie bieten, Berios kompositorische Phantasie offensichtlich weniger stimuliert haben als die für sein musikalisches Denken so überaus bedeutsame menschliche Stimme: Nicht zufällig finden sich unter seinen Kindheits- und Jugendwerken gerade Lied- und Chorkompositionen, nicht zufällig ist es die Oper, die ihn als Gattung zu stets neuen Experimenten herausfordert. Insbesondere Verdi und Puccini bilden hier den Ausgangspunkt, auf den er sich – auch in theoretischen Texten – ob seiner italienischen Wurzeln bezieht und schließlich hat ihn auch Cathy Berberian mit ihrer außerordentlich ausdrucksstarken und wandlungsfähigen Stimme über weite Strecken des Leben begleitet und sein musikalisches Denken maßgeblich mitgeprägt. Auch in seinen Instrumentalwerken bleibt die Auseinandersetzung mit der menschlichen Stimme, mit der Vielfalt ihres gestischen und expressiven Vokabulars, oft deutlich zu spüren. Freilich scheint Berio auch hier den Bläsern (deren Technik der menschlichen Stimme zwangsläufig näher steht), besonders aber der (von ihm selbst gespielten) Klarinette, entschieden näher zugewandt: Die Phrasierung, wie sie beim Streichinstrument zwar von der Dynamik des Bogens, nicht aber von einem geradezu körperlich akzentuierten Impetus über die Luft und das Atmen bestimmt ist, beherrscht er zwar souverän, in ihrer eher artifiziellen, mitunter gar »abstrakten« Handhabung findet der Umgang mit Streichern jedoch nur bedingt sein Interesse. Der »reine« Satz, die strenge Konzentration auf die von Text, musikalischem Programm und menschlicher Stimme losgelöste Textur, das akribische Tüfteln an einer mehr oder weniger »abstrakten« Form bedarf einer besonderen Anstrengung. Gleichwohl gestaltet sich Berios kompositorischer Zugriff auch dort bemerkenswert versiert und läßt eine charakteristische Handschrift erkennen: Nicht selten finden sich in seinen Streicherpartien Wendungen, die er zu feststehenden »Streicherfiguren« zusammenschließt und in verschiedenen Werken neu aufgreift (vgl. Figuren S. 130–145). Sie bilden eine Art »Grundvokabular«, aus dem sich ein relativ instrumententypisches Klangbild ergibt.

Vier Werke weist Berios Werkverzeichnis, sieht man von der frühen, lange unveröffentlicht gebliebenen *Study* for string quartet (1952)[3] einmal ab, bis heute für das Streichquartett

---

[1] Berios Arbeitsschwerpunkt liegt insbesondere in den Bereichen Oper und Orchester, verbunden oft mit vokalen und/oder szenischen Elementen (Chor, Ballett, Mimenspiel). Auch das »Solostück« wird ausführlich behandelt und innerhalb der *Sequenza*-Reihe katalogisiert (vgl. Werkverzeichnis S. 168-181).
[2] Außer den vier (bzw. fünf) Streichquartetten finden sich mehrere Klavierstücke, verschiedene Zyklen für Singstimme und Klavier, für Singstimme und Ensemble wie auch die Sequenza-Stücke für diverse Soloinstrumente.
[3] Luciano Berio: *Study* for string quartet (1952), 1. Fassung (unveröffentlicht), 2. Fassung (revidiert 1985), Partitur: Edizioni Musicali RCA, CLF 9025, Rom [ohne Jahr]; Stimmen: ebd.

aus: *Quartetto per archi* (1956)[4], *Sincronie* for string quartet (1963/64)[5], *Notturno (Quartetto III)* (1986/93)[6] sowie *Glossa* (1997)[7], die für Streichquartett eingerichtete Umarbeitung eines ursprünglich größeren, gemischt besetzten Werkes. Nur wenige Ensembles führen die Berio-Quartette derweil im Repertoire: Während sich die Werke von Ligeti, Lutosławski, Nono oder Cage im avancierteren Aufführungsrahmen der Neuen Musik längst etabliert haben, sind die Quartette von Berio – auch unter Streichern – nur wenig bekannt.

In seiner *Study* for string quartet, die 1952 während eines Studienaufenthalts bei Dallapiccola in Tanglewood entsteht[8], greift Berio noch auf verschiedene Verfahren innerhalb der Zwölftontechnik zurück, die er einerseits mit einer gewissen Neugier erprobt, die er sich umgekehrt jedoch auf eher undogmatische Weise aneignet. Das Werk bleibt dabei eher einfacheren Grundstrukturen des dodekaphonen Denkens verhaftet und weist stets auch von der Reihe losgelöste, harmonisch frei gestaltete Zusammenhänge aus. In seiner Klang- und Formenwelt ist dieses Stück von einem sehr bewegten, expressionistisch anmutenden, bisweilen gar hochdramatisch wirkenden »Grundton« bestimmt. Sein gestischen Vokabular bezieht das Stück aus organisch sich rankenden, mitunter aber auch blockhaft begrenzten Gesten, die auf eine volle, vibratostarke Tongebung ausgerichtet sind. Sie werden mit zahlreichen konventionellen Satzformen (»Melodie« mit »Begleitsatz«, Paarbildung, rhythmischer Gleichlauf aller vier Stimmen, unisono etc.) durchsetzt. Auch in der Dynamik, der Artikulation, bei den Spielanweisungen wie auch in den Klangfarben schöpft Berio ein breites Spektrum aus. Insgesamt kann dieses Stück, das, wie alle seine Stücke für Streichquartett, einsätzig bleibt, als ein früher, ausdrucksstarker Versuch verstanden werden, bei dem die vier Stimmen zu einem dramatisch-expressiven, großflächig differenzierten Apparat zusammengeschlossen werden. Die erste, auf 1952 zurückreichende Fassung der *Study* ist bis heute unveröffentlicht geblieben[9]. Darüber hinaus hat Berio das Werk 1985 noch einmal einer ausführlichen Revision unterzogen[10], woraufhin es inzwischen in zweiter Fassung bei Edizioni Musicali RCA in Rom vorliegt[11].

Im *Quartetto per archi,* das 1956 in Mailand entsteht[12], löst Berio die Gestalthaftigkeit wie auch das figurative Denken innerhalb der Einzelstimme weitgehend auf. Die Konstruktivität

---

4   Luciano Berio: *Quartetto per archi* (1956), Partitur: Edizioni Suvini Zerboni S.p.A., S. 5283 Z., Milano 1956, Stimmen: ebd., S. 5284, Milano 1956.
5   Luciano Berio: *Sincronie* for string quartet (1963/64), Partitur, 1. Ausgabe, Universal Edition London, 1964, Nr. 13790 Mi, 2., revidierte Ausgabe, ebd., Nr. 13790 Mi, Stimmen: ebd., Nr. 13791. – Verweise auf die Partitur beziehen sich im folgenden, falls nicht anders angegeben, stets auf die zweite, revidierte Fassung des Werkes [im folgenden abgekürzt: Berio, *Sincronie*].
6   Luciano Berio: *Notturno (Quartetto III)* (1986/93), Partitur: Universal Edition London, 1993, Nr. 30134, Stimmen: ebd. in Vorbereitung.
7   Luciano Berio: *Glosse* per quartetto d'archi (1997), Partitur: Philharmonia/Universal Edition Wien, 1997, Philharmonia Nr. 546, Stimmen: ebd. in Vorbereitung.
8   Durch ein Stipendium der Koussevitzky-Foundation verbringt Berio 1952 einen zweiten Studienaufenthalt in den USA, nachdem er dort bereits 1950 erste (Studien-)Erfahrungen gesammelt hat. Unter dem Einfluß Dallapiccolas setzt er sich bis etwa 1953 mit den Grundlagen der Dodekaphonie auseinander, die er jedoch stets mit eigener Prägung versieht (vgl. auch *Due Pezzi* (1951) für Violine und Klavier, *Cinque Variazioni* (1952, rev. 1968) für Klavier und *Chamber Music* (1953) für Stimme und Ensemble.) In Tanglewood kommt *Study* schließlich auch mit einem Studentenensemble beim Berkshire Music Festival zur Uraufführung.
9   Vgl. Sammlung Luciano Berio, Paul Sacher Stiftung Basel [im folgenden abgekürzt: PSS], Mikrofilm Nr. 146 pos PSS, Dokumente Nr. 146-0540 bis 146-0547. Die Numerierung der autographen Materialien ist mit der der Mikrofilmablichtung identisch. Da die Dokumentennummer stets auch die Nummer des jeweiligen Mikrofilms enthält, wird diese wie auch die Bezeichnung »pos« im folgenden nicht mehr separat aufgeführt. Die Reinschrift der acht Seiten umfassenden *Study* for string quartet wird am 21. Juli 1952 abgeschlossen.
10 Gegenüber der ersten Fassung von 1952 werden einzelne Partien ausgedehnt, Klangfarben, Rhythmus, Dynamik, Oktavregister und enharmonische Zuweisungen korrigiert und die Notationsweise vereinfacht. Das Stück verlängert sich damit von

der Linie, wie sie die *Study* noch weitgehend bestimmt, wird dabei weitgehend preisgegeben, stattdessen zergliedert er die Stimmen in kleine, oft punktuell atomisierte Momente, die komplementär zueinander versetzt werden. Berio legt diesem Werk zunächst eine prädisponierte Reihenstruktur zu Grunde, die er zwar serienartig, so doch nie rein mechanistisch auf andere Parameter überträgt. Das Metrum ist kleinatmig und wechselt häufig. Dynamik, Spielanweisungen und Artikulation regelt er überwiegend stationär, nur selten werden größere Entwicklungen und Gesten ausgeformt. Auch dieses Werk ist einsätzig, weist intern jedoch verschiedene Abschnitte auf, in denen einzelne Strukturzusammenhänge variiert und wiederholt werden[13]. Das Stück entsteht als eine Art Pendent zum unmittelbar zuvor entstandenen Streichquartett von Bruno Maderna (*Quartetto per archi*, 1955)[14], Berios engstem Studienfreund, mit dem er sich zu Mailänder Studienzeiten (Anfang der 50er Jahre) mitunter gar den Arbeitstisch teilt. In ihrem sachlich nüchternen Titel, ihrer Textur wie auch in ihrer grundsätzlichen Fragestellung bleiben beide Werke schließlich eng aufeinander verwiesen. Obwohl Berio in seinem Quartett eine relativ abstrakte Reflexion über das Material und seine Syntax vollzieht, bleibt der individuelle »Tonfall«, der nahezu alle seiner Werke bestimmt, auch hier deutlich zu erkennen. Die neu erprobten Verfahrensweisen gibt er gleichwohl mit dem Ende der 50er Jahre wieder auf. Dennoch lassen sich die Relikte serieller Denkformen – in stets Berio-typischer Prägung – bis in sein gegenwärtiges Schaffen hinein verfolgen.

Den Anstoß zum Streichquartett *Sincronie*[15], das in den Jahren 1963/64 entsteht, mit dem er aber bereits seit 1962 und bis 1966 immer wieder beschäftigt ist, erhält Berio vom Grinnell-College Iowa, das für das dort als »quartet in residence« ansässige Lenox Quartet ein neues Werk in Auftrag gibt (vgl. S. 16–20). Entgegen der üblichen Gattungstradition, in der die Individualität und Diskursfähigkeit der vier Stimmen im Vordergrund steht, schließt Berio die vier Streicher hier zu einer Art imaginärem »Gesamtstreichinstrument« zusammen. Die formalen Zusammenhänge gewinnt er aus der Entwicklung bestimmter Texturtypen, die er verschiedentlich miteinander vernetzt (vgl. S. 87–109), insbesondere aber aus einem speziellen Verfahren der Komposition mit Gruppen (vgl. S. 145–160), das er auch in späteren Werken immer wieder aufgreift und modifiziert. Auch dieses Werk ist einsätzig und bleibt, trotz gelegentlicher Reminiszenzen gegenüber den Errungenschaften der 60er Jahre (begrenzt-aleatorischer Kontrapunkt etc.), einem eher strengen Werkbegriff verpflichtet.

Berios drittes Streichquartett, das 1986 begonnene und 1993 abgeschlossene[16] *Notturno (Quartetto III)* zeigt sich in seiner Klangsprache deutlich von den Tendenzen bestimmt, wie sie

---

70 (erste Fassung, 1952) auf 81 Takte (zweite Fassung, 1985) (vgl. PSS 146-0540 bis 146-0547 und PSS 146-0533 bis 146-0539). – Daß Berio seine Kompositionen auch nach Jahren noch einmal überarbeitet, läßt sich auch in anderen Zusammenhängen beobachten (vgl. die Revisionen von *Divertimento* (1946, rev. 1985) für Streichtrio, *Quattro canzoni popolari* (1946-47, rev. 1973) für Singstimme und Klavier, *Concertino* (1951, rev. 1970) für Ensemble, *Opus Number Zoo* (1951, rev. 1970) für Bläserquintett, *Cinque Variazioni* (1952-53, rev. 1966) für Klavier, *Allez-hop* (1952-59, rev. 1968) für Mimen und Orchester, *Epifanie* (1959-61, rev. 1965) für Frauenstimme und Orchester, *Opera* (1969-70, rev. 1977) für Schauspieler, Sänger, Chor, Orchester und Tonband, *Bewegung* (1971, rev. 1984) für Orchester u.a.

11   Neben der Universal Edition, die Berios Werke vorrangig betreut, finden sich für die frühen und einzelne spätere Werke in seinem Werkverzeichnis auch andere Herausgeber (vgl. Suvini Zerboni Milano, Edizioni Musicali RCA Roma, Belwin and Mills New York, Ricordi & C. Milano u.a.).

12   Die Uraufführung erfolgte 1959 durch das »die reihe«-Quartett in Wien.

13   Auch in *Study* for string quartet (1952) spielen Variation und Repetition eine maßgebliche Rolle.

14   Bruno Maderna: *Quartetto per archi* (1955), S. A. Edizioni Suvini Zerboni, S. 5182 Z, Milano 1956.

15   Zum Titel *Sincronie*, der nach italienischer Grammatik stets pluralisch verwendet wird, vgl. S. 86f.

16   Daß sich Berios Arbeitsprozeß an einem Werk u.U. über Jahre hinzieht, daß die Arbeit an einem Stück oftmals von der Arbeit an anderen Stücken unterbrochen wird, läßt sich als typischer Zug in seinem Schaffen ausweisen (vgl. auch *Un re in as-*

sich mit den beginnenden 80er Jahren für sein Werk konstatieren lassen: Die Harmonik ist deutlich weicher, oftmals tonal, bisweilen gar mild, die Form fügt sich aus mehr oder weniger lyrischen Versatzstücken, die locker fließend aneinandergereiht sind, die musikalische Textur rekrutiert sich aus Bildern und Gesten, die sich bereits in anderen Stücken bewährt haben und hier noch einmal neu zueinander in Beziehung gesetzt werden. Gleichwohl bleibt dieses Werk, das in achtzehn attacca ineinander überleitende Abschnitte unterteilt ist, von einem plastisch gegliederten, differenzierten Tonsatz bestimmt. Durch poetische Allusionen (Titel, Motto), wie sie insbesondere an das Streichquartett von Nono erinnern[17], rückt Berio das Stück zusätzlich in den Bereich eines nach innen gewendeten Nachtstücks[18], das sich jedoch nur andeutungsweise mit der romantischen Tradition des Notturnos in Beziehung setzt[19]. Während die Streicher auf mitunter recht markante Gesten zurückgreifen, wird der musikalische Zusammenhang gelegentlich auch von freieren, begrenzt aleatorischen Partien durchzogen, die den Klangfluß verdichten oder aber zerstreuen. Auch hier arbeitet Berio, ähnlich wie in *Sincronie*, mit einem speziellen Verfahren der Komposition mit Gruppen, aus dem sich eine gewisse Homogenität im harmonischen Gesamtverlauf ableitet. Auch *Notturno (Quartetto III)* ist einsätzig, läßt sich im Verlauf jedoch in verschiedene, nahtlos ineinander übergehende Binnensegmente untergliedern. Wir können dieses Werk als einen nochmals umfassenden Versuch beschreiben, die Klang- und Kombinationsmöglichkeiten der Streichquartett-Besetzung zum Ende der 80er Jahre erneut auszuloten, dabei jedoch auf bewährte Erfahrungen, insbesondere aus *Sincronie*, zurückzugreifen. Durch die Zählung, wie Berio sie seinem Werk zuschreibt (*Quartetto III*), läßt er erkennen, daß er *Notturno* als drittes – nach *Study*, *Quartetto per archi* und *Sincronie* nicht etwa viertes – vollgültiges seiner Werke für Streichquartett anerkennt. Die frühe, gleichwohl veröffentlichte *Study* erhält damit eine Sonderstellung, die den jugendlichen Charme des Werkes indessen nicht schmälert.

Von *Notturno (Quartetto III)* richtet Berio 1995 schließlich auch eine Fassung für Streichorchester (*Notturno*) ein, die er als eigenständiges Werk neben der solistischen Streichquartett-Fassung ausweist[20]. Die Vorzüge der solistischen Besetzung gleicht er durch die nun größere Klangwirkung und Fülle aus: Der musikalische Satz wird verdichtet, Kontraste zwischen (Solo-)Violine und Tutti werden verstärkt, neue Nebenstimmen eingeflochten. Die Intimität des vierstimmig-solistischen Satzes tritt dabei – gegenüber der Freude am breiteren, klangsinnlicheren Pinselstrich – eher in den Hintergrund[21]. Beide Fassungen des Werkes sind im Vergleich zu Berios übrigen Kompositionen für Streicherensemble durchaus öfter im Konzertsaal zu hören.

colto (1979/83) für Stimmen, Chor, Ballett und Orchester, *Brahms-Berio: Opus 120 Nr. 1* (1984/86), *Coro* (1974/76) für 40 Stimmen und Instrumente, *Ofanim* (1988/92) für Stimmen, Chöre und Computer, *Ricorrenze per quintetto a fiato* (1985/87), *Duetti per due violini* (1979/82) u.a.).

17 Luigi Nono: Fragmente – Stille, an Diotima (1979/80), Partitur, Ricordi & C. S.p.A. Milano, 133049.
18 Neu ist, daß Berio seinem Werk hier ein Motto voranstellt (»Ihr [der Stille] das erschwiegene Wort«, Paul Celan) und es mit atmosphärischen Spielanweisungen versieht (molto lontano, misterioso, immobile, sospeso).
19 Ob sich hier eine »elegischen Grundstimmung« oder aber ein besonderer Ausdruckswert im Melos ausweisen läßt (vgl. Chopin, John Field u.ä.), bliebe noch zu erörtern.
20 Luciano Berio: *Notturno* (1995) für Streichorchester. Bearbeitung des *Quartetto III* für Streichorchester, Universal Edition 1996, in Vorbereitung.
21 Als mögliche Leitbilder kann hier u.a. auf die Streichorchester-Bearbeitungen von Webern oder Boulez verwiesen werden (vgl. Webern: *Fünf Sätze für Streichquartett* op. 5 (1909) bzw. die Bearbeitung für Streichorchester (1928/29) sowie Boulez: *Livre pour quatuor* (1948) bzw. *Livre pour cordes* (1968)).
22 Entgegen dem Topos, daß das Streichquartett das œuvre eines Komponisten oftmals als Opus 1 eröffnet (Katzer, Kurtág, vgl. hierzu auch Schick, Dvořáks Streichquartette, 13) gehen Berios früher *Study for string quartet* bereits andere Stücke vor-

Berios jüngstes Streichquartett, *Glosse,* entsteht 1997 als Auftragswerk von I Teatri di Reggio Emilia für den IV. Internationalen Streichquartettwettbewerb »Premio Paolo Borciani«. Das Stück geht auf die bereits 1996 entstandene *Glossa* für Violine, Klarinette und Streichorchester zurück, die Berio kurz nach der Uraufführung zurückzieht und noch einmal neu – jetzt für Streichquartett – überarbeitet. Auch dieses Werk ist einsätzig und entspinnt sich aus der eher additiven Fügung klanglich differenzierter Satzbilder. Die vier Stimmen werden zum Teil synchron zusammengeschlossen (Pizzicati, Tremoli), entfalten sich aber auch in melodieartigen Ranken, wie sie mitunter an Berios frühe Studienzeit erinnern. Auch andere Satzbilder sind bereits bekannt, werden hier jedoch mit verschiedenen Raffinements und innovativen Spieltechniken kombiniert. Polyphonie fungiert zumeist als Kontrast, aus dem einzelne Klangfelder (scheinbar) aufgebrochen werden. Gleichwohl verbleibt auch sie eher stationär, so daß sich die Form als eine Montage additiv gleitender Klangbilder beschreiben läßt. Insgesamt kann dieses fünfte, nicht allzu schwierig zu spielende Quartett von Berio als ein Versuch verstanden werden, die klanglichen Möglichkeiten der Streichquartett-Besetzung noch einmal neu auszuloten und zu einem markant ausgehörten, formal stets nachvollziehbaren Werk auszubilden.

Die Auseinandersetzung mit dem Streichquartett, so läßt sich resümieren, beschäftigt Berio von der Studienzeit bis in die jüngste Gegenwart und erfolgt in größeren, eher unregelmäßigen Intervallen (1952 – 1956 – 1963/64 – 1986/93 – 1997). Die Stücke stehen damit in recht unterschiedlichen Stilzusammenhängen, innerhalb denen die individuelle Handschrift Berios gleichwohl spürbar bleibt. Im Streichquartett setzt Berio sich – seinen aktuellen kompositorischen Bedürfnissen entsprechend – auf jeweils neue Art mit den klanglichen Möglichkeiten der Formation auseinander[22]. Das einzelne Werk wird zum musikalischen Tableau, auf dem die klanglichen Vorzüge der Gattung stets neu erprobt werden. Demgegenüber tritt der traditionelle Gattungsanspruch – die Ausfechtung eines dialektischen Potentials innerhalb des vierstimmigen Satzes – in Berios Werken eher in den Hintergrund: Formen werden oft aus blockhaften Versatzstücken gewonnen und verhalten sich mehrdeutig, Entwicklungen bleiben meist auf stationäre Zusammenhänge verwiesen und führen selten darüber hinaus. Die Einzelstimme wird weitgehend selbständig geführt, gleichwohl kommt es nur selten zu einer – wie auch immer gearteten – »Dissoziation« der Stimmen untereinander. Berios Interesse bleibt dabei stets auf das unmittelbar einsichtige Klangresultat, nicht jedoch auf die Eröffnung neuer Kommunikationsformen, Spieltechniken, Werkkonzeptionen o.ä. gerichtet: Innovationen – wie sie gerade in den 60er Jahren von einigen seiner Werke ausgehen – vollziehen sich nicht hier, im Streichquartett, sondern an anderer Stelle (*Sequenza*-Stücke, *Circles, Tempi concertati* etc.). Alles in allem läßt sich beobachten, daß das einzelne Streichquartett mit anderen Stücken, die in der gleichen Zeit entstehen, oft enger verbunden ist als mit den Streichquartetten selbst. Nur schwerlich ließen diese sich denn als ein systematisch ausgebildeter oder gar zyklisch aufeinander ausgerichteter Werkkomplex beschreiben. Streichquartett, das heißt für Berio: eine Besetzung, die ihren festen Platz im Konzertrepertoire eingenommen hat, die klanglich reizvoll ist und sich auch für plastischere Konzepte eignet. Nicht selten setzt er sich dabei – wenn auch recht frei – mit dem traditionellen Anspruch der Gattungstheorie auseinander; nicht immer freilich geht dieser dabei (ganz) darin auf.

---

aus, die ebenfalls veröffentlicht worden sind (vgl. *Quattro Canzoni Popolari* (1946/47) für Frauenstimme und Klavier oder *Petite Suite* (1947) für Klavier).

Zur Entstehung von *Sincronie*

Die Entstehungsgeschichte des Streichquartetts *Sincronie* läßt sich erstmals ab dem 6. September 1962 belegen, mit einer Anfrage, die Peter Marsh, Primarius des amerikanischen Lenox Quartets, Berio per Telegramm übermittelt. Für die Komposition eines neuen Streichquartetts, das im April [offenbar 1964] durch das Lenox Quartet zur Uraufführung kommen soll[1], bietet ihm das Grinnell College/Iowa ein Honorar von 1000 Dollar[2]. Berio bestätigt die Annahme des Auftrags gegenüber dem College erst kurz vor Mitte Juni 1963 in schriftlicher Form[3], befindet sich zu diesem Zeitpunkt, wie er seinem Verleger Alfred Schlee von der Universal Edition Wien mitteilt, aber bereits mit dem Werk in Arbeit[4]. Im November beschreibt er den Arbeitsprozeß an dem Quartett, das er zunächst noch unter dem Arbeitstitel *Echi* führt, »à demi chemin« (auf halbem Weg)[5], im Januar 1964 bietet er Schlee einen (Vorab-)Einblick in einige Seiten des Werkes an[6]. Im Juli 1964, nach rund einjähriger Arbeitsphase, hat Berio das Quartett in erster Fassung (Endfassung E1)[7] abgeschlossen[8], »dopo tanti mesi di lavoro e in mezzo a tanti guai« (nach vielen Monaten der Arbeit und mitten in großen Schwierigkeiten)[9], wie er Schlee gegenüber äußert. Als Titel erscheint hier erstmals *Sincronie*. Das Stück ist Stefano Eco, Sohn des Freundes Umberto Eco und Patenkind Berios, gewidmet.

Die Belastungen, denen Berio in dieser Zeit ausgesetzt ist, sind groß: Seit Herbst 1963 arbeitet er parallel zu *Sincronie* auch an *Sequenza II* für Harfe solo, daneben nimmt ihn auch die Arbeit an *Esposizione*, einer szenischen Aktion für Mezzosopran, Kinderstimmen, Instrumente, Tonband und Tänzer nachhaltig ein. Obwohl dieses Werk noch im selben Jahr in Venedig

---

1 Als »quartet in residence« gestaltete das Lenox Quartet die kammermusikalische Praxis und das Konzertleben am Grinnell College bereits seit 1962 aktiv mit. Die Förderung professioneller Streicherensembles, die auf diese Weise u.U. für mehrere Jahre mit einem College verbunden waren, bot somit ein Gegengewicht zu den studentischen Brass- und Marching-Bands. Obwohl das Grinnell College zu den eher kleinen Ausbildungsstätten der USA zählt, hat es sich um die Förderung qualifizierter Ensembles bis heute beachtliche Verdienste erworben.
2 Vgl. Peter Marsh (New York City) an Luciano Berio (Milano), 6.9.1962, PSS 072-0802. Eine erste Aufarbeitung der Entstehungsgeschichte von *Sincronie* findet sich bereits bei Thomas Gartmann, dessen Studien im folgenden ergänzt und revidiert werden können (vgl. Id., »Una frattura tra intenzioni e realizzazione?« Untersuchungen zu Luciano Berios *Sincronie* für Streichquartett, in: Quellenstudien II. 12 Komponisten des 20. Jahrhunderts, hg. v. Felix Meyer (= Veröffentlichungen der Paul Sacher Stiftung, Bd. 3), Basel 1993, 73–96 [im folgenden abgekürzt: Gartmann, Una frattura], hier 73–75, in Überarbeitung auch veröffentlicht in Id., »... dass [sic] nichts an sich jemals vollendet ist«. Untersuchungen zum Instrumentalschaffen von Luciano Berio (= Publikationen der Schweizerischen Musikforschenden Gesellschaft, Bd. 37), Bern 1995 [im folgenden abgekürzt: Gartmann, Dass nichts], 13ff.
3 Howard Rarig (Grinnell/Iowa) an Luciano Berio (Mailand), 20.6.1963, PSS 072-001276.
4 Luciano Berio (Mailand) an Alfred Schlee (Wien), 17.6.1963, Brief im Besitz der Universal Edition Wien (Archiv), ohne Signatur [im folgenden abgekürzt: UE]. Die Verfasserin dankt der Universal Edition, insbesondere Frau Gucki Hanisch, für ihre freundliche Unterstützung.
5 Luciano Berio (Mills College/Calif.) an Alfred Schlee (Wien), 13.11.1963, UE. – Daß sich unter dem Titel *Echi* ein weiteres, möglicherweise unvollendet gebliebenes Streichquartett verbergen könnte, dafür gibt es keinerlei Anhaltspunkte.
6 Luciano Berio [ohne Ort] an Alfred Schlee (Wien), 26.1.1964, UE. Ob Berio den Arbeitstitel *Echi* hier bereits aufgegeben hatte, läßt sich aus seiner Mitteilung nicht erkennen.
7 Die Fassungen seien wie folgt unterschieden: Endfassung (E1) (= erste abgeschlossene Gesamtfassung), Druckfassung (D1) (= 1964 erschienene, erste Druckfassung von (E1)), Endfassung (E2) (= revidierte, im Juli 1966 abgeschlossene Gesamtfassung), Druckfassung (D2) (= 1967 erschienene, zweite Auflage auf der Basis von (E2)) sowie zwei weitere Druckfassungen ((D3) (= 1971 erschienener Nachdruck von (D2)) und (D4) (= 1990 erschienener Nachdruck von (D2)) (vgl. S. 91–102). Die in späteren Zusammenhängen erwähnte Zwischenfassung (Z) geht auf ein noch vor der Endfassung (E1) liegendes Zwischenstadium zurück, das jedoch nur noch im Ansatz rekonstruiert werden kann (vgl. S. 77–84).
8 Luciano Berio (East Hampton/Long Island) an Alfred Schlee (Wien), 14.8.1964, UE.
9 Luciano Berio (Sausalito) an Alfred Schlee (Wien), 22.7.1964, UE.

zur Uraufführung gelangt, zieht er es unmittelbar danach wieder zurück und verarbeitet es im späteren *Laborintus II* (1965). Auch *Traces*, ein szenisches Oratorium für Sopran, Mezzosopran, Schauspieler, Chöre und Orchester, das ebenfalls noch 1963 entsteht, zieht Berio nach nur wenigen Aufführungen in Buffalo und Iowa wieder zurück und gliedert Teile daraus in sein späteres Bühnenwerk *Opera* (1969/79) ein. Bis zum Ende des Jahres 1964 weitet er *Sequenza II* für Harfe solo aus zu *Chemins I* für Harfe und Orchester und komponiert die *Folk Songs* in der Fassung für Mezzosopran und sieben Instrumente. Zu diesem Pensum tritt während der Entstehungszeit von *Sincronie* noch die Arbeit bei der Radiotelevisione Italiana Milano (Rundfunkredaktion), verschiedene Konzertreisen als Komponist und Dirgent sowie eine Dozentur bzw. spätere Gastprofessur am Mills College/California, aufgrund der sich Berio bereits im Wintersemester 1962 und erneut ab Frühjahr 1964 vorwiegend in Kalifornien aufhält. Dort schließlich läßt sich die kompositorische Arbeit an *Sincronie* auch lokalisieren[10]: Berio arbeitet das Quartett (Endfassung E1) dort in der Zeit von Herbst 1963 (frühestens September) bis Mitte Juli 1964 aus, in offensichtlich recht kurzen, aber sehr konzentrierten Arbeitsphasen, die durch die Arbeit an anderen Stücken stets wieder unterbrochen wird. Das versetzte, reißverschlußartige Procedere, mit dem er an mehreren Werken gleichzeitig arbeitet, läßt sich dabei bis heute in seinem Arbeitsprozeß beobachten.

Die abgeschlossene Partitur (Endfassung E1) schickt Berio am 21. Juli 1964 an die Universal Edition nach London[11]. Eine weitere Kopie schickt er am 15. August an Schlee nach Wien, der sich von Berios Schriftbild begeistert zeigt und vorschlägt, die Erstausgabe des Werkes als Faksimileausgabe herauszugeben und mit einem Sonderaufdruck anläßlich der Uraufführung zu versehen[12]. Rechtzeitig zur Uraufführung, im Oktober 1964, erscheint die Partitur, die Berios Manuskript deutlich verkleinert wiedergibt[13]. Große Probleme bereitet indessen die Herstellung der Stimmen, die Berio von sich aus besorgt und die ihn aufgrund der besonderen Anforderungen im Zusammenspiel bereits während des Kompositionsprozesses beschäftigt. Im November 1963 will er das Materialproblem mit dem Lenox Quartet besprechen[14], im Januar 1964 überlegt er erneut, wie er den einzelnen Spielern Einsicht in den Part der anderen ermöglichen kann[15], im Juli konstatiert er abermals Probleme bei der Herstellung der Stimmen, die nun zusätzlich unter Zeitdruck steht[16]. Das unter großen Mühen von Hand genadelte Material besteht schließlich aus verschiedenen Partiturausschnitten, in denen jeweils eine Stimme im Schriftbild per copyzoom vergrößert ist. Andere Partien werden der Übersichtlichkeit halber nur für die Einzelstimme wiedergegeben, Stichstellen,

---

10 Auch gegenüber der Verfasserin erklärt Berio, er habe das Werk in Kalifornien geschrieben (Gespräch der Verfasserin mit dem Komponisten, Freiburg, 27.9.1993). Diese Angabe bestätigt sich aus der Korrespondenz verschiedener Briefpartner, die ihre Post im November 1963 und von April bis September 1964 an Berios kalifornische Anschrift am Mills College gerichtet haben. Eine genaue Zeit- und Ortsabgabe (außer der eher groben Eingrenzung 1963/64) bleibt in der Partitur wie auch in den Skizzen zu vermissen.
11 Luciano Berio (Sausalito) an Alfred Schlee (Wien), 22.7.1964, UE.
12 Alfred Schlee (Wien) an Luciano Berio (New York), 18.8.1964, UE, bzw. Alfred Schlee (Wien) an Luciano Berio (New York), 1.9.1964, UE. – Der von Schlee vorgeschlagene Aufdruck »First edition at the occasion of the first performance, October 1964« wird von Berio im folgenden korrigiert (»on« the occasion statt »at«, »November« statt »October«) und mit dem Zusatz »Commissioned for Lenox Quartet by Grinnell College (Iowa)« versehen (vgl. Luciano Berio (Cambridge/Mass.) an Alfred Schlee (Wien), 15.9.1964, UE.
13 Vgl. Luciano Berio, *Sincronie* (1963-64) for string quartet, Universal Edition London, Nr. 13790 Mi (= Druckfassung (D1)).
14 Luciano Berio (Oakland/California) an Alfred Schlee (Wien), 13.11.1963, UE.
15 Luciano Berio [ohne Ort] an Alfred Schlee (Wien), 26.1.1964, UE.
16 Luciano Berio (Sausalito) an Alfred Schlee (Wien), 22.7.1964, UE.

die das Geschehen im Ganzen zeigen, gelegentlich über die Stimmen geklebt[17]. Für die Probenarbeit erweist sich das Format jedoch als zu sperrig und das Papier zu undurchsichtig, um eine Kontaktaufnahme unter den vier Spielern zu ermöglichen[18]. Für die Uraufführung stellt die Universal Edition deshalb kurzfristig noch einmal neue Stimmen her, bei denen die vorhandene Collage weiter verkleinert wird. Bis heute sind die Stimmen nur in dieser Form und als Leihmaterial erhältlich[19]. Sie wurden nie gedruckt[20].

Nachdem der Termin bereits mehrfach verschoben wurde, kommt *Sincronie* schließlich am 25. November 1964 im Roberts Theatre des Grinnell College in Grinnell/Iowa zur Uraufführung. Es spielt das Lenox Quartet in der Besetzung mit Peter Marsh und Theodora Mantz, Violinen, Paul Hersh, Viola, und Donald McCall, Violoncello[21]. Während Peter Marsh in seinen allerersten Überlegungen noch von April [1964?] als (anvisiertem) Uraufführungstermin ausgeht, konkretisieren sich realistischere Perspektiven hierfür erst im Laufe der Zeit. Als Termin ist weiterhin »das nächste Frühjahr« [1964][22] im Gespräch, daraufhin der 28. April [1964][23], der 8. Mai[24], 31. Oktober[25], 22. November[26] und schließlich der 25. November[27]. Die Gründe für die Verschiebung ergeben sich zunächst aus dem Arbeitsrhythmus Berios, später auch aus dem allzugroßen Zeitdruck bei der Einstudierung, da dem Lenox Quartet aufgrund anderweitiger Verpflichtungen nur wenig Zeit für Proben zur Verfügung steht. Das Stück wird am Abend gleich zweimal, zu Beginn und nach der Pause, gespielt und nur noch durch das Streichquartett von Debussy (vor der Pause) ergänzt. Für das Programmblatt verfaßt Berio einen kurzen Kommentar, in dem er einige grundsätzliche Überlegungen zum Stück formuliert[28]. Obwohl die Aufführung in der Presse angekündigt wird, wird sie im nachhinein nicht rezensiert[29]. Ihre Resonanz beschreibt Berio in einem Telefonat mit der Universal Edition als »sehr gut und erfolgreich«[30].

---

17   Für die Herstellung der Stimmen kann Berio nur mit Mühen eine Kopistin (die Ehefrau eines Studenten in Tanglewood) gewinnen, die er zunächst jedoch in einer 500 Meilen-Fahrt mit dem Auto aufsuchen muß. Des weiteren berichtet er Schlee von unzähligen Telefonaten sowie von einer weiteren Reise nach New York im Zusammenhang mit der Reproduktion der Partitur (Luciano Berio (East Hampton) an Alfred Schlee (Wien), 14.8.1964, UE).
18   Luciano Berio (Cambridge Mass.) an Alfred Schlee (Wien), 5.11.1964, UE).
19   Offenbar hat Schlee erwogen, die Herstellung der Stimmen mit einer Neuauflage des Werkes in Form einer Spielpartitur zu verbinden. In der später erscheinenden Faksimileausgabe (D2) sind Berios Korrekturen zwar berücksichtigt, den Erfordernissen der Spielpraxis (Wendestellen, Übersichtlichkeit etc.) wird dabei jedoch nicht Rechnung getragen (vgl. Alfred Schlee (Wien) an Luciano Berio (New York), 18.8.1964, UE.
20   »Gedruckt wurde das Werk deshalb nicht, weil Berio eine Herstellung nicht ausdrücklich wünschte, außerdem SINCRONIE [im Original in Majuskeln] extrem schwer zu spielen ist [sic].« (Ilse Heinisch (Wien) an die Verfasserin (Berlin), 14.12.1995).
21   Das Lenox Quartet wird bereits 1958 am Berkshire Music Center in Lenox/Tanglewood von Studenten gegründet, wobei sich die vier Musiker (als Bratschist wirkte ursprünglich Scott Nickrenz mit, der 1962 von Paul Hersh abgelöst wurde), dank der Doppelbegabung von Hersh (Klavier/Bratsche) gleichermaßen als Streichquartett wie auch als Klavierquartett konfigurieren konnten. Das Ensemble, das von 1962 bis 1974 in der obigen Besetzung spielt, konstituiert sich 1978 noch einmal grundlegend um und löste sich Anfang der 80er Jahre auf.
22   Howard Rarig (Grinnell/Iowa) an Luciano Berio (Mailand), 20.6.1963, UE.
23   Don Jones (Grinnell/Iowa) an Luciano Berio (Mailand), 8. 7.1963, UE.
24   Ebd.
25   Luciano Berio (East Hampton) an Alfred Schlee (Wien), 14.8.1964, UE.
26   Luciano Berio (Cambridge/Mass.) an Alfred Schlee (Wien), 15.9.1964, UE.
27   Programmblatt der Uraufführung, hg. v. Grinnell College, Grinnell/Iowa. – Die Verfasserin dankt Herrn Berneil R. Mueller (Grinnell College/Iowa, Department of Music), der ihr dieses Dokument freundlicherweise zur Verfügung gestellt hat.
28   »Most commonly used instrumental ensembles reflect the typical equilibrium of classic polyphony. There is no doubt that the four voices of a string quartet are one of the most homogeneous and perfext examples of this equilibrium. With *Sincronie*, however, I was interested in using the string quartet not especially as a polyphonic ensemble – that is, as a dialogue among four

Mit der Uraufführung am 25. November 1964 ist die Partitur von *Sincronie*, die gerade im Oktober bei der Universal Edition in einer Auflage von 500 Exemplaren erschienen ist, bereits veraltet. Durch kleinere Korrekturen, die sich aus der Zusammenarbeit mit dem Lenox Quartet ergeben, ist die bei der Uraufführung erklingende Version also nicht mehr ganz mit der Version der ersten Druckfassung (D1) identisch[31]. Im Dezember teilt Berio Schlee mit, daß er noch weitere Korrekturen an der Komposition vornehmen will und erbittet hierfür sein Originalmanuskript aus Wien zurück[32]. Ein Jahr vergeht, in dem die Universal Edition der von Berio versprochenen Korrekturen harrt. Unterdessen arbeitet dieser an *Laborintus II* für Mezzosopran, Kindersoprane, Mimen, Schauspieler, Sprecher, Sprechchor, Tonband und Ensemble, an *Wasserklavier* für Klavier sowie an *Rounds* in der Fassung für Cembalo. Alle diese Werke kommen noch 1965 zum Abschluß. Des weiteren nimmt er die Arbeit an *Sequenza III* für Frauenstimme und *Sequenza IV* für Klavier auf und überarbeitet etliche ältere Werke für den Druck. Als Komponist und Dirigent ist Berio auch in dieser Zeit ständig auf Reisen, verbringt ein dreimonatiges Arbeitsstipendium in Berlin und wird aus der Ehe mit Cathy Berberian geschieden. Er verlegt seine Aktivitäten an die Ostküste der USA, wo er sowohl an der Harvard University als auch an der Juilliard School of Music in New York unterrichtet.

Im Januar 1966 kündigt Schlee eine Neuauflage der inzwischen vergriffenen Partitur von *Sincronie* an, für die er Berio umgehend um einen neuen Korrekturdurchgang bittet[33]. Dieser verspricht erneut, die korrigierte Partitur im Zuge seiner bevorstehenden Europareise Ende Februar persönlich bei der Universal Edition in Wien vorbeizubringen[34] und versichert, daß das alte Stimmenmaterial auch für künftige Aufführungen weiterverwendet werden kann. Über das Ausmaß der zu erwartenden Korrekturen gibt es innerhalb der Universal Edition offensichtlich verschiedene Informationen: Während die Niederlassung in London noch im März 1966 von einer Korrektur lediglich des Cello-Parts ausgeht[35], teilt Berio Wien bereits im Januar 1966 mit, daß das Stück zusätzlich erweitert wird[36]. Abermals mahnt die Universal Edition die ausbleibenden Korrekturen an[37]. Diese verzögern sich erneut, auch weil sich die Rückgabe der korrigierten Cello-Stimme durch den Cellisten Donald McCall deutlich verschleppt und Berio überdies feststellt, daß er bei seinem Umzug von Berlin nach Boston seine Arbeitskopie verloren hat, in der er die Korrekturen aus der Zusammenarbeit mit dem Lenox Quartet festgehalten hat[38]. Davon unabhängig verspricht er die endgültige Fertigstellung »na-

---

voices of the same family – but rather as a single, homophonic instrument. The four participants elaborate the same sequence of harmonic blocs almost continously, simultaneously ›saying‹ the same thing in different ways.«

29 Vgl. Anne Kintner (Grinnell/Iowa) an Berneil Mueller, 21.9.1992 (Memo im Besitz der Verfasserin): »Newspaper articles reported the coming concert but did not review the performance. The performance was stimulating enough that I remember i[t] nearly 30 years later!«

30 Vgl. Memo der Universal Edition über ein Telefonat [von Alfred Schlee] mit Luciano Berio, 11.12.1964.

31 Die in der Uraufführung erklingende Version des Werkes läßt sich, da Berio Arbeitskopie nach seinen eigenen Angaben bei seinem Umzug von Berlin nach Boston verlorengegangen ist, nur noch anhand der verwendeten Stimmen rekonstruieren. Obwohl diese im Besitz des Lenox Quartets vermuten werden dürfen, ist ihre Eruierung bislang noch ohne Erfolg geblieben.

32 Memo eines Telefonats von Luciano Berio mit der Universal Edition Wien, 11.12.1964, UE. Alfred Schlee (Wien) an Luciano Berio (Berlin), 11.12.1964, UE.

33 Alfred Schlee (Wien) an Luciano Berio (Arlington, Mass.), 7.1.1966, UE. Alfred Schlee (Wien) an Luciano Berio (Arlington, Mass.), 19.1.1966, UE.

34 Luciano Berio (Arlington, Mass.) an Alfred Schlee (Wien), 14.1.1966, UE.

35 Alfred Kalmus (London) an Alfred Schlee (Wien), 4.3.1966, UE.

36 Brief Luciano Berio [ohne Ort] an Alfred Schlee (Wien), 27.1.1966, UE.

37 Elena Hift (Wien) an Luciano Berio [ohne Ort], 30.3.1966, UE.

38 Luciano Berio (Arlington/Mass.) an Alfred Schlee (Wien), 9.4.1966, UE.

hezu unter Eides Statt«[39] noch für Ende Juni 1966. Ende Juli, vier Wochen später als vereinbart, löst Berio seine Zusage ein.

Die endgültige Fassung von *Sincronie* (Endfassung E2) übersendet Berio am 21. Juli 1966 an Schlee. Entgegen seiner ursprünglichen Ankündigung ist das Werk nun umfassend überarbeitet: Seite 15 wurde ersetzt und durch einen neu hinzugefügten Schluß mit den Seiten 16, 17 und 18 ergänzt. Das Stück verlängert sich damit um etwa ein Fünftel und legt sich in neuen Proportionen dar (vgl. dazu S. 82–84). Daneben überarbeitet Berio auch zahlreiche Einzelstellen, wobei die Einrichtung der Seiten, Studienziffern und Takte grundsätzlich erhalten bleibt. Andere Korrekturen lassen auch spielpraktische Erwägungen erkennen, die sich offenbar aus der Zusammenarbeit mit dem Lenox Quartet ergeben haben.

Im Juni 1967 schickt die Universal Edition die fertige Druckpartitur (Druckfassung D2) an Berio[40]. Auch sie erscheint als Faksimile seiner Handschrift, wobei sich die Spuren der Überarbeitung (Rasuren, Schnitte, Einklebungen, Überklebungen) durch die Reproduktion weitgehend tilgen lassen. Die Auflage beträgt abermals 500 Exemplare. Gegenüber der ersten Auflage wird das Format vergrößert, dennoch bleibt auch diese Ausgabe gegenüber dem Original noch deutlich verkleinert. Unter Beibehaltung des Copyright (1964) und der Verlagsnummer (Nr. 1370 Mi) erhält die neue Partitur den Zusatz »2. revidierte Auflage«. Eher irritierend erweist sich jedoch, daß auch der Aufdruck »Erste Ausgabe anläßlich der Uraufführung im November 1964« auf der Innenseite der Partitur bestehen bleibt: Er ist, nach der umfangreichen Revision, die das Werk derweil erfahren hat, eher mißverständlich und wird (nach Rückfrage der Verfasserin beim Verlag) in künftigen Auflagen (ab 1995) nicht mehr übernommen[41]. Die Stimmen werden überarbeitet und sind weiterhin nur im Leihverkehr erhältlich.

Nach 1966/67 hat Berio *Sincronie* keiner größeren Revision mehr unterzogen. Gleichwohl erscheint die Druckfassung (D2) in den Jahren 1971 und 1990 noch einmal im unveränderten Nachdruck der zweiten Auflage[42], zunächst mit 500 (1971), später mit 130 Exemplaren (1990). Eine Ausgabe im Druck- bzw. Computersatz, wie Schlee sie anfangs noch erwogen hat[43], ist nie erschienen und wurde offensichtlich weder von Berio noch von seiten des Verlags weiterverfolgt[44]. Kleinere Korrekturen, die Berio 1983, fast zwanzig Jahre nach der Entstehung, noch vorgenommen hat, werden somit erst in einer vierten (bislang noch nicht projektierten) Auflage zur Veröffentlichung gelangen. In ihr ließen sich auch kleinere orthographische Regularien begleichen, die sich noch immer im handschriftlichen Manuskript verborgen halten[45].

---

39 Memo Alfred Kalmus (Universal Edition London), 2.6.1966: »He promises (almost under oath) to carry out the corrections immediately after his return to America, and the corrections will be sent to Vienna not later than by the end of June.« UE.
40 Elena Hift (Wien) an die Verfasserin (Berlin), 17.3.1994.
41 Ilse Heinisch (Wien) an die Verfasserin (Berlin), 14.12.1995.
42 Die genaue Kennzeichnung der Auflage findet sich auf der Rückseite des Partiturumschlags verschlüsselt: Buchstabe H steht für die Wiener Hausdruckerei, die beiden folgenden Ziffern (z.B. XI/90) für das Herstellungsdatum (November 1990).
43 Alfred Schlee (Wien) an Luciano Berio (New York), 18.8.1964, UE.
44 Vgl. S. 18, Fußnote 20.
45 Es handelt sich hier um fehlende Pausenzeichen, ungleichen Taktinhalt der verschiedenen Stimmen bei vorgegebenem Metrum, unklar zuzuordnende Vorzeichen, mutmaßliche Lesefehler im Tenorschlüssel, mutmaßliche Übertragungsfehler bei Flageolett-Klängen u.a. (vgl. S. 124, Fußnote 5. Von Ziffer 22 bis 23 fehlen mehrere Pausenzeichen, im sechsten Takt von Ziffer 24 wurde, wie die harmonische Analyse und der anschließende Zeilensprung zeigt, der Übergang zum Bratschenschlüssel vergessen (vgl. S. 156) u.a. – Da die Partitur keine Taktzahlen enthält, werden die Takte im folgenden – wenn nicht durch die Studienziffern – nach der folgenden Schreibweise beziffert: (3-1-2) = Seite 3, Zeile 1, Takt 2. Die gestrichelten Taktbegrenzungen werden bis Ziffer 15 als volle Takte gezählt, danach markieren sie nur noch die Viertelunterteilung.

Quellenbestand

Im Vergleich zu anderen Werken Berios ist das Streichquartett *Sincronie* aus den Jahren 1963/64 erstaunlich gut, wenn auch keineswegs vollständig durch Quellen dokumentiert. Wir verfügen hier über Skizzen, aus denen die Vorauswahl und Ordnung des musikalischen Materials und seine Einrichtung für die Streichquartett-Besetzung hervorgeht, sowie über Entwürfe zur musikalischen Textur einzelner Abschnitte, die als Fragmente in Streichquartett-Partitur vorliegen[1]. Daneben existiert ein tabellarisch-graphischer Entwurf zur harmonischen Organisation und zum Variationsmaß einzelner Parameter im Gesamtverlauf des Werkes[2] Schließlich liegt Berios Arbeitspartitur vor, die als einzige die Gesamtfassung dokumentiert und zugleich Reinschrift als auch Faksimilevorlage einer ersten und revidierten zweiten Druckfassung ist[3].

Obwohl diese Manuskripte eine Vielzahl von Sachverhalten verhältnismäßig geschlossen dokumentieren, bleiben Lücken, die darauf verweisen, daß weitere Materialien zu *Sincronie* möglicherweise verlorengegangen sind[4], aber auch – und dies scheint fast aufschlußreicher – daß sich Berios kompositorischer Prozeß einer lückenlosen Dokumentation durch Quellen weitgehend entzieht: Viele kompositorische Entscheidungen, so zeigt die spätere Analyse (vgl. S. 85–164), vollziehen sich für Berio offenbar spontan und lassen gleich mehrere Veränderungsansätze auf einmal erkennen. Die Ansätze des Werkes scheinen dadurch oft weit auseinander zu liegen. Abseits dieser Musikmanuskripte existiert ein beschränkter Umfang an Briefdokumenten, die die Grundlage zur Rekonstruktion insbesondere der Entstehungsgeschichte von *Sincronie* bilden. Im theoretischen Werk Berios, das derzeit auf etwa siebzig, teilweise (noch) unveröffentlichte Schriften und Essays geschätzt werden kann[5], beschränken sich die Äußerungen zu *Sincronie* auf einen kurzen Einführungstext, den Berio zur Uraufführung des Werkes verfaßt und auch in anderen Zusammenhängen gelegentlich wieder aufgegriffen hat[6].

Eine erste Listung des vorhandenen Quellenbestandes findet sich bereits bei Gartmann[7]. Sie kann wie folgt ergänzt bzw. revidiert werden:

---

1 Vgl. PSS 146-0463 bis 146-074.
2 Vgl. PSS 142-0277. Obwohl diese Skizze nach Auskunft Berios und der Paul Sacher Stiftung von ihm selbst identifiziert und den verwendeten Skizzen zu *Sincronie* zugeordnet worden ist, ist sie in der Mikroverfilmung irrtümlicherweise unter den »unused sketches« abgelichtet.
3 Vgl. PSS 146-0475 bis 146-0493.
4 Nach Angaben Berios ging der Spedition, die im Juni 1965 seinen Umzug von Berlin nach Boston durchgeführt hat, eine Kiste verloren, in der sich auch eine Partitur mit den Anmerkungen zur endgültigen Fassung des Werkes befunden haben soll (Berio (Arlington/Mass.) an Alfred Schlee (Wien), 9.4.1966, UE). Darüber hinaus bleibt dringend zu vermuten, daß auch weitere Skizzen – zur Vorordnung der Materialien, möglicherweise auch zur Textur der Partitur – existiert haben, daß diese möglicherweise jedoch vernichtet oder als Souvenir an Freunde verschenkt worden sind (mündliche Auskunft Berios gegenüber der Verfasserin, Freiburg, 27.9.1993). – Darüber hinaus konnte der Bestand weiterer Skizzen in den folgenden Instituten ausgeschlossen werden: Radiotelevisione Italiana di Venezia, Archivio Musicale della RAI di Roma, Archivio Storico della Biennale di Venezia, Deutsches Historisches Institut Rom, Harvard University Cambridge/Mass., Grinnell College/Iowa, Archiv der Universal Edition Wien, Wiener Notenstecherei, Archiv der Universal Edition London, Archiv der Internationalen Ferienkurse für Neue Musik Darmstadt. – Die Verfasserin dankt den genannten Instituten für ihre freundliche Hilfe bei der Recherche.
5 Vgl. Anhang S. 182–185
6 Vgl. hierzu S. 18, Fußnote 20.
7 Vgl. Gartmann: Una frattura, 75f. bzw. Dass nichts, 16.

Skizzen (12 Seiten)

Die Reihenfolge entspricht der Anordnung der autographen Materialien, wie Berio sie im Zuge der Archivierung durch die Paul Sacher Stiftung vorgenommen hat:

- PSS 146-0463
  Materialaufstellung und -vorordnung (36-zeiliges Notenpapier des Wasserzeichens »Paris Éditions Philippot«, beidseitig beschrieben[8]). Gleiches Papier wird auch für die nachfolgenden Skizzen verwendet und mit Bleistift, schwarzem, grünem, rotem und blauem Kugelschreiber beschrieben

- PSS 146-0464 bis 146-0467
  Einrichtung und Vorordnung des Materials für die Streichquartett-Besetzung (Bifolio, 4-seitig beschrieben)

- PSS 142-0277
  Tabellarisch-graphische Verlaufsskizze zur harmonischen Organisation und zum Variationsmaß der Parameter (Blanco-Papier)

- PSS 146-0473, 146-0472, 146-0471, 146-0474[9]
  Entwürfe zum Anfang, teilweise ausgearbeitete Partiturfragmente in verschiedenen Schriftzügen (Bifolio, 4-seitig beschrieben)

- PSS 146-0470
  Partiturfragment, von Berio mit der Ziffer »2« versehen (einseitig beschrieben)

- PSS 146-0468
  Zwei Partiturfragmente, von Berio mit der Ziffer »5« versehen (einseitig beschrieben)

- PSS 146-0469
  Partiturfragment, Entwurf zum Anfang[10]

---

8 Die Rückseite dieses Blattes ist zwar von Berio beschrieben, kann aber nicht den eigentlichen Skizzen zugerechnet werden.
9 Die Numerierung der Seiten durch die PSS folgt hier der Chronologie, mit der Berio seine Entwürfe niedergeschrieben hat und nicht der üblichen Abfolge der vier Seiten im Doppelbogen. Nach Tilgung einer (womöglich älteren?) Skizze zu einer Fuge für Sopran, Tenor und Baß, die an den Radierspuren noch im Autograph zu erkennen ist, hat er den Bogen schließlich umgedreht und von hinten nach vorn beschrieben (vgl. auch Gartmann: Dass nichts, 16).
10 Diese Skizze wurde bei der Mikroverfilmung der Paul Sacher Stiftung offensichtlich vergessen. Vermutlich handelt sich dabei um die fehlende zwölfte Seite, die im Inventar der Sammlung ausgewiesen ist, auf dem Mikrofilm jedoch nicht enthalten ist. (Daß im Inventar nicht zwölf, sondern dreizehn Seiten Skizzen ausgewiesen sind, ergibt sich aus der Seitenzählung, bei der das stiftungseigene Deckblatt jeweils mitgezählt wird (vgl. auch René Karlen, Sabine Stampfli (Bearbeiter): Luciano Berio. Musikmanuskripte. Inventare der Paul Sacher Stiftung 2, Basel 1988, 16).

Arbeitspartitur (zugleich Reinschrift) (18 Seiten)

- PSS 146-075 bis 146-093
  Arbeitspartitur (Querformat, drei Akkoladen zu vier Zeilen, ohne Firmenaufdruck), (Rasuren, Schnitte, Klebungen, Einfügungen)

Druckfassungen

- Universal Edition (London), Nr. 13790 Mi
  Faksimiledruck der 1. Fassung (1964) (zurückgezogen), 15 Seiten

- Universal Edition (London), Nr. 13790 Mi,
  Faksimiledruck der 2., revidierten Fassung (1964)[11], 18 Seiten

Stimmen

- Universal Edition (London), Nr. UE 13791
  Faksimiledruck der von Berio und fremden Händen eingerichteten Stimmen

Korrespondenz

- PSS 072-0802
  Peter Marsh (New York) an Luciano Berio (Milano), 6.9.1962
  PSS 072-001276
  Howard Rarig (Grinnell /Iowa) an Luciano Berio (Milano), 20.6.1963
  PSS 27-000691
  Don Jones (Grinell /Iowa) an Luciano Berio (Milano), 8.07.1963

- UE[12]
  Luciano Berio (Mailand) an Alfred Schlee (Wien), 17.6.1963
  Luciano Berio (Oakland/Calif.) an Alfred Schlee (Wien), 13.11.1963
  Luciano Berio [ohne Ort] an Alfred Schlee (Wien), 26.1.1964
  Luciano Berio (Sausalito) an Alfred Schlee (Wien), 22.7.1964
  Luciano Berio (East Hampton/Long Island) an Alfred Schlee (Wien) 14.08.1964
  Luciano Berio [ohne Ort] an Alfred Schlee (Wien), 15.8.1964
  Alfred Schlee (Wien) an Luciano Berio (New York), 18.8.1964
  Alfred Schlee (Wien) an Luciano Berio (New York), 1.9.1964

---

11 Das Erscheinungsdatum (1964) bezieht sich hier auf die erste Druckfassung und wird auch in der zweiten Fassung unverändert übernommen.
12 Korrespondenz im Besitz der Universal Edition Wien (Archiv), ohne Signatur.

Luciano Berio (Cambridge/Mass.) an Alfred Schlee (Wien), 15.9.1964
Alfred Schlee (Wien) an Luciano Berio (Cambridge/Mass.), 22.10.1964
Luciano Berio (Cambridge, Mass.) an Alfred Schlee (Wien), 5.11.1964
Elena Hift [nach einem Telefonat mit Luciano Berio] [Wien], 6.11.1964
Luciano Berio (Berlin) an Alfred Schlee (Wien), 6.12.1964
Alfred Schlee (Wien) an Luciano Berio (Berlin), 11.12.1964
Alfred Schlee [nach einem Telefonat mit Luciano Berio] [Wien], 11.12.1964
Luciano Berio (Berlin) an Alfred Schlee (Wien), 19.2.1965
Alfred Schlee (Wien) an Luciano Berio (Arlington/Mass.), 7.1.1966
Luciano Berio (Arlington/Mass. an Alfred Schlee (Wien), 14.1.1966
Luciano Berio (Arlington/Mass.) an Alfred Schlee (Wien), 14.1.1966
Alfred Schlee (Wien) an Luciano Berio (Arlington/Mass.), 19.1.1966
Luciano Berio [ohne Ort] an Alfred Schlee (Wien), 27.1.1966
Alfred Kalmus (London) an Alfred Schlee (Wien), 4.3.1966
Elena Hift [ohne Ort] an Luciano Berio [ohne Ort], 30.3.1966
Alfred Kalmus (London) (Notiz), 2.6.1966
Luciano Berio (Arlington/Mass.) an Alfred Schlee (Wien), 21.7.1966

Sonstige Dokumente

- Grinnell College/Iowa
  Programmblatt der Uraufführung

Der kompositorische Prozeß

Prädisposition des musikalischen Materials

Wie sich für zahlreiche Werke Berios beobachten läßt, so geht auch dem Streichquartett *Sincronie* eine mehr oder weniger dezidierte Voraufstellung der musikalischen Materialien voraus. In ihr werden Tonhöhen, Dauern, Spieltechniken wie auch bestimmte Aspekte der Instrumentation vorgeordnet, die sich im späteren Kompositonsprozeß als Grundlage mehrerer - wenn auch nicht aller - Partien des Werkes ausweisen lassen. Berio greift in seiner Vorordnung sowohl auf elementare Parameter zurück (Tondauern, Höhen), die die musikalische Textur als eine Art »abstraktes Tableau« konstituieren, wie auch auf andere (Spieltechniken, Instrumentation), die bereits hier, im Stadium der Prädisposition, eine Ausrichtung auf das streicherische Metier erkennen lassen. Die Auswahl seiner Parameter hat dabei - dies scheint für sein kompositorisches Procedere charakteristisch - das klangliche Ergebnis bereits früh mit im Blick. Daneben findet sich auch ein erster, in seiner Zuweisung nicht ganz unstrittiger Entwurf (vgl. S. 48f.), in dem der Formverlauf (?), d.h. die Abfolge der Harmonik (?) wie auch der Ablauf verschiedener Entwicklungsverläufe niederlegt ist.

Berios Vorordnung zeigt deutliche Präferenzen: Während die Tonhöhen in mehreren, dezidiert auseinander hervorgehenden Arbeitsschritten vorgeordnet und zu einem hierarchisch-komplexen Gefüge verschiedener Mengen zusammengeschlossen werden, bleiben die Aufzeichnungen zu Tondauern und Spieltechniken geradezu rudimentär. Die Aufstellung zur Instrumentation wird sogleich in die kompositorische Textur übertragen, kann somit also bereits als Partialskizze bewertet werden. Den Formverlauf legt Berio in einer tabellarischen Übersicht nieder, von dem er sich im Laufe seiner Arbeit jedoch schon bald wieder entfernt. Keine der vorliegenden Materialaufstellungen – auch dies erscheint durchaus Berio-typisch – führt dabei kontinuierlich, als eine Art »Generalstabsplan«, durch das ganze Werk hindurch.

TONHÖHEN

Grundvorrat und Komplementvorrat

Grundvorrat[1]

Zu Beginn seiner Materialdisposition stellt Berio eine Auswahl von 39 Tönen auf (Abb. 1), die, nach Tonhöhen geordnet, im Sekund- bzw. Kleinterzabstand aufeinanderfolgen (vgl. PSS 146-0463)[2].

Abb. 1: Grundvorrat (V)

Die Morphologie eines solchen, aperiodisch angelegten Vorrates (V)[3] läßt sich auf verschiedene Weise[4] erhellen:

1. Betrachtet man die vorliegende Intervallstruktur (Abb. 2), so zeigt sich ein lückenlos durchchromatisiertes Zentrum von 12 Tönen (Töne 14–25), das von einem linken und

---

1   Zur Systematik, mit der die Materialien im folgenden bezeichnet werden, vgl. Abkürzungsverzeichnis im Vorspann.
2   Vorliegender Papierbogen (PSS 146-0463) wurde von Berio mit der Zahl 2 versehen und im nachhinein noch einmal auf die Ziffer 3 korrigiert. Aus dem Schriftzug ist denkbar, daß sich die Korrektur auch umgekehrt, d.h. von Ziffer 3 nach 2 vollzogen hat. Ein Bogen mit der Zahl 1 (oder aber eine Skizze, die sich inhaltlich als Vorläufer verstehen ließe), ist nicht erhalten. Dennoch bleibt zu vermuten, daß auch der Grundvorrat auf einem wiederum vorgeschalteten Gewinnungsprozeß zurückzuführen ist.
3   Die Bezeichnung *Grundvorrat* wurde hier im Vorgriff auf die Beobachtung gewählt, daß Berio sich die ausgewählten Töne im Verlauf seiner Vorordnung lediglich als Grundmenge nutzbar macht, aus der er diese dann nach bestimmten Kriterien weiterordnet. Der Begriff *Skala*, den Gartmann verwendet (vgl. Dass nicht, 17) läßt dabei möglicherweise auf interne Periodizitäten schließen, die hier jedoch nicht vorhanden sind. Ähnliche Grundvorräte finden sich auch in den Skizzen zu anderen Werken. Auch dort bilden sie den Ausgangspunkt zur Vorordnung von Tonhöhen (vgl. Skizzen zu *Sinfonia* (1968) (PSS 146-0093), *Bewegung* (1971) (PSS 142-0490), *Coro* (1974) (PSS 143-0344), *Points on the curve to find* (1974) (PSS 145-0168) u.a.).
4   Überprüft wurden hier u.a. stochastische Verteilungen, Komplementärbeziehungen, harmonisch-melodische Zusammenhänge, numerische Bezüge innerhalb der Ordnungspositionen, Beziehungen zur Obertonreihe u.a. Die Auswahl der obigen Beispiele steht damit stellvertretend für zahlreiche andere Analyseansätze, deren Ergebnisse sich jedoch als nicht allzu aufschlußreich erwiesen haben: Betrachtet man beispielsweise die (oktavgebundene) Verteilung der Töne im Grundvorrat (V), so zeigt sich, daß genau *ein* Ton (*a*) einmal vertreten ist, *zwei* Töne (*f* und *as*) zweimal und *drei* Töne (*c, cis* und *fis*) dreimal. Dem Ton *a* ist mit seinem einmaligen Auftreten zugleich besondere Aufmerksamkeit gewidmet: Er erscheint innerhalb des Tonraums, der fünf Oktaven plus große Sekund umfaßt, als Kammerton a^1 und teilt diesen sogleich in zwei gleichgroße Registerflügel zu je zwei Oktaven plus Quinte. Von den verbleibenden sechs Tönen sind fünf (*d, es, e, b* und *h*) je viermal vertreten und der Ton *g* als einziger fünfmal (Gartmann spricht hier irrtümlich vom viermaligen Auftreten des Tones *g*, hat sich dabei jedoch offensichtlich verzählt, vgl. Dass nichts, 78).

rechten Registerflügel[5] umrahmt wird (Töne 1–13 bzw. 26–39). Die drei Registerflügel stehen, was die Anzahl ihrer Töne betrifft, somit im Verhältnis 13 : 12 : 14 zueinander. Unterteilt man die Registerflügel weiter, so ergeben sich die folgenden Beziehungen.

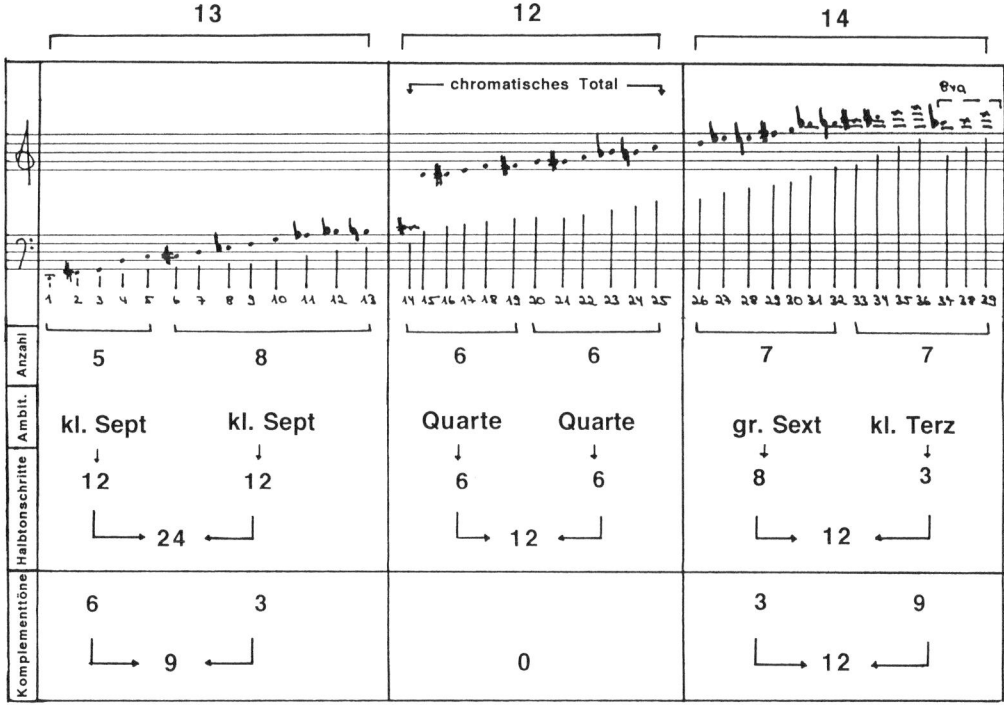

Abb. 2: Grundvorrat mit Diagramm zur Morphologie

2. Unterteilt man den Gesamtambitus des Grundvorrats (G) (fünf Oktaven plus große Sekund) in verschiedene Segmente der jeweils größtmöglichen Intervalle (Intervalldivision[6]), so ergibt sich die folgende Binnenstruktur (Abb. 3).

---

5 Anhand der Vorzeichen mag sich die Tonauswahl u.U. auch aus der Verdichtung harmonisch-melodischer Felder erklären lassen (vgl. oben, Abb. 2): Im linken Flügel (Töne 1 bis 13) lassen sich die Töne 1 bis 7 (bzw. 8) auf ein (erweitertes) D-Dur (bzw. G-Dur) beziehen, die Töne 8 (bzw. 7) bis 12 (bzw. 13) auf ein (erweitertes) Es-Dur. Die Grenzen zwischen den Tonarten sind dabei fließend. Im rechten Flügel (Töne 26–39) verweisen die Töne 26-31 (bzw. 32 oder 33) auf g-moll (gleichfalls erweitert), die Töne 32 bis 35 auf E-Dur und die Töne 36 (bzw. 35) bis 39 auf F-Dur.
6 Die Intervalldivision, die ihren Ausgangspunkt nicht in der Anzahl der zu gliedernden Töne, sondern im zu unterteilenden Ambitusintervall nimmt, hat sich bislang insbesondere in der Josquin-Analyse bewährt. Die Verfasserin dankt Herrn Prof. Dr. Gösta Neuwirth, der ihr verschiedene Erkenntnisse aus seiner eigenen Analysepraxis zur klassischen Vokalpolyphonie zugänglich gemacht hat.

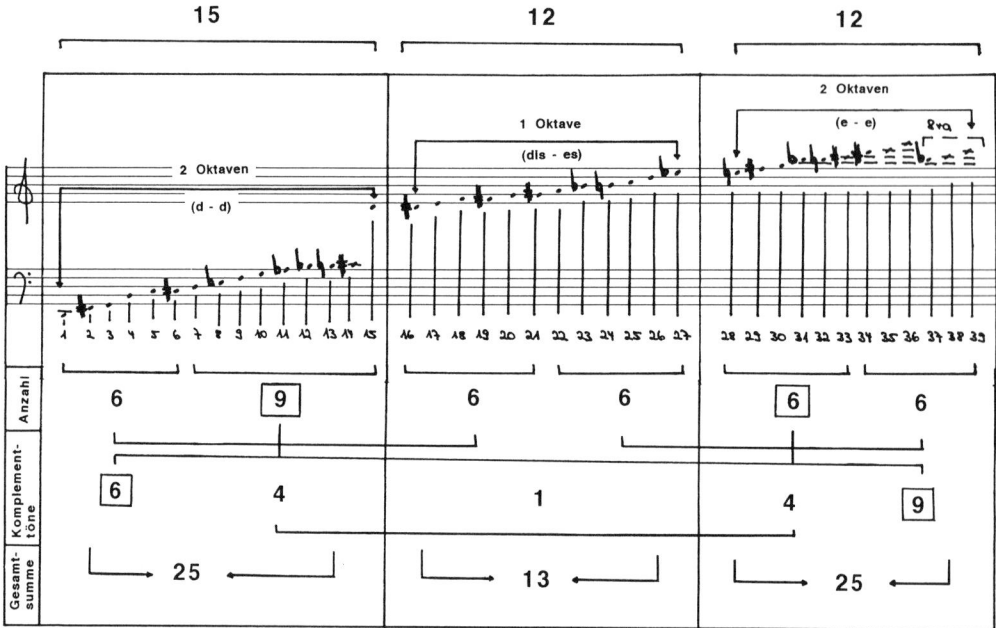

Abb. 3: Grundvorrat mit Diagramm zur Morphologie

Fazit:

1. Berios Grundvorrat (V) läßt sich durch verschiedene Analyseansätze beschreiben, ihre Ergebnisse verhalten sich jedoch keineswegs zueinander *kongruent*[7]. Die Morphologie des Grundvorrates (V) bleibt – wie viele Facetten in seinem musikalischen Denken – grundsätzlich *mehrdeutig*.
2. Obwohl der Grundvorrat (V) verschiedene Arten der Ordnung aufweist, bleibt der *modus generandi*, der unmittelbar zwingende Grund für die Auswahl des Einzeltons, in vielen Fällen verborgen: Zwar läßt die Entscheidung im nachhinein ein Argument erkennen, durch das sie sich nachvollziehen läßt, umgekehrt ist die konkrete Tonauswahl nur selten *prädikabel*.
3. Berios Unterteilungsdenken zeigt sich offenbar weniger von *dualen* Symmetrien bestimmt als von *proportionalen*, mitunter leicht in sich verschobenen Beziehungen der Teile. Seine Ordnung bleibt somit stets einem Prinzip der »*natürlichen Abweichung*« verbunden.
4. Obwohl der Grundvorrat (V) zunächst nur als eine Ansammlung von Tonhöhen zu verstehen ist, läßt die Auswahl der Akzidenzien bereits auf ein implizit melodisches »Zusammenhören« der Töne schließen. Berios musikalisches Denken scheint somit weniger vom abstrakten Status einzelner *Tonpositionen* als vom Zusammenhören bestimmter *Tonqualitäten* geleitet.

---

7 Gemeint ist, daß verschiedene Analyseansätze zu durchaus verschiedenen Ergebnissen gelangen, daß es also schwierig ist, von einer zentralen Konstruktionsidee des Grundvorrates zu sprechen.

5. Der Einzelton bleibt in Berios Vorordnung stets an eine bestimmte Oktavlage gebunden und ist von individuellem, unverwechselbarem Wert. Sein Tonverständnis unterscheidet sich darin maßgeblich von dem des seriellen Boulez, bei dem sich gleiche Töne in verschiedener Lage grundsätzlich auf eine gleiche, in der Reihe verankerte Tonqualität zurückführen lassen[8].

Komplementvorrat

In Ergänzung zum Grundvorrat (V) stellt Berio diejenigen Töne noch einmal gesondert auf, die in diesem ausgespart sind und erweitert den Ambitus in der Tiefe chromatisch bis zum *großen C* (tiefster Ton des Violoncellos). Es ergibt sich somit ein zweiter Vorrat (KV) (Abb. 4), bestehend aus 26 Tönen, der den Grundvorrat (V) chromatisch komplementiert.

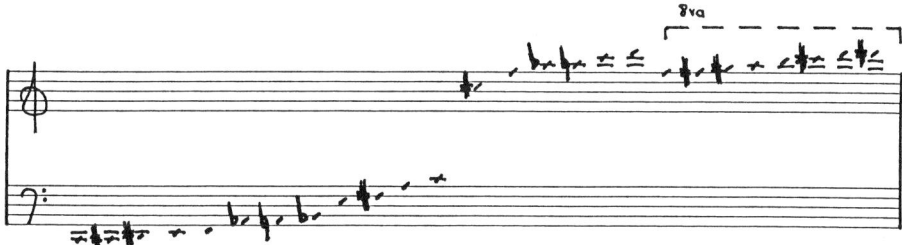

Abb. 4: Komplementvorrat

In ihrer Beschaffenheit unterscheiden sich Grund- und Komplementvorrat ((V) bzw. (KV)) deutlich voneinander: Während die Töne im Grundvorrat geradezu »linear« angeordnet sind und überwiegend im Sekund-, maximal Großterzabstand aufeinanderfolgen, teilt sich der Komplementvorrat, in dem die eingestrichene Oktave (bis auf das c^1) vollständig ausgespart bleibt, in zwei weit voneinander abspreizende Register. Während sich in (V) also noch ein »melodischer Bogen« erkennen läßt, bleiben die Zusammenhänge in (KV) auf die eher kurzatmigen Beziehungen innerhalb der einzelnen Registerflügel beschränkt. Mit dem Komplementvorrat, so läßt sich vermuten, formt Berio also nur ein »Nebenprodukt« aus, eine »Restmenge«, die beim vorrangigen Gewinnungsprozeß des Grundvorrats abgefallen ist, deren »konstruktive Ästhetizität« für ihn jedoch nur zweitrangig bleibt. Dennoch finden sich in (KV) erstaunliche Regularitäten (Abb. 5), die sich insbesondere aus dem Bezug auf die *Fibonacci-Reihe* (Abb. 6) erhellen lassen[9].

---

8 Vgl. hierzu György Ligeti: Pierre Boulez. Entscheidung und Automatik in der Structure Ia, in: Die Reihe, Informationen über serielle Musik, hg. v. Herbert Eimert unter Mitarbeit von Karlheinz Stockhausen, Bd. 4, Junge Komponisten, Wien, Zürich, London 1958, 38-63 [im folgenden abgekürzt: Ligeti, Entscheidung und Automatik]. Ligeti unterscheidet hier zwischen Tonqualitäten, die im Zwölftontotal verankert sind und Tonhöhen, die durch ihre Oktavbindung definiert sind.
9 Die asymmetrischen Proportionen der Fibonacci-Reihe haben, wie die Werke von Boulez, Pousseur u.a. zeigen, insbesondere in den späten 1950er und 60er Jahren große Resonanz bei der jüngeren Komponistengeneration gefunden.

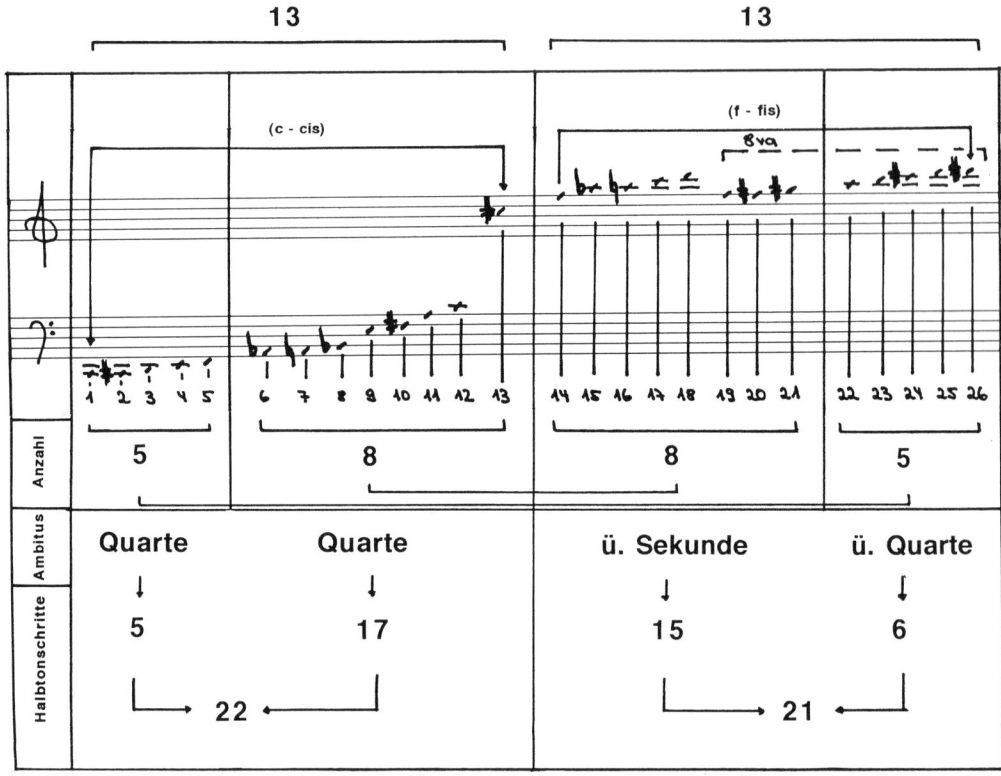

Abb. 5: Komplementvorrat mit Diagramm zur Morphologie

| 1 | 2 | 3 | 5 | 8 | 13 | 21 | 34 | 55 | 89 | usw. |

Abb. 6: Fibonacci-Reihe

Fazit:

1. Berio stellt den 39 Tönen seines Grundvorrats (V) 26 Töne des Komplementvorrats (KV) gegenüber. Die Proportionen beider Vorräte wie auch zahlreiche interne Gesetzmäßigkeiten lassen sich dabei auf die Fibonacci-Reihe zurückführen: $39 = 3 \times 13$, $26 = 2 \times 13$. Die Vorräte stehen somit im Verhältnis 3 : 2 zueinander.
2. Im Vergleich zum Grundvorrat (V) ist der Komplementvorrat (KV) deutlich zerklüftet. Berios musikalischen Denken läßt somit eindeutige Abhängigkeiten und Präferenzen zugunsten des Grundvorrats erkennen.

Teilvorräte, Gruppen, Komplementteilvorräte und Komplementgruppen

Teilvorräte und Gruppen

Im vorhandenen Grundvorrat (V) markiert Berio im folgenden fünf konzentrisch ausgreifende Teilvorräte (TV) (Abb. 7), die zwischen 8 und 20 Töne enthalten.

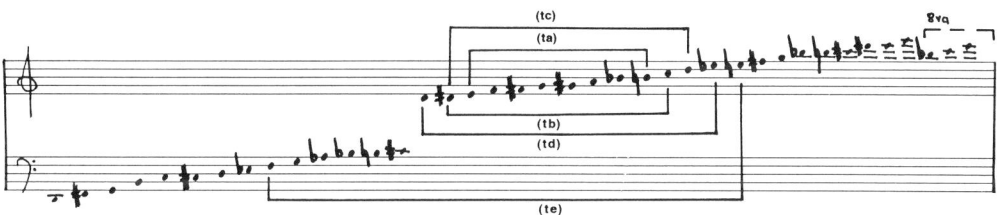

Abb. 7: Teilvorräte

In einem weiteren Arbeitsschritt greift er aus den so markierten Teilvorräten (ta) bis (te) je sechs[10] Töne heraus und bündelt sie zu einer *Gruppe* ((a) bis (e)). Die Anzahl der Gruppen wird im folgenden auf zwölf (Abb. 8) erweitert[11].

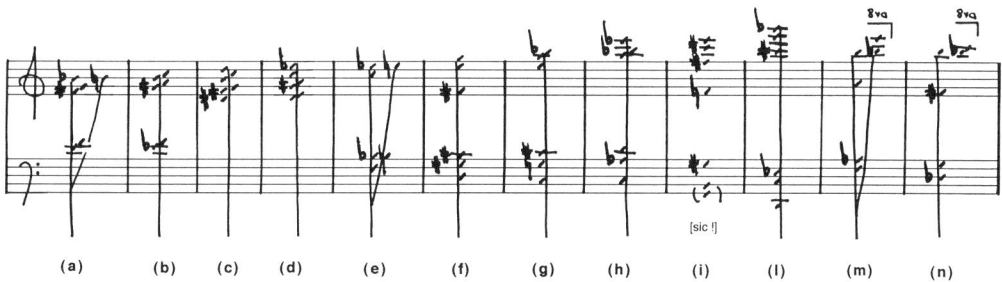

Abb. 8: Gruppen

Für die Gewinnung der Gruppen aus den Teilvorräten lassen sich die folgenden Gesetzmäßigkeiten erkennen:

1. Jede Gruppe besteht aus je sechs Tönen, von denen kein Ton wiederholt wird.
2. Die Rahmentöne jeder Gruppe sind festgelegt durch die Rahmentöne der entsprechenden Teilvorräte, aus denen diese gewonnen sind.
3. Die Gruppen sind durch mindestens einen und höchstens drei gemeinsame Töne miteinander verbunden.

---

10 Die Gruppen (i) und (l) enthalten je auch einen siebten, von Berio eingeklammerten Ton, der bei Bedarf einen der regulären Gruppentöne ersetzen kann. Auch diese Gruppen seien im folgenden als »Sechstongruppen« bezeichnet, da der hinzugefügte Ton nur als Alternativton zu verstehen ist.
11 Obwohl sich für die Gruppen (f) bis (l) in den Skizzen keine vormarkierten Teilvorräte finden, läßt sich für sie das gleiche Gewinnungsverfahren vermuten. Die Buchstaben »j« und »k« werden, da sie im Italienischen nur in Fremdwörtern gebräuchlich sind, von Berio ausgelassen. In Gruppe (i) hat Berio den Notenhals vergessen.

4. Von den Tönen, die in den Teilvorräten enthalten, in der entsprechenden Gruppe jedoch nicht vertreten sind, wird mindestens ein Ton in der darauffolgenden Gruppe nachgeholt[12].
5. Von Gruppe (a) bis (m) erweitert sich der Ambitus schrittweise nach oben[13]. Er wird in der letzten Gruppe (n) wieder zurückgenommen. Nach unten dehnt sich der Ambitus bis zur Gruppe (l) aus (zunächst in Tonschritten bzw. Tonwiederholungen, danach in Sprüngen) und setzt mit den Gruppen (m) und (n) im bereits erreichten tiefen Mittelregister wieder neu an.
6. Während die ersten Gruppen ganz der Mittellage entnommen sind und alle sechs Töne dicht beieinanderliegen, zerklüften die folgenden Gruppen zunehmend in zwei voneinander abspreizende Register.

Weiteren Aufschluß gibt auch die Intervallkurzschrift, mit der Berio die Intervallstruktur seiner Gruppen im Skizzenmaterial abkürzt (Abb. 9). An der Auflistung, wie oft die Intervalle (bzw. ihre Umkehrungen) in den Gruppen vorhanden sind, zeigt sich, daß er die Tonabstände nie, wie in der traditionellen Harmonielehre, vom jeweiligen »Grundton« aus bemißt, sondern daß er sie stets aus der Beziehung von einem Ton zum anderen ableitet (vgl. auch S. 31, Abb. 8)[14].

$$\begin{pmatrix} 4 & 2- \\ 1 & 3- \end{pmatrix} \begin{pmatrix} 2 & 2- \\ 2 & 2+ \\ 1 & 3- \end{pmatrix} \begin{pmatrix} 2 & 2- \\ 1 & 2+ \\ 1 & 3- \\ 1 & 3+ \end{pmatrix} \begin{pmatrix} 1 & 2- \\ 1 & 2+ \\ 2 & 3- \\ 1 & 3+ \end{pmatrix} \begin{pmatrix} 3 & 2- \\ 1 & 3- \\ 1 & 4 \end{pmatrix} \begin{pmatrix} 1 & 2+ \\ 1 & 3- \\ 2 & 4 \\ 1 & 4+ \end{pmatrix}$$

(a)　　　(b)　　　(c)　　　(d)　　　(e)　　　(f)

$$\begin{pmatrix} 1 & 2- \\ 1 & 3- \\ 1 & 4 \\ 1 & 4+ \\ 1 & 5 \end{pmatrix} \begin{pmatrix} 1 & 2- \\ 1 & 3+ \\ 1 & 4 \\ 1 & 4+ \\ 1 & 5 \end{pmatrix} \begin{pmatrix} 1 & 2- \\ 3 & 3- \\ 1 & 3+ \\ 1 & 5 \end{pmatrix} \begin{pmatrix} 1 & 2+ \\ 2 & 3- \\ 1 & 3+ \\ 2 & 4+ \end{pmatrix} \begin{pmatrix} 2 & 2- \\ 1 & 2+ \\ 1 & 3- \\ 1 & 4+ \end{pmatrix} \begin{pmatrix} 2 & 2- \\ 1 & 2+ \\ 1 & 4 \\ 1 & 4+ \end{pmatrix}$$

(g)　　　(h)　　　(i)　　　(l)　　　(m)　　　(n)

Abb. 9: Kurzschrift der Intervallstruktur der 12 Gruppen

Weiter zeigt sich, daß Berio die enharmonische Identität der Töne in den Gruppen (noch) nicht eindeutig festgelegt hat: In Gruppe (b) ist das *dis¹* aus dem Teilvorrat (tb) als *es¹* über-

---

12　Eine Ausnahme bildet die Gruppe (d): Von den sieben Tönen des Teilvorrates (td), die in der Gruppe (d) nicht berücksichtigt wurden, ist keiner in Gruppe (e) vertreten.
13　Von (a) bis (e) wird dieser um jeweils einen Ganztonschritt, von (e) bis (g) um eine kleine Terz, von (g) bis (m) in unregelmäßigen Tonsprüngen erweitert.
14　Für Gruppe (a) listet Berio z.B. vier kleine Sekunden und eine kleine Terz auf. (Die Zahl in der Klammer gibt das jeweilige Grundintervall an, d.h. 2 entspricht einer Sekunde, 3 einer Terz usw. Die Vorzeichen spezifizieren dieses Intervall jeweils als klein (-), groß (+) oder rein ( ). Im späteren Gebrauch werden Intervalle, die größer als eine Quart bzw. Quint sind, in ihrer Umkehrung erfaßt, d.h. eine kleine Sexte wird als große Terz registriert usw.). Die Reihenfolge der Intervalle wie auch ihre Stellung untereinander wird dabei nicht registriert.

nommen, das Intervall f^1-gis^1 wird in der Kurzschrift als kleine Terz erfaßt, was zwar dem klanglichen Resultat, nicht jedoch der Morphologie des Intervalls (übermäßige Sekunde) entspricht[15].

Fazit:

1. Berio schafft sich bei der Gewinnung der Gruppen ein Gefüge von Prämissen, aus denen sich – innerhalb seines eigenen Procederes – *unterschiedliche Grade der Entscheidungsfreiheit* ergeben. Zwar bedingen einzelne Gesetzmäßigkeiten nachdrücklich andere, das Resultat, die letztendliche Konfiguration der sechs Töne läßt sich dadurch jedoch nicht prädizieren[16]. Darüber hinaus weicht er auch dort, wo Leitlinien bestehen, immer wieder gezielt von ihnen ab (Prinzip der »*natürlichen Abweichung*«).
2. Auch in der freien Entscheidung, die nicht an eine Gesetzmäßigkeit gebunden ist, bleibt Berios Auswahl stets der rückversichernde Blick auf das Ganze abzuspüren: Obwohl die Töne des Teilvorrats (ta) auch in allen anderen Teilvorräten enthalten sind, gleicht er ihre mögliche Überrepräsentation bereits im Vorfeld aus[17]. Somit ergibt sich – trotz der unproportionalen Häufung einzelner Töne in den zwölf Teilvorräten – für die Gruppen eine verhältnismäßig ausgeglichene Verteilung.

Komplementteilvorräte und Komplementgruppen

Auch im Komplementvorrat (KV) finden sich zehn Markierungen, mit denen Berio je neun benachbarte Töne zu Teilvorräten zusammenschließt. Der erste Ton eines Vorrats wird im nächsten ausgelassen, der nächstfolgende neu hinzugenommen usw. Die Teilvorräte werden somit schrittweise verschoben und innerhalb ihres Registerbereichs permutiert. Mit dem cis^2 setzt Berio noch einmal neu an und bildet einen zweiten Permutationsablauf aus. Es ergeben sich somit die folgenden vier bzw. sechs Teilvorräte (Abb. 10).

---

15 Berio deutet übermäßige bzw. verminderte Intervalle in seiner Kurzschrift grundsätzlich um, wie auch Intervalle, die größer sind als eine Oktave, stets auf den Oktavraum zusammengestaucht werden. Weitere enharmonische Abweichungen finden sich in Gruppe (g) (das *kleine as* aus dem Tonvorrat wird in der Gruppen zum *kleinen gis*), in (h) (*dis³* wird zu *es³*), (i) (*kleines as* statt *gis*) und (n) (*kleines cis* wird zu *des*). Daß er fünf Töne enharmonisch umschreibt, mag sich ggf. auch aus der besseren Handhabbarkeit innerhalb der Gruppenharmonik erklären, ebenso die enharmonische Umdeutung der übermäßigen Sekunde in die kleine Terz. Erstaunlich bleibt jedoch, daß das a^2 aus den Gruppen (g) und (h) im Grundvorrat (V) nicht enthalten ist, sondern von Berio im Proceß der Gruppenbildung frei hinzugefügt wird. Unklar bleibt auch, warum er einzelne Quinten in der Kurzschrift als Quinten, andere als ihre Umkehrung, die Quarte, registriert. In Gruppe (l) hat Berio sich schlichtweg verzählt: Statt der von ihm kurzgeschriebenen großen Terz findet sich dort eine zweite kleine Sekunde.
16 Berio schafft sich mit der Einrichtung der Teilvorräte zunächst einen losen Rahmen: In jeder Gruppe dürfen nur die Töne vorkommen, die im entprechenden Tonvorrat definiert sind. Hinzu treten zwei Gesetze, die sich rückwirkend aus dem Gruppenbestand ableiten lassen: Die Rahmentöne der Teilvorräte bleiben erstens in den Gruppen als Rahmentöne erhalten, zweitens darf sich kein Ton innerhalb einer Gruppe wiederholen. Von den sechs Tönen, die jede Gruppe enthält, bleiben also noch vier weitere aus dem entsprechenden Teilvorrat auszuwählen. Ihre Auswahl gestaltet sich frei.
17 Der Ton b^1 ist beispielsweise in allen zwölf Teilvorräten enthalten, wird aber nur ein einziges Mal (in Gruppe (a)) berücksichtigt, das b^3 ist in nur drei Teilvorräten vorhanden, ist aber in allen drei Gruppen ((l), (m) und (n)) vertreten.

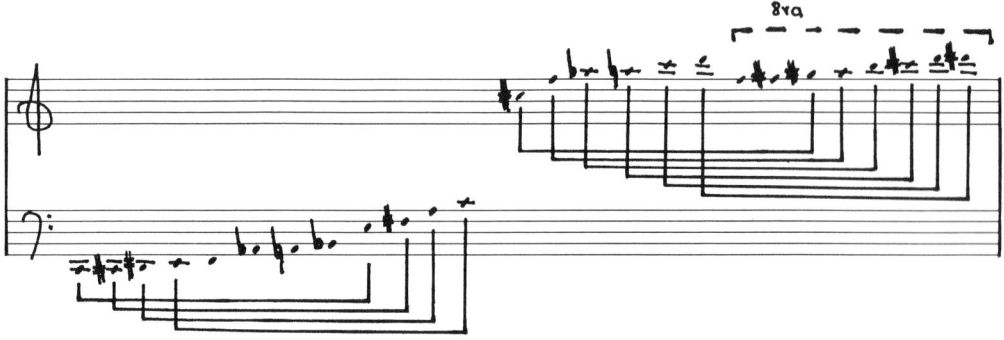

Abb. 10: Komplementteilvorräte

Ob Berio auch hier – ähnlich wie beim Grundvorrat (V) – ursprünglich noch von der Absicht geleitet war, die Teilvorräte weiter zu Gruppen zusammenzuschließen, darüber läßt sich nur spekulieren[18]. Ausgeführt hat er einen solchen Arbeitsgang (in den vorliegenden Skizzen) jedenfalls nicht. Dennoch finden sich in den späteren Skizzen zwölf Komplementgruppen, die sich relativ schlüssig in den Gesamtkontext einfügen. Ihre Gewinnung läßt sich, so zeigen die Skizzen, nicht auf die Komplementteilvorräte zurückführen, sondern erfolgt – auch dies mag als Berio-typisch erscheinen – aus einer anderen Quelle, den Gruppen: In den Skizzen PSS 146-0464 bis 146-0467 (ohne Abb.) listet er jede Gruppe in chronologischer Folge der sechs Töne von unten nach oben auf. Die sechs fehlenden Töne, die die Gruppe zum 12-Ton-Total ergänzen, stellt er den Gruppen nach (Komplementgruppen) und markiert sie zusätzlich durch eine Klammer. Während die Grundgruppen in immer weiter abspreizende Register zerfallen, werden die Komplementgruppen stets auf die eingestrichene Oktave zurückgestaucht (Abb. 11).

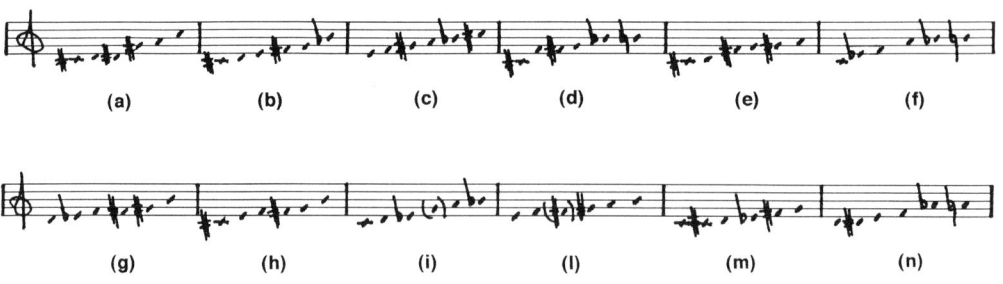

Abb. 11: Grund- und Komplementgruppen

---

18 Wie die Teilvorräte (TV), so haben auch die Teilkomplementvorräte (TKV) in die spätere Komposition keinen Eingang gefunden. Da auch die Teilvorräte nur als Zwischenprodukte verbleiben, die die Ausgangsbasis für weiterführende Operationen bilden, läßt sich ein ähnlicher Übergangsstatus auch für die Teilkomplementvorräte vermuten. Daß Berio einzelne Verfahrensschritte ansetzt, sie jedoch nicht immer auch (komplett) ausführt, läßt sich auch in anderen Arbeitszusammenhängen beobachten.

Spreizgruppen und Spreizgruppenkomplemente

Spreizgruppen

In einem nächsten Schritt stellt Berio eine alternative Version der zwölf gefundenen Sechstongruppen auf. Indem er die Reihenfolge der einzelnen Töne beibehält[19], diese jedoch über mehrere Oktaven hinweg spreizt bzw. zusammenstaucht, ergeben sich die folgenden zwölf, von den Gruppen abgeleiteten Spreizgruppen (Abb.12).

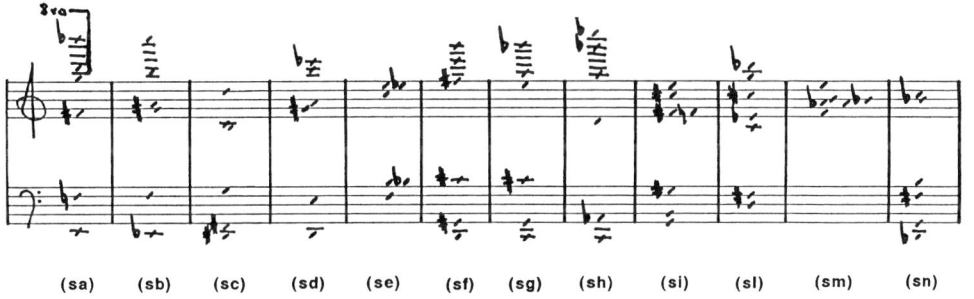

Abb. 12: Spreizgruppen

Mit der Oktavierung, die sich durch die Spreizung bzw. Stauchung ergibt, finden sich in den Spreizgruppen nun auch Töne, die nicht mehr auf den Grundvorrat (V) zurückgeführt werden können, sondern dem Komplementvorrat (KV) entnommen sind[20]. Berio hebt damit den bislang praktizierten Grundsatz auf, daß das im Grundvorrat aufgestellte Material grundsätzlich erhalten bleibt, daß es im Rahmen der Materialvorordnung jedoch stets weiter spezifiziert und geordnet wird.

Fazit:

1. Auch bei der Gewinnung der Spreizgruppen zeigt sich, daß Berios konstruktiver Wille vorrangig vom musikalischen Denken in *Vorräten und Mengen* bestimmt ist: Wie der Gruppenvorrat (V) die Menge aller Töne darstellt, aus der die Teilvorräte ausgewählt werden, so bilden die Teilvorräte wiederum eine Menge, aus der die Gruppen gewonnen werden.
2. Mit der Spreizung der zwölf Gruppen richtet Berio sich einen alternativen Materialverband ein, der die Gruppen im späteren Prozeß ersetzen bzw. ergänzen kann *(Substitutivität)*.

---

19 Eine Ausnahme bilden die Gruppen (sa) und (sm), bei denen die Töne *b* und *h* in der Spreizversion (versehentlich?) vertauscht worden sind.
20 Es sind dies die Töne *großes C* in den Gruppen (sg) und (sh), *großes Des* (sn), *großes Es* (sb), *großes E* (sa), *kleines e* (sa), *kleines fis* (sl), (sn), *c¹* (sc), (sl), *cis²* (si), (sl), *a²* (sg), (sh), *c³* (sa) und *es⁴* (sh). – Darüber hinaus gehen sieben Töne nicht in die Spreizgruppen ein, die im Grundvorrat jedoch enthalten sind (*kleines c, kleines cis, kleines es, e¹, g¹, cis³* und *e⁴*).

Spreizgruppenkomplemente

Neben den Spreizgruppen listet Berio im folgenden auch diejenigen Töne auf, die in der jeweiligen Spreizgruppe nicht enthalten sind. Diese werden auf eine bestimmte Oktavlage festgelegt (Gruppen (ska) bis (skf)) oder aber – nach Vorbild der Spreizgruppen – über mehrere Register hinweg gespreizt ((skg) bis (skm))[21] (Abb. 13):

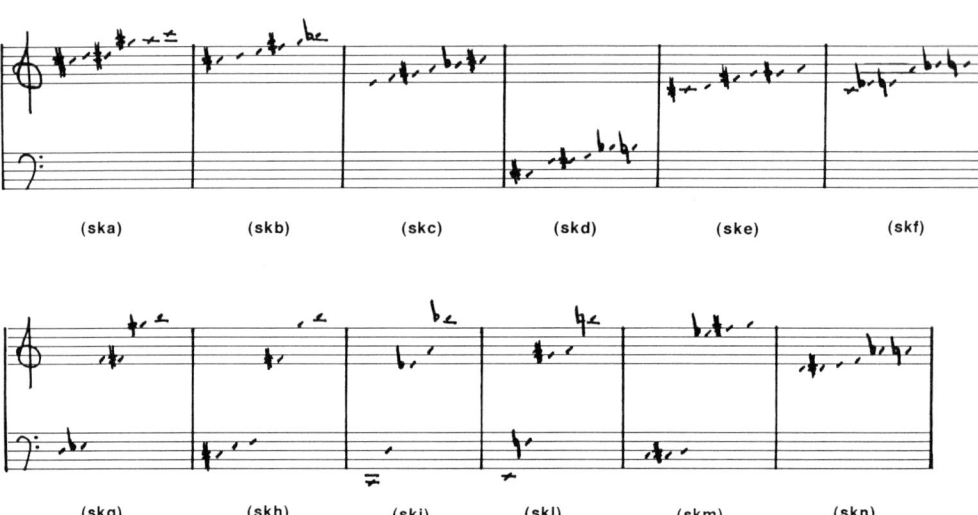

Abb. 13: Spreizgruppenkomplemente

---

21 In den Gruppen (sg), (sh) und (sm) umfaßt der Ambitus der Spreizgruppen auch den der Spreizgruppenkomplemente, in den Gruppen (ski) und (skl) verhält sich dies genau umgekehrt. Eine Ausnahme bildet die Gruppe (f), in der Berio die Töne e^1 und g^1 im Spreizgruppenkomplement alternativ setzt: Den sechs Tönen der Spreizgruppe stehen somit sieben Töne im Spreizgruppenkomplement gegenüber (der Ton e kommt in beiden in verschiedenen Lagen vor). Während die Spreizgruppen vorrangig Töne aus dem Grundvorrat (V) sowie einzelne Töne aus dem Komplementvorrat (KV)) enthalten, läßt sich dieses Verhältnis für die Spreizgruppenkomplemente keineswegs umkehren: Da die Oktavlage bei der Komplementierung von (ska) bis (skf) festgelegt ist, bilden hier nicht mehr die (Teil-)Vorräte bzw. Gruppen den Ausgangspunkt, sondern die zwölf Töne des chromatischen Totals. Ähnliches gilt offensichtlich auch für (skg) bis (skm): Betrachtet man die Reihenfolge, mit der die Töne eintreten, so zeigt sich, daß die chromatische Ordnung – im Gegensatz etwa zu den Spreizgruppen – über die Oktavlagen hinweg erhalten bleibt (der Ton d ist innerhalb einer Gruppe also stets tiefer gestellt als der Ton es, das h stets höher als das b usw.).

☐ ZUSAMMENFASSUNG

Berios Aufstellung und Vorordnung der Tonhöhen vollzieht sich in mehreren, dezidert auseinander hervorgehenden Schritten. In ihr richtet er sich mehrere, teils voneinander abhängige Tonvorräte ein, die sich zu einem hierarchisch gegliederten Gefüge verschiedener Mengen zusammenschließen (Abb. 14).

Ausgangspunkt ist zunächst *Grundvorrat (V)*. Es bleibt zu vermuten, daß auch ihm ein relativ aufwendiges, letztlich jedoch nicht bekanntes Gewinnungsverfahren vorausgegangen ist. In einem ersten Schritt wird Grundvorrat (V) durch einen *Komplementärvorrat (KV)* ergänzt. Aus diesen Vorräten werden im folgenden fünf bzw. zehn *Teilvorräte (TV)* bzw.*(TKV)* herausgegriffen: Während die Teilvorräte des Grundvorrats (V) weiterverarbeitet werden, verbleiben die des Komplementvorrats (TKV) lediglich als Zwischenprodukte, die Berio im folgenden nicht mehr weiterentwickelt. Aus den Teilvorräten (TV) selektiert er im folgenden zwölf *Gruppen (G)*. Aus ihnen leitet er, durch die oktavgebunde Ergänzung innerhalb des 12-Ton-Totals, zwölf *Komplementgruppen (KG)* ab. Auch die zwölf *Spreizgruppen (SG)* werden direkt aus den Gruppen gewonnen, indem diese auf verschiedene Weise auseinandergezogen bzw. zusammengestaucht werden. Den Spreizgruppen stellt Berio im folgenden zwölf *Spreizkomplementgruppen (SKG)* gegenüber, die diese jeweils zum chromatischen Total ergänzen.

Schließlich richtet Berio sich, wie im folgenden noch zu sehen ist, die sechs Töne der Gruppen (G) zu verschiedenen Instrumentationsvorräten (IV) ein (vgl. S. 42–47). Sie sind nur schwerlich mit den anderen Formationen zu vergleichen und bilden einen relativ eigenständigen Materialkomplex.

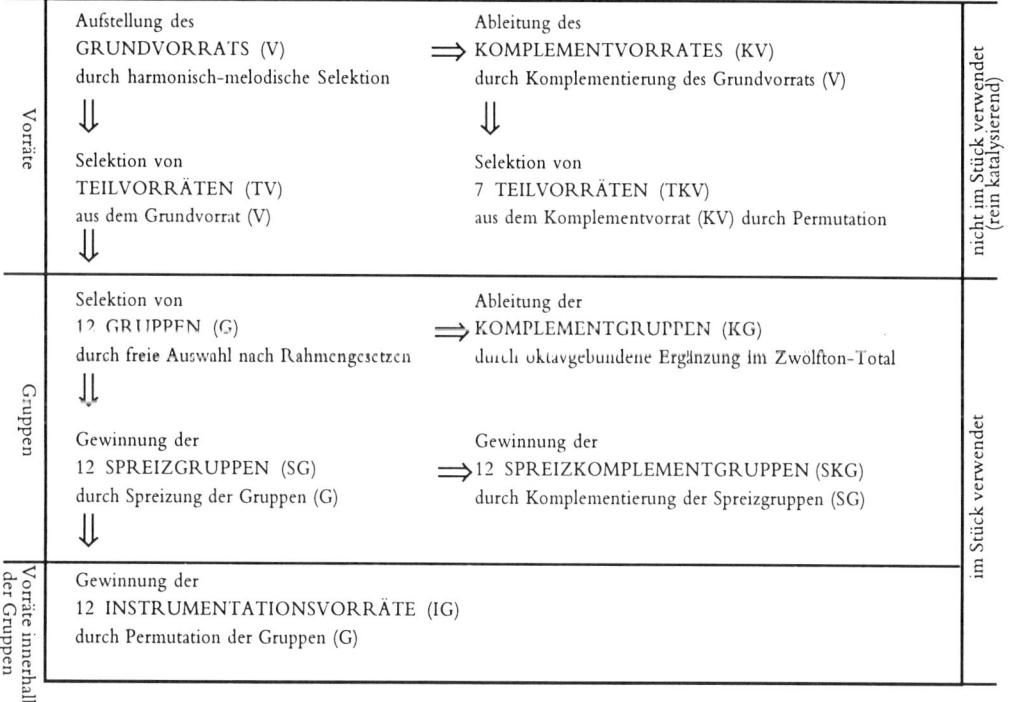

Abb. 14: Übersicht über das Procedere bei der Gewinnung der Tonhöhen

Berios Tonhöhenprädisposition läßt somit die Einrichtung von *Vorräten* und *Gruppen* erkennen. Wie die Analyse von *Sincronie* zeigt (vgl. S. 85–164), verbleiben die Vorräte dabei nur als *Zwischenprodukte*, d.h. als *Katalysatoren*, die für die Gewinnung der Gruppen benötigt werden, in der Komposition selbst jedoch nicht mehr (bzw. nur noch am Rande) erscheinen[22]. Demgegenüber macht Berio die Gruppen (G) bereits innerhalb seiner Tonhöhenvorordnung zum zentralen Angelpunkt, von dem ausgehend die Komplement- (KG) und Spreizgruppen (SG) wie auch die Instrumentationsvorräte (IV) gebildet werden. Sie werden, so wird sich zeigen, das Werk auch in seiner harmonischen und formalen Anlage bestimmen.

TONDAUERN

Im Gegensatz zur Voraufstellung der Tonhöhen, die Berio in seinen Skizzen erstaunlich umfangreich, in mehreren Arbeitsschritten und verhältnismäßig detailliert entfaltet, gibt es zur Prädisposition der Tondauern nur eine knappe, nicht allzu vielschichtige Aufzeichnung. Sie zentriert sich auf die nachstehende Folge von sieben Dauernwerten.

Abb. 15: Prädisposition der Tondauern

Sieht man vom siebten Dauernwert, dem Achtelvorschlag (der nicht als rationale Zahl dargestellt werden kann) einmal ab, so ergibt sich für die Beziehung unter den Dauern das folgende Verhältnis:

$$\frac{1}{48} : \frac{1}{40} : \frac{1}{32} : \frac{1}{24} : \frac{1}{16} : \frac{1}{8}$$

$$= 6 : 5 : 4 : 3 : 2 : 1$$

Abb. 16: Proportionsschema der Dauernwerte

In einem zweiten Schritt ordnet Berio jedem Dauernwert zwei Intervalle zu, die sich komplementär zur kleinen Sexte ergänzen (Abb. 17).

---

22 Eine Ausnahme bilden die Instrumentationsvorräte (IV), die einen durchaus eigenen Komplex bilden und mit den anderen Vorräten nicht unbedingt verglichen werden können.

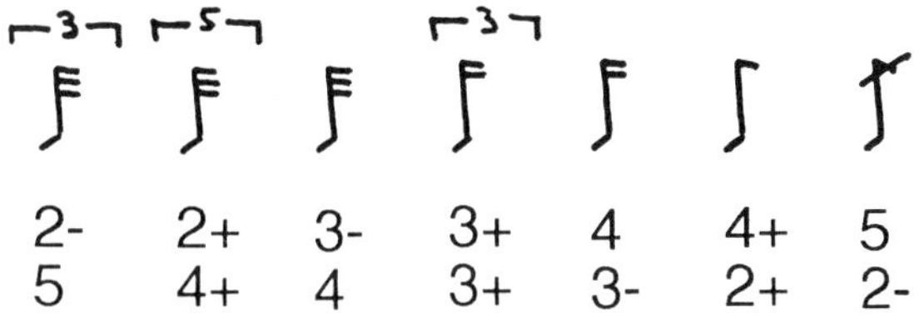

```
 ┌3┐ ┌5┐     ┌3┐
  ♪   ♪   ♪   ♪   ♪   ♪   ♪
  2-  2+  3-  3+  4   4+  5
  5   4+  4   3+  3-  2+  2-
```

Abb. 17: Zuordnung Tondauern-Intervalle

Berio ordnet seinen Tondauern hier keine diskreten Tonhöhen zu, sondern Intervalle, d.h. relative Beziehungen zwischen Tonhöhen. Jedes Intervall kommt genau zweimal vor, umgekehrt werden jedem Intervall genau zwei Dauern zugeordnet. Während die Verbindung von Tondauern und Tonhöhen zunächst noch an bestimmte Praktiken aus der seriellen Musik erinnert, zeigt Berio hier jedoch durchaus eigenständige Züge: Zwar gestaltet sich die Auswahl und Abfolge der Dauern nach einem bestimmten Prinzip (die Elemente 1 bis 6 stehen im Verhältnis 6 : 5 : 4 : 3 : 2 : 1 zueinander), auch wird die Zuordnung der Tonhöhen zu den Tondauern auf ähnlich systematische Weise organisiert (progrediente Abfolge der Intervalle kleine Sekund bis Quinte, ergänzt durch den Rücklauf von der Quinte bis zur kleinen Sekund). Für die konkrete Auswahl läßt Berio sich jedoch durch die doppelte Zuordnung (zwei Intervalle pro Tondauer, zwei Tondauern pro Intervall) in jeder Entscheidungssituation eine begrenzte Anzahl von Wahlmöglichkeiten offen. Auch hier zeigt sich, daß Berio sich nur ungern einem von außen gesetzten Automatismus unterwirft, der ihn der Freiheit, sich im entscheidenden Moment eben doch in irgendeiner Form (anders) entscheiden zu können, enthebt. Der individuelle Spielraum, der sich für den späteren Kompositionsprozeß aufspannt, bleibt dabei nicht allein auf jene Aspekte beschränkt, die hier von seiner Prädisposition ausgenommen sind (Dichte, Kontingenz, musikalische Textur u.ä.), stattdessen erheben sich bereits hier – im Detail der Prädisposition – zahlreiche »Freiräume«, aus denen sich alternative Wahlmöglichkeiten entfalten lassen. Unter seriellem Blickwinkel entzieht sich Berios Dauernaufstellung mitunter gar einigen Aspekten der Kritik, wie insbesondere Ligeti sie (exemplarisch für die Dauernreihe von Boulez' *Structure Ia*) formuliert hat[23]:

1. Berio verzichtet auf einen rhythmischen Grundwert, aus dem sich die Dauernreihe additiv zusammensetzt[24]. Stattdessen verknüpft er die Glieder durch feste Proportionsverhältnisse.
2. Die Dominanz langer Notenwerte wird vermieden (als längster Dauernwert tritt lediglich ein Achtel (bzw. ein Achtelvorschlag) in Erscheinung).
3. Berios Aufstellung von sieben Dauernwerten läßt sich weder aus der Anzahl noch aus den Proportionen ableiten, die bereits an anderer Stelle für die Tonhöhen eingerichtet worden

---

23 Vgl. Ligeti: Entscheidung und Automatik, 41. Die dort grundgelegte Reihe geht wiederum auf die Division I von Messiaens *Modes de valeurs* zurück.
24 Der Ausgangspunkt von einem solchen Grundwert war in Boulez' *Structure Ia* gerade deshalb unter Kritik geraten, weil die Verdichtung von zentralen Tableaus (Tonika, Gravitationsschwerpunkt, rhythmische Grundgröße o.ä.) als autoritär empfunden wurde.

sind[25]. Die »funktionslose Transplantation«, wie Ligeti sie als das »Unorganische« im seriellen Denken kritisiert, wird dabei also vermieden[26].

Fazit:

1. Im Gegensatz zur Prädisposition der Tonhöhen bleibt die Aufstellung der Tondauern für Berio von nur untergeordneter Bedeutung. Gleichwohl lassen sich auch hier Ansätze aufzeigen, wie sie an keiner anderen Stelle zu finden sind: Indem Berio die Dauernwerte proportional miteinander vernetzt, indem er sie sodann mit bestimmten Intervallen in Beziehung setzt, scheint er sie für eine serienartige Verwendung geradezu zurichten zu wollen[27].
2. Die Dauernwerte, die Berio hier aufstellt, sind relativ klein (kleiner/gleich einem Achtel). Demgegenüber erweist sich das Dauernvorkommen in *Sincronie* jedoch ausgesprochen vielfältig (Viertel, punktierte Werte, Halbe, Ganze, space durations u.a.). Die hier aufgestellte Vorauswahl wird im Werk also – auch dies mag Berio-typisch erscheinen – umfassend gesprengt.
3. Berios Dauernaufstellung zeigt, daß er das klingende Resultat (Vermeidung übermäßiger Längen, Ausgewogenheit der Dauern) stets im Blick behält. Im Mittelpunkt steht für ihn nicht die Ästhetizität der Struktur, sondern das sinnlich nachvollziehbare Klangereignis.

GESTEN/ARTIKULATION

In der folgenden Aufstellung listet Berio fünf kleingliedrige Gesten auf, die mit Anweisungen zur Artikulation, zur Kontaktstelle des Bogens, der Artikulation der Griffhand, zu Pizzicato-Einsätzen der rechten Hand und zur Verwendung des Dämpfers versehen sind. Jedes dieser fünf Glieder (Geste plus Klangfarbe) erhält im folgenden einen Kennbuchstaben (a bis e)[28], mit dem die Anordnung mitunter auch permutiert wird (Abb. 18).

---

25   Berios Materialprädisposition geht hier tatsächlich von Tonhöhen aus (die Oktavreferenz bleibt im wesentlichen gewahrt), wohingegen bei Boulez aufgrund der Transponierbarkeit der Ausgangswerte nur von Tonqualitäten gesprochen werden kann.
26   Vgl. Ligeti: Entscheidung und Automatik, 41.
27   Obwohl die Dauernfolge hier eine serialistische Umsetzung vermuten läßt, kommt diese in *Sincronie* nur bruchstückhaft zur Anwendung.
28   Die hier verwendeten Kennbuchstaben dürfen dabei nicht mit der Bezeichnung der Gruppen verwechselt werden: Wie die Analyse zeigt, läßt sich die Vermutung, daß Berio den Einheiten hier nach seriellem Vorbild harmonische Gruppen zugeordnet haben könnte, nicht bestätigen.

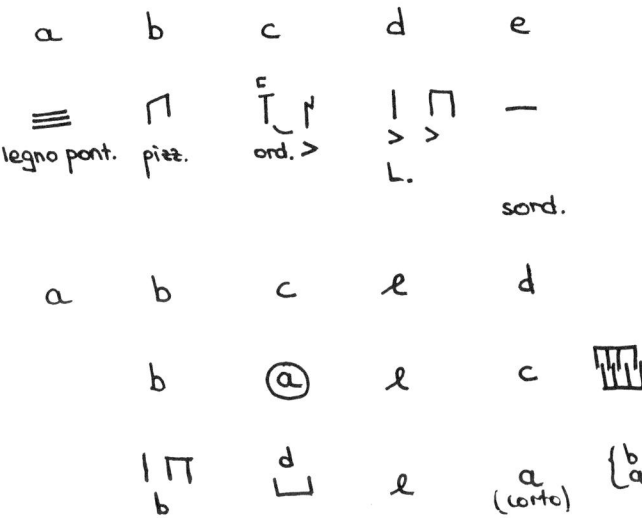

Abb. 18: Gesten/Artikulation

Berios Aufstellung besteht aus zunächst fünf Gliedern, wobei jeder Geste genau eine Spielanweisung bzw. Artikulationsart zugeordnet ist[29]. Die Glieder werden so zu kleinen »Klanggesten« zusammengeschlossen[30], die in sich bereits musikalisch »durchgeformt« sind. Offen bleibt jedoch, ob Berio diese Aufzeichnung tatsächlich als Vorordnung (im Sinne einer prädisponierenden Aufstellung) verstanden hat: Da sie sich im Werk nur an einer einzigen Stelle einlöst (vgl. S. 68) und dort nahezu unverändert übernommen wird, scheint denkbar, daß er sie von Anfang an nur als Partialskizze, d.h. als eine Art »Merkaufzeichnung« verstanden hat, die für einen späteren, relativ konkret bestimmten Werkzusammenhang vorgesehen war. Eine *katalysierende* Funktion, wie für ein Prädisponens zu erwarten, hat diese Aufstellung indessen nie übernommen.

---

29 Daß es sich hier, wie Gartmann vermutet, um eine serielle Koordination der Spielanweisungen handelt, läßt sich aus der Werkanalyse nicht bestätigen. Darüber hinaus ist die Koordination der Spielanweisungen mit den Gesten in Skizze PSS 146-0469 unmittelbar im Werkzusammenhang ersichtlich. Gartmanns These scheint überdies auch aus praktischen Erwägungen weniger evident (ein Tremolo mit dem Holz auf dem Steg, das sich hieraus als Spielart ergäbe, ist kaum wirkungsvoll, ein detaché-gestrichenes Pizzicato ist schlechterdings unmöglich) (vgl. Gartmann: Dass nichts, 22).
30 Berios Vorgehen unterscheidet sich hierin von jener Praxis des Serialismus, in der einzelne Parameter zunächst voneinander abgespalten werden, um schließlich durch ein internes Proportionsgefüge wieder aufeinander rückzubezogen zu werden.

INSTRUMENTATION

Im nun folgenden Schritt stellt Berio mehrere Instrumentationsvorräte (IV) auf: In ihnen werden die sechs Töne einer Gruppe auf verschiedene Weise auf die vier Streicher verteilt, so daß der jeweils gleiche Sechsklang stets neu instrumentiert wird. Die (vorgeordneten) Tonhöhen werden hier also speziell für die Streichquartett-Besetzung eingerichtet, innerhalb deren die sechs Gruppentöne nach stets wechselnden Gesetzmäßigkeiten permutieren. Die klanglichen Möglichkeiten, die die Quartett-Besetzung bietet, werden damit bereits im Vorfeld ausgelotet.

Berios Permutations-Modus ergibt sich dabei wie folgt: In den Vorräten (ia) bis (id) (Abb. 20) werden die sechs Töne auf jeweils drei Instrumente verteilt (3 mal 2 Töne im Doppelgriff), das vierte Instrument pausiert. In jeder Einrichtung sind alle sechs Töne genau einmal vertreten[31]. In den Vorräten (ia) bis (ic) wechseln sich je zwei Instrumente mit dem Pausieren ab (in (ia) die beiden Violinen, in (ib) Primgeige und Violoncello, in (ic) die beiden tiefen Streicher). Aufschlußreich ist dabei, daß Berio das Alternierungsschema von (ia) in (ib) spiegelförmig übernimmt (Ausnahme: die letzten beiden Einrichtungen), daß die entsprechenden Instrumente also nach dem gleichen Modus pausieren (Abb. 19):

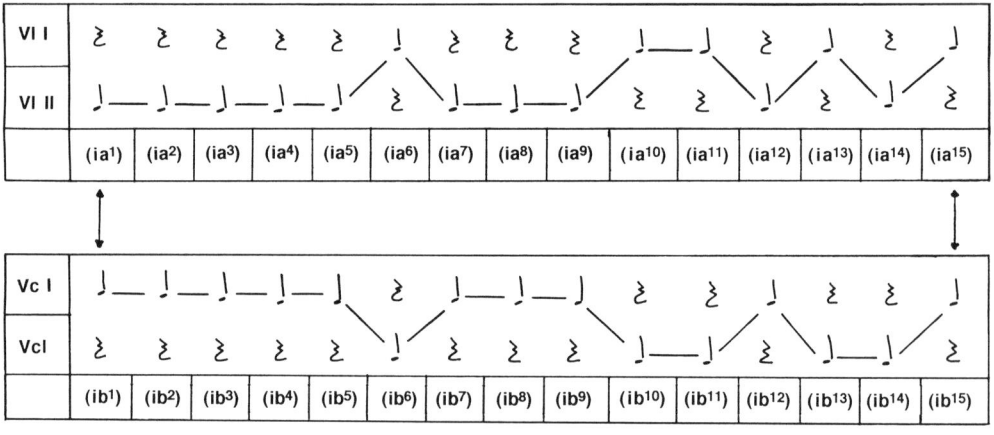

Abb. 19: Schema der Pausenalteration

---

31 Eine Ausnahme bildet die Variante (ia⁸) (vgl. Abb. 20a, S. 43), bei der in der ersten Violine zwei Töne aus dem Komplement (ka) hinzugefügt worden sind, wie auch (ib⁷) (zwei zusätzliche Töne in der Viola aus (kc)). Hier liegen also jeweils *acht* statt *sechs* Töne vor. Gegenüber den Gruppen (G) zeigt sich, daß einzelne Töne bei der Übertragung auch enharmonisch umgeschrieben werden, daß die gleichen Töne an anderer Stelle jedoch auch in originaler Schreibweise präsent sind (vgl. (ia⁵): Vcl jetzt *ais¹* statt *b¹*; (ia¹¹): Vla *ais¹* statt *b¹*; (ia¹²): Vla *ges¹* statt *fis¹*; (ia¹³): Vcl *ges¹* statt *fis¹*; (ib³): Vla *gis¹* statt *as¹*; (ib⁹): Vl I *gis¹* statt *as¹*; (ib¹⁰): Vl II *gis¹* statt *as¹*; (ib¹¹): Vl II *gis¹* statt *as¹*; (ib¹²): Vcl *gis¹* statt *as¹*; (ic¹): Vl II *es¹* statt *dis¹*; (ic²): Vl I *es¹* statt *dis¹*; (ic⁴): Vcl *es¹* statt *dis¹*; (ic⁵): Vl I *es¹* statt *dis¹*; (ic⁶): Vla *es¹* statt *dis¹*; (ic⁸): Vl I *es¹* statt *dis¹*; (id¹): Vl I *as¹* statt *gis¹*; (id³): Vl II *es²* statt *dis²*; (id³): Vla *as¹* statt *gis¹*; (id⁴): Vl II *es²* statt *dis²*; (id⁸): Vla *dis²* statt *es²*; (id⁹): Vl I *as¹* statt *gis¹*; (id¹¹): Vl II *dis²* statt *es²*; (id¹³): Vl II *as¹* statt *gis¹*). In Variante (id⁴) ist Berio offenbar ein Übertragungsfehler unterlaufen: Während das *c²* fehlt, ist das *a¹* doppelt vorhanden. – Bratschen- und Celloschlüssel wurden in Abb. 20 von der Verfasserin in den Violinschlüssel übertragen.

Prädisposition des musikalischen Materials 43

(ia¹) (ia²) (ia³) (ia⁴) (ia⁵) (ia⁶) (ia⁷) (ia⁸) (ia⁹) (ia¹⁰) (ia¹¹) (ia¹²) (ia¹³) (ia¹⁴) (ia¹⁵)

(ib¹) (ib²) (ib³) (ib⁴) (ib⁵) (ib⁶) (ib⁷) (ib⁸) (ib⁹) (ib¹⁰) (ib¹¹) (ib¹²) (ib¹³) (ib¹⁴) (ib¹⁵)

(ic¹) (ic²) (ic³) (ic⁴) (ic⁵) (ic⁶) (ic⁷) (ic⁸) (ic⁹) (ic¹⁰) (ic¹¹) (ic¹²) (ic¹³) (ic¹⁴) (ic¹⁵)

(id¹) (id²) (id³) (id⁴) (id⁵) (id⁶) (id⁷) (id⁸) (id⁹) (id¹⁰) (id¹¹) (id¹²) (id¹³) (id¹⁴) (id¹⁵) (id¹⁶) (id¹⁷)

Abb. 20a: Instrumentationsvorräte (ia) bis (id)

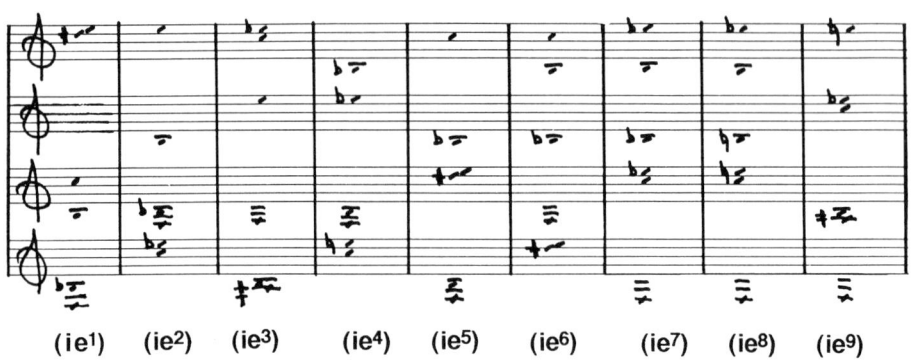

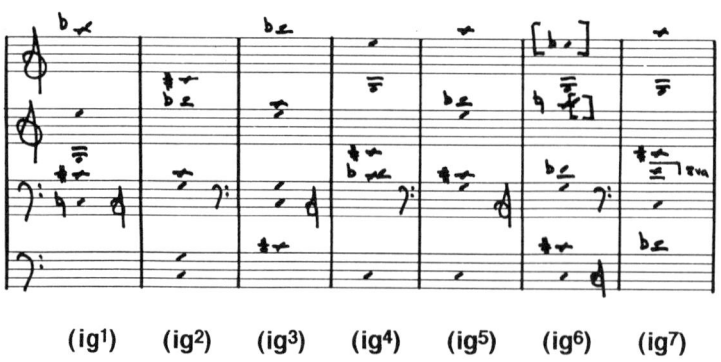

Abb. 20b: Instrumentationsvorräte (ie) bis (ig)

Für die Vorräte (ie) bis (in) entwickelt Berio verschiedene Kriterien, nach denen er die Töne auf die vier Instrumente verteilt: In ihnen sind alle vier Instrumente mit einem oder zwei Tönen repräsentiert[32], gleichzeitig reduziert sich die Anzahl der Permutationen auf zehn oder weniger, in (gl) und (gm) auf nur vier[33]. Darüber hinaus finden sich enharmonische Umschriften[34], Alternativtöne, die bereits in den Gruppen grundgelegt worden sind und nun zur Anwendung kommen, neue, aus fremden Materialvorräten entnommene Töne (»punktuelle Mutationen«), aber auch mutmaßliche Flüchtigkeiten, die sich gleichwohl als fester Bestandteil in Berios Handschrift etabliert haben[35]. In Ergänzung zu den bereits vorgestellten Vorräten (ia) bis (id) (vgl. Abb. 20, S. 43) ergeben sich für (ie) bis (in) somit die folgenden Instrumentationsvorräte (Abb. 21)[36].

Berio ordnet den Instrumentationsvorräten bereits konkrete Spielanweisungen zu (sul ponticello, senza vibrato, sul tasto, glissando, tremolo etc.), daneben finden sich dynamische Bezeichnungen, Angaben, auf welcher Saite zu spielen ist, wie auch Notizen, die bereits auf die kompositorische Umsetzung abzielen (»Durata breve | pppp in 1 arcata«, »Ritmico«, »raddopiate da un pizz« u.a., vgl. PSS 146-0464 bis 146-0467). Diese Aufstellung reicht schließlich so weit (es fehlt nur noch die rhythmische Festlegung der Klänge bzw. ein übergeordneter Plan, wie die Gruppen aufeinander abfolgen), daß Berio sie nahezu vollständig – wenn auch in permutierter Form – in die spätere Partitur übernimmt (vgl. *Sincronie*, zwei Takte vor Ziffer 32 bis Ziffer 35 Ende, vgl. auch S. 153f. bzw. 57f.).

Mit der Ausformung der Instrumentationsvorräte hat Berio das Stadium des Prädisponierens also schon fast überschritten: Dadurch daß er die vorgeformten Vorräte in der späteren Komposition nahezu unverändert übernimmt (sie werden nur noch rhythmisiert), läßt sich seine Vorordnung schon fast als eine Partialskizze verstehen, in der die konkrete Austextierung unmittelbar vorbereitet ist. Darüber hinaus bleiben die Instrumentationsgruppen auch als Vorräte erhalten: Obwohl Berio Teile daraus nahezu wörtlich in die Komposition übernimmt, setzt er sie an anderer Stelle als bloße Vorratsmengen ein, aus denen er sich, ohne Rücksicht auf die bereits verwendeten Materialien, frei bedient. Wir können die Instrumentationsgruppen somit als eine Art »Steinbruch« verstehen, aus dem sowohl vorgeordnete Materialien als auch rohe Bruchstücke entnommen werden.

Schließlich wird aus den Instrumentationsvorräten noch eine letzte Formation gewonnen: In den Skizzen PSS 146-0464 bis 146-0467 (ohne Abb.) stellt Berio seinen Instrumentationsgruppen die sechs Töne einer jeden Gruppe noch einmal gesondert voran. Daneben listet er die jeweiligen Komplementgruppen ((kga) bis (kgn)) auf. Aus ihnen greift er im folgenden einen Ton gesondert heraus (Kugelschreibermarkierung) und hält diesen in Form einer Solmisationssilbe neben dem nächstfolgenden Instrumentationsvorrat fest[37]. Faßt man, wie Gart-

---

32 In den Varianten von (ie) deutet sich bereits die Idee des »Tonfadens« an (vgl. Gartmann, Una frattura, 86).
33 In (ia), (ib) und (ic) hat Berio 15 Varianten aufgestellt, in (id) gar 17. Eine Systematik, wieviel Varianten für die einzelnen Gruppen aufgestellt werden (für (ia) bis (id) gibt es unter den gegebenen Bedingungen 360 Möglichkeiten!), läßt sich nicht erkennen.
34 Da derlei Umschriften offenbar weniger aus dem harmonischen Zusammenhang hervorgehen, geht es Berio vermutlich um die klangliche Modifikation desselben Akkordes im Sinne einer variierenden »Leit-« bzw. »Gleittönigkeit«.
35 Als punktuelle Abweichungen (bzw. mutmaßliche Flüchtigkeiten) seien weiterhin genannt: (ib^3): Vl II, Vorzeichen »b« könnte fälschlich auch auf f^1 bezogen werden; (ib^5): Vla id.; (id^4): statt des doppelt vorhandenen a^1 fehlt ein c^2; (ie^7): statt des doppelt vorhandenen es^2 fehlt ein e^2; (ie^8): Vl II kleines h müßte kleines b sein; (if^1): f^2 fehlt; (ii^1): es fehlt das *große H* (oder *große G*); (il^2): *großes F* müßte *großes Fis* sein).
36 Bratschen- und Celloschlüssel wurden von der Verfasserin in den Violin- bzw. Baßschlüssel übertragen.
37 Vgl. Gartmann, Una frattura, 23.

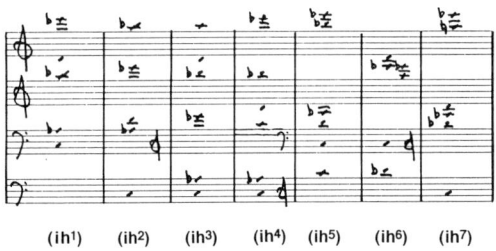
(ih¹)   (ih²)   (ih³)   (ih⁴)   (ih⁵)   (ih⁶)   (ih⁷)

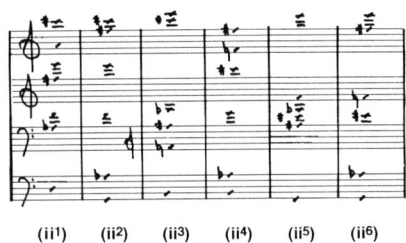
(ii¹)   (ii²)   (ii³)   (ii⁴)   (ii⁵)   (ii⁶)

(il¹)   (il²)   (il³)   (il⁴)

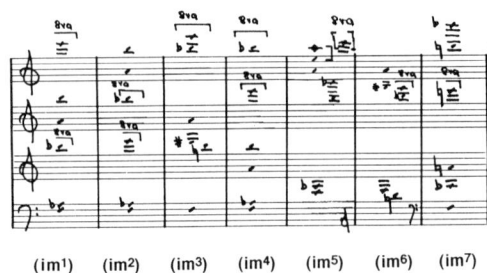
(im¹)   (im²)   (im³)   (im⁴)   (im⁵)   (im⁶)   (im⁷)

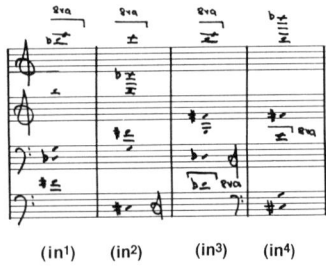
(in¹)   (in²)   (in³)   (in⁴)

Abb. 21: Instrumentationsvorräte (ih) bis (in)

mann bereits gezeigt hat, die so hervorgehobenen zwölf Töne zusammen, so ergibt sich die nachstehende Summandreihe (Abb. 22)[38]:

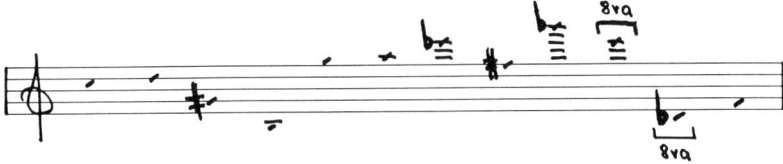

Abb. 22: Summandreihe

Fazit:

1. Mit der Einrichtung der zwölf Gruppen für die Streichquartett-Besetzung stellt Berio mehrere Vorräte auf, in denen die sechs Töne einer Gruppe in unterschiedlicher Weise auf die vier Instrumente verteilt werden. Die klanglichen Modifikationen, die sich durch die variierende Instrumentierung ein und desselben Akkordes ergeben, werden somit ausgelotet.
2. Berios Instrumentationsvorräte bleiben primär auf den *vertikalen* Zusammenschluß der vier Streichinstrumente ausgerichtet. In ihnen werden die vier Streicher zu einem homogen differenzierten Klangkörper zusammengeschlossen.
3. Berio ordnet seinen Instrumentationsvorräten im Skizzenmaterial z.T. bereits konkrete Spielanweisungen wie auch relativ präzise Textierungsideen zu. Die Ausformung einer musikalischen Textur wird damit unmittelbar vorbereitet.

---

[38] Ebd. – Auf die enharmonische Umschrift des *as¹* (in der Solmisationssilbe) in *gis¹* (Note) hat auch Gartmann bereits aufmerksam gemacht. – Während er die Tonfolge als »Rückversicherungsreihe« bezeichnet, hat sich die Verfasserin für den Begriff »Summandreihe« entschieden: In ihm steht die akrostische Zusammensetzung aus allen zwölf Gruppen im Mittelpunkt, bei der die Tonfolge – als einzige innerhalb der Materialvorordnung(!) – aus *verschiedenen* Materialverbänden zusammengesetzt ist. – Daß die Reihe, wie Gartmann formuliert, *Sincronie* zugrunde liegt, könnte zu der (irritierenden) Annahme führen, daß es sich hier um eine Grundreihe im Sinne der Dodekaphonie bzw. des Serialismus handle, aus der sich alle Proportionen im folgenden ableiten. In der Tat bleiben ihre Bezüge, wie die Analyse zeigt, gegenüber den formbildenden Kräften der Gruppen jedoch eher rudimentär, so daß sie nur als ein gelegentliches »Verkettungsornament« verstanden werden kann.

FORMDISPOSITION/PARAMETERVARIANZ

Eine Sonderstellung innerhalb der Skizzen nimmt die Tabelle ein, in der Berio seine Planung zum Ablauf des Werkes festhält[39]. Gleichwohl bleibt diese Tabelle mit ihrem fehlenden, möglicherweise auf einem (verlorengegangenen?) zweiten Blatt festgehaltenen Schluß[40], mit der ungewöhnlich polyphonen Konstellation der Gruppen[41] und der Reduzierung der vier Instrumente auf nur drei harmonische Ebenen[42] mit zahlreichen Fragen behaftet, die sich auch aus der persönlichen Rücksprache mit Berio nicht vollständig haben klären lassen.

Berios Tabelle, die mit Studienziffer 23 am rechten Ende des Blattes abbricht, läßt sich zunächst in zwei verschiedene Bereiche unterteilen: Im oberen Teil legt er den harmonischen Ablauf der Gruppen fest (?) wie auch die Verteilung der Gruppen auf die jeweiligen Instrumente (?). Im unteren Teil finden sich verschiedene graphisch dargestellte Verlaufskurven, in denen er das Variationsmaß der einzelnen Parameter niederlegt. Während Tonhöhen, Tondauern, Gesten und Instrumentation bereits an anderer Stelle vorgeordnet worden sind (vgl. S. 25–50) legt Berio hier die sog. »Texturparameter« fest – diejenigen Bestandteile also, die für die konkrete Ausgestaltung bzw. Einrichtung der Partitur verantwortlich sind. Ausgehend von den Werten Klangfarbe (»Timbro«), Intensität (»Intensità«), Frequenz (»Frequenza«), Tempo (»Tempo«) und Synchronisationsgrad (»Sincron.«) entwickelt er dabei für jede Kategorie einen eigenen musikalischen Verlauf. Während alle Parameter zunächst von ihrem Minimalwert ausgehen, erreichen sie bei Ziffer 15 einen gemeinsamen Höhepunkt[43], von dort führt Berio sie wieder eigenständig weiter[44]. Die Parameter werden also nur *relativ*, d.h. in ihrem *Verlauf*, nicht wie etwa die Tonhöhen in *absoluten* Werten vorgestellt. Für die Kompo-

---

39 Die Grundlage dieser Skizze weicht in verschiedener Hinsicht von den anderen Skizzen ab. Darüber hinaus scheint sie erst im nachhinein identifiziert oder aber einem Irrtum bei der Katalogisierung erlegen zu sein: Während sie in der Mikroverfilmung unter der Rubrik »Nicht verwendete Skizzen« abgelichtet wurde, bleibt das Autograph in der entsprechenden Sammlung zu vermissen. Stattdessen findet sich auch den Skizzen zu *Sincronie* beigeordnet (als welche sie sich aus zahlreichen Übereinstimmungen, Randnotizen u.ä. wohl auch bestätigen läßt). Nach Auskunft der PSS erfolgte die Identifikation durch Berio selbst, wobei sich nicht mehr eruieren läßt, ob die Tabelle durch ein Versehen unter der falschen Rubrik abgelichtet oder erst nachträglich von Berio (oder Dritten) identifiziert wurde. *Daß* sie jedoch Bestandteil von *Sincronie* und bei der Komposition verwendet worden ist, daran mochte sich Berio mit Gewißheit erinnern (Gespräch der Verfasserin mit Luciano Berio, Freiburg, 27.9.1993).
40 Die Aufzeichnungen reichen über genau ein Blatt und enden inmitten der Verläufe an dessen rechtem Rand mit Studienziffer 23. Da die Partitur als Ganze über 36 (Endfassung E1) bzw. 42 Studienziffern (Endfassung E2) verfügt, bleibt zu vermuten, daß sich unter den verlorengegangenen (?) Skizzen möglicherweise auch die Fortsetzung dieser Tabelle – genau ein zweites Blatt – befinden könnte. Ob besagte Tabelle nur im Ausschnitt (auf einem Blatt) oder aber vollständig (auf zwei Blättern) konzipiert worden ist, daran konnte Berio sich nicht mehr erinnern (Gespräch der Verfasserin mit Luciano Berio, Freiburg, 27.9.1993).
41 Berio führt die Gruppen hier – im Gegensatz zu allen anderen Skizzen wie auch zum Werk – weitgehend »polyphon«. Es bleibt also zu vermuten, daß diese Aufstellung möglicherweise noch vor allen anderen Skizzen entstanden ist oder aber, daß er darin ein bewußtes »Gegenkonzept« entwickelt hat, mit dem er seinen eigenen Kompositionsprozeß möglicherweise konterkarieren wollte.
42 Während die erste Zeile der harmonischen Verlauf der Viola zeigt, faßt Berio in der zweiten die beiden Violinen zusammen und ergänzt sie in der dritten durch das Violoncello. Die Idee, beide Oberstimmen und die Viola zu vertauschen (?), läßt sich im späteren Arbeitsprozeß nicht mehr nachvollziehen.
43 Berio ergänzt hier ein handschriftliches »fff«, so daß der Höhepunkt deutlich zu erkennen ist.
44 Auch Skizze PSS 146-0463 enthält ein ähnliches Diagramm, das Berio letztlich aber nicht mehr ausgearbeitet hat: Als Parameter stellt er die Variabilität der Klangfarbe bzw. der Morphologie auf (»Var. timbrico (morfologia)«), die Dynamik in ihrer Möglichkeit, Extreme aufzuspannen (»max. o estrema | dinamico«), die Frequenz in ihrer Variationsbreite (»variaz. | frequenza«), das Tempo (»Tempo | velocità«) sowie den variierenden Grad an Synchronisation(»variaz | sincronizzazione«). Die Einzeichnung der Verlaufskurven selbst wird – im Gegensatz zur späteren Tabelle – nur im Ansatz ausgeführt bzw. bleibt gänzlich aus.

sition bleibt also offen, wie die einzelnen Stadien genau ausformuliert werden (in einem extrem leisen Umfeld kann ein piano beispielsweise schon ein Maximum sein[45] u.ä.). Auch die Studienziffern bieten nur eine grobe Orientierung über den Verlauf.

Fazit:

1. Berios legt in seiner Tabelle jeden seiner Parameter in seinem individuellen Verlauf fest. Während einzelne Momente präzise untereinander koordiniert sind, führt er andere weitgehend »polyphon« (die Verdichtung des Satzes bewirkt beispielsweise nicht, daß auch die dynamische Intensität zunimmt, das Abebben der Intensität hat keine Konsequenzen auf das Tempo etc.).
2. Die Führung der Parameter richtet Berio nur im Ansatz an einer übergeordneten Formidee aus (gemeinsamer Anfang beim jeweiligen Minimum, unabhängiger Verlauf, der bei Ziffer 15 in einen gemeinsamen Höhepunkt mündet, selbständige Weiterführung bis zum Skizzenabbruch). Die musikalische Form ergibt sich damit nicht aus einer vorgefertigten Dramaturgie (»Steigerung« – »Höhepunkt« – »Abebben«), sondern stellt sich eher »beiläufig« aus der Verknüpfung lose miteinander verbundener Verläufe ein.
3. Obwohl die Skizzen zu *Sincronie* viele Gemeinsamkeiten mit dem hier vorentworfenen Werkverlauf aufweisen, bleiben wichtige Fragen, die die Tabelle aufwirft, offen. Es läßt sich also vermuten, daß diese nur einen Teil des tatsächlichen Kompositionsprozesses begleitet hat, daß Berio sich ab einem bestimmten Zeitpunkt also weitgehend (bzw. ganz) von ihr gelöst hat.

ZUSAMMENFASSUNG

1. Berios Materialvorordnung stellt – sowohl nach quantitativen als auch nach qualitativen Kriterien – die Vorauswahl, Aufstellung und Spezifizierung der Tonhöhen in den Mittelpunkt. In mehreren, dezidiert auseinander hervorgehenden Arbeitsschritten richtet er sich hier ein ganzes *Gefüge von Tonvorräten* ein, die durch verschiedene Verfahren der Komplementierung, Selektion, Permutation, Stauchung und Spreizung gewonnen werden.
2. Die Einrichtung dieser Vorräte erfolgt nach verschiedenen Auswahlkriterien. In ihnen treten *verschiedene Grade der Verbindlichkeit* zusammen: Während einzelne Aspekte verpflichtend geregelt sind, behält Berio sich die letztendliche Entscheidung in weiten Teilen seines Arbeitsprozesses vor. Auch unter den gegebenen Rahmenbedingungen läßt sich das konkrete Ergebnis nur selten prädizieren.
3. Berios »Gesetze« bleiben bei der Vorordnung der Tonhöhen stets auf einzelne Aspekte, nie jedoch auf den Gewinnungsprozeß als Ganzes bezogen. Mit ihnen wird seine kompo-

---

45 Vgl. hierzu auch einzelne Eintragungen (»sffz«, »ppp«, »pizz«, »gliss«, etc.), die Berio vermutlich im Laufe des Kompositionsprozesses vorgenommen hat, die jedoch eher als aktuelle Orientierungshilfen darüber zu verstehen sind, wo gerade er sich beim Schreiben befindet.

sitorische Phantasie stets »katalysiert«. Den »kompositorischen Akt« im engeren Sinne setzen sie dabei freilich nie außer Kraft.

4. Während die Einrichtung der Vorräte für den kompositorischen Prozeß stets alternative Wahlmöglichkeiten eröffnet, überträgt Berio dieses Prinzip auch auf die übergeordneten Materialverbände. Da einzelne Verbände *isomorph* zueinander gestaltet sind, können sie sich im späteren Gebrauch gegenseitig *substituieren*.
5. Berio macht bei der Aufstellung seiner Tonhöhen keinerlei Vorgaben für die Verknüpfung der Elemente im Ablauf, sondern stellt mit ihnen nur ein Repertoire von Wahlmöglichkeiten auf. Die Aufstellung seiner Tondauern läßt hingegen zumindet den Ansatz zu einem »automatistischen« Vorwurf erkennen: Wird ein Initialimpuls ausgelöst (die Auswahl eines Dauernwertes), so stellt sich automatisch auch ein konkretes Folgeereignis ein (Zuweisung eines bestimmten Tonhöhenintervalls).
6. Berios Aufstellung der Tondauern bleibt – gegenüber der Entwicklung der Tonhöhenverbände – eher rudimentär. Sie beschränkt sich auf die Listung von Dauernwerten, wie sie als Grundmodell auch in anderen Werken der 50er und 60er Jahre zu finden ist. Die individuelle Prägung, wie seine Tonhöhenvorordnung sie aufweist, tritt dabei in den Hintergrund.
7. Mit der Aufstellung der Instrumentationsvorräte zeigt Berio sich bereits von einer konkreten musikalischen Idee geleitet (die Permutation ein und des selben Sechsklangs innerhalb der vier Streichinstrumente). Sie wird im Zuge der Komposition unmittelbar auf die musikalische Textur übertragen. Seine Materialvorordnung läßt somit verschiedene »Stadien« erkennen: Während die Tonhöhen als ein vorgeordnetes Grundmaterial verbleiben, die Dauern mögliche Intervallkoordinationen aufzeigen und die Gesten bereits auf einen konkreten Texturzusammenhang ausgerichtet sind, läßt sich aus den Instrumentationsvorräten bereits die spezifische Idee von *Sincronie* erkennen: die Darstellung verschiedener Synchronisationszustände innerhalb eines musikalischen Verlaufs.

Genese der musikalischen Textur

PARTIALSKIZZEN

Skizzen zum Werkbeginn

Zu keinem anderen Ausschnitt aus *Sincronie* liegen derart dicht aufeinander bezogene Skizzen vor wie zum Anfang des Werkes. An ihnen zeigt sich, wie Berio einzelne Ideen ansetzt, wie er sie entwickelt und weiterführt bis hin zur endgültigen Gestalt. Seine Aufzeichnungen lassen dabei zwei deutlich voneinander unterscheidbare Ansätze erkennen: Unter Ansatz A seien im folgenden drei verschiedene Versuche summiert, in denen das bereits Gewonnen wiederaufgegriffen und weiterentwickelt wird. Alle drei Versuche brechen nach nur wenigen Tönen wieder ab oder wurden getilgt. Ansatz B zeigt, wie Berio auf die Instrumentationsvorräte zurückgreift und größere harmonische Zusammenhänge ausformt. Mit ihm wird die Endfassung des Werkanfangs unmittelbar vorbereitet.

So schlüssig sich beide Ansätze zunächst gestalten, so schwierig scheint es, ihre Chronologie (eindeutig) zu bestimmen. Es müssen deshalb oft mehrere Möglichkeiten für ihre Aufeinanderfolge aufrechterhalten werden, da Alternativlösungen sich nicht immer eindeutig ausschließen. Darüber hinaus muß auch eingeräumt werden, daß Berio einzelne Skizzen möglicherweise *parallel* zueinander entworfen hat, daß diese sich also bereits *in statu nascendi* ergänzen und nicht unbedingt sukzessiv auseinander hervorgangen sind. Allen Versuchen zum Anfang sind schließlich die folgenden Merkmale gemeinsam, aus denen sich die Idee zum Werkbeginn relativ präzise umreißen läßt:

1. Alle Skizzen beginnen mit Gruppe (a), die stets auch mit der ersten Einrichtung (ia^1) aus den Instrumentationsvorräten eröffnet wird. In ihr sind alle sechs Töne der Gruppe (a) vertreten.
2. In Ansatz A wird Einrichtung (ia^1) stets als ein langausgehaltener Liegeakkord dargestellt. Die Dauer dieses Klanges variiert von Skizze zu Skizze und erfolgt in verschiedenen Notationsformen (übergebundene Ganze, space duration mit Haltebogen, space duration mit Sekundenangabe etc.).
3. In der Harmonik zeigen alle Skizzen zum Anfang einen eher langsam fortschreitenden, sich sukzessiv entfaltenden Fortgang. So die Aufzeichnungen über einen ersten Akkord hinausreichen, werden die Einrichtungen des Vorrats (ia) schrittweise durchlaufen.
4. Dynamische Angaben orientieren sich stets am kleinstmöglichen Wert. Die Ausrichtung auf minimale Ausgangswerte findet sich bereits in der Verlaufstabelle grundgelegt (vgl. S. 48f.).

Ansatz A

Aa (PSS 146-0469v)

Skizze PSS 146-0469v zeigt einen einzelnen Akkord (Abb. 23), der sich als Variante (ia¹) der Gruppe (a) identifizieren läßt.[1] Wie bei allen Versuchen zum Anfang sind die Tonhöhen der Gruppe (a) entnommen, die Dynamik ist deutlich verhalten (pppp). Mit den Haltebögen, die bei den drei unteren Streichern ansetzen, deutet Berio auf eine mögliche Verlängerung dieses Akkordes hin. Sie wird in den nun folgenden Skizzen auch umgesetzt, bis sie in der Endfassung eine Dauer von 25 Sekunden erreicht (vgl. *Sincronie*, S. 1, T. 1). Der Einsatz der 1. Violine bleibt, wie an der Tilgung ersichtlich, noch ausgespart, das Violoncello steht im Baßschlüssel.

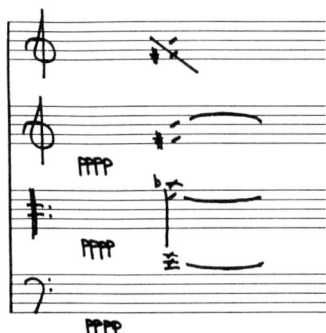

Abb. 23: Skizze zum Anfang

Ab (PSS 146-0473)

In einem weiteren, nachträglich wieder getilgtem Versuch formt Berio einen langsamen ⁴/₄-Takt im Tempo ♩ = 40 aus (Abb. 24). Die langen Notenwerte werden in ganzen bzw. halben Noten ausnotiert. Für die 1. Violine legt er den Einsatz nach siebeneinhalb Schlägen[2] fest, der gleichen Zeit, die er in seiner Tabelle für die Dauer des ersten Abschnitts vorgesehen hat[3]. Das *fis¹*, das in der 1.Violine nachgereicht wird, ist bereits in der 2. Violine im Halteakkord enthalten und stammt ebenfalls aus Gruppe (a). Das Violoncello steht jetzt im Tenorschlüssel und tritt erst eine Halbentriole später nachschlagend hinzu. Der Einsatz der drei hohen Instrumente wird durch das nachschlagende Cello aufgelockert und in der Endfassung durch die versetzte space notation in den drei tiefen Streicher weiterverarbeitet.

---

1 Die Töne *fis¹* und *h¹* wurden hier ursprünglich der 1. Violine zugeschrieben, dann aber, wie in Variante (ia¹), getilgt und in die 2. Violine verlegt.
2 Dies entspricht bei einem Viertelwert von 40 Schlägen pro Minute einer Dauer von etwa 12 Sekunden.
3 Berios Planung sind zeitweise offenbar von recht kurzgliedrigen Abschnitten ausgegangen, insbesondere wenn man bedenkt, daß der Abschnitt vor Ziffer 1 in der Endfassung bereits über 40 Sekunden dauert.

Abb. 24: Skizze zum Anfang

Ac (PSS 146-0474)

Skizze PSS 146-0474 hat Berio mit der Kopfnotiz »inizio ppp« versehen. Darüber hinaus finden sich dort auch andere Eintragungen, mit denen er seine Vorstellungen zur Ausformung des Anfangs stichwortartig als eine Art »Merknotiz« niederlegt[4]. Im Gegensatz zu den bereits dargestellten Skizzen weist Ansatz Ac zahlreiche Radierspuren auf. Aus dem starken Bleistiftaufdruck, wie er für Berio typisch ist[5], lassen sich die getilgten Partien jedoch weitgehend rekonstruieren: Wir erhalten so Einblick in ein weiteres Vorstadium dieser Skizze (im folgenden Ansatz AcO genannt), in dem Berio erstmals auch Klangfarben, die Zuweisung von Saiten oder aber die Spielanweisung »SP« (sul ponticello) festlegt, diese teilweise wieder tilgt (Ansatz Ac), in der Endfassung (E1 bzw. E2) jedoch erneut aufgreift[6]. Während er das Metrum im zweiten Stadium noch offenläßt (im ersten wurde es ursprünglich auf einen 2/4-Takt gestaucht, der im vierten Takt von einem 3/16-Takt abgelöst wird[7]), orientiert sich der harmonische Verlauf in AcO noch an der Einrichtung (ia), wie sie im Instrumentationsvorrat vorgeordnet worden ist (Abb. 25).

---

[4] »Tutto ppppp? | durate d'arco ⌢ + durate ritmiche – una parte differisce con nota ♩ + i resti (attenz. registri!)«
[5] Berios starker Bleistiftaufdruck ergibt sich u.a. aus der Tatsache, daß die Arbeitspartitur auch als Reinschriftpartitur verwendet wurde, daß sie somit also auch für eine Reproduktion geeignet sein mußte.
[6] In der Endfassung schreibt Berio für den Anfang nicht das Spiel am, sondern auf dem Steg vor, für das er überdies noch einen Dämpfer einsetzen läßt. Da beide Spielanweisungen zusammentreffen, muß der Bogen unmittelbar bis an den Dämpfer herangedrückt werden. Darüber hinaus werden die Töne auch auf die nächsttiefere Saite verlegt, wohl um eine bessere Resonanzwirkung zu erhalten.
[7] Der Taktinhalt ist hier nicht vorgezeichnet, sondern ergibt sich aus der Summe der Tondauern.

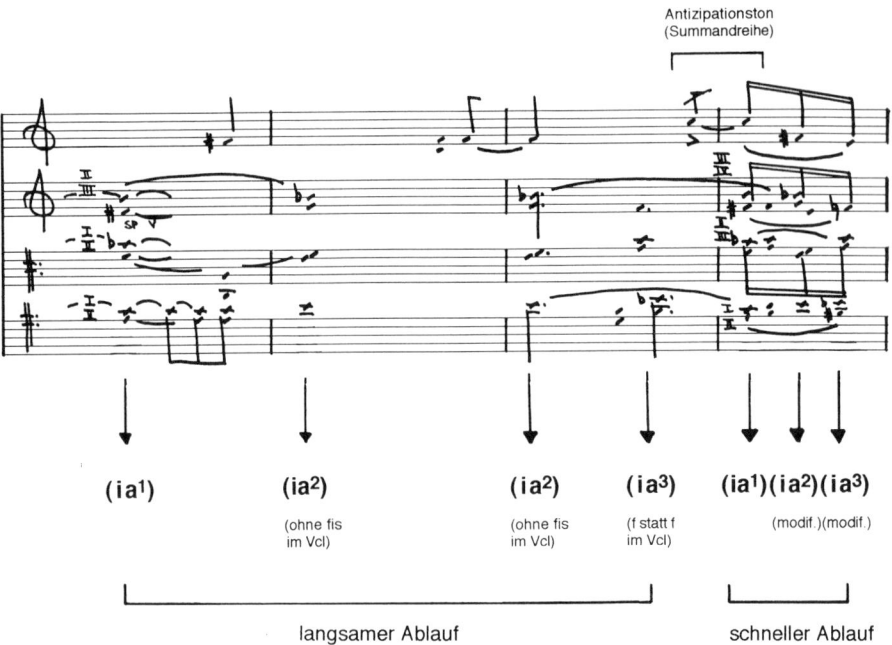

Abb. 25: Getilgerter Versuch zum Anfang

Während der harmonische Ablauf der Einrichtungen (ia¹), (ia²) und (ia³) in AcO über die ersten drei Takte hinweg gedehnt wird, läuft dieser mit den Sechzehnteln im vierten Takt ein zweites Mal in nun geraffter Form ab. Berio läßt sich in der Abfolge der Zusammenklänge also von den Einrichtungen der Instrumentationsvorräte leiten, ohne daß er diese jedoch chronologisch abruft: Zwar läßt er die drei ersten Einrichtungen nacheinander abfolgen ((ia¹), (ia²), (ia³)), diese werden im folgenden jedoch noch einmal (in nun neuer musikalischer Textur) wiederholt. Die Polarisierung der Textur wird dabei weiter verschärft. Offensichtlich hatte er diesen Vorgang bereits mit seiner Kopfnotiz »Tutto ppppp ? | durate d'arco ⌒ + durate ritmiche - una parte differisce con nota ♩ + i resti | (attenz[ione] registri!«)[8] vor Augen: Die Textur wird aufgebrochen in Einheiten, die von der Dauer einer Bogenlänge (»durate d'arco«) oder aber von rhythmisch ausnotierten Werten bestimmt sind (»durate ritmiche«). Die Idee des Liegeklanges, der von einem rhythmisch aufgesplitterten Element begrenzt wird, scheint hier also grundgelegt. Auch die Dynamik ist weitgehend zurückgenommen. Der Einsatz des Violoncellos ist gleichermaßen versetzt (vgl. auch Ansatz Ab, S. 52). Die erste Violine, die wiederum später hinzutritt, bringt erstmals das c^2 aus der Summandreihe[9] ein.

---

8   Zur Notiz »una parte differisce con nota ♩ + i resti (attenz[ione] registri!)« lassen sich derweil nur Vermutungen anstellen: Möglicherweise bezieht sie sich auf die homophone, rhythmisch ausnotierte Partie von Seite 13 bis 14 (bis Ziffer 36). Das Problem der Registerbehandlung scheint Berio jedoch bereits über die gesamte Komposition hin beschäftigt zu haben, was nicht zuletzt aus der Handhabung der Oktavlagen innerhalb der Materialprädisposition zu ersehen ist. Gartmann bezieht Berios Bemerkung auf die spätere Ziffer 1 in der Endfassung, d.h. nicht auf den allerersten Anfang (Gartmann: Una frattura, 85). Die dynamische Angabe »più p poss.« findet sich in dieser jedoch bereits im ersten Takt, ebenso wie die Anweisung, daß der ganze Takt auf einen einzigen Bogenstrich zu nehmen ist. Die Relevanz der Viertelnote als Bezugspunkt sowie ein Registerproblem bei Ziffer 1 scheint der Verfasserin eher wenig evident.
9   Der Antizipationston steht hier noch mitten in der Gruppe, wird in der Endfassung jedoch als Bindeglied zur jeweils nächsten Gruppe benutzt.

In einem zweiten Arbeitsgang (Ansatz Ac, PSS 146-0474) hat Berio die Takte 2 und 3 getilgt und den ersten Takt auf die Einrichtung (ia¹) hin vereinfacht, die bereits Ausgangspunkt von Skizze PSS 146-0469v war. Die Angabe der Saiten (vgl. Ansatz AcO) bleibt erhalten, die Spielanweisung »SP« (sul ponticello) wird getilgt. Die Andeutung längerer Notenwerte durch Haltebögen findet sich bereits in Skizze PSS 146-0469v. Berio erwägt hier offensichtlich, den Kontrast der Texturen weiter zu verschärfen, indem er den kurzen Sechzehnteln einen noch ausgedehnteren Akkord gegenüberstellt, der über die getilgten Akkorde (ia²) und (ia³) von Ansatz AcO hinausreicht. Auch der Einsatz der 1. Violine, der jetzt länger ausgespart bleibt, unterstreicht die Kontrastsetzung der Textur in Liegeakkorde und geraffte, rhythmisch präzise ausnotierte Partien. Das Violoncello wird deshalb wieder in den simultanen Beginn der drei tiefen Streicher eingegliedert. Vergleicht man diese Skizze mit der späteren Endfassung (E1 bzw. E2), so zeigt sich, daß die Polarisierung von Liegeklängen und rhythmischen Figuren weiter ausgedehnt wird und daß auch die Harmonik sich bereits an die endgültige Version des Anfangs angenähert hat (Abb. 26).

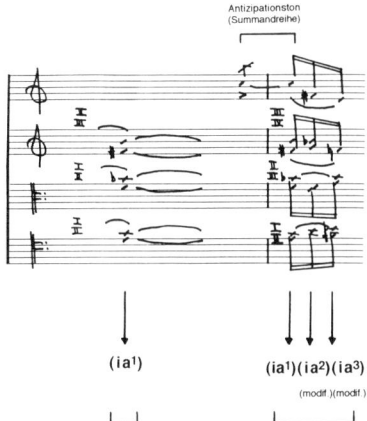

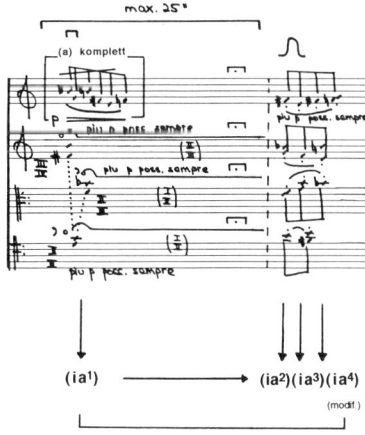

Abb. 26: Skizze zum Anfang (oben), endgültige Version des Anfangs (E1 bzw. E2) (unten)

Fazit:

1. Während einzelne Aspekte wie etwa die akkordische Schichtung der vier Streicher in Berios Skizzen zum Werkbeginn von Anfang an deutlich hervortreten, mit der Ausarbeitung also nur noch geschärft und präzisiert werden, bleibt die grundsätzliche Fortführung des Anfangs zunächst eher noch vage[10]. Berio hat, so lassen seine Aufzeichnungen vermuten, zunächst mehrere, relativ dicht aufeinanderfolgende Ansätze zum Werkanfang unternommen (Aa, Ab, Ac), ist mit dem Übergang zur Arbeitspartitur offensichtlich aber schon bald zur heute vorliegenden Endgestalt vorgedrungen, an der sich der harmonische und gestalterische Fortgang des Werkes maßgeblich entzündet hat. Obwohl das Werk im Laufe seiner Entstehung mehrere Umbau- und Revisionsphasen durchlaufen hat, wird der Anfang, so Berio ihn erst einmal entwickelt hat, dann nicht mehr verändert.
2. Aus der Erfahrung mit den Gesamtfassungen (vgl. S. 77–84) läßt sich vermuten, daß die Skizzen zum Werkbeginn eher frühe (wenn nicht gar die allerersten) Texturskizzen zu *Sincronie* sind. Darüber hinaus zeigt sich, daß das Werk offenbar vom Anfang ausgehend entwickelt worden ist, im Zuge einer ersten Gesamtfassung (Zwischenfassung (Z)) jedoch von zahlreichen Sprüngen bei der Ausarbeitung begleitet wurde.

Ansatz B (PSS 146-0464)

Der Endfassung von *Sincronie* unmittelbar voraus geht die Überarbeitung der Instrumentationsvorräte (IV), die bereits in der Materialprädisposition vorgestellt worden sind (vgl. S. 43, Abb. 20a, S. 44, Abb. 20b, S. 46, Abb. 21). Berio übernimmt hier, wie an den Eintragungen und aus dem Vergleich mit der Endfassung ersichtlich ist, die fünfzehn Varianten, mit denen er die sechs Töne der Gruppe (a) auf die vier Instrumente verteilt hat, in linearer Abfolge. Die Harmonik der Gruppe (a) bleibt somit über den gesamten Anfang (in der Endfassung bis Ziffer 2, d.h. auf einer Dauer von gut einer Minute) erhalten. Berio legt damit also fest, wie die Tonhöhen zu Beginn des Werkes konkret organisiert werden. Er läßt die Einrichtungen, wie sich an diversen Verschiebungen, Ausschweifungen, Doppelungen, Ellipsen etc. zeigt, zwar weitgehend chronologisch abfolgen, die genaue Texturierung der Partie ist dabei jedoch nicht vorhersehbar. Nachdem alle Einrichtungen von (ia) einmal durchlaufen sind, wendet er sich schließlich der nächsten Gruppe (ib) zu.

Ein ähnlicher Ansatz war bereits in Skizze PSS 146-0474 (vgl. S. 52ff.) zu finden: Berio hatte dort gerade damit begonnen, die Einrichtungen des Instrumentationsvorrats (ia) aufzuführen, wobei er diese nur nach der dritten Einrichtung (ia^3) wieder abgebrochen hat. Der Entschluß, die Einrichtungen nicht nur in (ia), sondern mehr oder weniger streng auch mit den folgenden Vorräten zu durchlaufen, zielte auch dort bereits auf die Ausbildung eines größeren Zusammenhangs.

---

10 Die Ansätze Aa, Ab und Ac sind zunächst von der sukzessiven Ausdehnung des Anfangsakkordes bestimmt. Dahingegen wird der synchrone bzw. leicht verschobene Einsatz der vier Instrumente von Versuch zu Versuch neu erprobt, wobei Violine I und Violoncello z.T. noch Sonderfunktionen übernehmen. Auch in der Endfassung ist die erste Violine nicht am Liegeakkord beteiligt, mischt sich dort jedoch mit einer Vorschlagsfigur in die Vorschlagsgruppe der anderen Instrumente ein. Das Cello wird in den Skizzen z. T. noch hervorgehoben, in der Endfassung gliedert Berio es schließlich ein.

Betrachtet man schließlich den endgültigen Anfang von *Sincronie*, so zeigt sich, daß Berios »Kommentare«, die der Materialvorordnung mit verschiedenfarbigem Kugelschreiber nachgetragen wurden (rot = Anweisungen zur Textur, grün = Spielanweisungen, blau = Selektionen, Bleistift = »Nebengedanken«) in der Endfassung unmittelbar in einen konkreten Notentext übersetzt werden (Abb. 27 und 28): Der erste Akkord (Notiz in der Skizze: »Durata breve | pppp in 1 arcato«) wird im Endtext lang ausgehalten, erscheint im »più p poss. sempre« und wird auf einen einzigen, lang ausgehaltenen Bogenstrich gespielt, für den schließlich auch ein eigenes Zeichen eingeführt wird[11]. Die Akkorde 2 bis 4 (in der Skizze mit einem Bogen zusammengeschlossen) werden in der Partitur zu einer kurzen Vorschlagsgruppe zusammengezogen[12]. Der fünfte Akkord steht in der Skizze noch im »fff«, in der Endfassung entscheidet Berio sich jedoch für das anfängliche »più p poss. sempre«. Die Einrichtungen (ia^6) und (ia^7) sind ursprünglich mit einem Bogen verbunden, das »pppp« für den sechsten Akkord wird nur als »pp« übernommen, beide Akkorde folgen erstmals ohne Vorschlagsgruppen aufeinander. (ia^8), (ia^9) und (ia^{10}) sind ebenfalls mit einem Bogen zusammengeschlossen. Einzelne Zweiklänge aus diesen wie auch aus folgenden Einrichtungen ((ia^7) bis (ia^{12})) gehen schließlich auch in die »Dissoziation« im vierten Takt ein. Auch die Vorzeichnung von Dämpfer-, sul-ponticello- und sul-tasto-Spiel ist hier bereits vorbereitet, wenn Berio diese später auch modifiziert. In (ia^{13}) findet sich in der Skizze ein Glissando angedeutet, in der Partitur findet es sich schließlich in Takt 6. Die letzten drei Akkordeinrichtungen ((ia^{13}) bis (ia^{15})) verbindet Berio in seinem Vorwurf mit einer eckigen Klammer und dem Hinweis »Ritmico«: In der Tat findet sich in der Partitur bei den Akkorden (ia^{13}) bis (ia^{15}) eine rhythmisch aufgebrochene Textur, die schließlich in Gruppe (b) einmündet.[13]

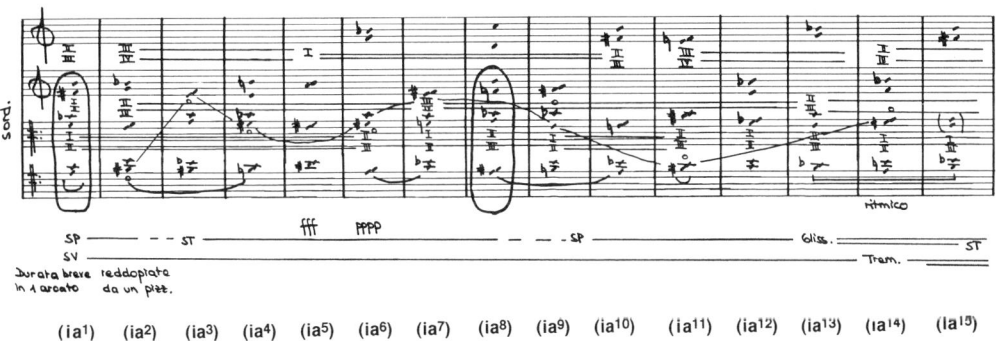

Abb. 27: Instrumentationsvorrat (ia) mit Eintragung zur Texturierung

11   Berio führt hier auch andere Zeichen (z.B. für die Bogenkontaktstelle) ein, die dann in der Legende erklärt werden. Die Erläuterung der Synchronisationspfeile (vgl. Takt 1, 2 und 3) wurde kurioserweise vergessen. Sie erklärt sich jedoch aus der Verwendung in anderen Werken.
12   Gartmann spricht hier irrtümlicherweise von der Ausklammerung dieser Akkorde, hat ihren Eingang in die Vorschlagsgruppe vermutlich also übersehen (vgl. Gartmann: Una Frattura, 85).
13   Neben den Eintragungen, die Berio hier tatsächlich in der Partitur umsetzt, weichen andere deutlich von der Partitur ab: So ist das »fff« in (ia^5) nur schwer im Zusammenhang mit dem (letztendlichen) Anfang zu erklären, verweist aber auf das plötzliche »sffz«, in der Formtabelle (Ziffer 7), das dort unmittelbar wieder in ein »ppp« übergeführt wird. Offensichtlich hatte Berio noch relativ lange eine Eruption im Sinn, die aus dem ruhigen und leisen Anfang herausschnellen sollte. Auch für das »raddoppiate da un pizz.« gibt es ein Pendant in der Tabelle: Bei Ziffer 6 markiert er ein »anche pizz.« (vgl. PSS 142-0277. Die Bezifferung in der Tabelle stimmt dabei nicht mit den späteren Studienziffern überein). Daneben sind auch andere Abweichungen zu finden, die Berios Arbeitsprozeß als ein »work in progress« kennzeichnen.

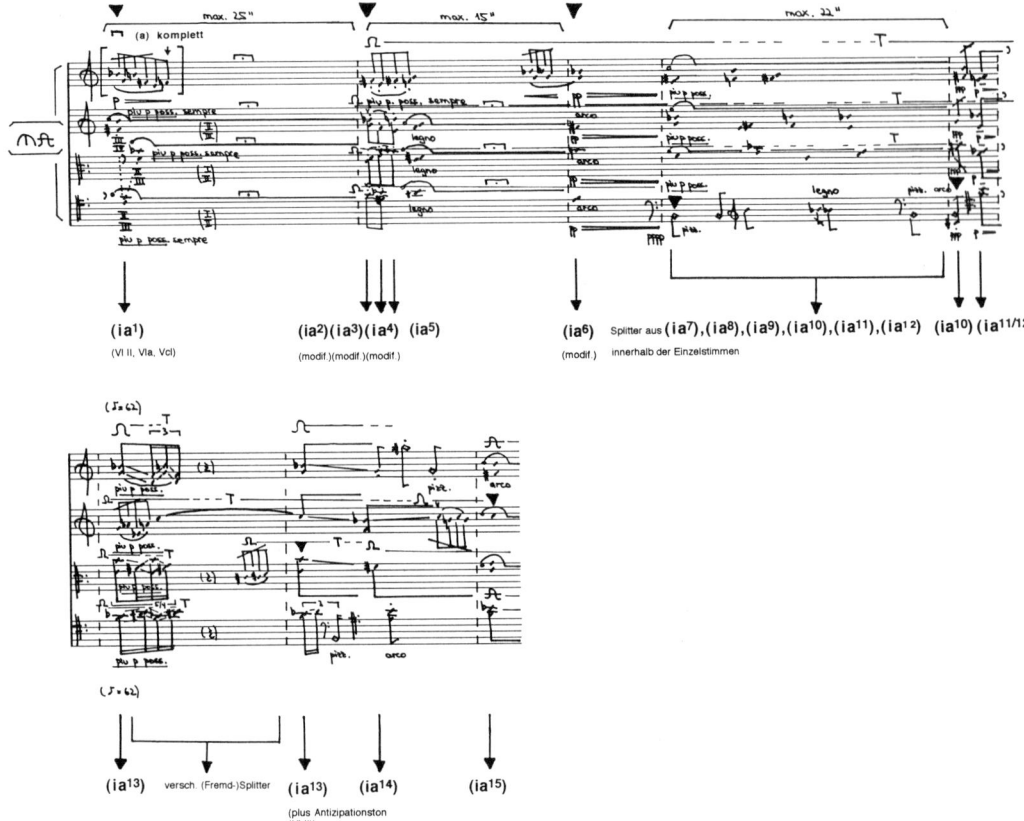

Abb. 28: Endgültiger Anfang (E1 bzw. E2)

Mit der Angabe, auf welcher Saite die Töne gespielt werden sollen, knüpft Berio an Skizze PSS 146-0474 an, in der er dies bereits festgehalten hat. In der Endfassung verlegt er die Töne des ersten Einsatzes auf die nächsttiefere Saite, wohl, um eine größere Resonanzwirkung zu erzielen und verzichtet auf weitere Vorschriften zum Saitengebrauch. Die Spielanweisungen werden nur zum Teil übernommen: Der Anfang wird letztlich nicht am, sondern auf dem Steg gespielt, die sul tasto-Anweisung entfällt ganz, ebenso das Tremolo. Das sul ponticello-Spiel setzt erst etwas später ein als ursprünglich geplant. Eingehalten wird jedoch das beabsichtigte Glissando von (ia^{13}) bis (ia^{15}), während die Regelung des Vibratos offenbleibt. Mit seinen ergänzenden Notizen greift Berio der endgültigen Gestalt des Anfangs hier also unmittelbar voraus.

Fazit:

1. Berios Skizzen zum Werkanfang weisen zunächst zwei verschiedene Arbeitsansätze aus (A, B). Beiden ist der Beginn mit der Einrichtung (ia^1) gemeinsam, ein (mehr oder weniger) langer, einleitender Liegeakkord sowie der langsame, sukzessive harmonische Fortgang.
2. Während einzelne Züge (etwa die akkordische Schichtung der vier Instrumente) von Anfang an in allen Skizzen zu erkennen sind, entwickelt sich der harmonische Fortgang eher zögerlich (vgl. Ansatz AcO und Ac). Auch die rhythmische Fixierung der Akkorde scheint zunächst eher unsicher und wird in der Endfassung durch space notation ersetzt. Dennoch ist Berio offensichtlich schon bald zur heute vorliegenden Endgestalt des Anfangs vorgedrungen, an der sich der Fortgang des Werkes dann maßgeblich entzündet hat.
3. Obwohl die Skizzen eine verhältnismäßig kontinuierliche Entwicklung des Anfangs erkennen lassen, bleibt zu vermuten, daß sie ein relativ frühes Vorstadium dokumentieren, von dem Berio schon bald in die Arbeitspartitur übergesprungen ist. Ob es, wie der qualitative Sprung zwischen Ansatz Ac und der Endfassung vermuten lassen könnte, dazwischen auch andere (möglicherweise verschollene?) Aufzeichnungen gegeben hat, kann aus dem heutigem Stand der Quellen nicht geklärt werden.
4. Aus der Beschaffenheit der Endfassung läßt sich vermuten, daß Berio den harmonischen Verlauf der ersten Seiten unmittelbar aus der Endfassung des Werkanfangs abgeleitet, in der Arbeitspartitur also nur noch folgerichtig weitergeführt hat. Es läßt sich also davon ausgehen, daß er das Stück vom Anfang her entwickelt und sukzessiv weitergesponnen hat. Die dann gefundene Endgestalt des Beginns ist auch bei späteren, noch umfangreichen Revisionsarbeiten offensichtlich nicht mehr verändert worden.

Skizzen zu Partiturausschnitten

Während Berios Skizzen zum Werkbeginn eine dezidierte Entwicklungsgeschichte aufweisen (vgl. S. 51–58), gehen die Entwürfe, die er zu anderen Partien angefertigt hat, mit nur geringen Veränderungen in die Endfassung von *Sincronie* ein[14]. In ihnen hat er einzelne Partien gezielt ausgearbeitet oder aber erst einmal »gesammelt«, um sie später wieder auszusortieren.

---

14 Ausgenommen seien die Skizzen, die letztlich keinen Eingang in die Komposition gefunden haben.

Skizze zum Gruppendurchlauf (PSS 146-0473 bzw. 146-0472)[15]

Skizze PSS 146-0473 (Abb. 29 oben) zeigt einen Ablauf der Gruppen (a) bis (i). Dieser läßt sich als unmittelbarer Vorentwurf zu Ziffer 22 in der Endfassung identifizieren. Da Berio den Ablauf bereits mit Gruppe (i) abbricht, deutet er die Weiterführung der noch ausstehenden Gruppen mit der Notiz „l m n etc." an, führt diese aber erst in einer späteren Skizze (PSS 146-0472) aus[16]. Obwohl der Entwurf noch keine Taktstriche aufweist, notiert er die Pausen bis zum nächsten Einsatz in jeweils einer Stimme in kleinen Werten aus und deutet bei einem der Gruppentöne mit Rotstift bzw. Tenuto-Bogen an, daß er bis zum Beginn der nächsten Gruppe übergehalten werden soll. Die Herausbildung eines »Tonfadens« (überhängender Ton aus den Gruppen)[17] wird hier unmittelbar vorbereitet. Auffallend ist das kleinwertige Metrum, das jedoch erst in der Endfassung mit Werten zwischen $3/8$ und $3/16$ vorgezeichnet wird (Abb. 29 unten). Einzelne Pausen werden deshalb getilgt oder müssen vor dem Einsatz einer neuen Gruppe ergänzt werden.[18]

---

15 Da Berio auf jedem Folio gleich mehrere Aufzeichnungen festgehalten hat und im Laufe seiner Arbeit oft zwischen den einzelnen Notenbögen hin- und hergesprungen ist, stimmt die Chronologie der Skizzenzählung nicht immer mit der Chronologie des Kompositionsprozesses überein.
16 Die Weiterführung wird dort außerdem um drei »Kristallisationsfiguren« ergänzt (vgl. S. 121–129).
17 Der Begriff des »Tonfadens« geht bereits auf Gartmann zurück (vgl. Dass nichts, 26ff.).
18 Berio trägt die Pausen, die die Liegetöne umgeben, auch in der Endfassung nicht nach, die Takte bleiben dort einfach leer.

Genese der musikalischen Textur 61

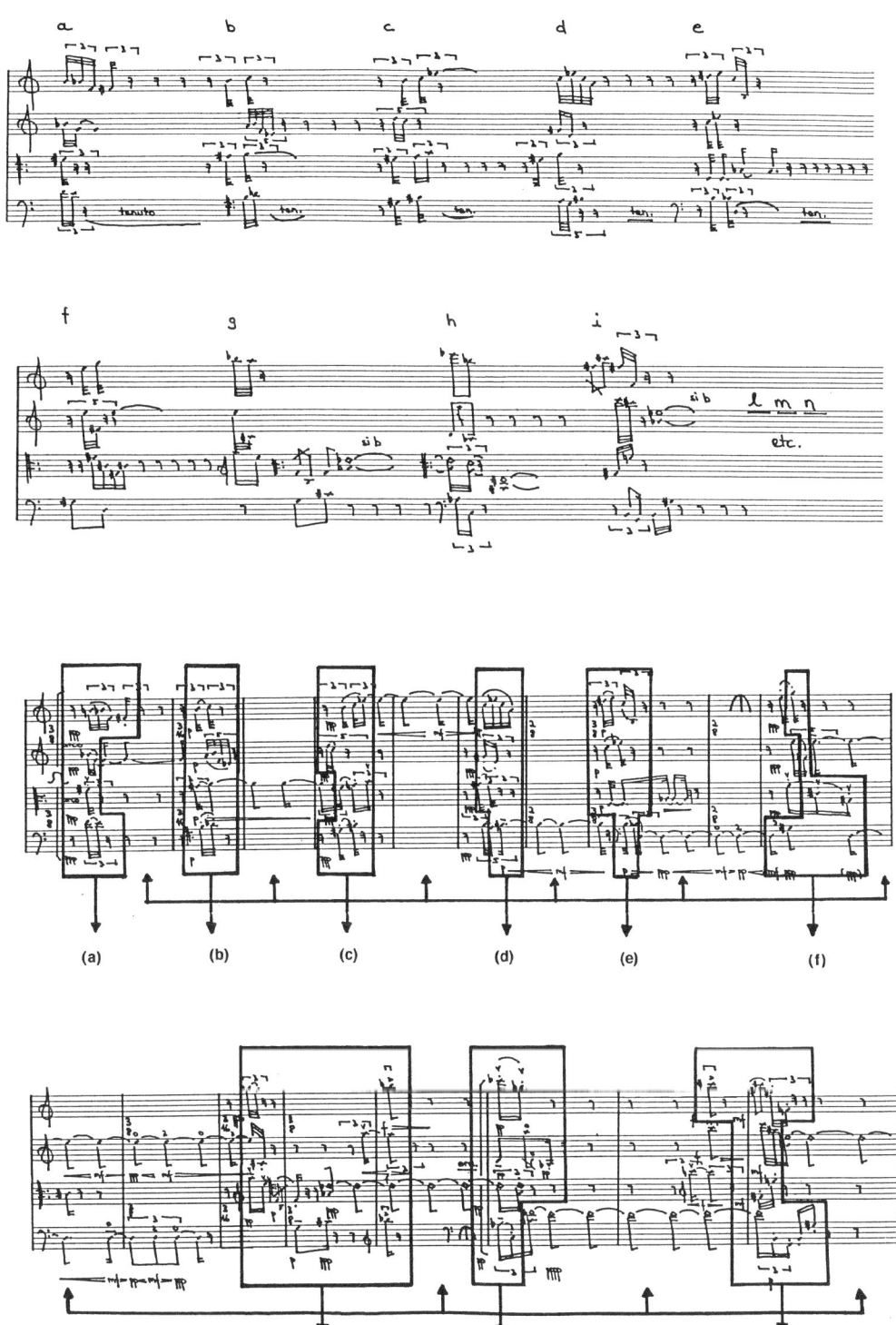

Abb. 29: Skizze zum Gruppendurchlauf (oben), endgültiger Gruppendurchlauf (E2) (Partitur ab Ziffer 22) (unten)

Berio reiht die harmonischen Gruppen hier additiv auf, während sie rhythmisch jeweils anders ausgeformt und durch Pausen bzw. einen lang ausgehaltenen Liegeton von der nächsten Gruppe getrennt werden. Für die Liegetöne hat Gartmann bereits gezeigt, daß sie die Quarttransposition der Rückversicherungs- bzw. Summandreihe bilden[19]. Darüber hinaus löst Berio die in der Materialprädiposition aufgestellte Koppelung von Tondauern und Intervallen ein (vgl. Skizze PSS 146-0463): Mit dem Anfangsintervall einer jeden Figur ist sogleich festgelegt, welche Dauer ihre Töne haben[20]. Schließlich werden die noch ausstehenden Gruppen (l), (m) und (n) in Skizze PSS 146-0472 noch ergänzt (Abb. 30).

Abb. 30a: Skizze zu den Gruppen (l), (m) und (n), endgültiger Ablauf der Gruppen (l), (m) und (n) (Partitur ab fünf Takte vor Ziffer 23) (unten)

19 Vgl. Gartmann: Una frattura, 86. Die Quarttransposition ergibt sich, indem beide Reihen in den Oktavlagen »aufeinanderzugestaucht« werden, eine Ausnahme bildet das *kleine b* an neunter Stelle, das Berio einfach untransponiert übernimmt:

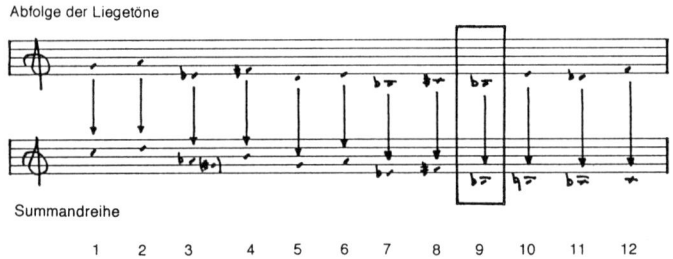

20 Vgl. Gartmann: Dass nichts, 30: Die kleine Sekunde ist hier an eine Triolenzweiunddreißigstel-Figur gekoppelt, die kleine Terz an ein Zweiunddreißigstel usw.:

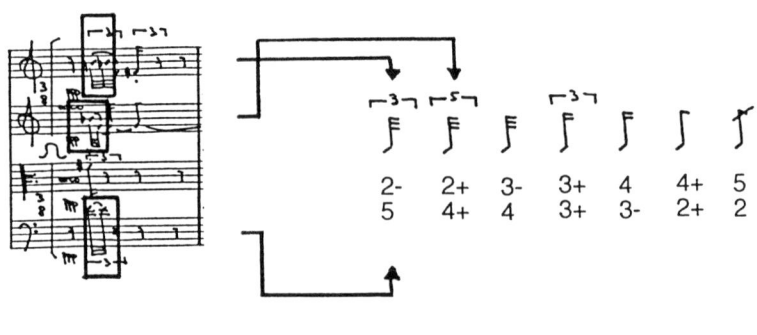

(a)

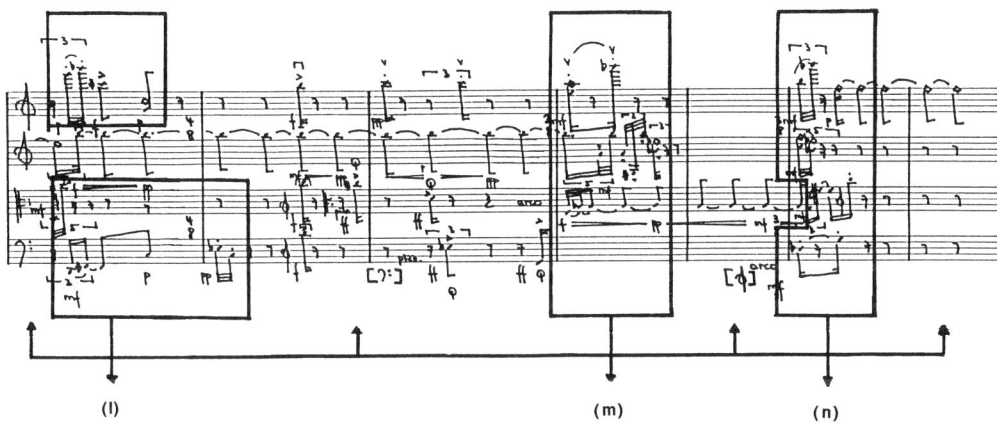

Abb. 30b: Endgültiger Ablauf der Gruppen (l), (m) und (n) (Partitur ab fünf Takte vor Ziffer 23)

Skizzen zur Gruppendurchsetzung (PSS 146-0472 bzw. 146-0471)

In zwei weiteren, daran anknüpfenden Skizzen (PSS 146-0472 und 146-0471) (Abb. 31 oben bzw. unten) legt Berio einen Partiturausschnitt vor, der ab zwei Takte nach Ziffer 23 Eingang in die Endfassung von *Sincronie* gefunden hat. In ihm wird der soeben vorgestellte Gruppendurchlauf (PSS 146-0473) unmittelbar weitergeführt. Auch hier werden die harmonischen Komplementgruppen ((ka) bis zunächst (kg), sowie (kh) bis (kn)) in aufeinanderfolgenden Segmenten durchlaufen, dabei jedoch durch ausgedehnte Vorschlagsfiguren verzahnt, die aus den jeweiligen Spreizgruppen ((sa) bis (sg) bzw. (sh) bis (sn)) entnommen sind. Der Tonfaden, der in Skizze PSS 146-0473 (vgl. S. 61) noch von jeweils einer Stimme ausgebildet wurde, wird hier mit den restlichen Stimmen »verstärkt«, die sich durch Doppelgriffe stellenweise zu sechsstimmigen Halteakkorden zusammenschließen. Auch hier ist das Metrum in beiden Skizzenteilen noch unklar. In (ke) findet sich eine erste Taktstrichmarkierung, die Berio in der Endfassung dann aber doch erst im späteren Verlauf einführt. Der rhythmische Grundwert liegt, wie die Skizze zeigt, bei einem Achtel, in der Endfassung arbeitet Berio das Metrum dann auch zu ²/₈-, ³/₈- oder ⁴/₈-Takten aus, die unregelmäßig aufeinander abfolgen.

Die einzelnen Verbände (Komplement- bzw. Spreizgruppen) werden hier wie die Zähne zweier Kämme miteinander durchsetzt. Durch die äußere Textur macht Berio die verschiedenen Verbände auch optisch kenntlich: Während er die Töne aus den Spreizgruppen zu Vorschlagsfiguren ausformt, die rhythmisch zueinander versetzt und zu einer »Verwischungsfigur« ausgeformt werden, notiert er die Töne der Komplementgruppen in ihrem Einsatz präzise aus und führt sie schon bald zu einem vierstimmigen Liegeklang zusammen. Die

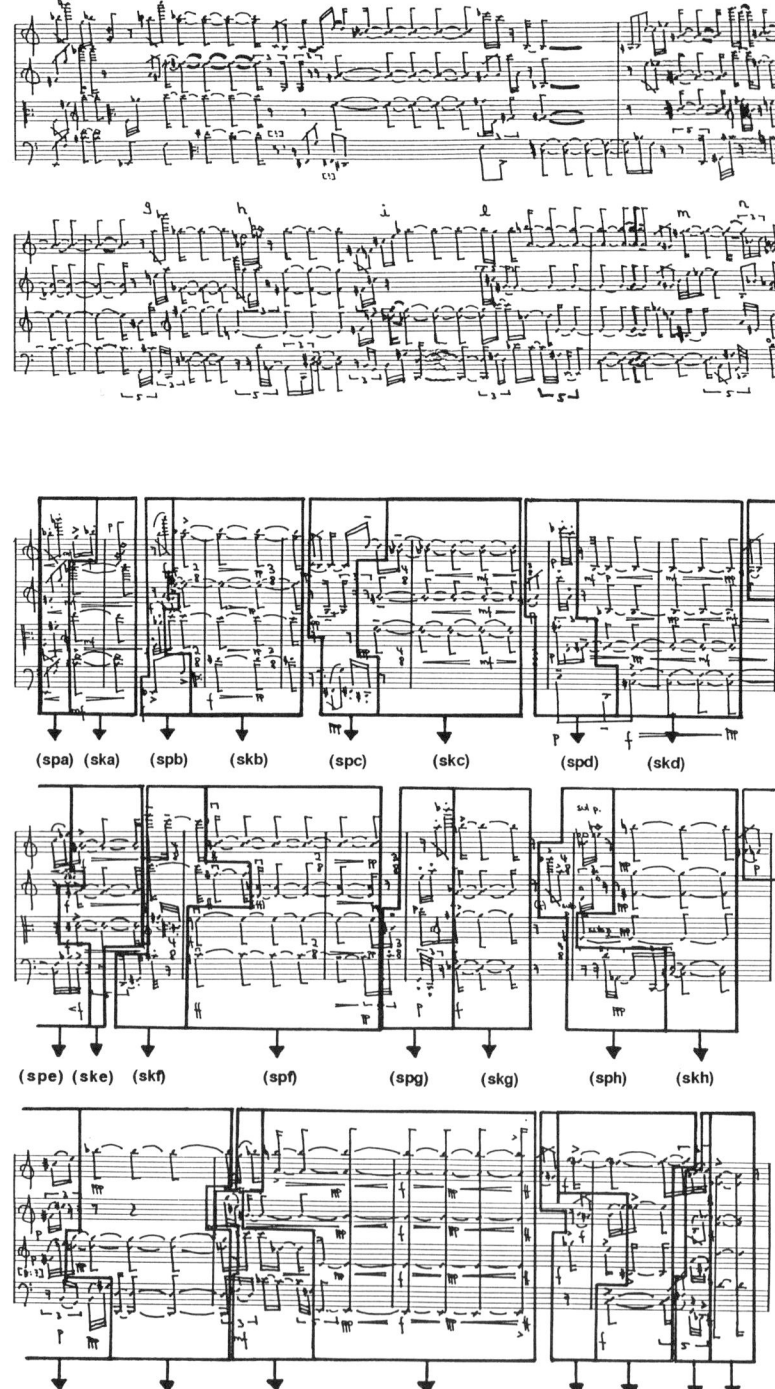

Abb. 31: Skizze zur Gruppendurchsetzung (oben), endgültige Gruppendurchsetzung (Partitur, ein Takt nach Ziffer 23, ab drittem Achtel) (unten)

dynamischen Angaben zeichnet er erst in der Endfassung vor. Darüber hinaus weichen Skizze und Endfassung auch in kleineren Details voneinander ab[21]. Bemerkenswert ist auch die eingeklammerte Notiz »(Sincronie)«, die Berio selbst am Rand des Folios - offenbar zur Sicherung seiner Identifikation - vermerkt hat. Möglicherweise wurde diese erst nachträglich, d.h. im Zuge der Übergabe seiner Materialien an die Paul Sacher Stiftung bzw. der bevorstehenden Inventarisierung angebracht.

(h)/(i)-Gruppenfragment (PSS 146-0468)

In Skizze PSS 146-0468 (Abb. 32) legt Berio zwei Partiturausschnitte zu den Gruppen (h) bzw. (i) vor, die durch Abbruch voneinander getrennt sind, die in ihrer Struktur jedoch deutlich aufeinander bezogen bleiben. Beide Entwürfe werden in der Endfassung von *Sincronie* nicht mehr berücksichtigt[22]. Der Entwurf zu Gruppe (h) ist sechstaktig, wobei Berio jeden Takt einzeln mit Zahlen versieht. An der Seite des Folios notiert er die Ziffer 5 - möglicherweise ein Hinweis, daß dieser Ausschnitt bei Ziffer 5 in die Partitur hätte eingefügt werden sollen. In der Tat findet sich dort eine Partie, deren harmonische Grundlage in beiden Endfassungen auf Gruppe (h) zurückreicht, die sich somit also unmittelbar an den bisherigen Ablauf der Gruppen (a) bis (g) anschließt. Auch dort dominiert die Zweiunddreißigstelnote als Grundwert. Auffallend ist auch das Übergewicht des es^3 in der ersten Violine, das in Skizze und Partitur gleichermaßen hervorsticht. Während diese Stelle in der ersten Fassung (E1) noch im $3/8$-Takt steht, ist sie in der zweiten (E2) (wie auch in der Skizze) auf einen $4/8$-Takt erweitert. Alle Töne (in der Fragmentskizze) entstammen der Gruppe (h)[23]. Der musikalische Satz wird vorwiegend von Zweiunddreißigstelrepetitionen bestimmt, die sich komplementär

---

21 In der 1. Violine fügt Berio dem Quartflageolett auf d^1 (zwei Takte nach Ziffer 23) noch einen zweiten Flageolettgriff (a^1 mit Quartapplikatur) hinzu, das cis^2 im vierten Takt nach 23 wird enharmonisch zum des^2 verwechselt. Die rhythmisch ausnotierte Spreizgruppe (se) (bei 24) wird teils als Vorschlag, teils als Zweiunddreißigstel übernommen. Die übergebundenen Noten (ein Takt vor 24), die in allen vier Instrumenten zu finden sind, sind in der Skizze nur im Violoncello ausnotiert und in den anderen Stimmen lediglich angedeutet. Bei (kf) (Ziffer 24) hat Berio in der Skizze den Bratschenschlüssel vergessen. Im Violoncello stehen bei (kc) (vierter Takt nach 23) noch zwei Achtel *fis* und *dis*, in der Partitur zwei Sechzehntel mit Achtelpause. Daß Berios Orthographie oft Schwankungen unterworfen ist (undeutliche bzw. fehlende Vorzeichen z.B. bei Überbindungen in einen neuen Takt, fehlender Grundton bei der Wiederholung von Flageolettgriffen usw.), hat sich bereits in anderen Skizzen gezeigt.
22 Obwohl diese Entwürfe nicht in die Endfassung eingehen und in ihrer Textur bzw. harmonischen Substanz deutlich von den übrigen Skizzen abweichen, sei auf die Analogie zwischen dem ersten Takt der (i)-Gruppe (146 0468) (Abb. unten links) und der dissoziierten Sektion in Ziffer 6 (Endfassung) (Abb. unten rechts) hingewiesen: Während Berio die Dauernwerte hier präzise ausnotiert, gibt er sie dort in space notation wieder.

23 Im dritten Takt hat Berio, wie an Gruppe (h) ersichtlich ist, vermutlich die Vorzeichnung des Violinschlüssels vergessen. Auch andere Notationsfehler sind offensichtlich.

ergänzen und zu einem rhythmischen Kontinuum zusammenschließen. Die Spielanweisungen sind bereits komplett ausgearbeitet und wechseln auffallend häufig. Berio steuert hier auf einen Höhepunkt zu (zweites Viertel in Takt 6), bei dem alle vier Instrumente Zweiunddreißigstel spielen. Über den abgebrochenen sechsten Takt hinaus deutet er dessen Fortsetzung durch Merknotizen an.

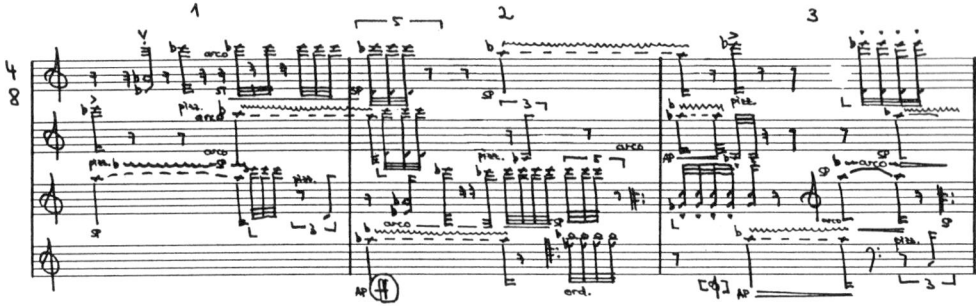

Abb. 32: Fragment zur Gruppe (h)

Dem Entwurf zur Gruppe (i) (Abb. 33) stellt Berio zunächst einen abgetrennten Takt voran, in dem die vier Instrumente weitgehend homophon geführt werden. Es folgen drei plus zwei Takte, in denen die Einzelstimmen weitgehend unabhängig sind. Die Töne stammen aus der Gruppe (i), daneben finden sich Einsprengungen aus den Komplementgruppen (ki) und (kh) bzw. aus anderen Gruppen. Die Spielanweisungen sind weniger ausgefeilt als noch in der Skizze zu (h) (siehe Abb. 33).

Vergleicht man beide Skizzen mit der Tabelle, die Berio für den Verlauf der Parameter angefertigt hat, so ergeben sich einige Übereinstimmungen, wenn auch, wie so oft in Berios Arbeitsprozeß, keine umfassende Kongruenz: Die Klangfarbe wird dort gleichermaßen oft gewechselt (»Timbro | variaz. morf.«), Komplexität und Tempo nehmen zu (»complessità dell' articolazione | Tempo«) und erreichen gegen Ende von Ziffer 5 einen Höhepunkt. Darüber hinaus finden sich im Durchlauf (h) bzw. (i) auch Pizzicati (vgl. »anche pizz« in der Tabelle). Es bleibt also zu vermuten, daß Durchlauf (i) unmittelbar auf Durchlauf (h) folgen sollte (der sich in der Partitur dann bei Ziffer 6 findet). In der Tat sind die Anfangsakkorde in Skizze und Endfassung (E) miteinander identisch und auch der Tonhöhenverlauf stimmt in den Einzelstimmen weitgehend überein (in der Partitur durch space notation dargestellt).

Abb. 33: Fragment zur Gruppe (i)

Auch die Einlagerung gruppenfremder Töne, besonders aus (ki) und (h), ist beiden Partien gemeinsam. Aus der Partitur (E1) wird schließlich auch die Randnotiz erklärbar, mit der Berio seine Skizze abgebrochen hat: »mancano | accordi d'attacco«: die hier fehlenden Akkorde folgen in der Partitur dann dem Teil, den Berio dort in space notation niedergelegt hat; »i colori«: Berio wechselt im folgenden zwischen arco- und pizzicato-Akkorden; »verso l' indipendenza«: der Verlauf glättet sich alsbald in die Homophonie, in der die Einzelstimme ihre Unabhängigkeit aufgibt.

Fazit:

1. Berios Skizzen zu Partiturausschnitten zeigen verschiedene Ansätze, die relativ präzise und umfassend ausgearbeitet sind, die aber dennoch keinen Eingang in die Partitur von *Sincronie* gefunden haben. Während die Entwicklung des Werkanfang relativ deutlich nachvollzogen werden kann, läßt die Chronologie der späteren Skizzen mehrere Deutungsmöglichkeiten zu.
2. In seinen Partialskizzen stellt Berio relativ geschlossene Zusammenhänge dar. Die Form, die sich hieraus für das Werkganze ergibt, läßt sich dennoch kaum aus ihnen erahnen.

Skizzen von strittiger Zuweisung

Neben den bereits dargestellten Skizzen, die oftmals auch dann lokalisiert werden können, wenn Berio sie nicht in die Endfassung von *Sincronie* übernommen hat, finden sich in seiner Sammlung auch Skizzen, deren Zuordnung offen bleibt.

Skizze zur Gruppendissoziation (PSS 146-0469)

Skizze PSS 146-0469 (Abb. 34) hat Berio mit der Ziffer 1, einem Kreuzchen und der Notiz »inizio« markiert[24]. In ihr wird auf ein einheitlich vorgezeichnetes Metrum verzichtet, stattdessen fügt er in unregelmäßigen Abständen gestrichelte, d.h. »durchlässige« Taktstriche ein, die in der Endfassung auch für den Werkanfang übernommen und später wieder aufgegriffen werden[25]. Als metrischen Grundwert gibt er $\eighthnote = 72$ vor, die relative Geschwindigkeit hat sich gegenüber $\quarternote = 40$ (d.h. $\eighthnote = 80$) in PSS 146-0473 also ein wenig verlangsamt. Auch wird das Metrum nun nicht mehr an der Viertel-, sondern an der Achtelnote bemessen. Während die Anfangsdynamik zurückgenommen ist (»p il poss.«), setzt Berio auf engstem Raum harte Kontraste (»sffz«, »mf«, »p«, »f«, etc.) (vgl. die Variabilität von »Intensità« in PSS 142-0277). Daneben finden sich auffallend rasche Wechsel in Spieltechnik und Klangfarbe (vgl. »Timbro«, ebd.[26]), die von ausgeprägt gestischem Charakter sind (siehe Abb. 34).

Vergleicht man, wie die Spielanweisungen aufeinander abfolgen und welche Gesten Berio ihnen jeweils zuordnet (Abb. 35), so zeigt sich, daß er hier unmittelbar auf die Skizze der gestischen Vorordnung zurückgreift (vgl. PSS 146-0463): In den ersten beiden Akkorden findet sich ein Tremolo, das sul ponticello gespielt wird (allerdings nicht mit dem Holz), es folgt eine zweigliedrige Pizzicato-Figur, bei der zwei Achtel aneinandergebunden werden, ebenso ein lang ausgehaltener Tenuto-Akkord (ordinario), dem ein kürzerer nachgestellt wird. Dem schließen sich drei col legno-Akkorde an, wobei der erste durch Pausen von den beiden anderen getrennt ist. Schließlich folgt ein weiterer, lang ausgehaltener und mit Dämpfer gespielter Tenuto-Akkord.

---

24 Die Notiz »inizio« verweist hier nicht auf den tatsächlichen Werkanfang, sondern versteht sich nur als eine Art »Merkhilfe«, die vermutlich auf einen neuen Ansatz der Gruppenmischung zu beziehen ist.
25 Vgl. Berio, *Sincronie*, 1–2. Ab Seite 3 werden die »durchlässigen« Taktstriche überwiegend durch »feste« ersetzt.
26 Das Minimum, das Berio im ersten Abschnitt der Tabelle für die Parameter »Intensità« bzw. »Timbro« vorgesehen hat, tritt hier nicht in Erscheinung, gleiches gilt für das Minimum bei »Frequenza«. Erstaunlich bleibt jedoch, daß gerade die Werte zum Anfang in Skizzen und Tabelle weitgehend miteinander übereinstimmen, daß sie sich im späteren Verlauf aber kaum noch zueinander in Beziehung setzen lassen.

Genese der musikalischen Textur 69

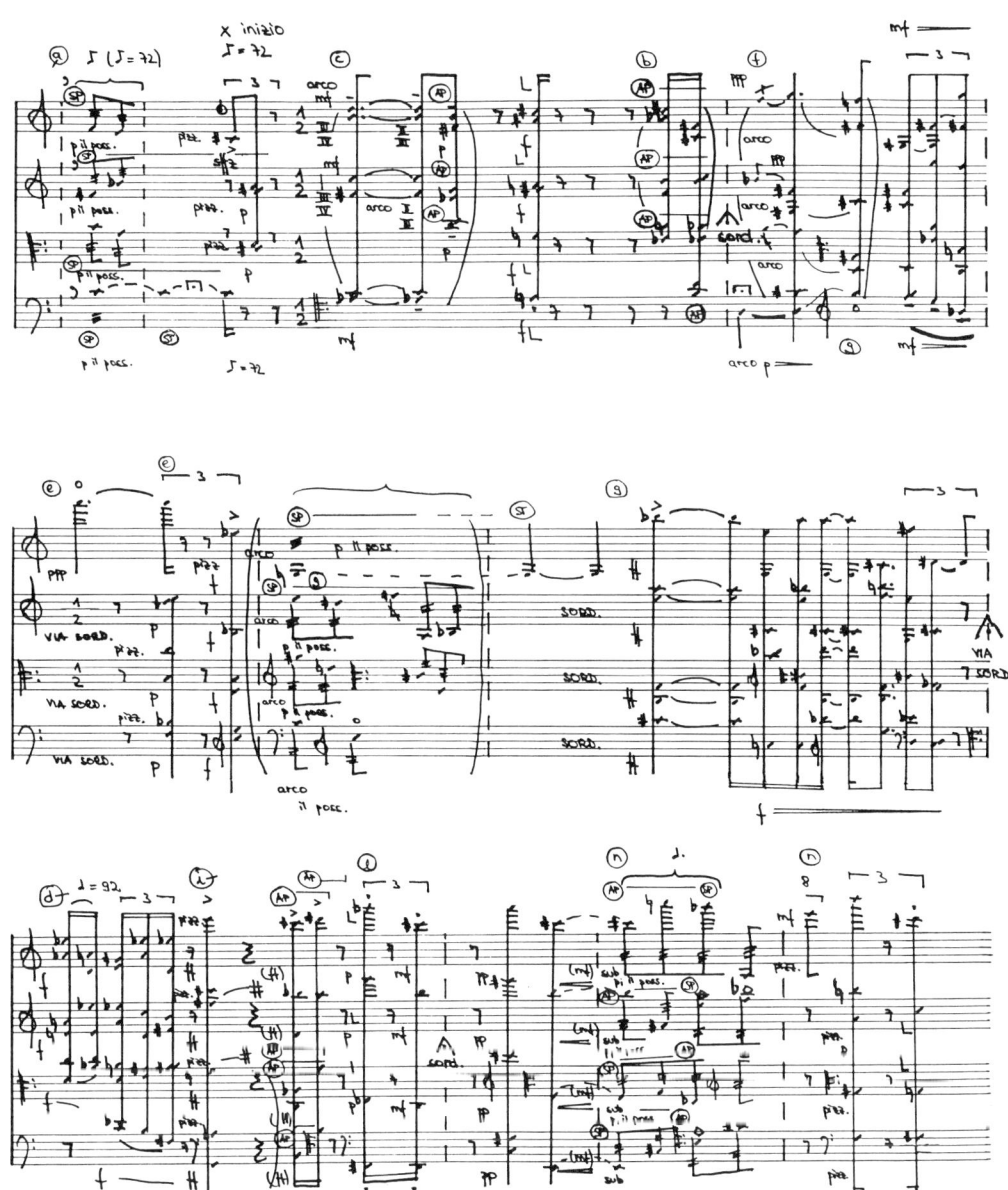

Abb. 34: Skizze zur Gruppendissoziation

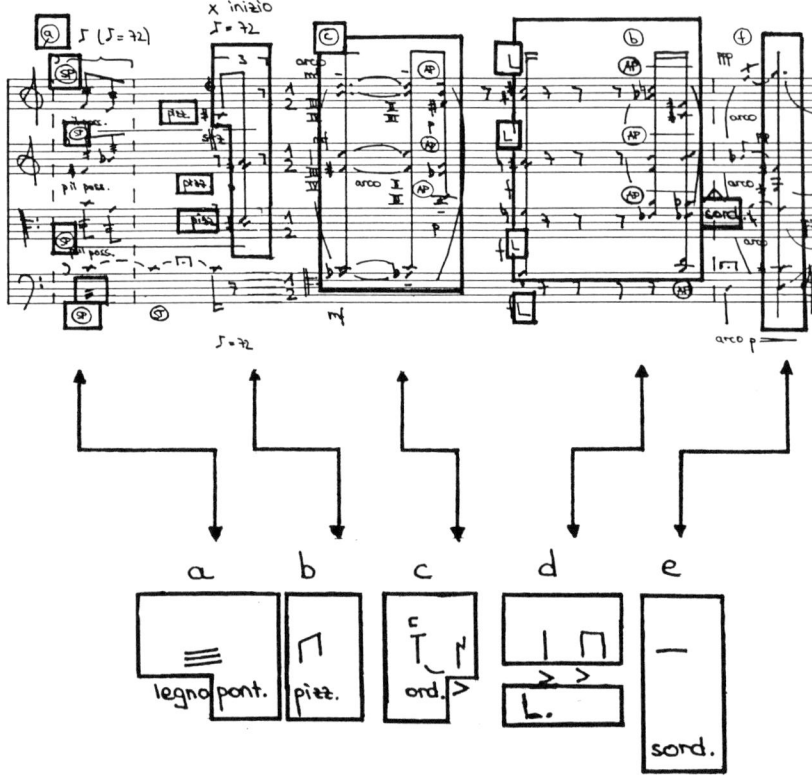

Abb. 35: Skizze zur Gruppendissoziation (oben) im Vergleich zur Vorordnung der Gesten (unten)

Berio hat in dieser Skizze offensichtlich unmittelbar an seiner Voraufzeichnung entlang komponiert, so daß er die dort niedergelegten »Kürzel« nur noch in Form eines Notentextes ausformuliert hat. Während die Gesten hier noch an einen linearen Ablauf gebunden sind, weicht die Skizze im späteren Verlauf deutlich von der Verknüpfung mit der Gestenprädisposition ab. Dahingegen ist der harmonische Fortgang eher eigenwillig; die Gruppen, die aus verschiedenen Materialverbänden entnommen sind, durchdringen sich wie Kämme. Auch die chronologische Abfolge innerhalb der Verbände wird aufgehoben (Abb. 36).[27]

Berio löst hier, indem er sich gleichermaßen aus den Gruppen wie auch aus den Komplementgruppen bedient, die »Reinheit« des harmonischen Fortgangs auf[28]. Er durchbricht diesen jedoch auch auf einer zweiten Ebene: Indem er auch innerhalb der Verbände sprunghaft vorgeht, wirkt die Abfolge eher unsystematisch und läßt eine übergreifende Permutationsstruktur vermissen. Auch die Abfolge innerhalb der Instrumentationsvorräte (vgl. Skizze PSS 146-464 bis 146-0467) scheint eher assoziativ. Zwar läßt sich hin und wieder eine chronologische Ordnung erkennen, einzelne Glieder bleiben jedoch – aus welchen Gründen auch

---

27 Aus Berios Randnotiz läßt sich schließen, daß die Töne, die von den vorgezeichneten Gruppen abweichen, frei eingeflossen sind, wie auch aus der Abweichung selbst keine Regelmäßigkeit zu erkennen ist. Auch die Abfolge der markierten Gruppen gestaltet Berio eher assoziativ. Schließlich wird der vorliegende Entwurf auch durch Skizze PSS 146-0470 ergänzt, die Berio am Rand mit Ziffer 2 gekennzeichnet hat. Dort folgen dann die Gruppen (c), (b), (f), (a), (d) und (e) aufeinander.
28 Obwohl Berio in seiner Schreibweise nicht zwischen Gruppen und Komplementgruppen differenziert (beide werden mit Kleinbuchstaben bezeichnet), zeigt sein kompositorischer Gebrauch, daß er sie deutlich voneinander unterscheidet.

Genese der musikalischen Textur 71

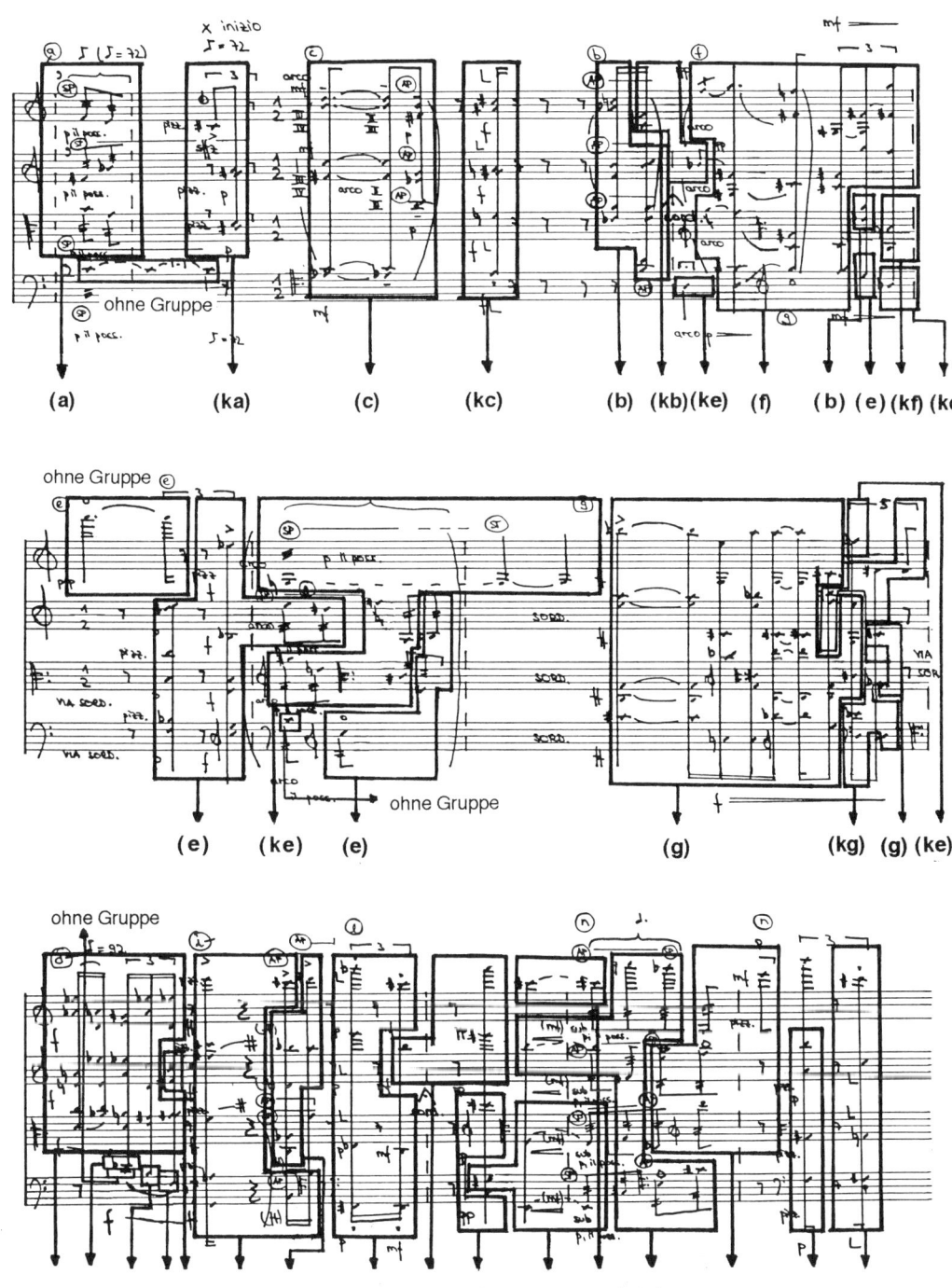

Abb. 36: Harmonischer Verlauf der Skizze zur Gruppendissoziation

immer – ausgespart. Berio greift hier nur einzelne Akkorde aus den Instrumentationsvorräten heraus, ordnet sie nach aufsteigender Ordnungsposition, die Auswahl im einzelnen gestaltet er jedoch weitgehend frei.

Skizze PSS 146-0469 läßt somit gleich mehrere Besonderheiten deutlich werden: Harmoniewechsel vollziehen sich auf engstem Raum, Gruppen und Komplementgruppen werden auf eigenwillige Weise miteinander verzahnt, die Sukzessivität innerhalb der Akkordeinrichtungen ist aufgehoben. Die Metrik organisiert Berio relativ frei, einzelne Parameter werden erstaunlich oft variiert, wie auch die Klangfarbengestaltung von zahlreichen Kontrasten bestimmt ist. Obwohl diese Skizze keinen Eingang in die endgültige Gestalt von *Sincronie* gefunden hat[29], findet sich dort eine Partie, deren harmonischer Einstieg erstaunliche Ähnlichkeiten ausweist (Abb. 37) (vgl. *Sincronie*, 3, Ziffer 8 bis Mitte Ziffer 9) – wenn Berio sie auch auf andere Weise austextiert.

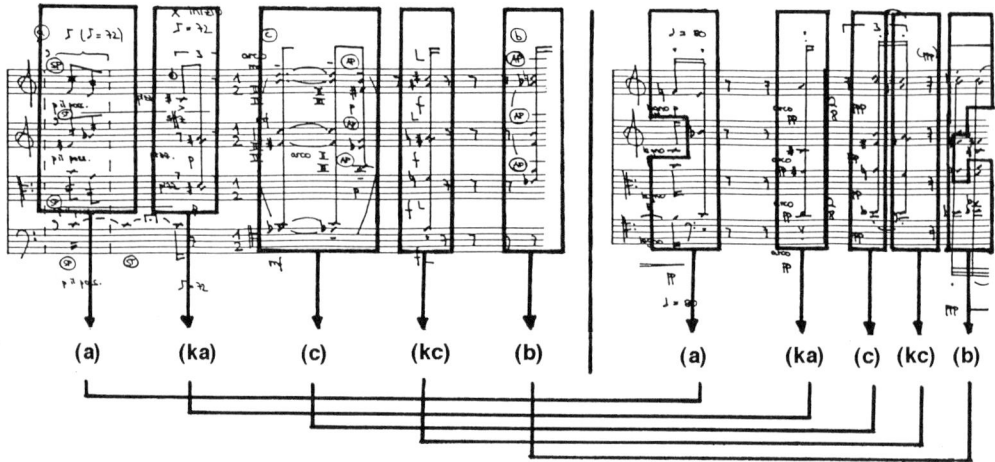

Abb. 37: Harmonieschema der Skizze zur Gruppendissoziation (links) im Vergleich zu einem Partiturausschnitt (rechts)

Obwohl Berio die Gestaltungsmöglichkeiten der musikalischen Textur durch die Koordination der sechs Gruppentöne zu einer fortlaufenden Akkordfolge deutlich einschränkt, handhabt er die Parameter in beiden Partien recht flexibel. Die Harmonik ist hingegen deutlich durchmischt: Während die Gruppen in allen Versuchen zum Anfang (wie auch in den Endfassungen E1 und E2) langsam und stetig exponiert werden, mischt Berio hier verschiedene Materialverbände durcheinander, spaltet einzelne Glieder ab und durchsetzt sie mit verschiedenen Einlagerungen, die aus fremden Verbänden entnommen sind. Daß die (nicht verwendete) Skizze PSS 146-0469 also, wie Gartmann vermutet[30], tatsächlich für den Werkanfang

---

29 Möglich ist, daß Berio diese Skizze in der Zwischenfassung (Z) verwendet, sie dann aber wieder getilgt hat. Freilich ist dabei verwunderlich, daß er eine derart weit ausgearbeitete Skizze nicht, wie sonst üblich, in die Partitur übernimmt (»like a good Ligurian, I never throw anything away«, Luciano Berio im Gespräch mit David Osmond-Smith, in: Id., Berio [= Oxford Studies of Composers 29 [eigentlich 24], Oxford, New York 1992, 2).

30 Gartmann hat sich hier offensichtlich von der Notiz »inizio« leiten lassen, die Berio auf dem Folio vermerkt hat (vgl. Gartmann, Una frattura, 85). Offenbar meint diese hier jedoch den Beginn einer neuen Gruppendurchmischung.

vorgesehen war, scheint der Verfasserin aufgrund der harmonischen Analyse nicht evident: Durch den hohen Grad der harmonischen Dissoziation steht sie der harmonischen Reinheit, die alle Entwürfe zum Anfang kennzeichnen, geradezu schroff entgegn. Stattdessen legt sich in ihr ein harmonisches Entwicklungsstadium dar, in dem die Bestandteile extrem dissoziert und gestreut, nicht jedoch exponiert oder gar gebündelt werden. Es läßt sich also vermuten, daß Berio diesen Teil ursprünglich für einen Abschnitt im »Durchmischungsteil« von *Sincronie* vorgesehen hatte, ihn dann aber - aus welchen Gründen auch immer - nicht mehr zum Einsatz gebracht hat. Denkbar ist auch, daß die Skizze eine ähnliche Funktion übernehmen sollte wie die bereits beschriebene Stelle bei Ziffer 8 (vgl. S. 72, Abb. 37 rechts): Mit Beginn der »kleinen Reprise« (Partitur, S. 3, Ziffer 7) und der Wiederanknüpfung an die Harmonik des Anfangs werden die Gruppen noch einmal im Schnellverfahren durchlaufen und vermischt (vgl. S. 162ff.). Schließlich werden sie erneut durchlaufen (Partitur, S. 3, letzter Takt), wobei sie nahezu von Akkord zu Akkord wechseln. Das »harmonische Tempo« der »Exposition« wird hier also drastisch gesteigert und steuert unmittelbar auf das ersten aleatorische Feld zu (Partitur, S. 4, Ziffer 10). Mit ihm wird der erste Werkteil (»Exposition«, Anfang bis vor Ziffer 11) abgeschlossen (vgl. S. 162ff.).

Die Einflechtung von Antizipationstönen, wie sie noch in Skizze PSS 146-0469 zu sehen ist, bleibt hier also aus. Sie findet sich erst wieder ab Seite 8 (Ziffer 22) bzw. ab dem sechsten Takt zu Beginn des Werkes, wird dort aber mit einer glatteren Harmonik verbunden. Auch wird sie dort in ganz anderer Weise ausformuliert. Berios Skizze (PSS 146-0469) erhält somit eine eigentümliche Janusstellung: Während Textur und harmonische Aufspaltung auf einen eher fortgeschrittenen Kontext innerhalb des Werkes schließen lassen, tendieren einzelne Details eher zu einer Integration zum Anfang hin: Die Bezeichnung »p il poss.«, die er erstmals in einer Skizze festhält, präzisiert er in der Endfassung zum »più p poss. sempre«, ebenso die Anweisung, am Steg (in der Endfassung: auf dem Steg) zu spielen. Das Violoncello ist mit seinem Liegeton mit Fermate von den übrigen drei Stimmen getrennt und knüpft dabei an die Sonderrolle an, die es bereits in Skizze PSS 146-0473 eingenommen hatte. Dort war es nicht nur durch den lang ausgehaltenen Liegeton hervorgehoben worden, sondern auch durch dessen harmonische Sonderstellung: Das c^1 gehört nicht zu Gruppe (a), ist ihr jedoch, wie in Skizze PSS 146-0464 ersichtlich, als Antizipationston aus der Summandreihe zugeordnet.

Weiterer Ansatz zur Gruppendissoziation (PSS 146-0470)

In Ergänzung zu Skizze PSS 146-0469 findet sich auch ein zweiter Ansatz zur Gruppendissoziation (PSS 146-0470), den Berio jedoch schon nach wenigen Takten abbricht (Abb. 38). Am Rand des Folios findet sich die Ziffer 2, die Aufzeichnung schließt somit unmittelbar an die vorherige Skizze (Ziffer 1) an. Auch hier werden die Gruppen frei durchmischt und die Akkordstrukturen durch Tremoloeinstreuungen »verwackelt«. Gleichwohl geht auch diese Skizze nicht in die Endfassung von *Sincronie* ein.

Abb. 38: Skizze zur Gruppendissoziation

Skizze zum Melodieverlauf (?) (PSS 146-0464)

In Skizze PSS 146-0464 findet sich eine einzeilige Tonfolge, die Berio vermutlich der 1. Violine, möglicherweise aber auch der Viola zugeschrieben hat (Abb. 39)[31].

Abb. 39: Skizze zum Melodieverlauf (?)

Während Gartmann davon ausgeht, daß es sich hier um einen allerersten Entwurf zum Anfang handelt[32], finden sich jedoch einige Indizien, die eine solche Zuweisung in Frage stellen: Keiner der Versuche zum Anfang nimmt seinen Ausgang in der melodischen Linie eines einzelnen Instruments: Gerade die vertikale »Verblockung« bzw. Verschmelzung der vier Streicher mag dabei als ein besonderes Merkmal gelten, aus dem Berio seinen Werkanfang entfaltet. Auch läßt die Melodieführung keinen Bezug zur melodischen Führung des Anfangs erkennen: Weder die Vorschlagsnoten der ersten Violine noch die Hauptnoten der anderen Instrumente stehen zu ihr in Beziehung. Ungewöhnlich ist auch die frühe melodische Durchsetzung der Tonfolge mit Tönen aus dem Komplementvorrat. Sie steht der hermetischen Reinheit, wie die Anfangstakte sie in allen Entwürfen sonst ausweist, geradezu schroff entgegen.

Stattdessen finden sich in dieser Skizze erstaunliche Parallelen zu Aufzeichnungen, wie Berio sie auch im Vorstadium zu anderen Werken entworfen hat: Derartig einstimmige, im Violinschlüssel notierte, rhythmisch noch nicht genau festgelegte Tonfolgen von begrenztem Ambitus bilden dort eine Vorlage, die selbst noch nicht als »melodische Erfindung« zu bewerten ist, anhand deren Berio den eigentlichen Melodieverlauf dann jedoch wie eine Art »Katalysator« entwickelt: Indem die Zeile mehrmals abgeschritten wird, werden die nicht

---

31 Berio hat diese Zeile mit der römischen Ziffer I versehen, die er in seiner Verlaufstabelle der Viola zugeschrieben hat, während die beiden Violinen mit Ziffer II bezeichnet werden. Die Besetzung läßt sich also nicht zweifelsfrei klären.
32 Vgl. Gartmann, Una frattura, 83. Gartmann läßt sich hier offensichtlich von der Tatsache leiten, daß diese Aufzeichnung der Materialvorordnung der Gruppe (a) vorangestellt ist (vgl. PSS 146-0463). Daß sich daraus jedoch nicht unbedingt eine Chronologie ableiten läßt, hat Berios Arbeitsprozeß bereits in anderen Zusammenhängen gezeigt.

eingeklammerten Töne verbindlich ausgewählt, die eingeklammerten können hingegen genommen oder aber ausgelassen werden. Es ergibt sich also ein melodisches Gefüge, das aus mehreren ähnlichen, nahtlos ineinander übergehenden »Strophen« besteht[33]. Offenbar, so die Vermutung der Verfasserin, handelt es sich hier (vgl. PSS 146-0464) um ein bei Berio relativ häufig anzutreffendes »Melodiebildungsmodell«, anhand dessen er seine melodischen Verläufe »katalysiert«. Die Anwendung dieses Modells hat er jedoch, wie an der Tilgung der Skizze, aber auch aus dem Vergleich mit der Partitur zu ersehen ist, letzlich verworfen.

Daß ein solcher melodischer Verlauf dennoch für den Anfang geplant war, scheint derweil fraglich. In allen Skizzen zum Anfang bleibt gerade die Violine zunächst ausgespart, wie sie auch in der Endfassung nur mit drei Vorschlagsfiguren eingeführt wird. Daß Berio das Streichquartett nicht bereits vorab als einen Korpus gedacht hätte, in dem die vier Instrumente geradezu blockartig zusammengespannt werden, würde allen bisherigen Erfahrungen mit dem Werk maßgeblich zuwiderlaufen. Demgegenüber läßt die harmonischen Basis einen zwar schwachen, so aber doch initialen Zug erkennen (Gruppe (a)). Sie wird jedoch schon bald von Tönen aus (ka) durchsetzt. Auch soll das jeweils gleiche c^2 durch den Wechsel auf verschiedenen Saiten klanglich modifizieren werden. Wir finden diese Idee – in anderer Form – auch in der Anfangspartie der Endfassung wieder, dort allerdings bezogen auf die Instrumentationsvarianten der Gruppen[34].

Betrachtet man die Überarbeitung der Materialeinrichtung für die Gruppe (a) (PSS 146-0464), so zeigt sich, daß Berio dort einzelne Töne – quer durch die Instrumente hindurch – mit einem kleinen Kreis markiert und mit einer Bleistiftlinie verbindet. Die so selektierten Töne sind – auch in der Reihenfolge – exakt identisch mit den hier eingeklammerten Tönen. Sie werden im folgenden von Tönen aus der Komplementgruppe (ka) durchsetzt. Die Gewinnung dieser Tonfolge läßt sich somit also bereits aus den Markierungen in der Materialeinrichtung nachvollziehen (Kreiskennzeichnung, Bleistiftlinie).

Fazit

1. Von den Skizzen, die Berio nicht in *Sincronie* übernommen hat, lassen sich obige Aufzeichnungen nur vage in den Prozeß der Werkentstehung einordnen. Zwar gibt es Anhaltspunkte, die auf den einen oder anderen Zusammenhang verweisen, für eine präzise Lokalisierung reichen diese jedoch nicht aus.
2. Die Skizzen zur Gruppendissoziation hat Berio erstaunlich weit ausgearbeitet. Aus den Erfahrungen mit seinem Arbeitsprozeß[35] läßt sich vermuten, daß er diese möglicherweise noch im Rahmen der Zwischenfassung (Z) (vgl. S. 77–79) verwendet, im Zuge der Revision zur Endfassung (E1) jedoch wieder getilgt hat.

---

33 Vgl. hierzu auch die Melodiebildung bei *O King* (PSS 144-0671 bis 144-0684).
34 Daß die ersten drei Töne der Tonfolge im zweiten Einsatz der Primgeige zu finden sind, worauf Gartmann hinweist, kann eher als ein Phänomen am Rande gelten: Da Berio in der zweiten Initialfigur auf Basis der Gruppe (a) nur Sekundintervalle verwendet (die im dritten Einsatz zur kleinen Terz erweitert werden), ergibt sich die Tonfolge $fis^1 - e^1 - fis^1$ eher beiläufig.

☐ ZUSAMMENFASSUNG

1. Berios Partialskizzen reichen auf unterschiedliche Stadien in der Entstehung von *Sincronie* zurück: Während die Idee zum Anfang zunächst nur im Ansatz entfaltet und behutsam weiterentwickelt wird (Ansatz A), läßt sich Ansatz B als eine Art »Textierungsanweisung« verstehen, in der bereits recht konkrete Vorstellungen zur Weiterführung des Anfangs enthalten sind. Die Skizzen zu anderen Ausschnitten dienen entweder als Vorlagen, die in die Arbeitspartitur übernommen und dort noch einmal überarbeitet werden oder aber als »katalysierende Skizzen«, anhand deren Berio die eigentliche Texturgestalt überhaupt erst entfaltet.
2. Betrachtet man den Umfang von *Sincronie,* so zeigt sich, daß die Partialskizzen nur einen geringen Teil des Werkes abdecken. Einen großen Teil des Streichquartetts hat Berio vermutlich erst in der Arbeitspartitur entworfen oder aber auf separaten (möglicherweise verschollenen?) Blättern festgehalten. Alle Skizzen greifen derweil auf Zusammenhänge zurück, die in der Materialprädisposition vorbereitet worden sind.
3. Die freieren Partien – diejenigen Abschnitte, in denen Berio sich ganz bzw. weitgehend von der Materialvorordnung löst – bleiben in seiner Vorskizzierung ausgespart. Berio entwirft sie, wie der Blick auf die Gesamtfassungen zeigt (vgl. S. 77–84), weitgehend spontan, entwickelt sie also erst im Zuge der Zusammensetzung der Teile zum Ganzen. Mit diesen Abschnitten werden Nahtstellen überbrückt und neue, abweichende Texturformen geschaffen.
4. Obwohl Berios Partialskizzen nur Ausschnitte wiedergeben, lassen sich an ihnen bereits Grundzüge seines kompositorischen Denkens aufzeigen. Durch die Aufstellung der Gruppen und die formbildenden Tendenzen, die von ihnen ausgehen, sind die Grundpfeiler des Werkes bereits im Vorfeld zu erkennen.

---

35 Berio, so zeigt seine kompositorische Praxis auch über *Sincronie* hinaus, arbeitet seine Skizzen nur so weit aus, wie es das konkrete Umfeld erfordert. Umgekehrt gibt es nur wenige Aufzeichnungen, die – einmal erstellt – nicht doch in irgendeiner Form zum Einsatz kommen.

GESAMTENTWÜRFE

Über die Ausarbeitung der musikalischen Gesamtform, über die Komposition von *Sincronie* im engeren Sinne also, wissen wir nur wenig. Sie läßt sich nur anhand der Arbeitspartitur rekonstruieren, die gleichzeitig auch Werkreinschrift ist, anhand der Stimmen und der beiden Druckfassungen sowie unter Auswertung der Korrespondenz, in der Berio während seiner Arbeit über deren Stand berichtet. Die Entstehung von *Sincronie* läßt sich damit in drei größere Etappen unterteilen:

1. Spätjahr 1962 (frühestens ab September) und/oder Frühjahr 1963 bis Mitte Juli 1964: Skizzierung und Ausarbeitung, Entwurf einer ersten Gesamtform (Zwischenfassung (Z)) mit erneuter Überarbeitung und Abschluß der ersten Endfassung (E1).
2. Sommer 1964 (Juli oder später) bis November 1964: Kleinere Korrekturen, Veröffentlichung der ersten Druckfassung (D1) (Oktober 1964), weitere kleine Korrekturen.
3. Dezember 1964 bis Juli 1966: Ausführliche Revision mit Abschluß der zweiten Endfassung (E2), Veröffentlichung der zweiten Druckfassung (D2).

Berio hat alle Ausarbeitungen, die die Entwicklung und Ausbildung der Gesamtform betreffen, unmittelbar in seiner Arbeitspartitur vorgenommen. In dieser finden sich zahlreiche Radier-, Schnitt- und Klebespuren, aus denen die verschiedenen Stadien der Partitur rekonstruiert werden können. Anhand der beiden Druckfassungen, die den Stand vom Juli 1964 bzw. Juni 1967 im Faksimiledruck wiedergeben, lassen sich die Eckpfeiler seiner Revisionsprozesse somit relativ präzise abstecken.

Zwischenfassung (Z)

Noch vor Abschluß der ersten Endfassung (E1), als vorläufige Skizze einer ersten (?) Gesamtform, läßt sich die Zwischenfassung (Z) ausweisen. Sie ergibt sich aus der alten, von Berio wieder getilgten Paginierung seiner Arbeitspartitur, deren ursprüngliche Folge auf einen älteren Formzusammenhang schließen läßt. Als (Arbeits-)Entwurf hat Berio diesen jedoch schon bald wieder verworfen und zur ersten Endfassung (E1) weiterverarbeitet.

Die Entstehung dieser Zwischenfassung läßt sich nur grob auf die Zeit zwischen Spätjahr 1962 und Mitte Juli 1964 datieren. Da sie nicht in einem eigenen Manuskript niedergelegt ist, läßt sie sich nur im Ansatz rekonstruieren. Die Anhaltspunkte, die sich für eine Rekonstruktion ergeben, sind spärlich. Sie beschränken sich auf die Spuren der Montage (Umordnung der Seiten mit Angleichung der Übergänge), wobei sich die Texturierung dieser Seiten im einzelnen nicht mehr ermitteln läßt. Aus der Umzeichnung der Seiten, wie sie aus den Radierspuren im Autograph rekonstruiert werden kann, ergibt sich für die Zwischenfassung (Z) die folgende (mutmaßliche) Seitenfolge (Abb. 40).

Seitenzahl

1	2	3	4	5	6	7	8	9	10	11	12	13	14	15	16	17	18
↕	↕	↕	↕	↕	↕	↕	↕	↕	↕	↕	↕	↕	↕	↕	↕	↕	↕
1	2	5	6	7	[verschollen?]		11	13	14	8[?]	9	10	15[alt]	–	–	–	

Abfolge der Seiten innerhalb der Arbeitspartitur

Abb. 40: (Vermutete) Seitenfolge der Zwischenfassung (Z)

Die Seiten 1 und 2 hat Berio bereits in der Zwischenfassung als Anfangsseiten benutzt. Über seinen Werkanfang muß er sich also spätestens mit dem Übergang in die Arbeitspartitur sicher gewesen sein, so daß sich dessen harmonische und satztechnische Ausarbeitung bereits im Vorfeld, d.h. im Stadium der Partialskizzierung abgespielt haben muß[1]. Als Seiten 3, 4 und 5 (Z) lassen sich die späteren Seiten 5, 6 und 7 (E1) rekonstruieren (vgl. die nachträgliche Umschrift der Seitenzahlen im Autograph, PSS 146-0480 bis 146-0482)[2]. Für die Endfassung (E1) läßt sich an dieser Stelle bereits auf einen Einschub der (späteren) Seiten 3 und 4 hinweisen[3], die in der Zwischenfassung offensichtlich noch nicht enthalten waren. Die Seiten 5, 6 und 7 (wie sie sich in (Z) nun an Position 3, 4 und 5 vorfinden) wurden dabei offenbar schon früh als ein mehr oder weniger geschlossener Texturzusammenhang erachtet, der auch in (E1) nicht mehr auseinandergerissen wurde.

Unklar bleibt der Bestand der nun folgenden Seiten: Da die Blätter 6 und 7 (E1) in der Zwischenfassung (Z) bereits als Seiten 4 und 5 (Z) verwendet worden sind, scheiden sie für einen nochmaligen Einsatz aus. Möglicherweise hatte Berio hier zunächst noch einen anderen Verlauf der Seiten 6 und 7 skizziert (evtl. auch von 8 und 9), den er bei der Erarbeitung von (E1) jedoch wieder getilgt hat (?). Möglich ist, daß die Seiten 8 und 9 bereits hier (d.h. ohne spätere Umzeichnung) verwendet worden sind. An 10. und 11. Stelle (Z) hat Berio die Blätter 13 und 14 (E1) eingesetzt. Die nun folgenden Seiten (12, 13, 14) bleiben wiederum im Dreierverbund zusammen, wobei auch sie in der späteren Endfassung (E1) bereits als Seiten 8 (?), 9 und 10 verwendet worden sind. Seite 15 (Z) muß ebenfalls als verschollen gelten: Da Berio den Schluß des Werkes nach Endfassung (E1) erneut revidiert und erweitert hat, müßten die Spuren dieser Überarbeitung im Autograph erkennbar sein: Blatt 15 ist jedoch unbeschädigt und läßt sich durch den leicht abweichenden Duktus der Handschrift als Abschrift erkennen, die Berio offenbar erst spät (d.h. im Zuge der Revision zur zweiten Endfassung (E2)) vorgenommen hat. Auch die Zwischenfassung (Z) ist, so bleibt zu vermuten, auf Seite 15 zum Anschluß gekommen.

Fazit

1. Berio hat die Form von *Sincronie* zunächst aus einzelnen, festgefügten Zusammenhängen montiert. Diese finden sich in der Zwischenfassung (Z) mitunter noch in anderer Reihenfolge als in der Endfassung (E1). Anschlüsse werden nivelliert, Übergänge angeglichen. Berios Formvorstellung zeigt sich (in diesem Stadium) also weniger von einer gerichteten Dramaturgie bestimmt, sondern ergibt sich aus der mehr oder minder »zufälligen« Anordnung verschiedener Texturen.
2. Aus der Umschrift der Seitenzahlen zeigt sich, daß einzelne Seiten erst später hinzugefügt, andere wieder getilgt worden sind. Die Seiten 3, 4 und 15 (E1) sind erst mit der Einrich-

---

[1] Obwohl Seite 1 im Autograph vergilbt und stark abgegriffen ist, finden sich trotz des weichen Bleistifts nur kleine Radierspuren. Die Ausarbeitung der Textur ist hier offensichtlich bereits abgeschlossen. Ob diesem Folio möglicherweise noch andere Blätter (bzw. weitere Zwischenfassungen) vorausgegangen sind, kann beim derzeitigen Quellenstand nicht geklärt werden.
[2] Seite 5 weist in der Arbeitspartitur deutliche Korrekturspuren auf, unter denen die ursprüngliche Seitenzahl 3 noch gut zu erkennen ist.
[3] Auch die Vergilbung des Papiers ist hier unterschiedlich weit fortgeschritten: Während die Seiten 1 und 2 stark abgegriffen sind, sind die Seiten 3 und 4 deutlich heller.

tung der ersten Endfassung (E1) hinzugekommen. Dahingegen müssen die ursprünglichen Seiten 6, 7 (evtl. auch 8 und 9 (?)) (Zwischenfassung) als verschollen gelten.
3. Während die Seitenzahlen die Spuren ihrer Umzeichnung deutlich erkennen lassen, weisen die Studienziffern keinerlei Rasuren auf. Berio hat diese offensichtlich erst *nach* der Montage, d.h. im Zuge der Verfestigung der Form in die Partitur eingefügt und den nun feststehenden Verlauf mit ihnen bekräftigt.

Erste Endfassung (E1)

Den Abschluß der ersten Arbeitsphase an *Sincronie* bildet die Endfassung (E1). Sie ist in Druckfassung (D1) dokumentiert, die Berios Manuskript, von der Universal Edition um ein redaktionelles Layout erweitert[4], um ein gutes Drittel verkleinert[5], mit Stand vom Juli 1964 wiedergibt. Die Ausarbeitung von (E1) muß somit vor Juli 1964 stattgefunden haben (vermutlich, wie Berios Arbeitsrhythmus erahnen läßt, in den Wochen und/oder Monaten unmittelbar davor). Gegenüber der Zwischenfassung (Z) sind in ihr folgende Arbeitsschritte vollzogen:

Seite 1 wird, mit möglicherweise nur einer einzigen Marginalkorrektur[6], direkt aus der Zwischenfassung übernommen. Auch Seite 2 ist in (Z) bereits an gleicher Stelle positioniert (vgl. S. 78) und wird nur noch in einigen Details überarbeitet, die auf einen frühen, vor (E1) liegenden Arbeitsprozeß verweisen: Zusätzliche Verdichtungen bei Ziffer 4 (Tremoli, Glissandi und Zwischennoten) werden getilgt, Phrasierungen vereinfacht, die Töne im ersten Halteakkord (dritte Zeile) so auf die vier Instrumente verteilt, daß sie sich besser greifen lassen. Die Seiten 3 und 4 gliedert Berio dem Werk erst jetzt, an dieser Stelle ein (vgl. S. 78). Während sich zu Beginn von Seite 3 noch kleinere Korrekturen finden, in denen der Anschluß von Seite 2 folgerichtig fortgesetzt wird (Modifizierung in der Akkordstruktur etc.), trennt Berio die dritte Zeile nun vollständig heraus und ersetzt sie durch eine neue Akkordtextur – wohl, um diese mit der nun folgenden Seite 4 (Ziffer 10) harmonisch in Beziehung zu setzen. Aufschlußreich gestaltet sich auch der harmonische Anschluß: Seite 2 schließt mit einer dissoziierten space section, deren Harmonik auf die Gruppe (i) zurückreicht, die dissoziierte section auf Seite 5 (E1), (die in (Z) unmittelbar an Seite 2 anschließt), führt den harmo-

---

[4] Titel, Widmung, Auftraggeber und Spielanweisungen finden sich in Berios Manuskript noch auf einem einzigen Blatt, während diese in der Druckausgabe aus layouttechnischen Gründen auf vier Blätter verteilt sind. Zum Titel (in Englisch) tritt auf dem Deckblatt (D1) auch die Entstehungszeit (1963/64) hinzu, die sich in Berios Manuskript am Ende der Spielanweisungen findet und deutliche Radierspuren aufweist. Die bis 1966 andauernden Revisionsarbeiten sind darin nicht mehr berücksichtigt. Rahmendaten und Spielanweisungen werden von der Universal Edition in Deutsch und Englisch angegeben. Von ihr stammt auch der Aufdruck »Erste Ausgabe anläßlich der Uraufführung im November 1964«, der in Berios Manuskript nicht enthalten ist. Die Spielanweisungen beschränken sich auf die Angaben bis zur Partiturseite 15. Sie wurden im Autograph offensichtlich erst im Zuge der Revision zu (E2) vervollständigt. Das Werk ist Stefano Eco, Berios Patenkind und Sohn des Freundes Umberto Eco, gewidmet. Die Ausgabe erhält die Verlagsnummer »Universal Edition Nr. 13790 Mi«, »Copyright 1964 by Universal Edition (London) Ltd., London«, »Printed in Austria«. Die Herstellungsdaten sind im Kürzel »H« (Hausdruckerei) und der Angabe von Produktionsmonat und -jahr enthalten.
[5] Die Verkleinerung der Partitur (im Original 35,3 × 43,2 cm) auf 24 × 17 cm grenzt dabei an die Grenzen der Praktikabilität: Zahlreiche Notenköpfe und Vorzeichen sind nur unter Mühen zu entziffern wie auch die Bezifferung der Saiten auf Seite 1 (Halteakkord nach Ziffer 3) nur noch erahnt werden kann.
[6] In Takt 14 ist im Autograph beim ersten, legno-gespielten h im Violoncello ein ausradiertes (zusätzliches) f' im Doppelgriff zu erkennen. Da dieser Ton in keiner späteren Fassung mehr auftaucht, läßt sich vermuten, daß er im Übergang von (Z) nach (E1) getilgt worden ist.

nischen Ablauf mit Gruppe (l) folgerichtig weiter. Darüber hinaus läßt sich vermuten, daß Berio den Einschub der Seiten 3 und 4 nicht aus einem Guß entwickelt, sondern aus zwei verschiedenen, nachträglich aneinander angeglichenen Ansätzen zusammengesetzt hat. Die bisher gebräuchlichen Texturen (Seite 3) werden hier noch einmal wiederholt (homophone Akkordreihung, dissoziierte Sektion), der harmonische Ablauf der Gruppen komprimiert und auf einen ersten aleatorischen Höhepunkt zugelenkt (freie Sektion, Ziffer 10). Von dort aus (Ziffer 11) setzt Berio mit einem zweiten Teil ein, in dem der vorherige Kontext weitgehend zerstäubt wird (dünner Satz, vereinzelte Figuren, unisono-Haltetöne etc.). Für die Gesamtform (E1) ergibt sich mit den Seiten 1 bis 4 somit ein erster, deutlich erkennbarer Anfangsteil, in dem die Grundlagen des Werkes (Texturtypen, Verfahren der Komposition mit Gruppen) aufgestellt werden (vgl. S. 162–164).

Auch Seite 5, in der Zwischenfassung noch als Seite 3 verwendet, zeigt deutliche Spuren, die auf die nachträglichen Angleichung an den nun neuen Texturzusammenhang schließen lassen. Berio hat die erste Zeile hier komplett herausgetrennt und durch eine neue, mit Klebeband eingefügte Partie ersetzt. In dieser werden die alten Texturmodelle (dissoziierte Sektion mit Initialfigur, kurze homophone Akkordschläge, Iterationsfiguren etc.) wieder aufgenommen und der harmonische Ablauf mit den Gruppen (l), (m) und (n) zu Ende geführt. Bemerkenswert ist diese Partie auch aus anderen Gründen: Durch die Einfügung der Seiten 3 und 4 ist der harmonische Ablauf der Gruppen bereits durchbrochen, die Gruppen (l), (m) und (n) folgen, gegenüber der harmonisch frei gestalteten Seite 4, ohne daß ihnen die Gruppen (a) bis (i) vorausgehen. (l), (m), und (n) stehen somit also weder zum vorausgehenden, noch zum nachfolgenden Kontext (freie Gruppenmischung) in Beziehung. Da Berio sie erst im nachhinein eingefügt hat, wäre an dieser Stelle auch jede andere Gruppenkonstellation möglich gewesen. Es bleibt also zu vermuten, daß diese Zeile noch aus einem anderen Arbeitszusammenhang übrig geblieben ist (z.B. aus einer der verschollen Seiten der Zwischenfassung (Z)), daß diese also an den hiesigen Zusammenhang angeglichen worden ist. Daß er diese Partie explizit für diese Stelle skizziert hat, scheint - nach den bisherigen Erfahrungen mit dem Werk - eher unwahrscheinlich.

Auch auf Seite 6 hat Berio die erste Zeile herausgetrennt und durch einen neuen Notentext ersetzt. Es läßt sich also vermuten, daß auch die Seiten 5 und 6 (die in der Zwischenfassung noch als Seiten 3 und 4 verwendet worden sind), nicht aus einem Guß entstanden sind, sondern erst im Verlauf, d.h. frühestens mit der Einrichtung der Zwischenfassung (Z) zusammengespannt worden sind. Seite 7, die auch in (Z) an die Seiten 5 (d.h. 3 (Z)) und 6 (d.h. 4 (Z)) anschließt, zeigt nur wenige Korrekturspuren. Sie lassen sich nur mit der zweiten Endfassung (E2), d.h. mit dem auf die Endfassung (E1) folgenden Revisionsprozeß in Verbindung bringen. Auch auf Seite 8 (die in der Zwischenfassung noch an Position 13 gestanden hat), hat Berio die erste Zeile ersetzt, wohl, um sie gleichermaßen an den nun neuen Kontext anzugleichen. Sie ist, wie auch die vorhergehende Seite 7, harmonisch weitgehend frei gehalten, wird in der zweiten Zeile jedoch vom additiven Ablauf der Gruppen abgelöst, der bereits in der Materialprädisposition vorbereitet worden ist (vgl. PSS 146-0473). Während sich im Autograph bei verschiedenen Pausenzeichen noch Radierspuren finden (ab Ziffer 22), bleiben die Pausenzeichen in der Endfassung (E1) oftmals zu vermissen. Im Violoncello (zweites Achtel des $^3/_8$-Taktes, dritte Akkolade) findet sich noch die Korrekturspur eines Schwellers zum »f«, (der in der Endfassung (E1) noch zum »mf« abgeschwächt wird). Die Seiten 9 und 10 schließen in Textur und Harmonik unmittelbar an Seite 8 an. Auch hier greift Berio auf eine bereits vorentworfene Partie aus der Materialprädisposition zurück (PSS 146-0472 bzw. 146-0471), die nun weiter ausgeformt (S. 9, zweiter Takt nach Ziffer 23 bis Seite 10, vor Ziffer 25) und schließlich frei weitergeführt wird. Berio hat diese drei Seiten (8, 9 und 10) auch in der Zwischenfassung bereits zusammengeschlossen, wo sie jedoch erst an 12., 13. und 14. Stelle positioniert waren (vgl. S. 78). Seite 11 ist neu und läßt sich in der Zwischenfassung noch nicht nachweisen[7]. In ihr wird das Texturbild maßgeblich erweitert (ausgreifende Glissandi und Griffnotations-Figuren) und nur wenig korrigiert (Ziffer 27, Viola, Violinschlüssel nun vor der zweiten Figur statt, wie noch im Autograph, vor dem nun folgenden Doppelgriff u.ä.). Auf Seite 12 ist die erste Zeile wiederum ausgeschnitten und erst nachträglich (d.h. im Zuge der Endfassung (E1)) an Seite 11 angeglichen worden. Kleinere Radierspuren bei Ziffer 30 bleiben nur von orthographischer Bedeutung (die Tempobezeichnung $\quarternote = 72$ für die beiden Innenstimmen wird nach vorne gesetzt, die Fermate auf dem b^2 in der ersten Violine genau über die Note placiert u.a.). Die Seiten 13 und 14 wurden bereits in der Zwischenfassung verwendet (dort als Seiten 10 und 11). Auch hier hat Berio nur noch wenige Korrekturen vorgenommen (Seite 13, zwei Takte nach Ziffer 32, Viola, ein im Autograph erkennbarer Bratschenschlüssel vor h^2 wurde in (E1) getilgt, ebenso die Angabe »pp« zum Abschluß des vorletzten Taktes der ersten Zeile im Violoncello, Notenhälse und Tonhöhen wurden korrigiert, Pausenzeichen ergänzt, Tonhöhen verändert, Taktstriche verschoben u.a.). Auch den Übergang von Seite 14 zu 15 hat Berio geringfügig anglichen, diesmal jedoch auf Seite 14 unten, wo das Flageolett der ersten Violine übergebunden wird zu Seite 15 oben. Blatt 15 enthält in Endfassung (E1) nur eine Zeile (vgl. Druckfassung (D1)). Mit ihr schließt Berio das Werk vorläufig ab - um es schon innerhalb eines größeren Revisionsprozesses zur zweiten Endfassung zu erweitern.

Fazit:

1. Berios Endfassung (E1) ergibt sich aus der umfassenden Montage einzelner Seiten, die zum größten Teil bereits in der Zwischenfassung (Z) verwendet worden sind. Sie werden zu einem neuen Formverlauf zusammengeschlossen. Während diejenigen Zusammenhänge, die auf die Materialprädisposition zurückreichen, als geschlossene Partien übernommen werden, geht Berio mit anderen Blöcken, die er erst in der Arbeitspartitur ausformt, weitgehend freizügig um: Diese werden mit der Schere auseinandergeschnitten, neu montiert und nur knapp an den neuen Kontext angepaßt. Wo Übergangszeilen fehlen, trennt er diese aus anderen Seiten heraus und gliedert sie ein.
2. Berios Formidee ist in *Sincronie* offenbar weniger auf Linearität, Entwicklung und Vermittlung ausgerichtet. Stattdessen ergibt sie sich aus der mehr oder weniger zufälligen Evidenz einzelner Texturen, die sich trotz ihrer Heterogenität zu einem dramaturgisch wirkungsvollen Ablauf zusammenschließen. Brüche werden kaum kaschiert, sondern als Bestandteile der kompositorischen Basis nutzbar gemacht.

---

[7] Berio hatte an deren Stelle offenbar noch die (spätere) Seite 14 (E1) verwendet.

Zweite Endfassung (E2)

Mit den Proben zur Uraufführung, frühestens also ab Mitte Juli 1964[8], beginnt Berio, die bereits in Druck gegebene Endfassung (E1) in seiner Arbeitskopie zu überarbeiten[9]. Von Dezember 1964 bis Juli 1966, über einen Zeitraum von gut eineinhalb Jahren, unterzieht er das Werk einer ausführlichen Revision, die in die zweite Endfassung (E2) mündet. Sie bildet die Grundlage für die zweite Druckfassung (D2)[10]. In ihr werden Spieltechniken vereinfacht und Details modifiziert, vor allem aber drei zusätzliche Seiten angefügt, durch die sich das Werk nun in ganz neuen Proportionen darlegt.

Seite 1 wird, um nur kleine Korrekturen ergänzt[11], wie in Endfassung (E1) übernommen. Auf der zweiten Seite hat Berio eine zusätzliche Tempoangabe ($\goteighth$ = 92) eingefügt (erste Zeile, zweitletzter Takt). Die Note es^1 in der Viola (zweite Zeile, zweiter Takt) wird von einer Sechzehntelnote in einen Achtelvorschlag umgeschrieben, die folgende Pause (zweite Zeile, dritter Takt) in ein Achtel cis^1. In der ersten Violine (zweite Zeile, dritter Takt) wird der Doppelgriff a^2/b^2 in eine nachschlagende Folge umgearbeitet (Achtelvorschlag a^2, Sechzehnteltriole b^2-a^2, Sechzehntelpause). Die Dynamik der neu einsetzenden ersten Violine (zweite Zeile, vierter Takt) wird durch ein zusätzliches »sf-p« geschärft, das f^3 der ausgehenden Zweiunddreißigstelfigur zu einem Achtelvorschlag mit vorausgehender Zweiunddreißigstel e^3 umgearbeitet. Bei Ziffer 5 findet sich eine größere Überklebung, mit der Berio den Text der ersten Endfassung (E1) ab dem fünften Akkordschlag abgedeckt und durch einen neuen Text ersetzt hat. Zwar behält er die Grundharmonik dieser Partie (Gruppe (h)) weitgehend bei, einzelne Akkorde werden jedoch mehrfach wiederholt und die hohen Doppelgriffe in der ersten Violine so aufgelöst, daß der jeweils tiefere Ton einem anderen Instrument zugeteilt wird. Auch die Dynamik wird gegen Ende der Zeile noch einmal belebt (»p«, »mf«, »pp« und »f«). In der letzten Zeile korrigiert Berio das Tempo (erster Takt: $\goteighth$ = 132 statt bisher 114) und ergänzt noch ein Vorzeichen (erste Violine, vor Ziffer 6, es^1 statt e^1). Auch den Übergang zu Seite 3 gleicht er an: Der erste Akkord (wie auch der erste Taktstrich) wird verschoben, so daß sich die Folge $4/8$, $3/8$ und $2/8$ (statt des bisher durchgängigen $2/8$-Metrums) ergibt. Die Spielanweisung »legno« (erste Zeile, zweiter Takt) findet sich nur noch zwischen Sekundgeige und Viola, wo sie vermutlich für alle vier Streicher gelten soll (anschließende arco-Auflösung). Die Schaukelfigur vor Ziffer 7 rückt er ins pianissimo. In Zeile 2 wird die Sechzehntelpause der drei tiefen Streicher durch eine zusätzliche Iterationsgruppe ausgefüllt, an der nun auch die erste Violine beteiligt ist. Sie wird auch in den folgenden beiden Akkordschlägen (zweite Zeile, zweiter Takt) noch ergänzt. Die Einklebung der dritten Zeile ist uns

---

8 Da in der Korrespondenz immer wieder Zeitnot beklagt wird, bleibt zu vermuten, daß die Proben zu *Sincronie* erst kurzfristig, d.h. im September (?) bzw. Oktober stattgefunden haben. Ob Berio bereits *nach* Abgabe des Manuskripts und *vor* Beginn der Probenarbeit mit seiner Revision begonnen hat, läßt sich nicht eruieren.
9 Berio hat das Manuskript bereits im Juli 1964 zum Druck gegeben, so daß ihm für die Proben nur noch eine Arbeitskopie zur Verfügung stand.
10 Die zweite Druckfassung (D2) gibt die Universal Edition in etwas größerem Format heraus (30,5 × 23,3 cm), gleichwohl ist auch sie deutlich kleiner als Berios Manuskript. Die Ausgabe erhält den Aufdruck »2., revidierte Auflage«, der kurioserweise noch mit dem Vermerk »Erste Ausgabe anläßlich der Uraufführung im November 1964« gekoppelt ist (vgl. hierzu S. 17, Fußnote 12). Die Spielanweisung »(from 37 to end) = tremolo | between 2 strings with finger of right hand, as far as possible (but not necessarily regular)«, die sich auf den neu hinzugefügten Schluß bezieht, hat Berio noch im Autograph ergänzt, in der Druckfassung wurde sie bedauerlicherweise vergessen. Einband und Layout sind wie in (D1) gestaltet (weißes cover, schwarze Schrift).
11 Bei Ziffer 2 (space section) wird bei der letzten Note der Viola das b-Vorzeichen nachgezogen (as^1), das Kreuz vor dem g^1 in der ersten Violine (zweite Zeile, letzter Takt) wird getilgt.

bereits aus Endfassung (E1) bekannt. Berio hat den Notentext unverändert von dort übernommen.

Seite 4 zeigt kleinere Ergänzungen, in denen einzelne Gesten weiter verdichtet werden: Statt der beiden Sechzehntel-Einstreuungen *cis¹* in der ersten Violine (zweite Zeile, die beiden letzten Takte), finden sich in (E2) nun zweimal vier Zweiunddreißigstel, mit denen Berio diesen Ton verdichtend repetiert. In der letzten Zeile (letzter Takt) fügt er auch die Sekundgeige ein, die die Töne *a¹* und *f¹* aus dem vorherigen Takt wiederaufgreift, davon unabhängig aber auch mit einem Vorschlagstremolo (*f¹/as¹*) und einem ausgehaltenen Fermatenton (*as¹*) auf die nun folgende Seite 5 überleitet. Die dort ausgewechselte erste Zeile wird in den drei auf die space section folgenden Takten noch einmal zusätzlich überklebt. Berio staucht und entzerrt hier die Abfolge der beiden Akkorde, deren Spieltechniken gegenüber (E1) noch einmal variiert werden. Auch das *cis* und *d* in Viola und Violoncello legt er um eine Oktave nach unten, offenbar, um die Parallelbewegung von Ober- und Unterstimmen in die Gegenbewegung aufzulösen. Auf Seite 6 wird die Dynamik zusätzlich geschärft (Zeile 1, Takt 4, »sub f« statt »f«), die Doppelgriffe ab Zeile 2 (zweitletzter Takt), zunächst in der Viola, ab Ziffer 18 in allen vier Instrumenten, werden vereinfacht. Während in (E1) noch die leeren Saiten *a¹* (Violine I), *d¹* (Violine II), *c* (Viola) und *G* (Violoncello) mitklingen, die vagierenden Stimmen also durch ein Quintfundament abgestützt sind, klingen diese hier nur noch gelegentlich mit, so daß die Quintschichtung für den Halteakkord (letzte Zeile, zweitletzter Akkord) aufgespart wird. In ihn mischen sich schließlich auch andere Töne mit ein. Auf Seite 7 werden die übergebundenen leeren Saiten im ersten Takt eliminiert und die Pause in den drei Unterstimmen (Zeile 3, Takt 1f.) durch Bartók-Pizzicati und einen Liegeton im Cello aufgelockert. Gleiches gilt für die Seiten 8, 9 und 10, in denen verschiedene Bartók-Pizzicati ergänzt werden (Seite 8, Zeile 1, die beiden letzten Takte, Mittelstimmen; Seite 9, Zeile 1, Takt 3 und 4, Unterstimmen; Seite 10, dritte Zeile, Takt 5, 6 und 7, Cello und Oberstimmen). Mit ihnen wird das Geschehen noch einmal konterkariert bzw. zusätzlich akzentuiert.

Auf Seite 11 verändert Berio nur eine Figur (Zeile 3, Takt 3, zweite Violine, Umwandlung der Zweiunddreißigstel-Gruppe (E1) in eine Quintolengruppe mit punktiertem Sechzehntel, Achtelvorschlag und zwei Zweiunddreißigsteln, wobei die erste Note noch an den vorigen Halteakkord angebunden wird). Auf Seite 12 unterbricht er die fallende Unisono-Terz (Zeile 1, Takt 5) durch eine Sechzehntel-Pause mit Fermate und schließt die nun folgenden Unisoni im Bartók-Pizzicato (»ff« mit Akzent) bzw. »col legno« (»pp«)) an. Dementsprechend erübrigt sich auch die Bindung zwischen den Einklängen. Diese werden stattdessen durch eine Achtelpause voneinander getrennt. Auf Seite 13 füllt er die letzte Pause (zweiter Takt) durch eine Iterationsfigur aus. Auch wird das Fermatenzeichen von Takt 4 (Violoncello) nun auch auf die Pausenzeichen der drei anderen Instrumente übertragen. Seite 14 wird ganz ohne Veränderungen von (E1) übernommen, Seite 15 gestaltet Berio noch einmal grundlegend neu: In Takt 3 (Zeile 1) findet sich ein zusätzlicher, zweitaktiger Einschub, der mit dem Flageolett-Liegeton in der ersten Violine (Takt 6) jedoch wieder in den alten Notentext zurückführt. Crescendo und decrescendo werden auf dem Liegeton verfeinert und über (statt unter) den Noten angebracht. Auch in den drei Unterstimmen wird die Dynamik revidiert, der letzte Zeilentakt komplett getilgt und in einer vollständig neuen Textur weitergeführt. Berio baut den Schluß hier weitläufig aus und fügt dem Stück zwei weitere Zeilen (Seite 15) plus drei neue Seiten (16, 17, 18) hinzu. In ihnen werden bereits verwendete Elemente (Halteakkorde, Liegetöne, Repetitionsfiguren u.ä.) aufgegriffen, dabei jedoch deutlich verdichtet und modifiziert. Wie das Autograph zeigt, weist Seite 15 am Übergang von der ersten zur zweiten Zeile keinerlei Rasuren auf. Auch der Duktus einzelner Noten ist gegenüber der Schreibweise in (E1) leicht verändert[12]. Berio hat Seite 15 im Zuge seiner Revision zur Endfassung (E2) also noch einmal abgeschrieben und davon ausgehend erweitert. Die alte Seite 15, die mit dem Schlußakkord am Ende der ersten Zeile abbricht (bzw. die Spuren einer versuchten Erweiterung zeigen müßte), gilt dabei als verschollen. Als neues Element führt Berio in diesem Schlußteil das Pizzicato-Tremolo ein. Von Ziffer 37 bis zum Ende der Zeile 2 hat er den zuerst gefundenen Notentext überklebt und führt die nun neue Textur in der dritten Zeile weiter. Die rechte Hand zupft so schnell und leise wie möglich, dabei nicht notwendigerweise regelmäßig zwischen zwei Saiten hin und her, so daß bei der versetzten Ausführung durch alle vier Spieler ein changierendes Klangbild entsteht, das bis Seite 17 (unten) ausgedehnt wird. Dazwischen lockert Berio die Partie durch andere arco- bzw. legno-Einstreuungen auf.

An keiner Stelle in *Sincronie* findet sich ein einzelnes Klangbild derart ausgedehnt wie hier am Schluß. Berio faßt die Fäden also noch einmal zusammen und »bügelt« die vorherige, von Brüchen bestimmte Textur »glatt«. Mit dem Ende von Seite 17 (Zeile 3, Ziffer 42) leitet er in eine Art »Coda« über, die einzelne Elemente noch einmal aufgreift. In ihr wird derselbe 11-stimmige Pizzicato-Akkord sechsmal eingeblendet. Das Stück endet mit der fallenden kleinen Terz in der ersten Violine, Berios bevorzugtem »Kadenzintervall« (vgl. S. 144).

Fazit:

1. In seiner zweiter Endfassung (E2) behält Berio die Textur der ersten Endfassung (E1) wie auch ihre Seiten- und Takteinteilung weitgehend bei, erweitert diese jedoch um einen dreiseitigen, neu hinzugefügten Schlußteil. Wo einzelne, bereits in (E1) enthaltene Partien revidiert werden, verdichtet er die Textur und erleichtert ihre Spielbarkeit (Eliminierung von Doppelgriffen, Oktavierungen etc.). Mit dem neu hinzugefügten Schluß wird das Werk abgerundet.
2. Durch den Schlußteil von (E2), die Erweiterung von 15 auf 18 Seiten, legen sich die Proportionen innerhalb von *Sincronie* noch einmal neu dar. Die von Brüchen durchzogene Textur und Harmonik wird nachträglich homogenisiert, die Gesamtform wird plastischer. Berios letztendliche Formvorstellung geht vermutlich also weniger auf eine vorab existierende Gesamtarchitektur zurück, sondern entwickelt sich erst im Laufe des Arbeitsprozesses.

---

12 In (E1) (Takt 2) zeigen die Notenhälse der Triolengruppe im Violoncello nach oben, in (E2) nach unten usw.

Das Werk

Formbildende Tendenzen der musikalischen Textur

Die Frage der Formbildung, wie musikalischer Zusammenhang hergestellt, unterteilt und wahrgenommen wird, hat in der musikalischen Analyse von jeher einen besonderen Stellenwert eingenommen. Indem wir wissen, wie musikalische Form ausgebildet wird, lassen sich die Grundlagen des kompositorischen Denkens erschließen und geben Einblick, wie sich ein Werk in seinem So-und-nicht-Anders entfaltet. In der musikalischen Form, so läßt sich festhalten, legt sich die Vielfalt der Beziehungen vom Teil zum Ganzen wie auch vom Ganzen zum Teil dar. An ihr zeigt sich die »musikalische Grammatik«, aus der ein Werk erfunden bzw. realisiert worden ist.

In *Sincronie*, so läßt sich aus der Analyse resümieren, gewinnt Berio die musikalische Form im wesentlichen aus *zwei verschiedenen* Kräften, die er zunächst unabhängig voneinander, auf zwei verschiedenen Ebenen entfaltet: Auf der »äußeren«, »sichtbaren« Ebene, der *musikalischen Textur*[1], stellt er verschiedene *Texturtypen* auf, die er im Laufe des Stücks abwechslungsreich miteinander durchsetzt. Im Mittelpunkt dieser Texturtypen steht die Auslotung der *vertikalen* Beziehung der vier Instrumente untereinander, die auf verschiedene Weise variiert wird: Die Stimmen spielen leicht zueinander versetzt, schließen sich in mehr oder weniger strenger Gleichordnung zusammen, lösen diese wieder auf oder agieren innerhalb eines gelenkt aleatorischen Feldes, in dem schließlich auch ihre metrischen Koinzidenz preisgegeben wird. Daneben finden sich auch Texturen, in denen Berio diese Verhältnisse aufweicht, umdeutet, konterkariert oder gar sprengt. In seinem Verlauf spannt das Werk somit ein ganzes Kontinuum mehr oder weniger synchronischer Verhaltensformen auf: Von der totalen Koordination im synchronen Akkordschlag bis hin zum aleatorischen Kontrapunkt, in dem der gemeinsame Puls aufgehoben ist, fast alle Stadien – von der Total- über die Partial- bis zur Nicht-Koordination der vier Stimmen – sind in dem Werk vertreten.

Gleichwohl reiht Berio diese Texturtypen nur selten in einen *entwickelnden* Zusammenhang aneinander. Stattdessen werden sie stets miteinander durchmischt und durch andere, (neue) Texturbilder durchbrochen. Ihre formbildende Funktion erhalten die Texturtypen somit aus ihrem »äußerlichen« Wirken: Mit ihnen lassen sich Ansätze aufstellen, Übergänge schaffen, Zusammenhänge herstellen, Zäsuren einrichten oder Brüche herbeiführen, so daß

---

[1] Der Begriff *Textur* löst den der *Struktur*, wie er insbesondere die Musiktheorie der 50er Jahre bestimmt hat, mit dem Beginn der 60er Jahre weitgehend ab bzw. gliedert diesen weitgehend in sich ein. Die ästhetische Ortung des Informellen zeigt sich nach Gianmario Borio derweil gerade von der »Ablösung der Struktur durch die Textur« bestimmt (vgl. Id.: Musikalische Avantgarde um 1960. Entwurf einer Theorie der informellen Musik (= Freiburger Beiträge zur Musikwissenschaft, hg. v. Hermann Danuser, Bd. 1), Laaber 1993 [im folgenden abgekürzt: Borio: Avantgarde], 92–101, hier 92). Ausgehend von Lachenmanns Vorstellung eines »Texturklangs« läßt sich der Textur-Begriff auf eine vorwiegend am Klang orientierte Musiktheorie zurückführen, bei der Klang und Klangbewegung »als Interaktion mehrerer Dimensionen erklärbar sind« (ebd., 93). »Betont sei nochmals die Tatsache«, so wird Lachenmann schließlich direkt zitiert, »daß die Gesamteigenschaft einer Textur nirgends mehr notwendig identisch ist mit den momentan darin zu hörenden Detail-Eigenschaften, allerdings in dem negativen Sinne, daß der Gesamtcharakter als statistisch zu bewertendes Resultat an Niveau, Differenziertheit und kommunikativer Relevanz meist unter dem Niveau der Details liegt – so, wie eben die Masse primitiver ist als ihre einzelnen Glieder« (Helmut Lachenmann: Klangtypen der neuen Musik, in: Zeitschrift für Musiktheorie, 1970, Heft 1, 20–30, hier 28).

sich die musikalischen Form als ein in sich Gegliedertes, von vielerlei Beziehungen Durchzogenes darlegt.

Demgegenüber gibt es, wie die *harmonische* Analyse zeigt, auch eine zweite, die »*innere*« Ebene der Formbildung: In ihr setzt Berio die in der Materialprädispositon gewonnenen harmonischen *Gruppen* zueinander in Beziehung: Diese werden auf vielfältige Weise gereiht, miteinander durchsetzt, variiert oder miteinander überlagert. Die Art ihrer Verknüpfung macht dabei Zusammenhänge, Übergänge aber auch Zäsuren deutlich, die aus der musikalischen Textur nicht (immer) zu erkennen sind.

Beide formbildenden Tendenzen, die *äußere* der *musikalischen Textur* wie auch die *innere* der *Komposition mit Gruppen* setzt Berio schließlich auf einer dritten Ebene, dem Werkganzen, noch einmal neu zueinander in Beziehung: Zusammenhänge, die in der Textur beendet werden, werden auf harmonischer Ebene weitergeführt, umgekehrt fallen Schnitte in der Textur mitunter auch exakt mit Schnitten in der harmonischen Struktur zusammen usw. Seine eigentliche Form erhält das Werk also erst aus dem *Zueinander* der beiden Ebenen.

EXKURS: ZUM TITEL *SINCRONIE*

Über die Entscheidung für den Titel *Sincronie*[2], der spätestens ab Juli 1964 in einem Brief Berios an Alfred Schlee dokumentiert ist[3], wissen wir nur wenig. Berio hat das Quartett zunächst noch unter dem Arbeitstitel *Echi* begonnen[4], sich im Verlauf seiner Arbeit jedoch für einen neuen Titel – und damit vermutlich auch für einen neuen Werkansatz – entschieden. Diesen hat er dann, so läßt die Arbeitspartitur vermuten (vgl. S. 77–84), relativ gezielt verfolgt und zum Abschluß gebracht. Auf die zentrale Idee zu Titel und Werk befragt, nennt Berio im Gespräch die Darstellung von »synchronic events«[5]. Im Mittelpunkt stehe hier die Auslotung verschiedener Vertikalverhältnisse, wie sie sich unter den vier Stimmen im Streichquartett – im Gegensatz zur konventionellen Gattungstradition – entfalten lassen: Nicht das *polyphone* Wirken der Stimmen steht dabei also im Vordergrund, sondern der *synchrone*, wenn auch vielfältig in sich aufgefächerte Zusammenschluß der vier Streicher, der im Verlauf des Werkes auf verschiedene Weise modifiziert, angeglichen, konterkariert und durchbrochen wird[6].

---

2   Ital. »sincronia«: Gleichlauf, Übereinstimmung, hier Nom. Pl.: Gleichordnungen, Übereinstimmungen.
3   Brief Luciano Berio (Sausalito) an Alfred Schlee (Wien), 22.7.1964: »Ho spedito ieri Mr. Hauser la partitura di ›Sincronie‹ per quartetto d'archi [...]«, UE (vgl. S. 16). – Im Skizzenmaterial erfolgte die Aufschrift *Sincronie* erst nachträglich, d.h. zur Identifizierung der Manuskripte, so daß sich davon keine zeitliche Einordnung ableiten läßt.
4   Brief Luciano Berio (Mills College/California) an Alfred Schlee (Wien), 13.11.1963: »Je suis demi chemin avec ECHI – ma nouvelle pièce pour quatuor á cordes [...]«, UE (vgl. auch S. 16).
5   Gespräch der Verfasserin mit Luciano Berio, Freiburg, 27.9.1993. Diese Thematik ist freilich auch in Zusammenhang zu sehen mit der Frage nach der Dissoziation und Wahrnehmung von Zeit (vgl. hierzu auch Olivier Messiaen: *Chronochromie* pour grand orchestre, Alphonse Leduc Editions Musicales, Paris 1963, AL 23077; bzw. Karlheinz Stockhausen: ... *wie die Zeit vergeht* ..., in: Id.: *Texte zur elektronischen und instrumentalen Musik*, Bd. 1, Aufsätze 1952–1962 zur Theorie des Komponierens, hg. v. Dieter Schnebel, Köln 1975, 99–139).
6   Davon abgesehen scheint *Sincronie* als Titel Berios musiktheoretischem Denken keineswegs fremd: Ausgehend von Ferdinand de Saussure, der *Synchronie* (dtsch., Sg.) als Aspekt sprachwissenschaftlicher Untersuchung reklamiert, werden dort sprachliche Erscheinungsformen in der Gleichzeitigkeit ihres Nebeneinanders beschrieben. (Ferdinand de Saussure: Cours de

»Most commonly used instrumental ensembles reflect the typical equilibrium of classic polyphony. There is no doubt that the four voices of a string quartet are one of the most homogeneous and perfect examples of this equilibrium. With *Sincronie*, however, I was interested in using the string quartet not especially as a polyphonic ensemble – that is, as a dialogue amoung four voices of the same family – but rather as a single, homophonic instrument. The four participants elaborate the same sequence of harmonic blocs almost continuously, simultaneously ›saying‹ the same thing in different ways.«[7]

Berios Titel kann somit als eine Art terminus technicus verstanden werden, der auf eine besondere Aufgabenstellung im kompositorischen Zueinander der vier Stimmen ausgerichtet ist. Die Frage der musikalischen *Form* – *wie* sich dieses Zueinander innerhalb des musikalischen Verlaufs also genau verhält und verändert – bleibt dabei offen: Statische, eher additiv aneinandergefügte Texturbilder sind darin ebenso denkbar wie andere, die sich auseinander hervor und auf ein übergreifendes Ziel hin entwickeln. Die synchrone Gleichschaltung, wie sie im Verlauf des Werkes immer wieder neu thematisiert und durchbrochen wird, steht der *traditionellen* Erwartung an das Streichquartett – der Ausfechtung eines dialektischen Potentials im polyphonen Satz – derweil eher entgegen. Dennoch scheint es gerade die Ambivalenz von Titel und traditionellem Gattungsanspruch zu sein, die Berio stimuliert: *Sincronie*, so läßt sich der Bogen zum linguistischen Ausgangspunkt des Titels spannen, wird zum musikalischen Tableau, auf dem sich verschiedene Formen vertikaler Kommunikation in ihrem Nebeneinander darlegen.

TEXTURTYPEN

In seiner musikalischen Textur läßt das Streichquartett *Sincronie* zunächst die Gegenüberstellung, Annäherung und Verschmelzung verschiedener Texturen erkennen, die durch verschiedene Grade der Gleichordnung unter den vier Instrumenten bestimmt ist[8]. In ihnen werden zahlreiche Stadien, von der totalen Synchronisation bis hin zur Dissoziation der Stimmen im aleatorischen Kontrapunkt, dargestellt. Die einzelnen Texturen werden dabei auf verschiedene Weise gereiht, kontrastreich durchbrochen oder aber nahtlos ineinander übergeführt, die dadurch entstehenden Brüche und Übergänge nur im Ansatz kultiviert. Berios Erfindungsreichtum ist dabei groß: Jede dieser Texturen repräsentiert einen bestimmten Auflösungszustand, in dem das Vertikalverhältnis der vier Instrumente auf individuelle Weise gestaltet ist. Dennoch läßt sich aus den vorhandenen Texturen ein Kanon mehr oder weniger

---

linguistique générale, Paris 1916, Kritische Ausgabe, hg. v. R. Engler, Wiesbaden 1967, dt.: Grundfragen der allgemeinen Sprachwissenschaft, hg. v. Peter von Polenz, Berlin 1967. »Die Synchronie erfaßt einen Zustand zu einem gegebenen Zeitpunkt, die Diachronie eine Phase der sprachlichen Evolution. Die Sprache – im synchronischen Querschnitt betrachtet – stellt sich als ein organisiertes System dar, das im sprachlichen Bewußtsein der jeweiligen Gesellschaft lebt.« (Werner Abraham (Hg.): Sincronie [Stichwort], in: Terminologie zur neueren Linguistik, Tübingen 1974, 443). Nicht zuletzt durch die langjährige Freundschaft mit Umberto Eco spielen sprach- und zeichentheoretische Fragestellungen für Berios musikalisches Denken eine besondere Rolle (vgl. auch Umberto Eco: Das offene Kunstwerk, Frankfurt a. M., 23f.).

7   Luciano Berio: Kommentar zu *Sincronie*, Programmheft der Uraufführung vom 25.11.1964 in Grinnell/Iowa, im Besitz des Archivs des Grinnell College Iowa/Department of Music.

8   Die Auseinandersetzung mit dieser Fragestellung findet im Ansatz auch in *Sequenza II* (1963) für Harfe bzw. *Sequenza IV* (1966) für Klavier, die den Konzeptions- und Revisionsprozeß von *Sincronie* begleitet haben.

feststehender Texturtypen[9] ermitteln, die das Werk auf konstruktive Weise gliedern: In der *additiven Akkordreihung* (vgl. S. 88–92) werden alle vier Instrumente durch den gleichen Einsatz- und Endpunkt sowie durch dieselben Angaben zu Dynamik, Artikulation und Klangfarbe bestimmt. In ihr wird der höchste Grad an synchronischer Gleichordnung erreicht. Die *gelenkt-aleatorische Sektion* (S. 103–109), bei der der rhythmische und synchronische Ablauf nur im Ansatz, die Tonhöhe jedoch präzise festgelegt ist, wendet sich von einer solchen Koinzidenz am weitesten ab. In ihr ist selbst der Bezug auf ein festes, gemeinsames Metrum preisgegeben. Neben diesen beiden Extrempositionen finden sich in *Sincronie* auch zahlreiche Zwischenstadien, in denen die Gleichordnung der vier Instrumente graduell aufgelöst ist. Nur zwei von ihnen, der *Liegeklang mit Verwischungsinitial* (S. 92–99) wie auch die *dissoziierte Sektion* (S. 100–103) lassen sich durch mehrmaliges Auftreten zum feststehenden Typus erhärten. Alle diese Texturen, die vier Grundtypen wie auch die Zwischenformen, werden in *Sincronie* auf mehr oder weniger engem Raum miteinander durchsetzt und bilden vielschichtige Binnenzusammenhänge, aus denen sich die musikalische Form dann konstituiert.

Additive Akkordreihung

Im Satzbild neuer Musik eher rar geworden ist das Prinzip der *additiven Akkordreihung* (Abb. 41)[10]: Berio fügt hier mehrere, meist sechsstimmige, auf mindestens drei Instrumente verteilte, homorhythmische Akkorde aneinander, die in augenfälliger Weise durch einen gemeinsamen, über alle vier Systeme hinwegreichenden Notenhals miteinander verbunden sind[11]. Daneben werden die Stimmen auch in ihrem Einsatz- und Endpunkt, in Dynamik, Artikulation, Spielanweisungen und Klangfarben koordiniert, so daß sie sich bereits optisch zu einer akkordischen Ganzheit zusammenschließen. Auch im Rhythmischen ist dieser Texturtyp genau charakterisiert: Berio verwendet ausschließlich »kleine« Dauernwerte (kleiner als ein Viertel), unterbricht sie gelegentlich jedoch durch kurze Pausen[12]. Die einzelnen Akkordschläge werden hier zu einem größeren Zusammenhang addiert. Harmonisch sind in dieser Texturart mindestens vier, nicht selten jedoch alle sechs Töne einer Gruppe im Akkord vertreten. Berio unterlegt diesem Typus deshalb vorzugsweise die Instrumentationsgruppen (IG), die er bereits in der Materialprädisposition zu vorgefertigten »Akkordketten« zusammengeschlossen hat (vgl. auch S. 43f.).

---

9   Erste Betrachtungen zum Texturbild finden sich bereits bei Holmes, der *Sincronie* auf drei Gesten zurückführt: idea a (mit Vorschlagsfiguren eingeleiteter Liegeakkord (Takt 1), idea b (synchrone Akkordreihungen bei Ziffer 5, idea c (aleatorisch-kontrapunktische Führung der Stimmen bei Ziffer 10) (Reed Kelly Holmes: Relational systems and processes in recent works of Luciano Berio, The University of Texas at Austin, Ann Arbor (diss.), 1981, hier Anhang, 19–46).
10   In der Tat ist ein solches, am homorhythmischen Cantionalsatz des 16. Jahrhunderts orientiertes Notenbild – von Zitatversuchen eines Arvo Pärt oder eher konventionelleren Kirchenkreisen abgesehen – in der neuen Musik eher selten. Umgekehrt finden sich derartige Reihungen auch bei Feldman oder Cage, dort jedoch weniger aus der Idee, die Stimmen aus dem musikalischen Satz zu koordinieren als aus der Besinnung auf ausgewählte Klangmomente.
11   Auf die Idee eines »Gesamtstreichinstruments« hat Berio hier mehrmals hingewiesen (vgl. S. 87). Durch den gemeinsamen Notenhals läßt sich dieser Texturtypus auch abgrenzen von anderen Satzarten, die als eine eher zufällige Zusammenfindung in Akkordform zu bewerten sind.
12   Wird der Viertelwert überschritten, so sei der Akkord im folgenden als »Liegeklang« definiert (vgl. S. 92ff.).

Formbildende Tendenzen der musikalischen Textur 89

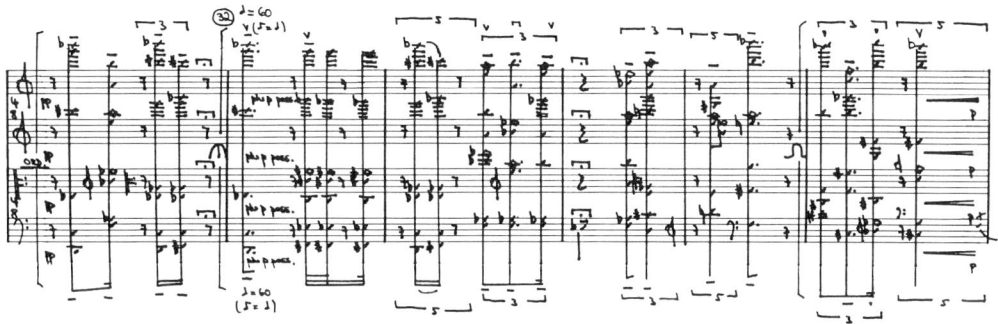

Abb. 41: Additive Akkordreihung (Ausschnitt) (Partitur S. 13, die ersten sechs Takte)

Während hier eine idealtypische Ausprägung der additiven Akkordreihung zu sehen ist, finden sich in *Sincronie* auch Beispiele, in denen die gereihten Akkorde nur beiläufig verwendet oder zu eigenständigen Figuren verfestigt werden, in denen einzelne Töne ausspart und fremde Töne einlagert werden. Die hermetische Strenge, wie sie diesem Texturtypus anhaftet, wird dort ansatzweise wieder aufgelockert. In Abb. 42 läßt Berio in jedem Akkord bis zu drei Töne einer Gruppe aus und durchsetzt die Stimmen der beiden tiefen Streicher mit Pausen. Die Idee eines »Gesamtstreichinstruments«, wie sie in der Reinform der additiven Akkordreihung noch zu finden ist, wird hier durch den Rückzug einzelner Instrumente wieder durchbrochen.

Abb. 42: Durchbrochene additive Reihung (Partitur S. 1, Ziffer 3, erster Takt)

Daneben finden sich Beispiele, in denen Berio auf nur wenige Akkorde zurückgreift, diese im Verlauf des Werkes immer wieder einsetzt und zu einer eigenständigen Figur verfestigt (vgl. auch S. 130–145). In der *Schaukelfigur* (Abb. 43) wechselt er zwischen zwei Akkorden hin und her, wobei er diese auch mit kleineren Pausen durchsetzt. Die Rhythmen werden mitunter frei variiert. Auch schließen oft mehrere Schaukelfiguren aneinander an.

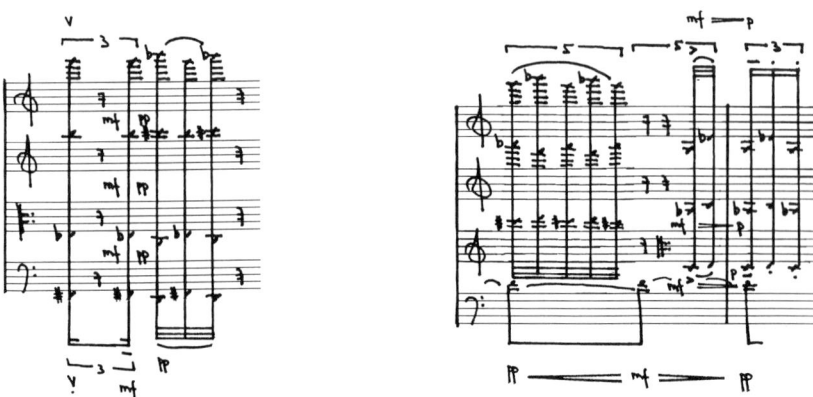

Abb. 43: Schaukelfigur einfach (Partitur S. 3, vierter Takt) und kombiniert (S. 6, vierter und fünfter Takt)

In der *Repetitionsfigur* (Abb. 44) wird der gleiche Akkord mehrmals wiederholt, die Synchronität unter den Stimmen bleibt dabei streng erhalten.

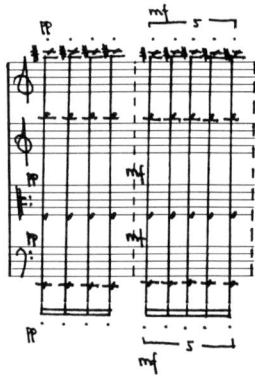

Abb. 44: Repetitionsfigur (Partitur S. 17, vierter Takt Anfang)

In der *Absprungsfigur* (Abb. 45) werden zwei kurze Akkordschläge miteinander verbunden, die beiden Außenstimmen springen ab. Während die Akkorde oft eine gemeinsame Bogenkontaktstelle haben (sul ponticello o.ä.), setzen sie sich in Dynamik und Artikulation z.T. auch durch Einzelakzente deutlich voneinander ab.

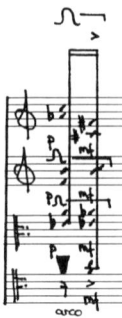

Abb. 45: Absprungsfigur (Partitur S. 1, dritter Takt nach Ziffer 2 Anfang)

In der *Leere-Saiten-Schichtungsfigur* (Abb. 46) übernimmt jedes Instrument eine leere Saite, so daß sich ein Grundgerüst aus Quint- und/oder Quartklängen ergibt. Hinzu tritt eine zweite Stimme im Doppelgriff, die in beschränktem Ambitus hin- und hervagiert:

Abb. 46: Leere-Saiten-Schichtungsfigur (Partitur S. 4, dritte Zeile, erster Takt Mitte)

Alle diese Figuren (Schaukel-, Repetitions-, Absprungs-, Leere-Saiten-Schichtungsfigur, vgl. auch S. 130–145) lassen sich als eine Ableitung der additiven Akkordreihung verstehen, bei der diese auf einen kleinen Ausschnitt reduziert und als stehende Wendung verhärtet wird. Schließlich spaltet Berio einzelne Akkorde auch komplett von ihrer Umgebung ab (Abb. 47). Diese »Streusel«, die ebenfalls nur zur Ausschmückung dienen, finden sich insbesondere im Schlußteil des Werkes:

Abb. 47: Punktuelle Einstreuung (Partitur S. 5, Takt vor Ziffer 15)

Die additive Akkordreihung, wie Berio sie in *Sincronie* zum Einsatz bringt, läßt somit vier verschiedene Anwendungsarten erkennen:

1. *Flächenbildende Reihung:* Mit Rückgriff auf die prädisponierten Akkordketten richtet Berio einen ausgedehnten Texturzusammenhang ein, der sich zu einem eigenständigen Formabschnitt zusammenschließt. Diese Anwendungsart findet sich insbesondere auf S. 13 (Partitur) realisiert, wo Berio die vier Instrumente in mustergültiger Strenge zusammenschließt.

2. *Partielle Einlagerung:* Auf eine kleinere Ausdehnung beschränkt fügt Berio die gereihten Akkorde auch in andere Texturarten ein. Derartige Einlagerungen finden sich insbesondere zu Beginn von *Sincronie* (Partitur, S. 1–3), wo die harmonischen Gruppen noch mit allen Instrumentationsvarianten durchlaufen werden, dabei jedoch auf verschiedene Texturmuster zurückgreifen.
3. *Figurative Wendung:* Zu einer feststehenden Figur verhärtet, fügt sich die jeweilige Partie auch im Harmonischen in den umgebenden Kontext ein. Die figurative Verwendung findet sich insbesondere im mittleren Teil von *Sincronie* (vgl. Partitur, S. 5 f.), wo die Textur variiert und ausgeschmückt wird.
4. *Punktuelle Einstreuung:* Mit ihr wird der bestehende Kontext aufgelockert und ausgeschmückt. Die punktuelle Einstreuung bleibt im Harmonischen wie auch in ihrer Funktion im Hinblick auf das Werkganze ohne weiterführende Konsequenz.

Ihre formbildende Tendenz erhält die additive Akkordreihung somit aus zweierlei Vermögen:

1. Durch die hermetische Strenge, die diese Texturart bestimmt, grenzt sie sich bereits optisch deutlich von ihrer Umgebung ab. Wo immer die additive Akkordreihung erscheint, legt sich ihr Eintritt geradezu offen dar und markiert einen deutlich erkennbaren Texturzusammenhang, den Berio sich auf vielfältige Weise für die Artikulation der musikalischen Form nutzbar macht.
2. Durch die verschiedenen *Anwendungsarten* (flächendeckend, segmentbildend, figurativ, punktuell) schafft Berio sich ein flexibles Instrumentarium, das ihm verschiedene Funktionen zur Verfügung stellt. Die einzelnen Akkordverbindungen können somit eher »restitutiv«, »ornamentierend« oder aber »exponierend« zum Einsatz gebracht werden[13].

Liegeklang mit Verwischungsinitial

In einem zweiten Typus (Abb. 48), der insbesondere für den Werkbeginn charakteristisch ist, schichtet Berio die sechs Töne einer Gruppe zu einem lang ausgehaltenen Liegeklang, der im Verlauf durch subtile Mittel (Saitenwechsel bei gleichbleibender Tonhöhe, col legno, detaché, etc.) modifiziert wird. Diesem stellt er eine jeweils kurze, variierte Initialgeste[14] voran, die in den Takten 1–3 noch von der ersten Violine, im späteren Verlauf auch von anderen Instrumenten übernommen wird. Beide, das klanglich unscharfe, gestisch oft akzentuierte

---

13 Im ersten Werkteil überwiegt die partielle Einlagerung: In ihr wird die harmonische bzw. synchronische Bindung strenger gehandhabt (T. 20 (2-1-6), T. 25-26 (2-2-5 bis 2-2-6), T. 51 (3-3-6)) oder aber weniger streng (T. 10 (1-2-5), T. 12 (1-3-2), T. 28 (2-2-8), T. 40 (3-2-2), T. 43-50 (3-2-5 bis 3-3-6)) gehandhabt. Hinzu treten vereinzelte Absprungs- (T. 10 (1-2-5), T. 43 (3-2-5), T. 44 (3-2-6)), Schaukel- (T. 32-37 (2-3-4 bis 3-1-5)) bzw. Repetitionsfiguren (T. 39 (3-2-1), T. 40 (3-2-2)). Im weiteren Verlauf überwiegt insbesondere die figurative Wendung (Leere-Saiten-Schichtungsfigur, T. 59 (4-3-1), Schaukelfigur T. 65-69 (5-1-2 bis 5-1-6), T. 91-92 (6-1-4 bis 6-1-5), Repetitionsfigur T. 71 (5-1-8), T. 76 (5-2-5), T. 88-89 (6-1-1 bis 6-1-2), T. 117 (7-2-4)). Berio umspielt hier die musikalische Umgebung, bildet später aber auch ausgedehnte Zusammenhänge aus, in denen die vier Instrumente geradezu mustergültig zusammengeschlossen werden (T. 224-248 (13-1-1 bis 14-1-5), T. 252-256 (14-2-2 bis 14-2-7)). Zum Ende des Werkes finden sich nur noch kleine Einstreuungen.
14 Gemeint ist eine kurze, schnelle, klanglich diffuse Einleitungsgeste, die meist als Vorschlagsgruppe, gelegentlich jedoch auch in präzisen Rhythmen ausnotiert ist und dem Liegeklang unmittelbar vorgeagert. Durch den versetzten Einsatz der Stimmen wie auch ihre polyphone Aufsplissung ergibt sich eine übergreifende Geste, in der das Detail großzügig aufgeht (»Verwischung«). Sie ist oft auf den Taktschwerpunkt placiert, kann diesem aber auch vor- oder nachgelagert sein.

Verwischungsinitial[15] wie auch den lang ausgehaltenen, in allen vier Stimmen gleichzeitig ausgehenden Liegeklang, spannt Berio zu einem zweigliedrigen »Basismolekül«, einer *Parzelle* zusammen. Die fertigen Parzellen werden wiederum wie Bausteine aneinandergereiht:

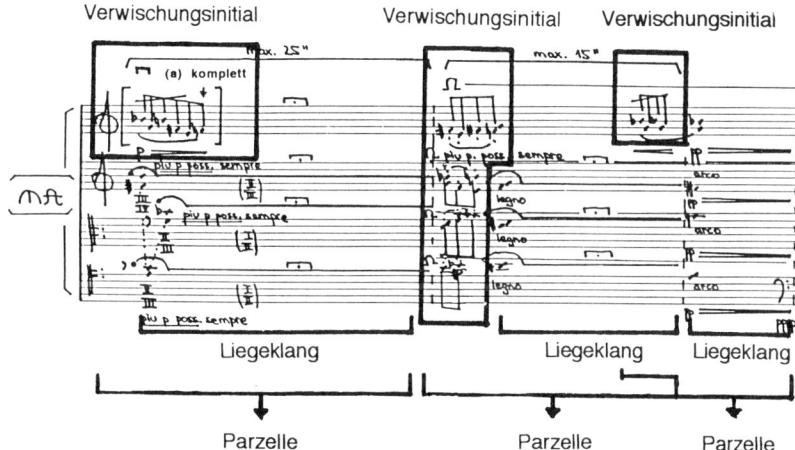

Abb. 48: Drei Parzellen (Liegeklang mit Verwischungsinitial) (Partitur S. 1, T. 1–3)

Den Einsatz der Stimmen legt Berio hier durch Proportionalnotation fest, im Verlauf des Werkes werden die Stimmeinsätze jedoch auch präzise ausnotiert. Auch die Dauer der Liegeklänge wird zu Beginn des Werkes noch durch Fermaten mit Sekundenangabe festgelegt, im späteren Verlauf durch präzise auszuzählende Notenwerte. Die gestische Struktur dieses Moleküls (Verwischungsinitial mit Liegeklang) wird auch in späteren Zusammenhängen wieder aufgegriffen, dabei textiert Berio die beiden Bestandteile immer wieder neu aus.

In Abb. 48 war der Liegeklang in space notation mit Dauernangabe notiert worden, das Verwischungsinitial in Form von Vorschlagsnoten. Das Initial liegt dort in den ersten beiden Takten unmittelbar auf dem Taktschwerpunkt (Zählzeit »eins«), wird in Takt drei jedoch vorgelagert. In Abb. 49 ist der Liegeklang präzise ausnotiert. Auch das Verwischungsinitial ist in präzisen Rhythmen ausnotiert und ist Bestandteil des metrischen Taktsummenwerts. Während das Initial auf dem Taktschwerpunkt liegt, wird die musikalische Binnenstruktur durch verschiedenen Vortragsbezeichnungen belebt.

---

15 Berio hebt diesen Impuls oft durch zusätzliche Synchronisationszeichen hervor, die den gestischen Schwerpunkt einer neuen Sektion markieren.

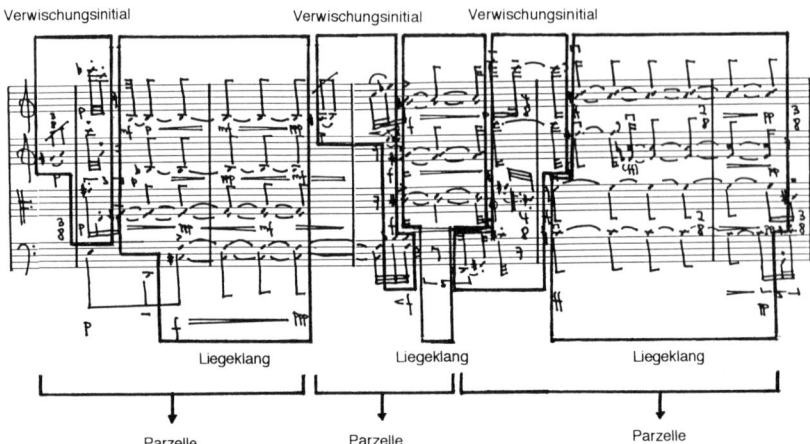

Abb. 49: Ausnotiertes Verwischungsinitial mit ausnotiertem Liegeklang (drei Parzellen) (Partitur S. 9, ab siebter Takt nach Ziffer 23)

In Abb. 50 räumt Berio dem Initial noch größere Bedeutung ein, nimmt den Liegeklang jedoch zu einem Halteton zurück, der nur noch von einem einzelnen Instrument übernommen wird.

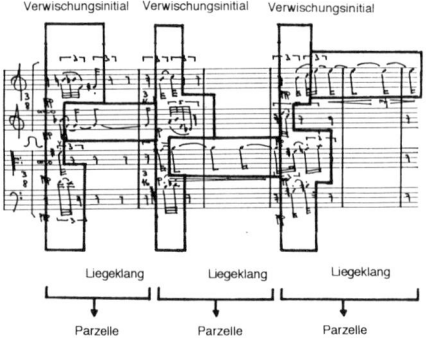

Abb. 50: Ausnotiertes Verwischungsinitial mit einfachem Liegeklang (drei Parzellen) (Partitur S. 8 ab Ziffer 22)

Alle diese Parzellstrukturen bilden Reihungsformen aus. Sie sollen im folgenden genauer betrachtet werden.

Partielle Episode

Unter einer *partiellen Episode* sei der Zusammenschluß gleichartiger Texturbausteine verstanden, bei dem der jeweilige Materialverband nicht vollständig, sondern nur zum Teil, d.h. *partiell* durchlaufen wird. In Takt 1 bis 3 hat Berio drei Parzellen aneinandergereiht. Während das gestische Grundmuster (Verwischungsinitial plus Liegeklang) in jeder der Einheiten beibehalten wird, variiert er die Vorschlagsgesten und Einsatzverhältnisse der Instrumente von Mal zu Mal. Schließlich bindet er die drei Takte auch durch eine durchgängige Harmonik

(Instrumentationsgruppen) zusammen. Langsame Veränderungen (Wechsel im Timbre, Entwicklung der Vorschlagsfiguren, Variation der Einsatzverhältnisse) wie auch der harmonische Gang lassen sich von Schritt für Schritt, d.h. von Parzelle zu Parzelle nachvollziehen (Abb. 51).

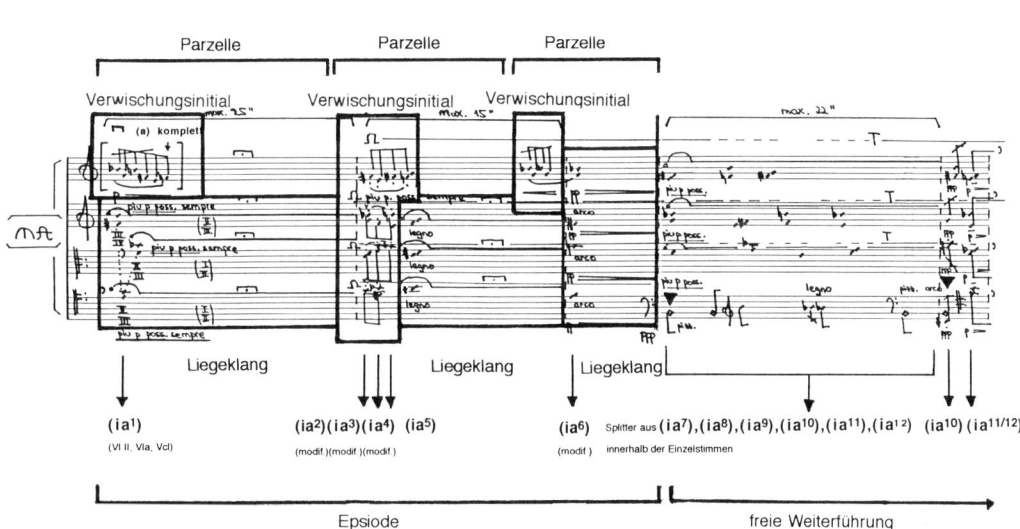

Abb. 51: Dreigliedrige Episode mit freier Weiterführung (Partitur S. 1, T. 1–3)

Auch die Behandlung des Liegeklangs läßt formbildende Tendenzen erkennen (Abb. 52): T. 1 zeigt eine Initialgeste (Primgeige) mit dem versetzten Einsatz der drei Unterstimmen, aus dem die drei tiefen Streicher mit ihrem Liegeklang hervorgehen. Der Einsatz des Liegeklangs wird in den drei Unterstimmen leicht aufgebrochen und durch die Initialgeste der ersten Violine zusätzlich überlagert. In der zweiten Parzelle (T. 2) weitet Berio die Vorschlagsgeste auf alle vier Instrumente aus und schaltet die drei Unterstimmen in ihrem Einsatz weitgehend gleich[16]. In der dritten (T. 3) lagert er die Initialgeste (Primgeige) dem übrigen Geschehen vor und bekräftigt den nun abgeschlossenen Konsolidierungsprozeß des Liegeklangs durch die erste Violine, die als vierte Stimme am Liegeklang beteiligt wird.

---

16 Durch die Notation bleibt unklar, ob der Liegeklang vollständig synchronisiert oder durch die ungleiche Länge der Vorschlagsfiguren geringfügig verschoben sein soll.

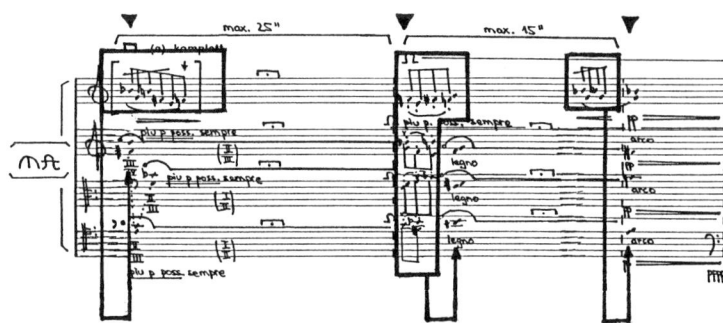

Abb. 52: Partitur S. 1, T. 1

Aufschlußreich ist die Ausformung der Initialgesten, wie sie in der ersten Violine dreimal anders erfolgt. Die Beziehung dieser Figuren ist von verschiedenen Symmetrie-, Komplementär, Abspaltungs-, Variations- und Selektionsverhältnissen bestimmt (vgl. S. 117–121). Berio schließt die Parzellen aber auch durch einen weiteren Entwicklungsgang zusammen: Im Harmonischen addiert er die Instrumentationsvarianten (ia) über mehrere Parzellen hinweg auf. Auch die Einschwingung des Liegeklangs konsolidiert sich erst über drei Stufen (T. 1, 2 und 3), an deren Ende der synchronisierte Liegeklang[17] steht, an dem nun alle vier Instrumente beteiligt sind. Alle diese Bezüge schließen die drei Parzellen zu einer *Epsiode*, einer kleinen, in sich strukturierten Formeinheit zusammen. Sie wird meist gar nicht oder aber nur schwach mit ihrer Umgebung vernetzt[18].

Geschlossene Episode

Während ein Materialverband in der *partiellen* Episode nur zum *Teil* durchlaufen wird, kommt die harmonische Grundlage in der *geschlossenen* Episode *komplett*, d.h. mit allen zwölf Gliedern zur Anwendung. Auch hier schließen sich Textur und Harmonik zu einer in sich strukturierten, zwölfgliedrigen »Insel« zusammen, aus der sich weder der vorhergehende, noch der nachfolgende Kontext erschließen läßt. Die *geschlossene Episode* listet somit zwölf Parzellen (d.h. einen komplett zwölfteiligen Gruppenverband) in einmaligem Durchlauf auf. Gleichwohl ist die Episode nur ein eindimensionales Ereignis: Während in der Dodekaphonie bestimmte Proportionen grundgelegt werden, die auf verschiedenen Ebenen auf die musikalische Textur übertragen werden, verbleibt die geschlossene Episode im einmaligen Ablauf, zeigt sich in ihren formbildenden Kräften also bereits mit ihrem Abschluß erschöpft[19]. Das nun Folgende muß einen neuen Ansatz eröffnen, aus dem sich die Weiterführung eigen-

---

17 Auch hier ist die Synchronisation geringfügig eingeschränkt: Das g^1 der ersten Violine ist in T. 3 bereits aus der vorgelagerten Initialfigur übergebunden, wird auf dem Taktschwerpunkt also nicht mehr neu angestrichen.
18 Die Vernetzung vollzieht sich hier nur über die Harmonik: Zwar werden die Instrumentationsvarianten in den nachfolgenden Takten weiterhin durchlaufen, durch die neue Textur (dissoziierte Sektion) wird die Kontinuität jedoch wieder aufgebrochen.
19 Freilich finden sich in *Sincronie* auch Partien, in denen Berio mehrere geschlossene Episoden aneinander anschließt. Die Proportionen der einen bleiben dabei jedoch ohne Auswirkung auf die der nächsten usw.

Formbildende Tendenzen der musikalischen Textur 97

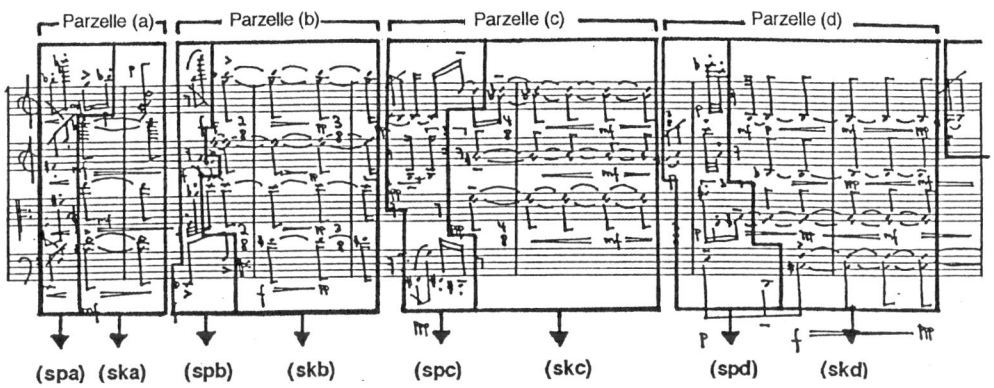

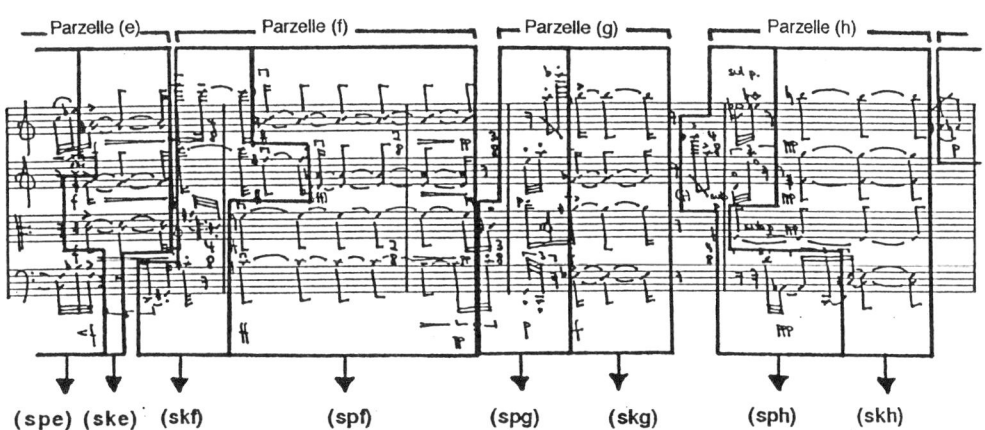

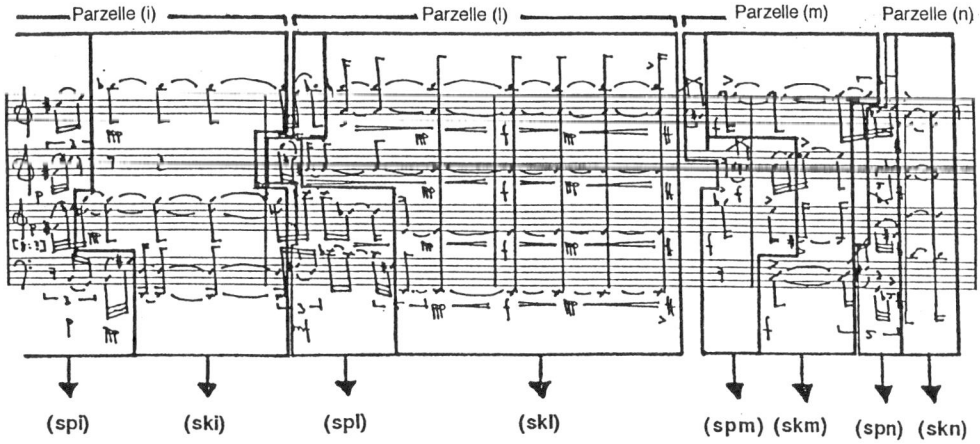

Abb. 53: Parzellenreihung (a) bis (n) (Partitur S. 9, zweiter Takt nach Ziffer 23 bis S. 10, Ziffer 24)

ständig erschließt. Derartige Episoden finden sich überwiegend im zweiten Teil von *Sincronie* (vgl. S. 163), wo Berio mehrere »Inseln«, die er bereits in seinen Partialskizzen vorbereitet hat, aneinanderreiht. Sie bilden das konstruktivistische Kernstück des Werkes: An keiner anderen Stelle setzt er die Grundlagen seiner Materialvorordnung so konsequent um wie hier.

In den Takten 160 bis 175 (9-2-3 bis 10-2-2) hat Berio zwölf Parzellen aneinandergereiht und zu einer *geschlossenen Episode* zusammengebündelt (Abb. 53, S. 97). Auch wenn die äußere Erscheinung dieser Anordnung durch die veränderte Notationsform (ausnotierte Dauernwerte, vorgezeichnetes Metrum) nicht sogleich einen Bezug zu den Parzellen zu Beginn des Werkes erkennen läßt (vgl. Partitur S.1, T. 1–3), sind die Parallelen in der Morphologie deutlich erkennbar: Ein lang ausgehaltener Liegeklang wird durch eine Initialgeste eingeleitet, kommt jedoch, bevor die nächste Vorschlagsgeste einsetzt, mit allen vier Stimmen zu einem gemeinsamen Ende[20]. Das harmonische Material entnimmt er dabei aus gleich zwei Materialverbänden, die er wechselweise miteinander durchsetzt: Während die Töne der Vorschlagsgesten aus den Spreizgruppen entnommen sind, greift er mit den Liegeklängen auf die Spreizgruppenkomplemente zurück. Beide Verbände, Spreizgruppen und Spreizgruppenkomplemente, werden wie zwei Kämme ineinander verschachtelt. Sie sind, wie für die geschlossene Episode typisch, mit dem einmaligen Durchlauf der Gruppen erschöpft[21].

Während der einzelnen Parzelle eine interne Rhythmisierung in zwei Teilgesten (Initial plus Liegeklang) zu Grunde liegt, greift Berio diese Zweiteilung nun auch in der harmonischen Disposition auf und ordnet jedem Teilsegment einen eigenen Materialverband zu (vgl. hierzu ausführlich S. 156–159).

Auch in der folgenden, gleichermaßen zwölfgliedrigen Episode wird die Parzellenstruktur auf eigenständige Weise variiert (Abb. 54, S. 99): Während die Initialgesten in kurzen, rhythmisch genau festgelegten Dauernwerten ausnotiert sind, reduziert sich der anschließende Liegeklang auf einen einzelnen Halteton, der nicht mehr von allen vier, sondern nur noch von einem Instrument übernommen wird.

Berio teilt jeder Parzelle hier eine harmonische Gruppe zu. Aus ihr wählt er seine Töne frei aus. Die Liegetöne gehen dabei auf die Summandreihe zurück (Quarttransposition, vgl. S. 62, Fußnote 19), Kristallisationsfiguren werden zusätzlich eingelagert (vgl. S. 121–129). Die sechs Töne einer Gruppe sind in der jeweiligen Parzelle komplett vertreten, können jedoch in beliebige Reihenfolge gebracht und verschieden oft wiederaufgenommen werden. Die zwölf Gruppen ((a) bis (n)) werden dabei genau einmal durchlaufen.

Ihre Aufgabe in Bezug auf das Formganze erhält die *geschlossene Episode* im weiteren Verlauf des Werkes: Berio führt die Arbeit mit den Gruppen hier weitreichend »durch«, d.h. er bringt sie in variierter, weiterentwickelter Form zur Anwendung (vgl. ausführlich S. 162ff.).

---

20 Eine Ausnahme gibt es in T. 163 (9-2-6): Während die tiefen Streicher plus erste Violine den Liegeakkord aus dem vorhergehenden Takt mit einem Sechzehntel übernehmen, gibt die Sekundgeige ihren Zweiklang bereits nach einem Triolensechzehntel auf. Die klangliche Differenz, die zwischen dem Sechzehntel (Vl I, Vla, Vcl) und Triolensechzehntel (Vl II) besteht, ist im Zusammenklang jedoch kaum eruierbar.

21 In der Endfassung fügt Berio hier noch drei Kristallisationsfiguren ein (vgl. S. 121–129).

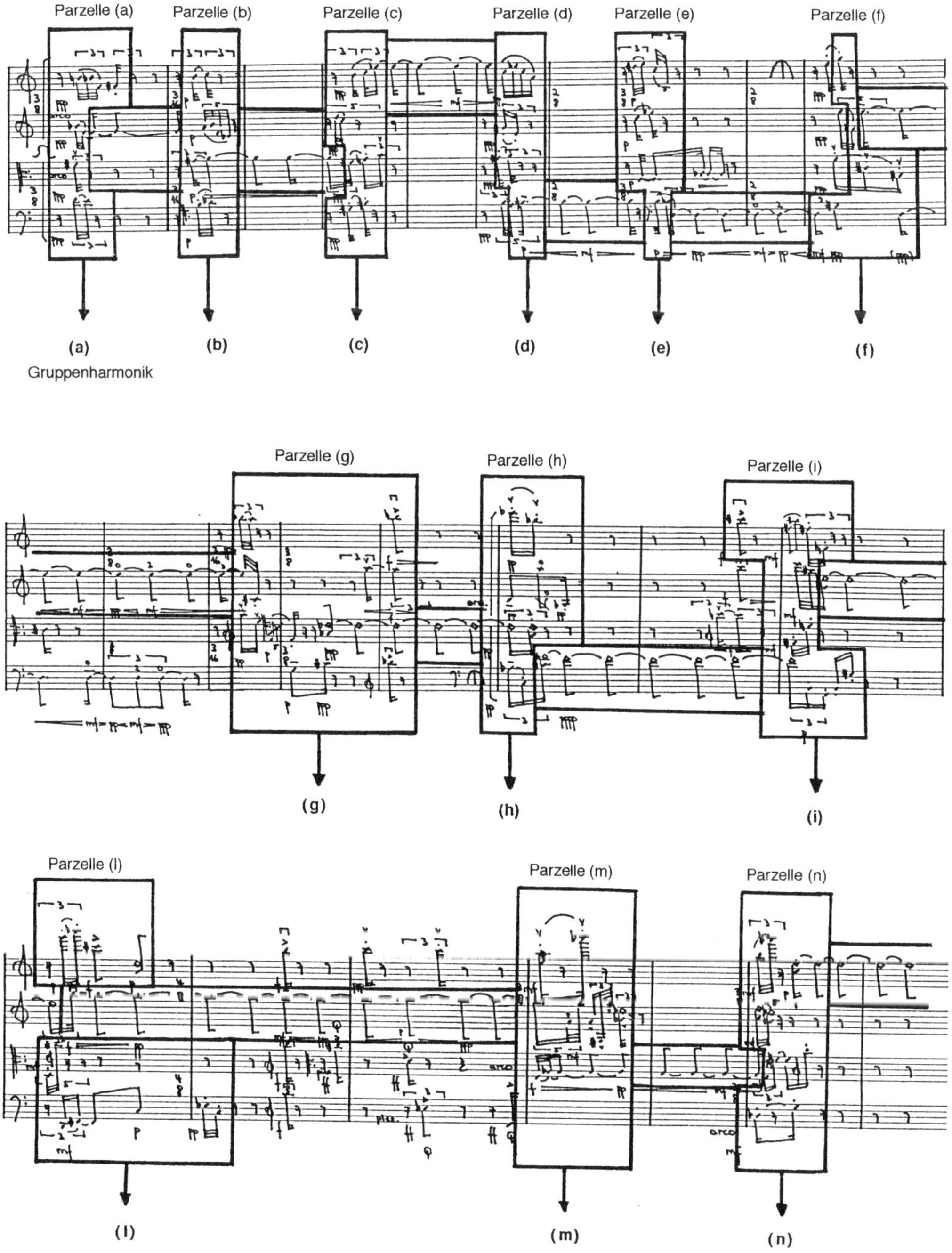

Formbildende Tendenzen der musikalischen Textur 99

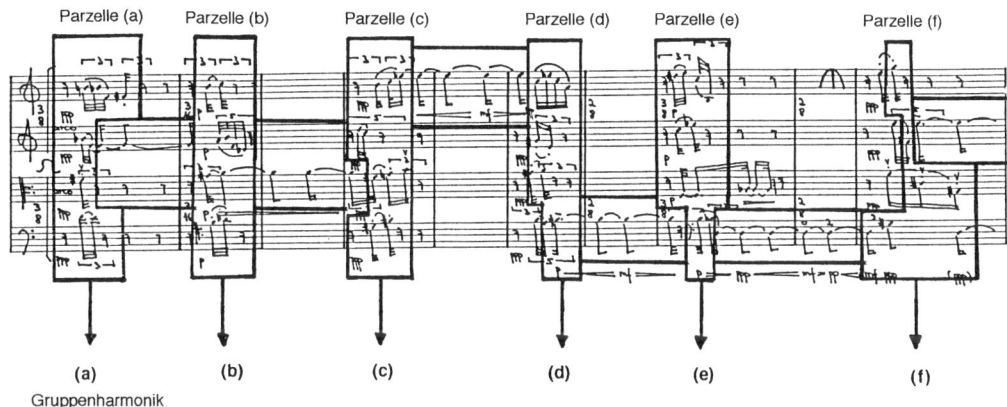

Abb. 54: Parzellenreihung (a) bis (n) (Partitur S. 8f., T. 136–160 (8-2-1 bis 9-2-3))

Dissoziierte Sektion

Die beiden vorhergehenden Texturtypen, additive Akkordreihung und Liegeklang mit Verwischungsinitial, haben sich in gradueller Relation aufeinander beziehen lassen: In ihnen löst Berio einzelne Aspekte der Gleichordnung unter den vier Stimmen stufenweise auf. In einem dritten Texturtypus, der *dissoziierten Sektion* (Abb. 55–59), wird diese Tendenz weiter vorangetrieben: Die Stimmen vagieren in space notation, so daß ihre Dauer wie auch ihr Neueinsatz im Verlauf nur noch durch graphisch-räumliche Relationen bestimmt ist. Die Dauer dieser Sektionen, die oft durch gestrichelte Taktstriche von den »festen« Takten abgetrennt sind, ist durch Sekundenangabe bestimmt (Partitur S. 1, T. 4, max. 22 Sekunden u.a.). Berio löst den homophonen Verlauf, der im Anfangsakkord noch gegeben ist, hier weitgehend auf. Die Einzelstimme gibt ihre eigenständige Stimmqualität preis und fügt sich als Teil des Ganzen in ein übergeordnetes Klangfeld ein. Auch hier lassen sich die Töne, die Berio den einzelnen Stimmen zuteilt, auf die Materialprädisposition zurückführen: Sie sind den Instrumentationsvarianten (ia) entnommen, die er nach Stimmen getrennt aufspaltet und unabhängig voneinander in Bewegung setzt. Nicht alle Varianten kommen dabei zum Einsatz. Auch wird die Zuordnung der Instrumente nicht immer übernommen[22]. Berio bricht die Vertikalkoordination der Gruppen hier auf (freier Wechsel der Akkordtöne innerhalb einer Stimme, proportional angedeuteter rhythmischer Verlauf der Einzelstimmen und der Vertikalkoordination), wobei sich die vier Stimmen zu einem »oszillierenden Flächenklang« zusammenschließen (Abb. 55).

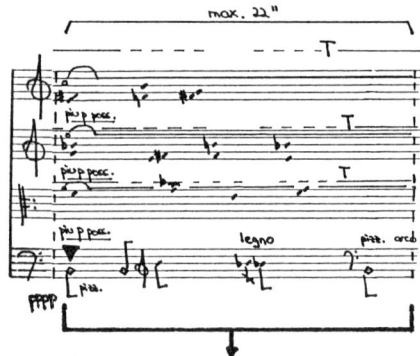

Splitter aus (i a⁷), (ia⁸), (ia⁹), (ia¹⁰), (ia¹¹), (ia¹²) innerhalb der Einzelstimmen

Abb. 55: Dissoziierte Sektion (Partitur S. 1, T. 4)

Schließlich finden sich auch Beispiele, in denen Berio den Dissoziationsprozeß nicht nur auf die Stimmführung beschränkt, sondern durch den kurzatmigen Wechsel von legno-, arco-, pizzicato- und tremolo-Elementen auch das Spektrum der Klangfarben erweitert (Abb. 56).

---

22 Die Tonfolge der ersten Violine ist in der Prädisposition der zweiten Violine zugeordnet, wurde hier offensichtlich also vertauscht.

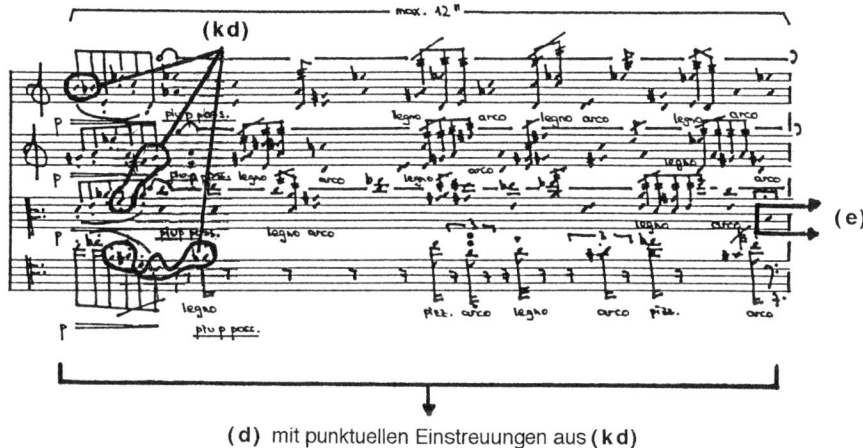

(d) mit punktuellen Einstreuungen aus (kd)

Abb. 56: Dissoziierte Sektion (Partitur S. 1, T. 14)

Auch die harmonische Grundlage kann im Verlauf gewechselt werden (Abb. 57). Die Abschnitte, in denen eine bestimmte Harmonik vorherrscht, sind dabei noch deutlich voneinander zu unterscheiden:

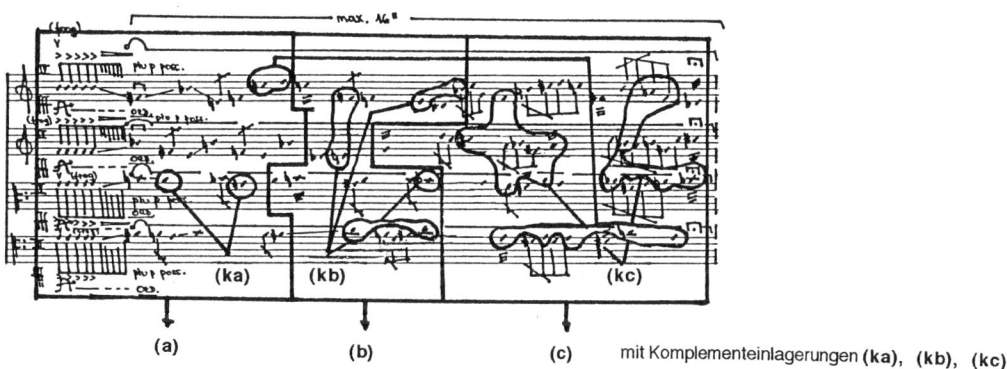

Abb. 57: Dissoziierte Sektion (Partitur S. 3, Ziffer 7)

Die Gruppen werden mitunter auch bunt durchsetzt (Abb. 58).

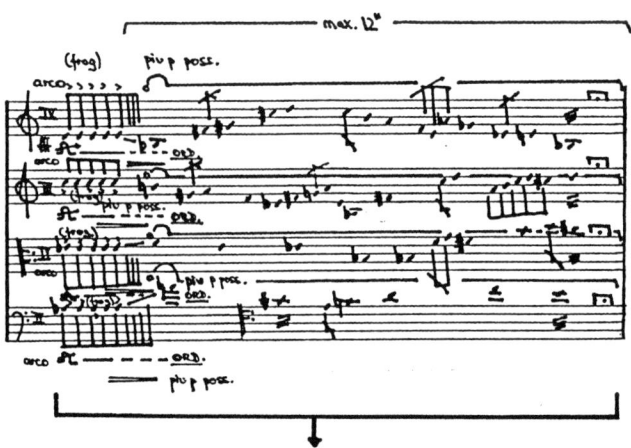

(d)/(e) mit zahlreichen Komplementär- und Fremdeinstreuungen

Abb. 58: Dissoziierte Sektion (Partitur S. 3, vierter Takt nach Ziffer 7)

Schließlich finden sich auch Sektionen, in denen die fixierten Tonhöhen aus bestimmten Gruppen entnommen und durch Glissandi weitschweifend miteinander verbunden sind. Der aufgespannte Tonraum wird so in ein stufenloses Kontinuum überführt, dessen »Eckpunkte« von den Gruppentönen abgesteckt werden, dessen Tonhöhenverlauf sich jedoch über den gesamten Ambitus erstreckt (Abb. 59).

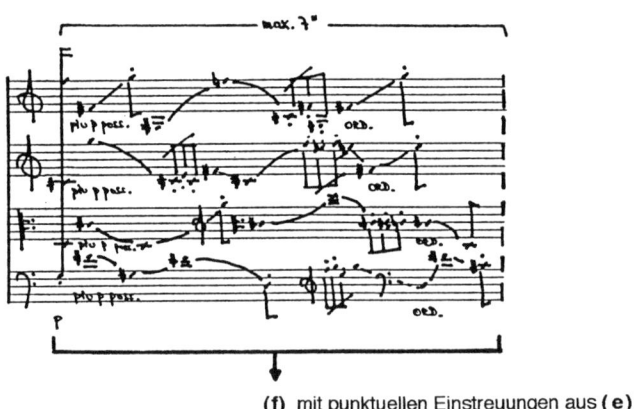

(f) mit punktuellen Einstreuungen aus (e)

Abb. 59: Dissoziierte Sektion (Partitur S. 12 (12-3-2))

In der *dissoziierten Sektion*, so läßt sich für Abb. 55 und 56 resümieren (vgl. S. 100f.), führt Berio die Tendenz zur Auflösung der musikalischen Textur mit der eher statischen Behandlung der harmonischen Grundlage zusammen: Das Stimmgefüge wird in eine frei vagierende Klangstruktur aufgespalten, die Harmonik beschränkt sich auf eine einzelne Gruppe. Beides verbindet sich im klanglichen Resultat zu einem mehr oder weniger zerschlissenen Klangfeld, das als oszillierendes Kontinuum bzw. als dissoziierte Klangfläche wahrgenommen wird.

In Abb. 57 bis 59 dehnt Berio diesen Aufsplissungsprozeß auch auf die harmonische Grundlage aus. Er behält sich so die Möglichkeit vor, auch den Auflösungsprozeß weiter zu spezifizieren, was er im Verlauf der Werkes dezidiert nutzt: Während die dissoziierten Sektionen zu Beginn des Werkes (T. 4 bzw. 14 (1-1-4 bzw. 1-3-4)) noch von der Harmonik einer einzelnen Gruppe bestimmt sind (die Dissoziation wird hier erst freigesetzt, das klangfarbliche Spiel entfaltet), entwickelt er sie zum Ende des ersten Abschnitts hin (T. 38 bzw. 41 (3-1-6 bzw. 3-2-3)) weiter: Auch die harmonische Grundlage wird in den Auflösungsprozeß mit einbezogen, die Gruppen wechseln segmentartig, verschiedene Tonvorräte werden durchmischt). Im weiteren Verlauf (T. 215 (12-1-6) bzw. T. 219 (12-3-2)) wird auch der harmonische Raum erweitert und im frei gleitenden Kontinuum durchmessen. Mit dem Fortgang des Werkes unterzieht Berio also auch die Sektionen einem Entwicklungsprozeß, wenn dieser sich auch nicht im Sinne einer Höher- bzw. Weiterentwicklung beschreiben läßt: Einerseits werden die dissoziierten Sektionen geradezu unsystematisch in den jeweiligen Kontext eingeflochten, andererseits zeigt Berio in ihnen verschiedene Entwicklungstendenzen auf, die sich mittelfristig im Werk entfalten: Nur schwerlich ließe sich eine Sektion, wie sie zu Beginn des Werkes steht, mit einer späteren vertauschen.

Über die Ausbildung der Sektionen selbst – die Frage also, wann Berio eine harmonische Situation in Form einer Sektion, wann in einer anderen Texturart darlegt – läßt sich freilich nur spekulieren. Mal ist sie »Auffangbecken«, in das ein zuvor angerissener Dissoziationsprozeß einmündet, mal ist sie »Kontrasttextur«, die dem Vorherigen schroff gegenübergestellt wird. Auch in anderen Werken Berios gehört die dissoziierte Sektion zum festen kompositorischen Vokabular.

Gelenkt-aleatorische Sektion

In einem vierten Texturtypus führt Berio die Virtuosität und gestische Differenzierung der Stimmen, ihre harmonische, rhythmische, metrische und dynamische Unabhängigkeit zum Höhepunkt. In ihm werden alle Aspekte des musikalischen Satzes verdichtet. Abb. 60 (vgl. S. 105) zeigt, wie Berio die Einzelstimmen melodisch und rhythmisch ausformt und dynamisch abstuft, die Innenstimmen werden mit besonderen Anweisungen zur Bogenkontaktstelle versehen. Die metrische Grundlage teilt Berio in zwei Ebenen auf: In den Außenstimmen folgen drei $^3/_8$-Takte, ein $^2/_8$-Takt, ein $^5/_{16}$-Takt sowie ein $^2/_8$-Takt aufeinander, in den Innenstimmen ist das rhythmische Vokabular auf Achtel-, Achtelspace-[23] und Vorschlagsnoten beschränkt, die Unterteilung in Takte oder taktartige Einheiten wird aufgegeben. Während sich die Einzelstimme in ihrem Verlauf relativ geschlossen darlegt[24], ist die vertikale Koordination der vier Spieler nur in ihren Rahmenbedingungen festgelegt. Wir wollen diesen Texturbaustein

---

[23] Berio unterscheidet in seiner Notation zwischen Achtelnoten mit hängendem Fähnchen (bzw. gemeinsamem Balken, wenn zwei Achtel aufeinanderfolgen) und Achteln, bei denen das Fähnchen verlängert und senkrecht zum Notenhals geführt wird (Achtelspace-Noten).
[24] Durch die irrationalen Werte (Achtelspace- bzw. Vorschlagsnoten) ist die Stimme in ihrer rhythmischen Ausdeutung zwar relativ flexibel, der gegebene Notentext ist jedoch präzise genug, um sie hinreichend zu beschreiben.

als eine *gelenkt-aleatorische Sektion*[25] bezeichnen. Durch die Sektionsgrenzen ist ihr Anfang und Ende präzise bestimmt[26], auch ihre Positionierung innerhalb der Gesamtform liegt fest und kann nicht mehr verändert werden[27]. Die Einzelstimmen sind in ihrem Tonhöhenverlauf wie auch in den Attributen des musikalischen Vortrags genau festgelegt. Dahingegen ist ihre rhythmische Auslegung relativ dehnbar: Dehnung und Raffung der einzelnen Gesten, die Auflösung der Tempi wie auch die Verweildauer bei den Fermaten ergeben sich erst im Kontext der Ausführung und lassen sich nur in ihrem Grundzug vorhersagen[28]. Umgekehrt bleibt jene Art von »Momentphysiognomie«, wie sie sich hieraus für jede der Stimmen ergibt, auch für das vertikale Verhältnis der Spieler untereinander nicht ohne Folgen. Durch die Aufhebung einer für alle verbindlichen Chronometrie, die Ablösung also von einer rationalen Bezugsebene, wie sie sich im Nenner einer metrischen Takteinheit darlegt (z.B. $^3/_8$-Takt, $^2/_4$-Takt o.ä.), bewegen sich die Stimmen in einem freien Raum, in dem die Koordinaten zeitlich-metrischer Orientierung aufgehoben sind (vgl. Abb. 60, S. 105). In diesem »aleatorischen Kontrapunkt«[29] wird der Spielraum, der sich für das musikalische Gefüge als Ganzes erschließt, sprunghaft erweitert.

25   Im Begriff der »begrenzten Aleatorik«, wie Lutosławski ihn verwendet, wird das Verständnis von Aleatorik im Allgemeinen (»Vorgänge, deren Verlauf im Groben festliegt, aber im einzelnen vom Zufall abhängen« (Mayer-Eppler) weiter spezifiziert: »Die typischste Form der ›begrenzten‹ Aleatorik ist das kollektive ad-libitum-Spiel innerhalb eines instrumentalen oder vokalen Ensembles. Das charakteristischste Merkmal einer auf diese Weise zu Gehör gebrachten Musik ist das Fehlen eines gemeinsamen Zeitmaßes, das für alle Mitwirkenden in gleicher Weise verbindlich ist. [...] Der Unterschied, von dem wir sprechen, könnte mit dem zwischen Poesie und Prosa verglichen werden, was aber natürlich einer weitgehenden Simplifizierung gleichkommt. [...] Bei diesem Verfahren erhält die rhythmische Textur eine ›Flexibilität‹, die ein charakteristisches Merkmal dieser Musik darstellt und auf keine andere Weise zustande zu bringen ist.« (Witold Lutosławski: Über das Element des Zufalls in der Musik, in: Melos, 1969, Heft 11, 457–460 [im folgenden abgekürzt: Lutosławski: Zufall], hier 458).
26   Die einleitenden Vierundsechzigstelfiguren in den Außenstimmen (T. 52 (4-1-1) sind noch als Ausläufer von Takt 51 (3-3-6) zu verstehen, in dem gegen Ende alle vier Stimmen in Vierundsechzigsteln geführt werden. Der Taktstrich, der die beiden $^3/_8$-Einheiten in Takt 51 bzw. 52 voneinander trennen müßte, ist dabei offensichtlich dem Schnitt zum Opfer gefallen, mit dem Berio das ganze untere System von Seite 3 aus dem Autograph herausgetrennt und durch eine neue, mit Klebefilm eingefügte Fußzeile ersetzt hat. Auch in den Tonhöhen läßt sich zum Teil der unmittelbare Anschluß der Außenstimmen von T. 51 nach 52 beobachten (die Töne *fis*^{2} und *gis*^{2}, die in der ersten Violine zum Ende von Takt 51 gleichzeitig erklingen, werden zu Beginn von Takt 52 nacheinander wieder aufgenommen, das Cello behält das *h* auch über die Taktschwelle bei). Der genaue Beginn der aleatorischen Sektion liegt somit bei der Iterationsfigur in den beiden Mittelstimmen und der 5-Sekunden-Fermate in den Außenstimmen, wobei die Ausläufer der Sechzehntelfiguren noch leicht in den Neuansatz der Mittelstimmen hineinragen. Das Ende dieser Partie dehnt sich bis auf die überhängende Vierundsechzigstelfigur in der Primgeige mit anschließendem Triller und dem übergehaltenen Ton im Cello aus (T. 53). Die Fermaten fungieren dabei als »Sammelpunkte«, an denen sich die pausierenden Stimmen auf ihren Neueinsatz vorbereiten. Mit dem Triller in der ersten Violine spielt Berio offenbar auf den klassischen Kadenztriller im Solokonzert bzw. Quatuor brillant an (vgl. S. 142f.).
27   Lutosławski weist in diesem Zusammenhang auf die Unterscheidung zwischen »Aleatorik der Textur« und »Aleatorik der Form« hin: Die mobile Anordnung der Formsegmente, wie sie etwa in Stockhausens *Klavierstück XI*, Boulez' dritter *Klaviersonate* oder in Pousseurs *Scambi* zu finden ist, bleibt für *Sincronie* freilich ohne Bedeutung.
28   »Je ne crois pas au hasard, il n'existe pas, avec la meilleure volonté du monde, on ne peut le démontrer et on ne peut l'envisager comme une affirmation de liberté. Chaque décision, chaque pas que nous faisons s'accomplit par rapport à une idée. Pour la réaliser, nous nous référons, dans la musique, à un ensemble ›ouvert‹ de codes (ce qu'on appelle poétique). Un des aspects les plus superficiels de ces codes est la notation musicale, laquelle a dérouté beaucoup de monde lorsqu'on a vu des partitions qui n' avaient plus les cinq lignes de la portée, les notes traditionnelles etc. ... On a déclaré hâtivement que c'était du hasard. En fait cela n'en est pas, c'est pour obtenir un certain résultat sonore en relation avec une idée.« (Luciano Berio, in: Michel Philippot: Entretien Luciano Berio, La revue musicale. Les journées de musique contemporaine de Paris, 25–31 Octobre 1968, Varèse-Xenakis-Berio-Pierre Henry. Œuvres-etudes-perspectives, Paris 1968, 85–97, hier 90).
29   Darüber hinaus hat der aleatorische Kontrapunkt bereits mit dem Ende der 1950er Jahre verschiedene technische Varianten erfahren (Lutosławski, Penderecki, Cage, Brown u.a.). Berio verwendet diese Satzart bereits in *Tempi Concertati* (1958–59), wo die verschiedenen Tempi von Solist und Instrumentalgruppen nicht genau in ihrer Beziehung fixiert sind. Ähnliche Ansätze finden sich auch in anderen Stücken der beginnenden 60er Jahre (z.B. *Circles* (1960) u.a.), in denen einzelne Abschnitte graphisch notiert sind und den freien Gebrauch des vorangestellten Materials implizieren.

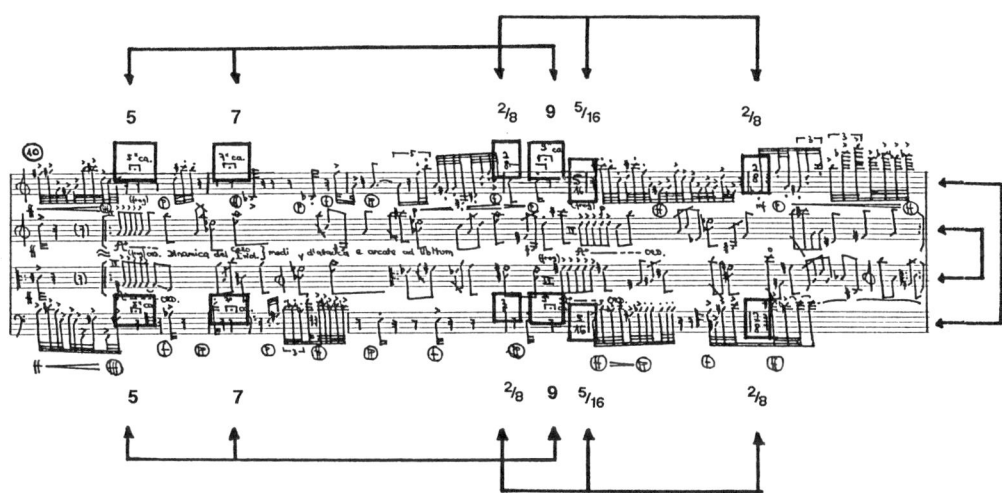

Abb. 60: Gelenkt-aleatorische Sektion (Partitur S. 4, (4-1-1))

Die Ausbildung einer solchen Textur zielt, wie Eco in ähnlichem Kontext formuliert, darauf, »im Interpreten ›Akte bewußter Freiheit‹ hervorzurufen, ihn zum aktiven Zentrum eines Netzwerks von unausschöpfbaren Beziehungen zu machen, unter denen er seine Form herstellt, ohne von der *Notwendigkeit* bestimmt zu sein, die ihm die definitiven Modi der Organisation des interpretierten Kunstwerks vorschriebe«[30].

> »Ich würde sagen, je größer die dem Ausführenden gelassene Freiheit ist (und natürlich auch dem Publikum), desto komplexer wird die Kompositionsstruktur und umso schwerer ist die Aufgabe des Komponisten. Er soll verhindern, daß das Chaos alle musikalischen Beziehungen zerstört. Die wichtigste Handlungsweise ist, der Textur einen bestimmten Grad der Redundanz zu geben, die so eine Art Pufferzustand zwischen dem Chaos und den Feldern der möglichen Bedeutung herstellt.«[31]

Den formalen Rahmen dieser Sektion (Abb. 60) hat Berio dezidiert durchgestaltet. Innen- und Außenstimmen faßt er zunächst paarweise zusammen: In den Innenstimmen (zweite Violine und Viola) wird die metrische Unterteilung in Takte oder taktartige Einheiten aufgegeben, gleichwohl läßt er sie durch das Wiederholungszeichen zweimal ablaufen. Auch die Anweisung zur Bogenkontaktstelle (»am Frosch aufprallen, den Steg überquerend«) schaltet er für beide Stimmen gleich, überläßt ihnen dabei jedoch die freie Wahl der Artikulation (»modi d'attacco e arcate ad libitum«). Dynamisch orientieren sich die Innenstimmen an den Außenstimmen (»Dinamica del Cello | I Viol.«), wobei ihre Intensitäten kreuzweise verschränkt werden (die zweite Violine mit dem Cello, die Viola mit der erste Violine). Auch in der Beschränkung des rhythmischen Vokabulars (Achtel-, Achtelspace- und Vorschlagsnoten) grenzt Berio die Innenstimmen von den Außenstimmen ab, komplexere Gesten werden ver-

30 Eco: Offenes Kunstwerk, 31.
31 Berio: Forme, 40.

mieden. Während die Sekundgeige innerhalb des Wiederholungszeichens einundzwanzig Achtel spielt, hat die Viola dreiundzwanzig. Berio setzt die Innenstimmen also auch durch ihre verschiedenen »Taktsummen« noch einmal leicht zueinander in Reibung[32]. Aus der Wiederholung ergibt sich, daß das Tempo in den Mittelstimmen ungefähr doppelt so schnell genommen werden muß wie in den Außenstimmen. Obwohl die Innenstimmen in ihrem Tonhöhenverlauf, in ihrer Rhythmik und harmonischen Grundlage weitgehend unabhängig voneinander verbleiben, schließt Berio sie durch den zweimaligen Einsatz der Repetitions- (bzw. Iterations-)Figur (vgl. S. 134–138) nahezu »parallel«: Beide Stimmen werden (im Abstand einer kleinen None) leicht versetzt von ihr eingeleitet, es folgen einzelne Achtel- (bzw. Achtelspace)-Noten, die oftmals mit einfachen oder doppelten (Achtel-)Vorschlägen versehen, quer durch die Register geführt werden. Schließlich setzen die Stimmen noch einmal neu mit einer Iterationsfigur im Abstand einer kleinen Sexte an und bringen die nachfolgenden Einstreuungen (Achtel bzw. Achtelspace-Noten mit gelegentlichen Vorschlägen) zur Verdichtung. Durch die Figur teilt Berio den Verlauf der Innenstimmen also in zwei Hälften: in eine Art »Vordersatz« und einen verkürzt-komprimierten »Nachsatz«, die etwa im Verhältnis drei zu zwei zueinander stehen (Abb. 61).

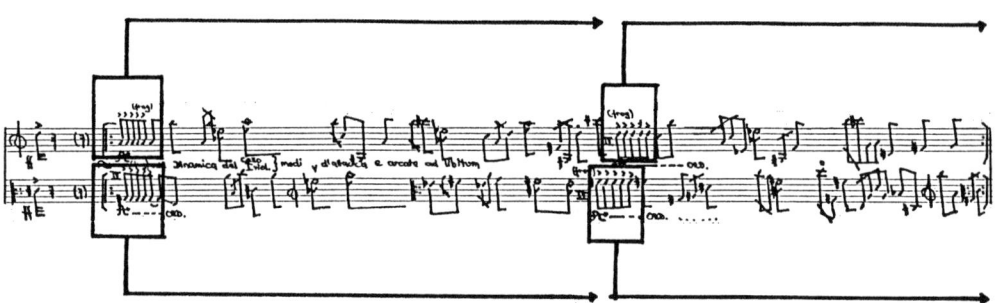

Abb. 61: Innenstimmen der gelenkt-aleatorischen Sektion (Partitur S. 4, (4-1-1))

Die Anlage dieser beiden Innenstimmen, die in *Sincronie* ohne Beispiel bleibt, läßt darüber hinaus erstaunliche Affinitäten zu konventionellen Formprinzipien erkennen: Mit der korrelierenden Anlage der beiden Flügel, der transponierten Wiederaufnahme der Einleitungsfigur, dem verkürzten und komprimierten »Nachsatz« und der Wiederholungsklammer greift Berio hier auf formbildende Mittel zurück, wie sie sich insbesondere in der klassischen Streichquartett-Tradition bewährt haben.

Auch die Außenstimmen setzt Berio miteinander in Beziehung: Sie werden von den gleichen, für jedes System getrennt vorgezeichneten Unterteilungen durchsetzt, die die metrische Orientierung geben. Von den Fermaten begrenzt ergeben sich somit drei zunehmend länger werdende Abschnitte. Die Dynamik ist in beiden Stimmen komplementär aufeinander bezogen: Während die Primgeige im »ff« spielt, bleibt das Violoncello eher im »p«, das Cello setzt zu einer kraftvollen Geste an, während die Violine ins »p« zurückgenommen wird u.ä. In

---

32 Die Aufsummierung der Tondauer ist hierbei nur von bedingter Aussagekraft, da sie durch die irrationalen Werte (Vorschlagsachtel, Achtelspace-Noten) ohnehin relativiert wird.

dieser Textur, die von einem ausgesprochen gestischen Charakter bestimmt ist, stellt Berio virtuose Vierundsechzigstelfiguren, Ruhepunkte (Fermaten) wie auch atomisierte Einzelereignisse gegeneinander und schöpft die Spannbreite der einzelnen Parameter (Registerumfang, dynamische Kontraste, rhythmische Vielfalt) weitgehend aus. In der Harmonik löst er den Bezug auf die Gruppen vollständig auf, so daß die Töne mehr oder weniger einzeln aus beliebigen Materialverbänden herausgegriffen werden[33]. Wir erhalten so einen dreigliedrigen, durch die Fermaten unterteilten Verlauf, in dem die Ruhepunkte stetig ausgedehnt werden (5, 7 bzw. 9 Sekunden). Demgegenüber gestaltet Berio die Proportionen der Abschnitte eher frei (drei Sechzehntel nach der ersten Fermate, sechs Achtel nach der zweiten, neun Sechzehntel nach der dritten)[34]. Die schnellen Bewegungen wechseln sich im mittleren Abschnitt in den beiden Außenstimmen mehr oder weniger ab, sie verdichten sich jedoch zum Ende der Sektion hin in beiden Stimmen.

Auch die Art, wie Berio die beiden Stimmpaare (Innen- und Außenstimmen) ineinander verschachtelt, läßt eine formale Ordnung erkennen: Aus dem Rahmenbau der Außenstimmen ergibt sich die Unterteilung in drei Abschnitte. Wir können diese als »Einsprengung« (von der 5- bis zur 7-Sekunden-Fermate), »Anlauf« (von der 7-bis zur 9-Sekunden-Fermate) und »Kulmination« (nach der 9-Sekunden-Fermate) beschreiben. Die Innenstimmen verdichten sich gegen Ende ihres zweigliedrigen Verlaufs auf eigene Weise, gleichwohl wird dieser Prozeß durch die Wiederholung der gesamten Partie wieder relativiert. Durch die Paarbildung wird die aleatorische Sektion also bereits vorab strukturiert: In ihr setzt Berio zwei verschiedene Verlaufsebenen gegeneinander (Innen- bzw. Außenstimmen), die sich im Zusammenwirken gegenseitig vorantreiben. Wie die Sekundgeige also in Spannung steht zur Viola (bzw. die erste Violine zum Cello), sich in den ihrigen Verhältnissen also unmittelbar an ihr reibt, so überträgt Berio dieses Prinzip auch auf die Stimmpaare im Ganzen (Innen- zu Außenstimmen).

In Abb. 62 (Takt 217 (12-2-2)) sind die beiden Außenstimmen durch ein einheitliches Metrum, drei gleichgeordnete Fermaten (5, 4 und 5 Sekunden) und das selbe Tempo ($\bgroup \downarrow \egroup = 60$) miteinander verbunden. Auch hier gibt er in den Mittelstimmen die Unterteilung in Takte bzw. taktartige Einheiten auf. Zweite Violine und Viola werden durch ein Wiederholungszeichen miteinander koordiniert, das nun über beide Systeme hinwegreicht, die Korrelation beider Stimmen erbietet sich bereits optisch an. Auch durch ein gemeinsames Tempo ($\bgroup \downarrow \egroup = 72$) bleiben die Innenstimmen aufeinander bezogen, die überdies mit einer einheitlichen Anweisung zum Spiel mit dem Dämpfer versehen sind. In der Dynamik werden die Stimmen aufschlußreich miteinander verzahnt: Die zweite Violine orientiert sich an der ersten, die Viola am Cello; Innen- und Außenbau werden hier also polyphon miteinander verschränkt. Die harmonischen Gruppen werden gegenüber Abb. 60 in den Mittelstimmen neu aufgenommen und – leicht zueinander versetzt – chronologisch durchlaufen. Die Außenstimmen gestaltet Berio harmonisch weitgehend frei.

---

33 Gemeint ist nicht die Austextierung der Töne (in der sich mehrere Töne durchaus zu Gesten zusammenschließen), sondern ihre harmonische Herkunft.
34 Wenn das Notenbild durch die zunehmende Verdichtung auch eine fortschreitende Ausdehnung der Abschnitte suggeriert, läßt diese sich de facto nicht bestätigen.

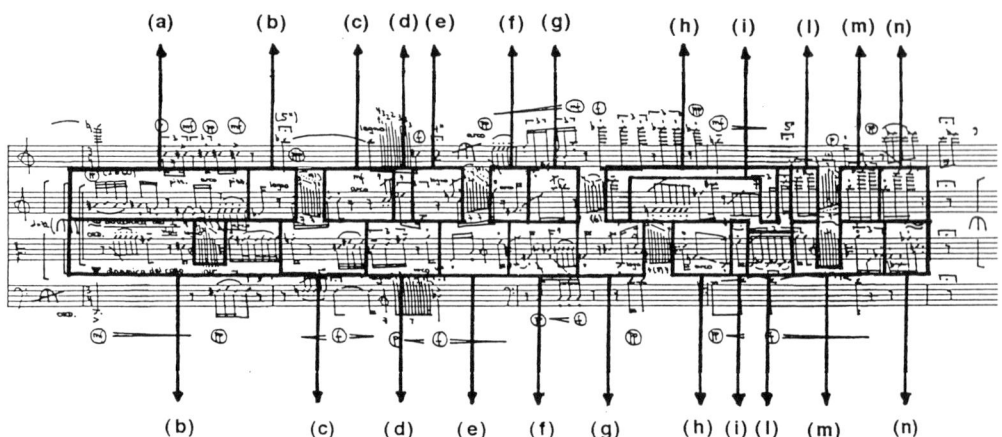

Abb. 62: Harmonischer Verlauf der Innenstimmen (Partitur S. 12, zweiter Takt nach Ziffer 30)

Berio durchmischt hier verschiedene Figuren und Gesten und dehnt das gestische Vokabular auf alle vier Stimmen aus[35]. In den Außenstimmen bleiben lediglich die Fermaten, in den Innenstimmen die Iterationsfigur mit ihren Varianten als charakteristische Merkmale erhalten. Auch die formale Binnengliederung der Innen- und Außenstimmen ebnet Berio in diesem Beispiel weitgehend ein: Zwar unterteilen die Fermaten die Außenstimmen in vier deutlich voneinander getrennte Abschnitte, nur die Primgeige läßt jedoch den Ansatz eines Höhepunkts erkennen (forte auf b^3). Durch die *Ricochet-Figur* (vgl. S. 138f.), die in allen vier Stimmen eingesetzt wird, wird das Gefüge zusätzlich bereichert.

Beide gelenkt-aleatorischen Sektionen (Abb. 60, S.105 und Abb. 62), so läßt sich also resümieren, sind in ihrem Bau relativ ähnlich angelegt. In ihnen werden die Innen- bzw. Außenstimmen durch verschiedene Mittel zusammengefaßt. Takt 52 (vgl. Abb. 60, S. 105) zeigt einen eher *dramatisch* orientierten Aufbau: Berio unterteilt diese Sektion in mehrere Binnensegmente, die sich polyphon in den Innen- bzw. Außenstimmen überlappen. In ihrer Gesamtheit steigert sich diese Sektion zu einem Höhepunkt, der mit ihrem Ende erreicht wird. Takt 216 (vgl. Abb. 62) ist dahingegen von einem eher *feldartigen* Charakter bestimmt, in dem sich ein Höhepunkt nur im Ansatz abzeichnet. In beiden Sektionen führt Berio den Dissoziationsprozeß, d.h. die Selbständigkeit der vier Stimmen, aber auch ihre Zersplitterung im Stimmverlauf zum höchsten Maß. Der rhythmische Verlauf wird »geöffnet« und aus rationalen (präzise Noten-, Pausen- und Metrumswerte) wie auch aus irrationalen Werten gespeist (graphische Tonhöhenzeichen, space- und Vorschlagsnoten, Fermaten). Die Ereignisse im Einzelnen wie auch ihre Vernetzung im Ganzen lassen sich nur im Umriß prädizieren. Die Partitur spannt hier also nur einen Möglichkeitsraum des Erlaubten (bzw. Verbotenen) auf, ohne aber, daß sie auch eine nachträgliche Beschreibung dessen leisten könnte, was tatsächlich im Detail erklingt.

---

35 Die Differenzierung des gestischen Vokabulars, wie sie in T. 52 (vgl. Abb. 60, S. 105) noch in den Innen- bzw. Außenstimmen vorgenommen wird, ist hier aufgehoben.

Für die Ausbildung des Formganzen ist die begrenzt-aleatorische Sektion freilich von recht spezieller Bedeutung: Ist sie erst einmal abgeschlossen, gehen von ihr keine Impulse mehr aus, die sie mit ihrer Umwelt vernetzen. Auch sie verbleibt lediglich im Stadium einer Episode, d.h. einer in sich abgeschlossenen musikalischen Einheit, die über ihre Grenzen hinaus keine unmittelbar formbildenden Tendenzen mehr freisetzt. Daneben finden sich Zusammenhänge, in denen Berio die Grenzen zwischen den einzelnen Texturtypen (dissoziierte und begrenzt-aleatorische Sektion) verschwimmen läßt, diese also aufeinander zu bzw. auseinander hervor entwickelt (Partitur, S. 11). Gleichwohl stehen diese Beispiele dem eigentlichen »Idealtypus« (vgl. T. 52 bzw. 216) weit nach. Mit der exemplarischen gelenkt-aleatorische Sektion (ebd.) entfaltet Berio schließlich ein musikalisches Tableau, auf dem die Textur in augenfälliger Weise »entgrenzt« wird (ausladend gestisches Vokabular, dynamische und rhythmische Extremwerte). In ihr kommt den vier Stimmen der höchste Grad individueller Freiheit zu.

☐ ZUSAMMENFASSUNG

1. Berio stellt in *Sincronie* verschiedene Texturtypen gegeneinander, in denen die vier Streicher durch unterschiedliche Grade der Gleichordnung zueinander in Beziehung gesetzt sind. Aus den Arten, wie sich die musikalische Textur hier darlegt, lassen sich vier Grundtypen erkennen, die immer wieder neu aufgegriffen und variiert werden: die *additive Akkordreihung*, der *Liegeklang mit Verwischungsinitial*, die *dissoziierte* und die *gelenkt-aleatorische Sektion*. Daneben finden sich zahlreiche Zwischenformen, die sich als graduelle Ableitungen von den Grundtypen verstehen lassen. Alle diese Texturen sind in *Sincronie* derart durchmischt, daß ihre graduelle Beziehung weitgehend durchbrochen bzw. verschleiert ist.
2. Alle seine Texturtypen formt Berio zu einem (mehr oder weniger) in sich geschlossenen Zusammenhang aus. Durch die Unterlegung mit den harmonischen Gruppen lassen sie sich auf unterschiedliche Weise strukturieren. Darüber hinaus sind die Tendenzen, die sie zu ihrer Vernetzung mit der Umwelt ausbilden, eher schwach: Ihre formbildende Funktion erhalten sie primär aus der Fähigkeit, sich nach *innen* abzuriegeln, sich also erst *ex negativo* mit ihrer Umgebung in Beziehung zu setzen (Episodenbildung). Die Kategorien, die für den inneren Zusammenhalt verantwortlich sind, werden dabei nicht auf die Umgebung übertragen.
3. Obwohl der einzelne Texturzusammenhang nicht unbedingt mit seiner unmittelbaren Umgebung vernetzt ist, läßt die Großform, die Frage also, wie Berio die Teile zueinander in Beziehung setzt, formale Tendenzen erkennen. Die interne Logik eines »Früher« oder »Später« bleibt auch über der Tatsache spürbar, daß sein Arbeitsprozeß von Montagen und Schnitten gezeichnet ist.

TRADITIONELLE SATZANLEIHEN

Obwohl das Satzbild im Streichquartett *Sincronie* von eher unkonventionellen Texturbildern bestimmt ist, finden sich darin auch kleinere Partien, deren Satz an traditionelle Vorbilder der Streichquartett-Literatur erinnern mag. Freilich lassen sich diese »Allusionen« nur schwer mit den Definitionen erfassen, die die traditionelle Musiktheorie hierfür zur Verfügung stellt; sie verbleiben lediglich als Anspielungen, die durch andere Faktoren stets wieder gebrochen wird. Dennoch machen sie im Klang- bzw. Bildeindruck deutlich auf sich aufmerksam.

»Durchbrochene Arbeit«

In Abb. 63 (T. 60-64 (Ziffer 12), (4-3-2 bis 4-3-5)) stellt Berio verschiedene kleingliedrige Gesten auf, die durch ihre kontrastierende Umgebung eng aufeinander bezogen sind. Während die umgebenden Liegetöne zusammen mit dem sechsstimmig stehenden Akkord eine Art »Koordinatenkreuz« aufspannen, ergänzen sich die Zweiunddreißigstel- bzw. Vierundsechzigstelsplitter zu einer figurativen Kette, die quer durch die Instrumente geführt wird. Gleichwohl hat jeder dieser Splitter eine eigene Form, so daß sich die Kette als Ganzes aus der Summe eng aneinander anschließender Teileelemente darlegt. Der Bezug zur traditionell »durchbrochenen Arbeit« bleibt damit eher abstrakt: Nur schwerlich ließe sich die entstandene Figuration als eine »thematische Substanz« beschreiben, mit der im folgenden weiter gearbeitet wird. Ihr charakteristisches Merkmal bezieht sie vielmehr aus der Tatsache, daß sie sich aus mehreren, quer über die Instrumente hinwegreichenden Teileelementen komplementär zusammensetzt; im Kontext von *Sincronie* erscheint diese Eigenschaft freilich schon »konventionell«. Harmonisch löst Berio diese Partie von einem Bezug zu den Gruppen ab und entnimmt die Töne aus beliebigen Materialverbänden. Textur und Harmonik entfalten sich im »freien Spiel«, in dem sie von ihren bisherigen Pflichten entbunden sind.

Abb. 63: »Durchbrochene Arbeit« (Partitur S. 4, T. 60-64 (4-3-2 bis 4-3-5))

In Abb. 64 (T. 183-87 (10-3-3 bis 10-3-7)) führt Berio seinen durchbrochenen Zusammenhang noch deutlicher über die vier Instrumente hinweg.

Abb. 64: »Durchbrochene Arbeit« (Partitur S. 10, T. 183–187 (19-3-3 bis 10-3-7))

Auch diese Partie löst er von der harmonischen Prädisposition seiner Gruppen ab. Die äußere Strenge des Satzes wird in der harmonischen Freiheit also eher konterkariert. Derartige Beispiele finden sich überwiegend im Mittelteil des Werkes (vgl. Ziffer 11 bis 30), wo Berio Textur und Harmonik über weite Strecken von den bislang aufgestellten Prinzipien entbindet. Auch das freie Spiel wird im Verlauf wieder zurückgenommen und in die bereits bekannten Zusammenhänge überführt.

»Begleitgruppe und Solo«

In Abb. 65 (T. 117-19 (7-2-4 bis 7-2-6)) schließt Berio die drei tiefen Streicher zu einer »homophonen Begleitgruppe« zusammen. Ihre Töne sind aus den Verbänden (c), (g), (d), (ke) und (f) entnommen und durch einen gemeinsamen, übergreifenden Notenhals miteinander verbunden. Auch die Dynamik und Artikulation sind gleichgeschaltet. Die Primgeige hebt sich deutlich durch einen Liegeton ab, der aus Gruppe (a) entnommen ist.

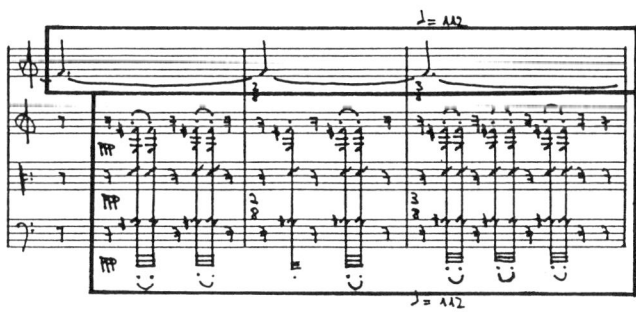

Abb. 65: »Begleitgruppe und Solo« (Partitur S. 7, T. 117-119 (7-2-4 bis 7-2-6))

112 DAS WERK

In Abb. 66 (T. 73-78 (5-2-2 bis 5-2-7)) wird der »Begleitakkord« in den drei oberen Stimmen aufgelockert, so daß sich seine Bestandteile leicht gegeneinander verschieben. Demgegenüber holt das Violoncello zu einem kantilenenartigen »Solo« aus, das auch dynamisch leicht hervorgehoben ist. Die erste Violine fädelt sich, mit dem Schlußton des Cellos verschränkt, ein, führt ihr eigenes »Solo« jedoch über Pausen und Akzente hinweg. Der Begleitakkord geht auf die drei tiefen Streicher über. Auch diese Beispiele sind dem Mittelteil von *Sincronie* entnommen.

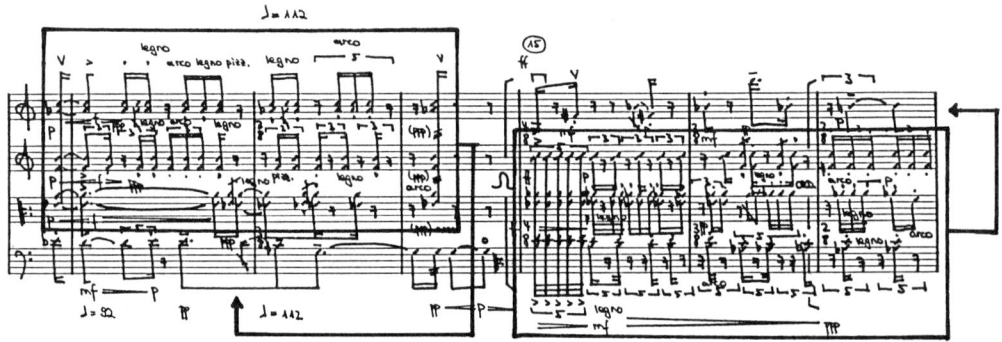

Abb. 66: Dissoziierte »Begleitgruppe und Solo« (Partitur S. 5, T. 73–78 (5-2-2- bis 5-2-7))

»Schlußgruppe«

Im Schlußteil von *Sincronie* durchsetzt Berio das Gefüge sechsmal mit dem gleichen 11-Ton-Akkord (T. 331–351 (17-3-4 bis 18-2-6), der den Ambitus einer Oktave plus Tritonus umspannt (Abb. 67). Durch das dort bereits eingeführte Pizzicato-Tremolo[1] wird er in seiner akkordischen Präsenz aufgebrochen und entfaltet sich als ein dissoziiertes Feld unregelmäßig changierender Pizzicato-Töne. Die Dauer dieses Akkordes wird durch Fermaten mit Sekundangabe zusätzlich verlängert[2]. Der zwölfte Ton (*es*) ist ausgespart, wird gelegentlich jedoch in anderer Form in einer der Zwischenpartien nachgeholt.

---

1 Die Spielanweisung hierzu wurde in beiden Druckausgaben wie auch in den Stimmen bedauerlicherweise vergessen. Sie findet sich nur im Autograph, wo Berio sie offensichtlich erst nachträglich ergänzt hat: »tremolo between 2 strings with finger of right hand, as fast as possible (but not necessaryly regular)« (PSS 146-0475).
2 Der fünfte 11-Ton-Akkord ist ohne Fermate (Takt 342, Sechzehntel-Akkord).

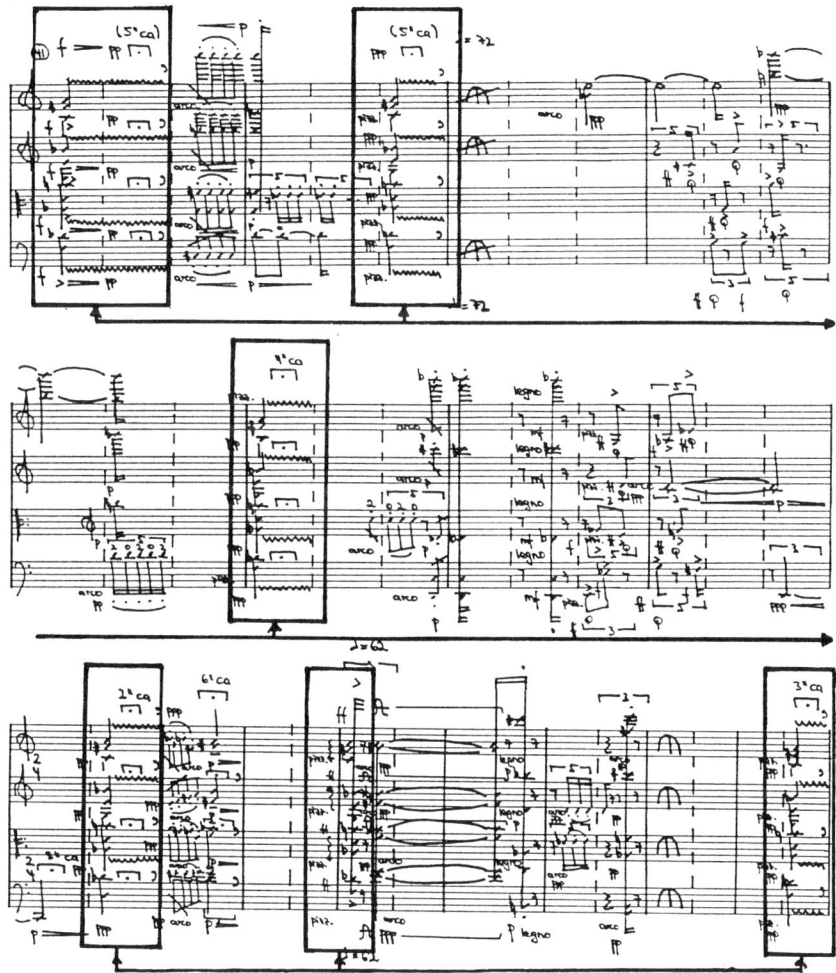

Abb. 67: »Schlußgruppe« (Partitur S. 17f., T. 331-351 (17-3-4 bis 18-2-6))

Unisono-Markierung

Den höchsten Grad innerer wie auch äußerer Gleichordnung erzielt Berio mit mehreren Unisoni, die sich, in ihrem Einsatz oft mit Akzenten versehen, insgesamt zwölfmal durch die Partitur ziehen[3]. In ihnen wird nicht nur die Dynamik und Artikulation sowie der Einsatz- und Endpunkt der vier Streicher gleichgeschaltet, sondern auch die Tonhöhe, die in allen anderen Prozessen der Synchronisierung bislang ausgespart geblieben ist. Dynamisch bewegen sich diese Unisoni überwiegend im Forte-Bereich[4], auch äußerlich treten sie damit oft

---

[3] Ein dreizehntes Unisono findet sich mit dem h^2 im dritten Takt von Seite 9, das dort jedoch als Produkt der harmonischen Kristallisation zu verstehen ist (vgl. S. 121–129). Die Unisono-Folgen d^1-f^1 (vor Ziffer 29) und *kleines gis – kleines h* (zwei Takte nach Ziffer 31) seien als eine zusammenhängende Unisono-Figur verstanden.

[4] Von den zwölf Unisoni stehen zehn im Forte bis dreifachen Fortissimo, die zwei letzten im Mezzoforte.

aus ihrer Umgebung hervor. Gleichwohl bleiben sie stets auf einen Einzelton oder aber auf einen Kleinterz-Gang beschränkt. Ein ausladender Unisono-Gang, wie er in der traditionellen Streichquartett-Literatur oftmals zum Satzende hin zu finden ist, wird hier vermieden. Die Verschmelzung der vier Instrumente wird durch einen übergreifenden, für alle vier Spieler gemeinsamen Notenhals zusätzlich verdeutlicht.

Aufschlußreich ist, wie Berio die totale Synchronisation unter den Streichern im Detail weiter differenziert. Auch der vollständige Gleichschluß wird in verschiedenen Zwischenformen noch einmal graduell abgestuft: In Abb. 68 sind die Vorgaben für alle Spieler zunächst identisch: Diese setzen zur gleichen Zeit in gleicher Dynamik auf der gleichen Tonhöhe ein und halten den Ton in gleicher Dynamik gleichlang aus.

Abb. 68: Unisono (Partitur S. 12, T. 220 (10-3-3))

In Abb. 69 setzt das Violoncello seinen Ton noch einmal neu an und tritt, da es nicht mit den drei anderen Instrumenten zum Abschluß kommt, selbständig aus dem Unisono-Verband heraus. Die absolute Gleichordnung wird in ihrem Auslaut aufgehoben.

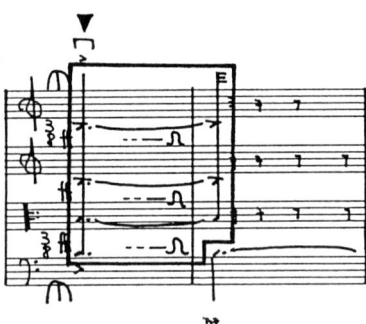

Abb. 69: Unisono mit verschobenem Auslaut (Partitur S. 4, T. 56f. (4-2-4f.))

Schließlich relativiert Berio auch den Beginn des Unisonos (Abb. 70): Während die Spieler jeweils verschoben in den Liegeton eintreten, ist das Ende vollständig koordiniert.

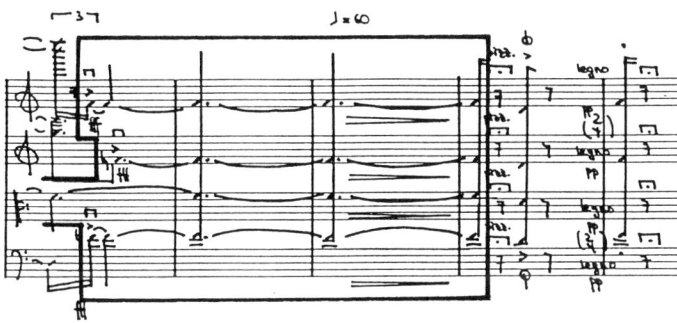

Abb. 70: Unisono mit verschobenem Anlaut (Partitur S. 12, T. 210-214 (10-1-2 bis 10-1-6))

In Abb. 71 hebt Berio den gemeinsamen Beginn wie auch das gemeinsame Ende auf. Die eigentliche Koordination ereignet sich nur im Herzstück der Partie.

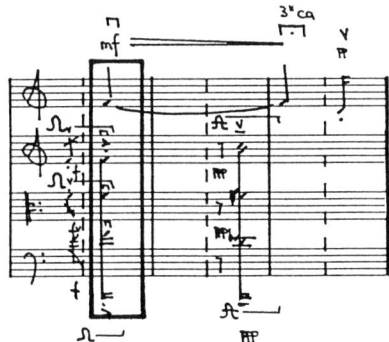

Abb. 71: Unisono mit verschobenem An- und Auslaut (Partitur S. 18, T. 349-351 (18-2-9 bis 18-2-11))

Berio differenziert seine Unisono-Behandlung also bis in die kleinsten Kategorien der musikalischen Textur hinein (Zeitpunkt des Eintritts bzw. Austritts einer Stimme). Die Härte des Schnitts, mit der das Unisono von seiner Umgebung abgetrennt wird, kann damit flexibel reguliert werden: Indem die vier Instrumente nacheinander einsetzen bzw. enden, kann das Unisono fließend mit seinem Kontext verbunden werden. Umgekehrt läßt sich ein scharfer Einsatz- und/oder Endpunkt nutzen, um Formzusammenhänge deutlich zu artikulieren. Aufschlußreich scheint auch die Auswahl der Tonhöhen[5]: Die Töne fis^1 und f^1 treten mit vier bzw. drei Malen besonders häufig auf und bestimmen insbesondere die ersten Hälfte der Komposition. Sie bilden eine harmonische Mittelachse, die das Stück in einen oberen (höher als f^1 bzw. fis^1) bzw. in einen unteren Registerbereich (tiefer als f^1 bzw. fis^1) unterteilt.

---

[5] In den zwölf Beispielen erscheint viermal das fis^1 sowie dreimal das f (zweimal in der eingestrichenen Oktave, einmal in der zweigestrichenen), daneben je einmal das kleine h, c^1, e^2 sowie die Folgen *kleines gis - kleines h* und d^1-f^1.

☐ ZUSAMMENFASSUNG

1. Berio greift in *Sincronie* vereinzelt auch auf Satzmuster zurück, die sich an traditionellen Texturbildern der Streichquartett-Literatur orientieren. Gleichwohl werden diese Bilder stets auch gebrochen und bilden eine Art »déjà vu«, in dem sich ein assoziativer Rekurs auf die Tradition der Gattung vollzieht.
2. Während die vier Grundtypen der Textur (vgl. S. 87–109) überwiegend auf das harmonische Material der Gruppen zurückgreifen, sind die Partien, die von traditionellen Satzanleihen bestimmt sind, harmonisch überwiegend frei gestaltet.
3. Berio setzt die traditioneller gehaltenen Satzanleihen überwiegend im zweiten Teil von *Sincronie* ein (vgl. S. 163f.), in jenem Abschnitt also, in dem die bekannten Textur- bzw. Harmoniemodelle eher verlassen werden. Durch die Abweichung bzw. Zerstreuung wird die spätere Wiederaufnahme der bereits bekannten Zusammenhänge erneut bedeutsam.

VERNETZUNG KOMPOSITORISCHER DETAILS

In *Sincronie*, so haben wir gesehen, legt Berio verschiedene Texturtypen dar, die auf unterschiedliche Weise zueinander in Beziehung gesetzt oder aber unvermittelt einander gegenübergestellt werden. Die lineare Entfaltung des musikalischen Materials, die Entwicklung eines synthetischen Verfahrens im Verlauf oder gar das organische Ausschleißen eines einzelnen Keims stehen für Berio dabei eher im Hintergrund. Dennoch finden sich in dem Werk musikalische Details, die einen dezidierten Entwicklungsgang erkennen lassen. In ihm wird das Gewonnene Stufe um Stufe erweitert.

Vorschlagsfigur

Abb. 72 zeigt drei aufeinanderfolgende Vorschlagsfiguren der ersten Violine in den Takten 1 und 2.

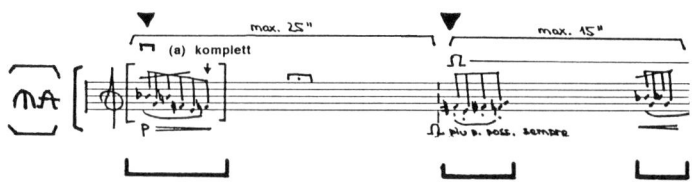

Abb. 72: Vorschlagsfiguren der ersten Violine (Partitur S. 1, T. 1–3)

Während in der ersten Figur (Takt 1) noch alle sechs Töne der Gruppe (a) enthalten sind, die Gruppe also vollständig repräsentiert ist, ergibt sich aus der Anordnung der sechs Töne sogleich ein zweifaches Ordnungsprinzip:

1. Jedes Intervall, das durch die sechs (in ihrer Oktavlage festgelegten) Töne dargestellt werden kann (kleine Sekund, große Sekund, kleine Terz, große Terz, Quarte), ist genau einmal und nur einmal in der Vorschlagsfigur vertreten. Es ergibt sich eine particlle, d.h. auf den Ambitus von der kleinen Sekund bis zur Quarte beschränkte »Allintervallstruktur«.

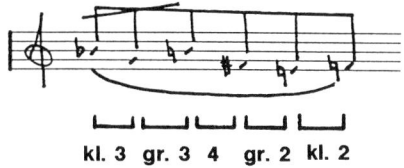

Abb. 73: Intervallstruktur der ersten Vorschlagsfigur in der ersten Violine (Partitur S. 1, T. 1, (1-1-1))

2. Aus der Reihenfolge, in der die Gruppentöne eintreten, ergibt sich das folgende Schema.

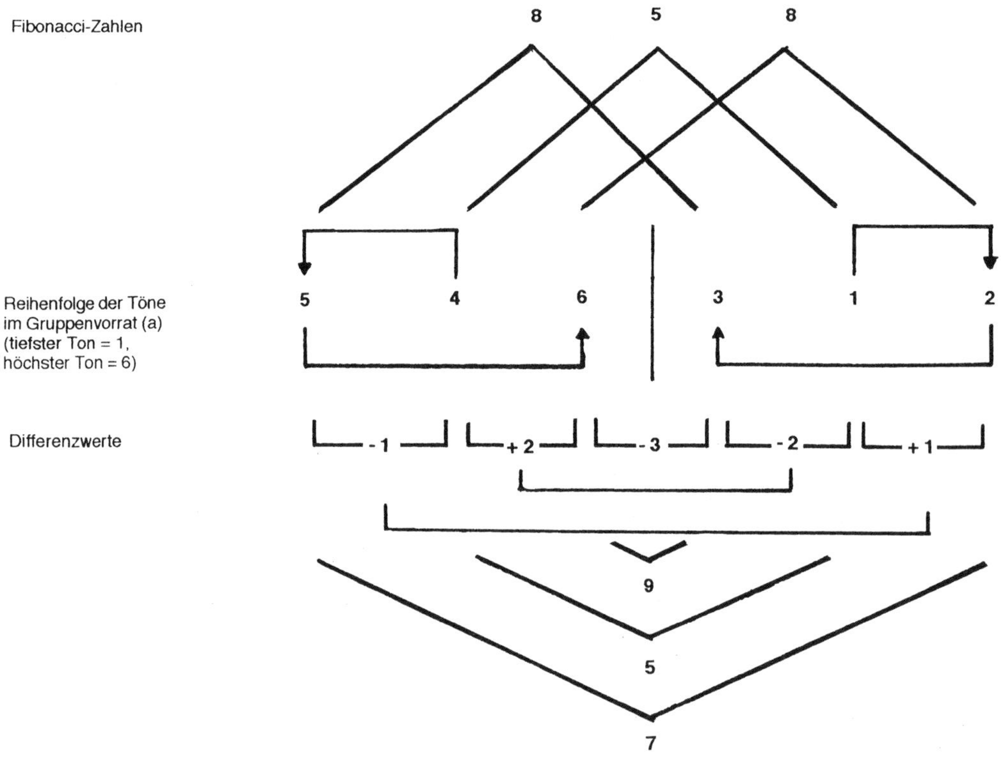

Abb. 74: Schema der Reihenfolge, in der die Gruppentöne eintreten

In der nun folgenden Vorschlagsfigur (Abb. 75) sind nur noch fünf der sechs Gruppentöne enthalten. Die Töne b^1 und h^1 entfallen, dafür ist das fis^1 gleich zweimal vertreten. Die Intervallstruktur wird auf kleine bzw. große Sekunden beschränkt:

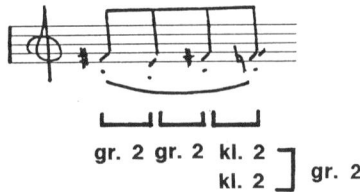

Abb. 75: Intervallstruktur der zweiten Vorschlagsfigur in der ersten Violine (Partitur S. 1, T. 4 (1-1-2))

Die dritte Figur gestaltet Berio schließlich nur noch aus den Tönen *b¹* und *g¹*, die zu einer »Kleinterz-Schaukel« zusammengeschlossen und unmittelbar wiederholt werden (Abb. 76). Das Intervallaufkommen ist damit auf nur noch ein einziges Intervall reduziert.

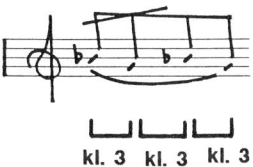

Abb. 76: Intervallstruktur der dritten Vorschlagsfigur in der ersten Violine (Partitur S. 1, T. 2 (1-1-2))

Schließlich bilden die drei Figuren auch in ihrer Gesamtheit einen in sich gegliederten Zusammenhang aus:

1. Übersetzt man die Intervallstruktur in die von Berio an anderer Stelle verwendete Kurzschrift, so ergibt sich die folgende, von Symmetrien und Komplementen geleitete Ordnung.

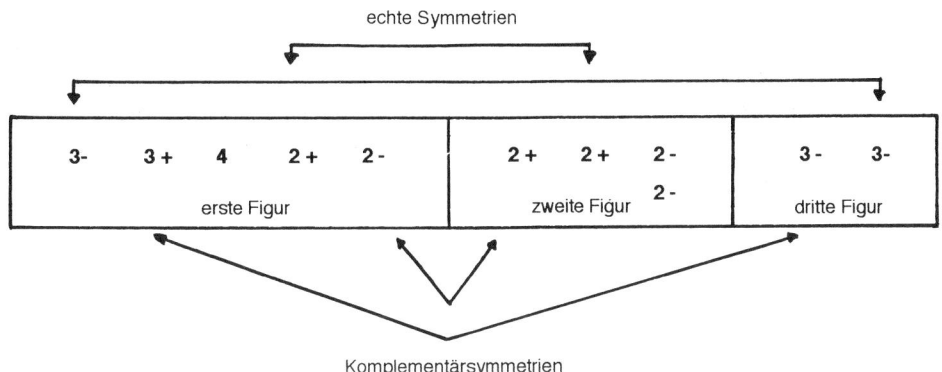

Abb. 77: Übersicht über die Intervallstruktur aller drei Vorschlagsfiguren

2. Im Melodischen steht die Gestalt der zweiten und dritten Figur in loser Beziehung zur ersten: Unterteilt man die sechs Töne der ersten in zwei Hälften zu je drei Tönen[1], so zeigt der rechte Flügel eine Affinität zur zweiten Figur, der linke zur dritten:

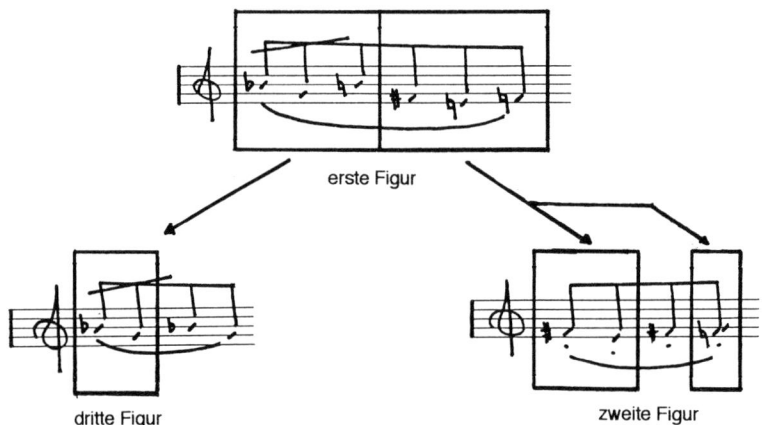

Abb. 78: Schema der melodischen Verwandtschaft unter den drei Vorschlagsfiguren

3. Nicht in jeder Figur kommen alle sechs Töne der Gruppe (a) zur Verwendung. Betrachtet man, welche Töne Berio jeweils auswählt (die Töne werden z.T. sogar mehrfach verwendet), so zeigt sich die stetige Abnahme der Selektionen von sechs (T. 1) auf vier (T. 2) auf zwei Töne (T. 2) (Abb. 79). Die Anzahl der ausgelassenen Töne liegt dementsprechend bei null, zwei und vier.

---

1 Die so entstandenen Dreitonmengen entsprechen in ihrer Substanz (nicht in der Reihenfolge der Töne!) überdies genau der oberen bzw. unteren Teilmenge, in die der nach Tonhöhen geordnete Sechstonvorrat zerfällt, so er durch eine Symmetrieachse geteilt wird:

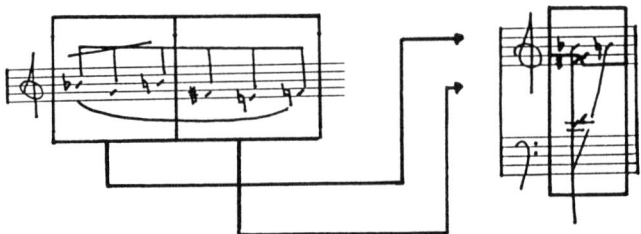

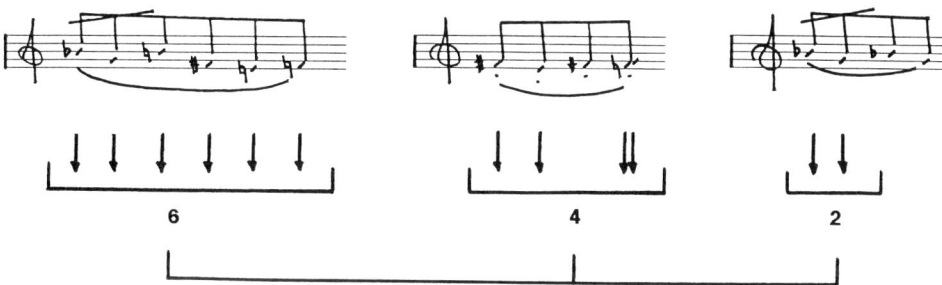

Abb. 79: Schema der Anzahl verschiedener Töne in den drei Vorschlagsfiguren

4. Betrachtet man die absolute Anzahl der Töne (einschließlich Tonwiederholungen), aus denen die Figuren ausgeformt sind, so nimmt diese von sechs (T. 1) auf fünf (T. 2) auf vier Töne (T. 2) ab (Abb. 80).

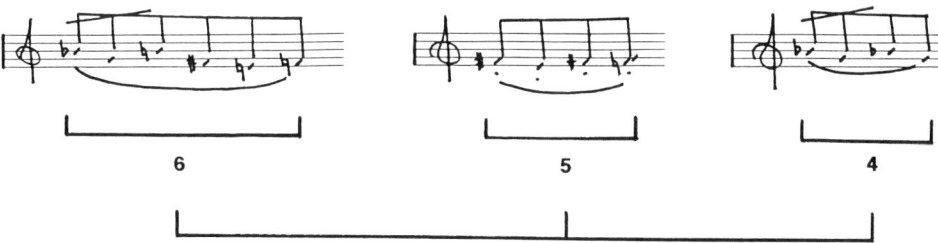

Abb. 80: Schema der Anzahl der Töne im Ganzen

5. Auf eine serielle Zuordnung von Intervall- und Rhythmuswerten, wie sie in der Prädisposition der Materialien vorbereitet wurde, verzichtet Berio an dieser Stelle ganz[2].

Vorliegende Vorschlagsfiguren in der ersten Violine, so läßt sich also resümieren, sind in ihrer Ausformung eng aufeinander bezogen. Berio verknüpft sie durch verschiedene Symmetrie-, Komplementär- und Stetigkeitsverhältnisse, durch das Abspalten und Variieren von Partikeln, das Aufspannen und Unterteilen von Tonräumen wie auch durch systematische Selektionsprozesse miteinander.

Kristallisationsfigur

Abb. 81 zeigt drei punktuelle »Einsprengungen«, die wir im folgenden als »Kristallisationsfiguren« bezeichnen wollen. Mit ihnen wird der geregelte Ablauf der Parzellen (Verwischungsinitial mit Liegeklang), gelegentlich aber auch die harmonische Struktur wie mit einem

---

[2] In anderen Zusammenhängen wird das Vorschlagsachtel durchaus in quasi-seriellem Modus mit bestimmten Intervallen (Quinte bzw. kleine Sekunde) verknüpft.

»Fremdkörper« durchsetzt. Während alle anderen Töne aus den Gruppen entnommen sind, die den Parzellen jeweils zu Grunde liegen, enthält die Kristallisationsfigur mitunter also auch gruppenfremde Töne.

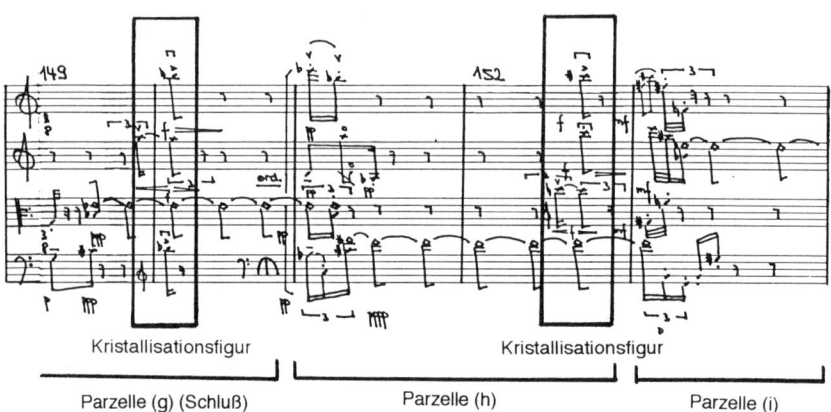

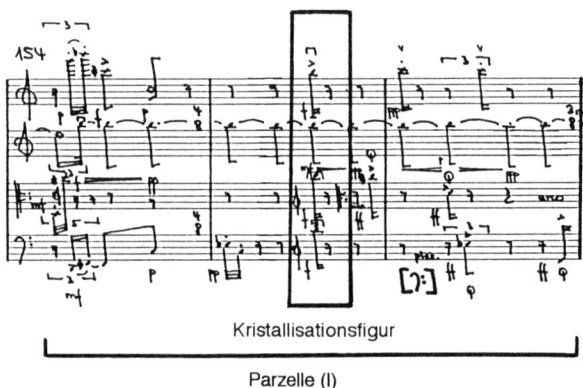

Abb. 81: Partie mit Kristallisationsfiguren (Partitur S. 8f., T. 149–156 (8-3-4 bis 9-1-4))

In Takt 150 dickt Berio den liegenden Flageolett-Ton *kleines b* der Viola (klingend b^2) clusterartig ein (Forte mit Akzent und anschließendem Decrescendo bei vorweggehender zweiter Violine). Von den drei »Clustertönen«, die das b^2 noch einmal verdoppeln (Violoncello) bzw. mit der kleinen Obersekund (Violine I) und Untersekund (Violine II) einrahmen, sind die Töne a^2 und b^2 der Gruppe (g) entnommen[3], das gruppenfremde h^2 hat Berio frei hinzugefügt (Abb. 82).

---

3 Beide Töne können auch als Antizipationen aus der nachfolgenden Gruppe (h) gedeutet werden.

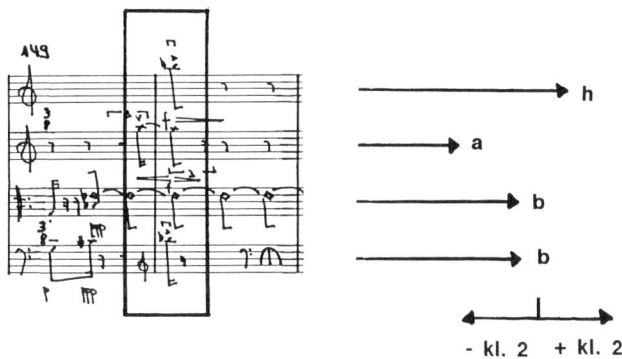

Abb. 82: Intervallschema der ersten Kristallisationsfigur (Partitur S. 8, T. 149f. (8-3-4 bis 8-3-5))

In Takt 152, der zweiten Figur (Abb. 83), gruppieren sich die eingesprengten Töne um den Liegeton *cis* (klingend *cis³*), der vom Violoncello ausgehalten wird. Auch hier wird der eigentliche »Kristallisationspunkt« durch ein kurzes Crescendo vorbereitet (Viola) und mit einem akzentuierten Forte, das in den Mittelstimmen auf kurzer Strecke wieder zurückgenommen wird, entladen. Der Liegeton *cis³* wird in der Einsprengung verdoppelt (Violine I), die Clustertöne reduziert Berio nun auf die Untersekund (*c³*)⁴, die in den Innenstimmen gleich zweimal vorhanden ist (Violine II und Viola).

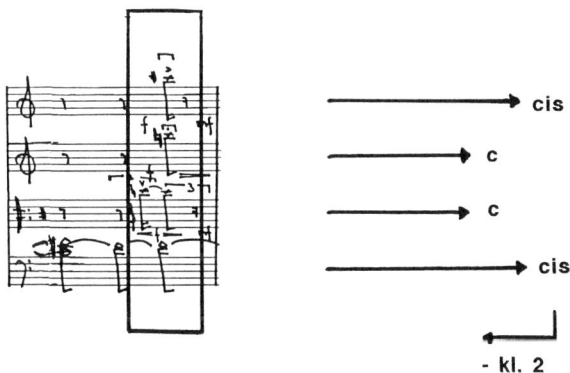

Abb. 83: Intervallschema der zweiten Kristallisationsfigur (Partitur S. 8, T. 152 (8-3-7))

In der dritten Einsprengung (Abb. 84) verdichtet Berio das Material auf nur einen Ton: Das liegende *h²* der zweiten Geige wird von allen drei Restinstrumenten verdoppelt, die erstmals synchron und mit einheitlicher Dauer zum Einsatz kommen. Im Nachfeld kommt es zu weiteren Absprengungen, in denen der Tonraum wieder aufgebrochen wird: Die Töne *c*, *cis*,

---

4 Der Notationsweise entsprechend müßte von *c* hier korrekterweise als der übermäßigen Prim abwärts von *cis* gesprochen werden, was sich im Klangbild jedoch weniger plastisch vermittelt.

d und es treten hinzu, werden jedoch auf stufenweise absteigende Lagen verteilt (c^3 cis^2, d^1 und kleines es).[5]

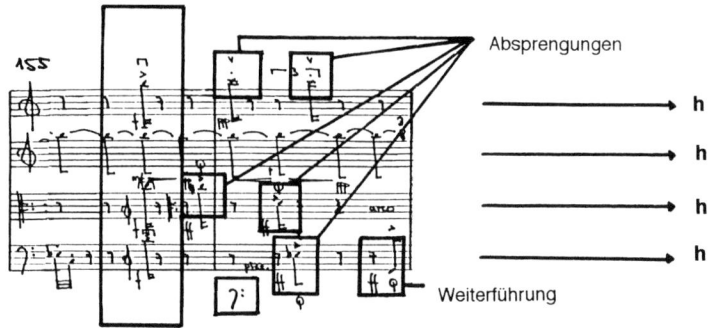

Abb. 84: Intervallschema der dritten Kristallisationsfigur (Partitur S. 9, T. 155f. (9-1-3 bis 9-1-4))

Betrachten wir die musikalische Entwicklung dieser drei Einsprengungen im folgenden genauer:

1. In allen drei Figuren wird der Liegeton in der Einsprengung noch einmal wiederholt. Die Tonhöhe wird damit fixiert und durch die hinzutretenden Nachbartöne »eingedickt« (Abb. 85). Während in der ersten Figur (vgl. Abb. 82, S. 123) die beiden Töne a^2 und h^2 in der kleinen Ober- bzw. Untersekund zum Liegeton hinzutreten, wird dieser in der zweiten (Abb. 83, S. 123) nur noch durch einen Ton, die Untersekunde, ergänzt. In Abb. 84 (s.o.) treffen sich alle Stimmen im Unisono.

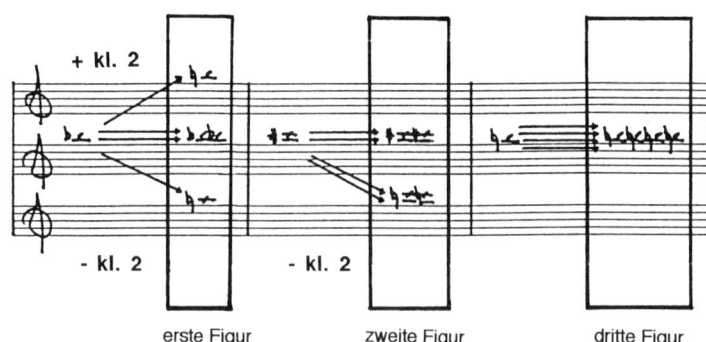

Abb. 85: Tonhöhenschema

---

5 Unklar ist hier die Cellostimme: Ausgehend vom Violinschlüssel, den Berio in T. 155 einführt, wären in T. 156 ein ces^2 und e^1 zu lesen. Daß Berio hier einen harmoniefremden Ton, der ohnehin nicht zu einer Gruppe gehört, als ces notiert, steht den Erfahrungen mit seinem Notationspragmatismus eher entgegen. Aus der Logik der Tonauswahl läßt sich vielmehr vermuten, daß er im Übergang von der Kristallisation den Baßschlüssel vergessen hat: Die Folge c^1- cis^2- d^1 in den drei anderen Stimmen (große Septen) würde folgerichtig durch ein kleines es ergänzt, das Bartók-Pizzicato entfiele auf eine leere Saite, der Anschluß zum Baßschlüssel in der folgenden Zeile liegt auf der Hand.

2. Da alle vier Instrumente im Einsatz bleiben, schließen sich im Verlauf immer mehr Instrumente auf der gleichen Tonhöhe zusammen (Abb. 86). In der ersten Figur sind es die beiden Unterstimmen (b^2), in der zweiten teilen sich Außen- bzw. Innenstimmen den gleichen Ton (c^3 bzw. cis^3), in der dritten (Abb. 85, S. 124) ist das h^2 für alle vier Spieler verbindlich.

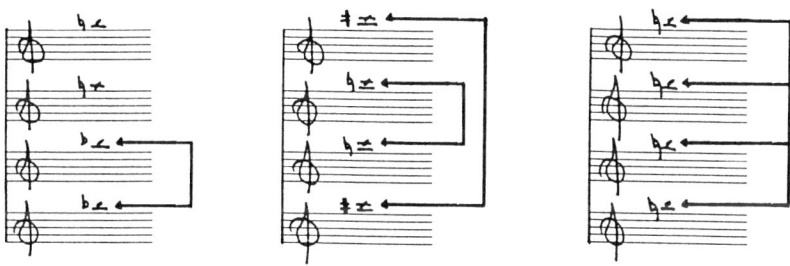

Abb. 86: Schema der Tonverdopplung

3. Aufschlußreich ist auch die Entwicklung des musikalischen Ambitus: Während Berio in der ersten Figur den Tonraum a^2, b^2 und h^2 abdeckt, weitet er diesen mit den Tönen c^3 und cis^3 in der zweiten schrittweise nach oben aus. Von den fünf Tönen, die hier ins Spiel gekommen sind, zieht er sich in der dritten Figur, in der alle vier Spieler auf das Unisono zurückgehen, auf den Ton zurück, der die Mittelachse bildet: h^2. Der Tonraum wird im Verlauf der Figuren zunächst also schrittweise nach oben erweitert, in der dritten Figur jedoch wieder auf das Symmetriezentrum zusammengezogen (Abb. 87).

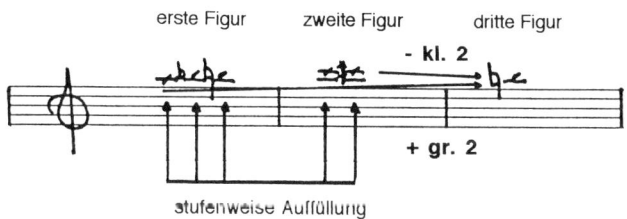

Abb. 87: Schema der Ambitusentwicklung

4. Auch die zeitlichen Proportionen, in denen Berio die drei Figuren zueinander in Beziehung setzt, lassen ein dynamisches Prinzip erkennen: Während die zweite Kristallisationsfigur sieben Achtel plus zwei Triolensechzehntel von der ersten entfernt ist (dazwischen wird Parzelle (g) beendet und (h) durch eine neue Vorschlagsgruppe mit Liegeton eröffnet), weitet Berio den Abstand zur dritten Figur auf acht Achtel aus.

Im Klangbild scheint dieser Abstand noch größer, da die Kristallisation nicht in die nächstfolgende Parzelle (i), sondern erst in die übernächste (l) eingelassen wird (Abb. 88). Bis zur nächsten Parzelle wird der Liegeton dann noch einmal fünf Achtel ausgehalten.

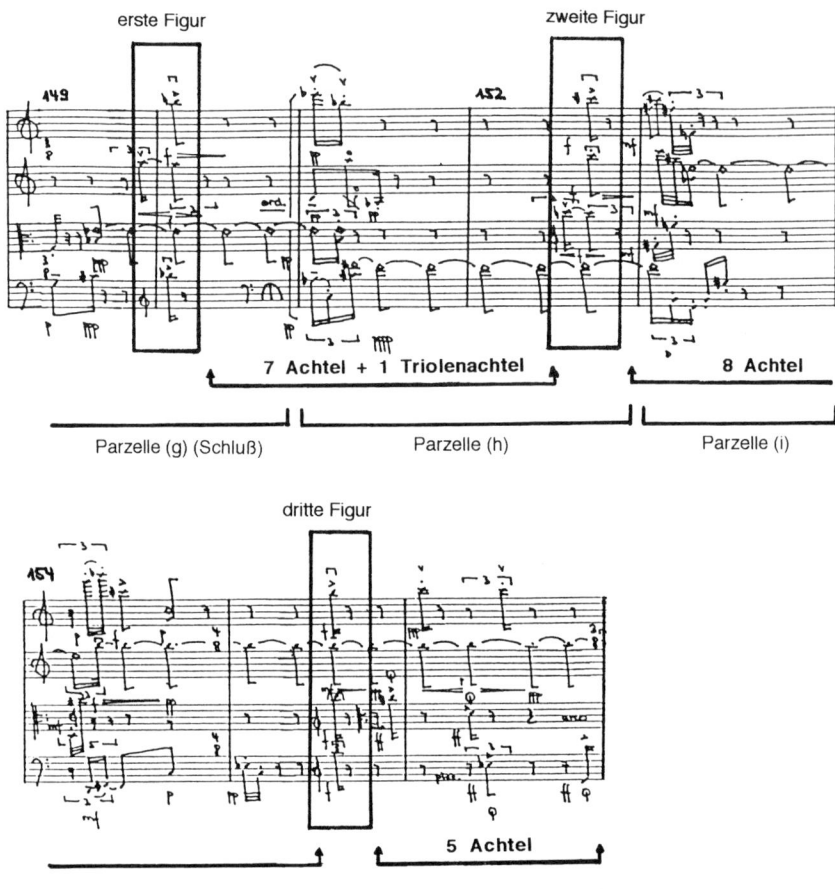

Abb. 88: Übersicht über die Abstände zwischen den Kristallisationsfiguren (Partitur S. 8f., T. 149-156 (8-3-4 bis 9-1-4))

Parzelle (i) wird hier also direkt an die zweite Kristallisationsfigur angeschlossen, das »Fadenkreuz« in der ersten und dritten Figur, wo der Liegeton über die Kristallisation hinaus weitergeführt wird, ist nur noch andeutungsweise zu erkennen. Während die Ausdehnung dieser Parzelle auf nur drei Achtel verkürzt ist (T. 153), dehnt Berio die nun folgende Parzelle (l) durch ein langgezogenes Fadenkreuz (Liegeton plus Kristallisationsfigur) wieder aus und ergänzt es im zweiten Flügel durch zusätzliche Materialabsprengungen: Das c^3 (1. Violine), das bereits in der zweiten Kristallisation (T. 152) enthalten war, wird in zwei ppp-Einwürfen wieder aufgenommen, die Unterstimmen springen indessen in (Bartók-)Pizzicati (ff) ab.

Berio richtet sich mit den Parzellen zunächst also eine Grundstruktur ein, durch die der Hintergrund quasi »gerastert« wird. Die Kristallisationsfiguren werden dann in sie »hineingezeichnet«. In Takt 150 (vgl. Abb. 88) fügt er die erste Kristallisationsfigur mittig in die bestehende Parzellstruktur ein. Ihr Zentrum (f-Höhepunkt) teilt den Liegeton in seiner Dauer in zwei nahezu gleich große Hälften[6]. Liegeton und Figur befinden sich so in Balance zueinander. Die nun folgende Figur (T. 152) wird erst zum Ende des (zusätzlich ausgeweiteten) Liegetons eingelassen[7]. Während die Spannung durch die ausgedehnte Enthaltung zunächst also erhöht wird, entlädt sie sich alsbald, indem Berio die folgende Parzelle (i), die sich durch ihre mf-Dynamik auch äußerlich vom Beginn der übrigen Parzellen (p, pp oder ppp) abhebt, unmittelbar anschließt. Auf eine nachgelagerte Weiterführung des Liegetons wird dabei verzichtet. Im Gegensatz zum vorher ausgebreiteten Liegeton ist diese »Anschlußparzelle« in der Lautstärke angehoben und extrem komprimiert und zieht schon bald eine neue Parzelle (l) nach sich.

Mit der dritten Figur (T. 155) greift Berio die »mittige« Placierung der Kristallisationsfigur (vgl. T. 152) wieder auf[8], während die Gesamtdauer des Liegetons in besonderer Weise ausgedehnt wird. Im Einsatz der drei tieferen Streicher ist noch ein Teil der erhöhten Lautstärkeenergie enthalten (Vl II im f mit decrescendo, Vla und Vcl im mf), so daß er die Spannung, die mit der Erwartung der Kristallisationsfigur verbunden ist, weiter ausdehnt[9]. Die erste Figur (T. 152) entlädt sich also unmittelbar in den mf-Anschluß der nächsten Parzelle hinein: Berio behält den Liegeton bei und streut weitere, stark akzentuierte Absprengungen ein, die über die nachgeordnete Hälfte des Liegetons hin »ausklittern«.

Die Funktion der einzelnen Kristallisationsfiguren gestaltet Berio durchaus flexibel: In der ersten Figur (Abb. 88, S. 126) stellt er einen Balancezustand zwischen der Waagrechten (Liegeton) und Senkrechten her. In der zweiten (T. 152) wird diese Balance durch das dichte Aufrücken an die nächste Vorschlagsfigur (Parzelle (i)) wie auch durch ihre akzentuierte Verdichtung verschoben, so daß die Spannung zunimmt. In der dritten (T. 155) führt Berio beide Prozesse in einer Art Synthese zusammen: Zwar läßt sich auch hier eine Verschiebung der Figur nach hinten erkennen, durch den nachgestellten Liegeton (der noch immer der aktuellen Parzelle (l) angehört) werden die Proportionen jedoch deutlich gemildert (Abb. 89).

---

[6] Den zwei vorgelagerten Achteln stehen zwei nachgelagerte Achtel plus Triolensechzehntel gegenüber. Offenbar hat Berio die Kristallisationsfiguren nur eingesetzt, um die lange Dauer der Liegetöne aufzulockern. Hierfür spricht auch, daß die Liegetöne sonst dynamisch belebt werden, daß die Figuren diese Modifikation offensichtlich also ersetzen.
[7] Dem Zentrum der Figur sind hier vier Achtel und ein Triolensechzehntel vorgelagert. Die nächste Parzelle schließt unmittelbar daran an, so daß der Liegeton nun nicht mehr überhängt.
[8] Den vier Achteln plus Sechzehntel plus Zweiunddreißigsteltriole, die der Kristallisationsfigur vorausgehen, stehen fünf Achtel plus Quintolensechzehntel gegenüber, die ihr nachgelagert sind.
[9] Die zweite Kristallisationsfigur (T. 152) folgt nach einem Liegeton von vier Achteln plus Sechzehnteltriole, die dritte (T. 155) nach vier Achteln, einem Sechzehntel und einer Zweiunddreißigsteltriole. Wenn die Differenz im Hören auch kaum ausgemacht werden kann, so ist sie rechnerisch dennoch vorhanden.

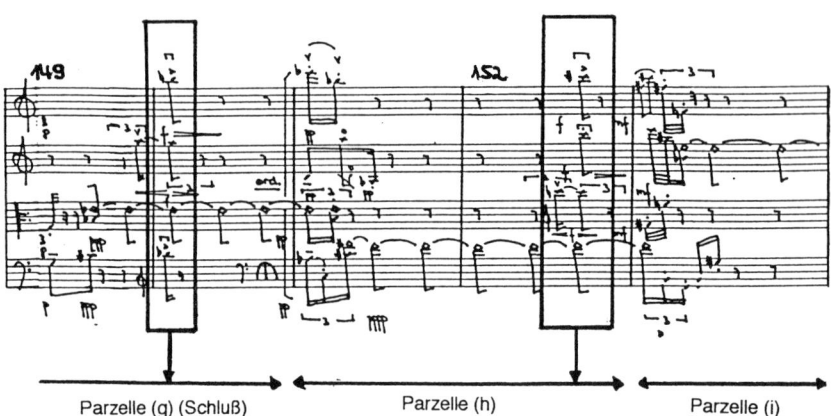

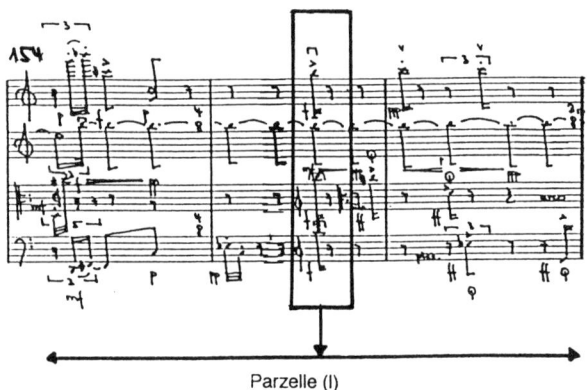

Abb. 89: Übersicht über die Positionierung der Kristallisationsfiguren (Partitur S. 8f., T. 149-156 (8-3-4 bis 9-1-4))

Schließlich bleibt zu berücksichtigen, daß die drei Kristallisationsfiguren nicht für sich alleine stehen, sondern daß sie in einen zwölfgliedrig übergreifenden Ablauf der Parzellen eingebunden sind. Während die Parzellen (a) bis (f) in »Reinform« ablaufen (d.h. ohne Einlagerung von Fremdtönen oder Figuren), werden die Parzellen (g) bis (l), wie oben gezeigt, »deformiert«, d.h. durch Einschub der Kristallisationsfiguren komprimiert, ausgedehnt oder aber »verbogen«. Dem schließen sich noch einmal zwei Parzellen an, die wiederum in Reinform erscheinen ((m) und (n)). Es ergeben sich die folgenden Proportionen:

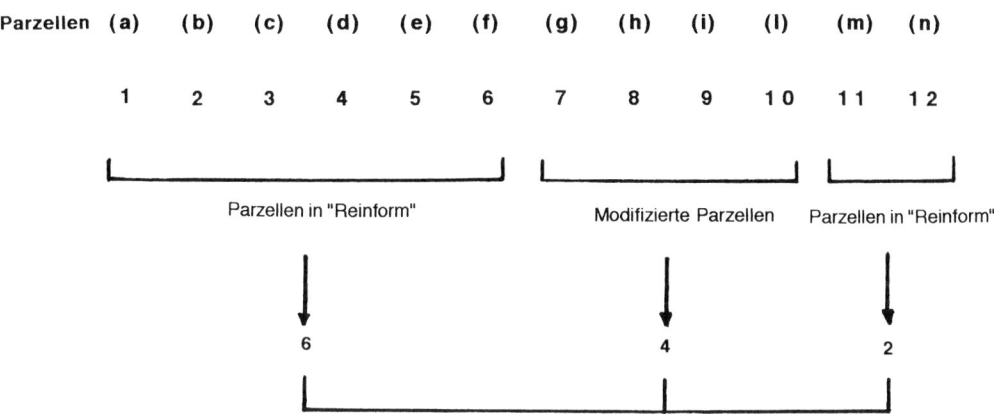

Abb. 90: Schema des Parzellenablaufs (Partitur S. 8f., T. 136-169 (8-2-1 bis 9-2-3))

ZUSAMMENFASSUNG

1. Obwohl Berios Kompositionsverfahren in *Sincronie* zunächst von eher statischen Gestaltungsprinzipien geleitet scheint, finden sich in dem Werk auch musikalische Details, die dezidert auseinander entwickelt und zueinander in Beziehung gesetzt sind (Vorschlagsfiguren, Kristallisationsfiguren). Sie werden durch vielfältige Symmetrie- und Komplementverhältnisse, durch das Ausdehnen und Zusammenziehen von Tonräumen, durch Selektionsprozesse oder aber durch die Veränderung bestimmter Proportionen miteinander verknüpft.
2. Nicht allzuviele Beispiele sind in *Sincronie* derart umfassend miteinander vernetzt wie die obigen Exempel. Berios Bemühen um eine derartige Ausformung bleibt eher auf den Beginn bzw. auf bestimmte Zusammenhänge im mittleren Teil des Werkes beschränkt.

MUSIKALISCHE FIGUREN

Neben den Satzarten, die sich in *Sincronie*, wie bereits dargelegt, zu feststehenden Texturtypen verfestigt haben, finden sich in dem Werk auch kleinere Wendungen, die Berio auf verschiedene Weise wiederaufgreift und zu musikalischen Figuren verfestigt. Unter einer musikalischen Figur wollen wir im folgenden eine kurze, prägnant sich darlegende Tonfolge bezeichnen, deren Ausformung sich in ihrer mehrmaligen Verwendung bestätigt. Während einige dieser Figuren zur Substanz der musikalischen Zusammenhänge gezählt werden können, wird die kompositorische Struktur in anderen lediglich ornamentiert.

Vorschlagsfigur

Durch die kleineren Vorschlagsnoten auch äußerlich gut zu erkennen, bringt Berio die Vorschlagsfigur insbesondere in der ersten Violine, im Verlauf des Werkes jedoch auch in den drei übrigen Instrumenten zum Einsatz (Abb. 91). Während sie, von der Violine allein übernommen, noch an die ausschmückenden Gesten des traditionellen Priminstruments erinnert, verdichtet sie sich in der Schichtung aller vier Instrumente zu einer eher diffus anmutenden Verwischungsgeste, bei der die Töne nur noch schwer durchgehört werden können. Die klein notierten, oft durchgestrichenen Noten werden meist auf einen Bogen gespielt und in ihrer melodischen Ausformung stets neu variiert. Wir finden die Vorschlagsfigur sowohl auf- als auch volltaktig eingesetzt, wobei ihre Dauer in der Taktsumme nicht berücksichtigt wird.

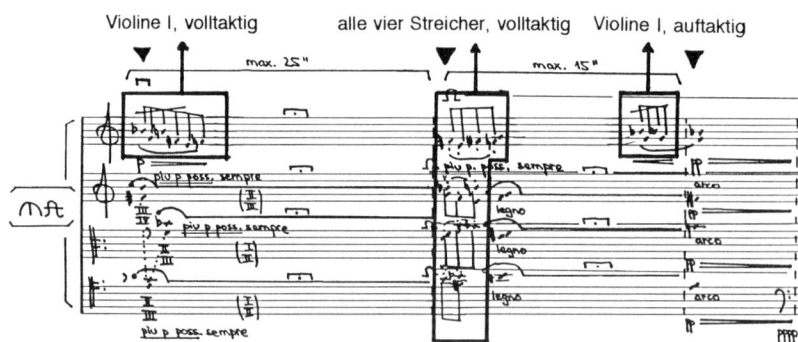

Abb. 91: Vorschlagsfiguren (Partitur S. 1, T.1f.)

Mit der Vorschlagsfigur (vgl. Abb. 91) wird der (gleichzeitige) Einsatz der anderen Instrumente verschleiert und die Geschlossenheit der Klangfarben aufgebrochen[1]. Auch die Schärfe des dritten (synchronen) Einsatzes wird durch das retardierend-verwischende Moment der vorgelagerten Violine noch pointiert. In ihrer Harmonik ist die Vorschlagsfigur oftmals der

---

1 Die Figuren erinnern hier u.a. an Stockhausens Typologie der Akzidentialelemente (insbesondere an den dortigen »Einschwingtypus«, vgl. Karlheinz Stockhausen: Figurentypologie, unveröffentlichtes Handout, Darmstädter Ferienkurse für Neue Musik 1996, Kopie im Besitz der Verfasserin).

Gruppe (a) entnommen, daneben finden sich auch andere Grundlagen, die ihrem harmonischen Umfeld angepaßt sind (Abb. 92a bis 92c).

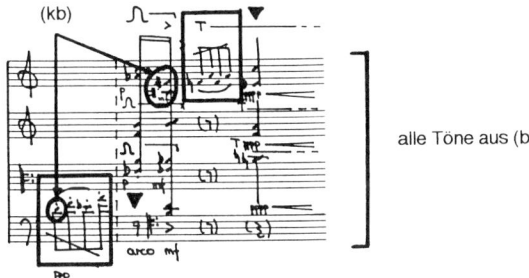

Abb. 92a: Vorschlagsfiguren im Kontext (Partitur S. 1, T. 10 Anfang mit Auftakt)

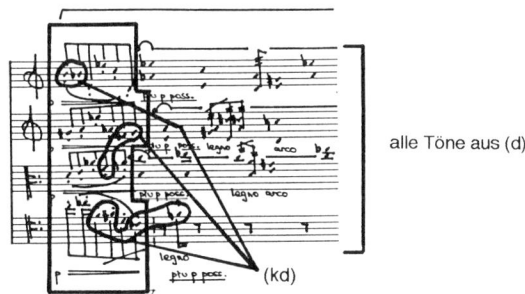

Abb. 92b: Vorschlagsfiguren im Kontext (Partitur S. 1, T. 14 Anfang)

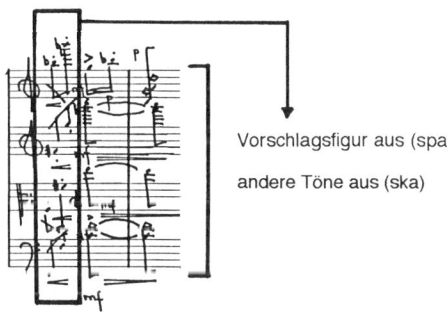

Abb. 92c: Vorschlagsfiguren im Kontext (Partitur S. 9, T. 160 Schluß)

Die Anschlüsse, die auf eine solche Vorschlagsfigur folgen, komponiert Berio bisweilen auch in fester Notation aus. Die Unterscheidung zwischen Vorschlags- und festen Noten ist im klanglichen Resultat mitunter kaum noch auszumachen (Abb. 93a und 93b).

Abb. 93a: Vorschläge in Verbindung mit »festen« Noten (Partitur S. 9, T. 167 mit Auftakt)

Abb. 93b: Vorschläge in Verbindung mit »festen« Noten (Partitur S. 10, T. 171 mit Auftakt)

Während die Vorschläge einzelne Texturen oft nur ausschmücken, setzt Berio sie auch gezielt ein, um den Beginn eines neuen, größeren Zusammenhangs zu markieren. Er übernimmt damit sogleich eine initialisierende Funktion, aus der sich rückwirkend eine Art »Kadenzierungsvorgang« bestätigt (Abb. 94, hier in Form einer Repetitionsfigur).

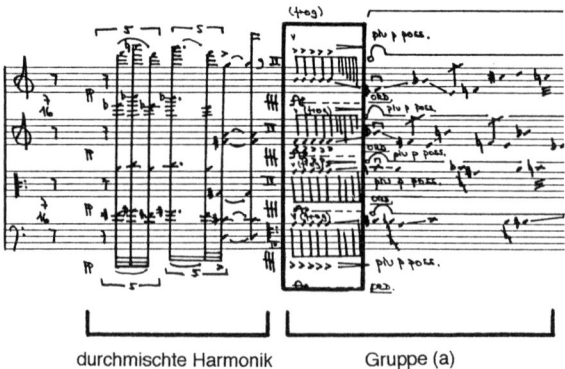

Abb. 94: Initialfigur zur Einleitung eines neuen Gruppenablaufs (Partitur S. 3, T. 37f. Anfang))

Schaukelfigur

In der Schaukelfigur wechselt Berio zwischen zwei aufeinanderfolgenden Akkorden hin und her, die Konstellation der Akkorde wie auch die Verteilung der Töne auf ein bestimmtes Instrument bleibt dabei jedoch erhalten. Sie wurde bereits innerhalb der additiven Akkordreihung erläutert (vgl. S. 88–92). Die Rhythmen sind kurz und werden auch innerhalb der Figur oft variiert. In ihr wird die Vorwärts- und Rückwärtsbewegung eines musikalischen Ablaufs für kurze Zeit miteinander verschränkt, so daß sich ein »spielerisches Verweilen«, ein kurzes, retardierendes Moment entfaltet. Der harmonische Fortgang kann damit für kurze Zeit aufgestaut werden. Wir können die Schaukelfigur, wie sie sich in Abb. 95 darlegt, als eine spezielle Ausprägung der additiven Akkordreihung verstehen (vgl. S. 88–92), die auf einen kurzen Ausschnitt begrenzt und zur Figur verfestigt ist.

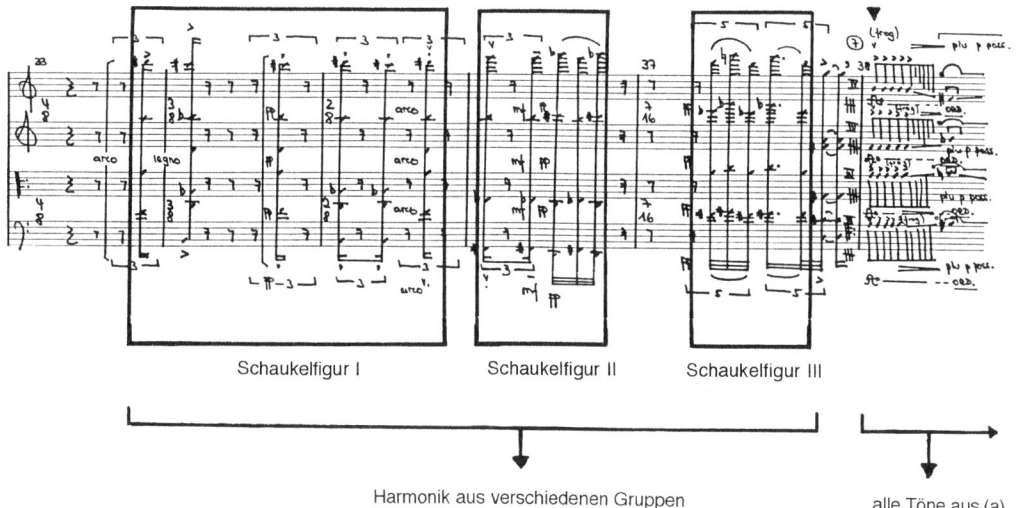

Abb. 95: Schaukelfiguren (Partitur S. 3 (3-1-1 bis 3-1-6))

Berio mischt hier die Töne aus verschiedenen Gruppen durcheinander, so daß sich ein harmonisch eher diffuser Zusammenhang ergibt ((h)-, (i)- und andere Gruppenanteile). Erst durch die starke Initialisierung in Ziffer 7 (Initialfigur, ff-Einsatz, umfassende (a) Gruppen Harmonik) wird dieser wieder in einen stringenten Ablauf der Gruppen überführt. Obgleich die Schaukelfigur aus eigener Kraft keine »Kadenzierung«[2] bestreiten kann, wird diese, in der Verknüpfung mit den späteren Mitteln von Ziffer 7, zumindest rückwirkend durch sie unterstützt.

Darüber hinaus finden sich Beispiele, in denen Berio die Schaukelfigur lediglich als eine Einstreuung benutzt, die – theoretisch – auch durch jedes andere Figurenornament ersetzt werden könnte. Das retardierende Moment tritt in den Hintergrund, stattdessen wirkt die Ausfüllung und Freude an der Ausschmückung (Abb. 96).

---

2 Gemeint ist die Auslösung eines neuen Gruppenablaufs mit der (a)-Gruppe, auf die im weiteren die Gruppen (b), (c), (d) etc. folgen.

134　DAS WERK

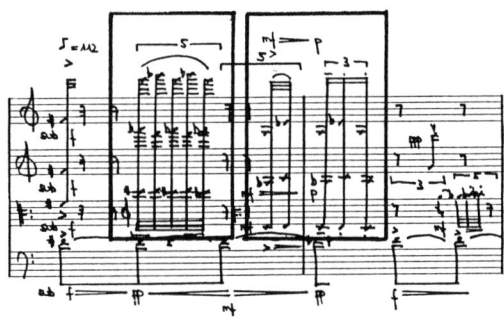

Abb. 96: Ornamentierende Schaukelfiguren (Partitur S. 6 (6-1-4 bis 6-1-5))

Auch finden sich Varianten, in denen die akkordische Koordination zunehmend aufgebrochen wird. Der Bezug zur strengen, an die akkordische Reihung gebundenen Form, wird preisgegeben. In Abb. 97 schaukeln die Stimmen zwischen zwei Tönen hin und her (mit je fünf Tönen auf einen Bogen), durch die Vorschlagsrhythmik, die leicht versetzte Notation wie auch die variierende »Melodieführung«[3] verwischen sich die Instrumente jedoch eher als daß sie sich zu einer koordinierten Schaukelfigur zusammenschließen. Der Übergang zur Vorschlagsfigur (die hier eine interne »Schaukelstruktur« enthält), ist fließend.

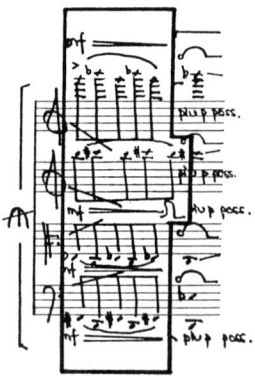

Abb. 97: »Dissoziierte« Schaukelfigur (Partitur S. 5 (5-1-1))

Repetitionsfigur

Auch die Repetitionsfigur wurde bereits an anderer Stelle erläutert (vgl. S. 90). In ihr wird der gleiche, von mindestens drei Instrumenten übernommene Akkord in stets gleichbleibenden, kurzen Dauerwerten mehrmals wiederholt. Durch eine übergeordnete Dynamik wer-

---

3　Die beiden Violinen beginnen ihre Schaukelfigur mit dem jeweils tieferen Ton, die Unterstimmen mit dem höheren. Die Vorschlagsgruppe der zweiten Violine läßt Berio in der Notation noch leicht in die anschließende dissoziierte Sektion überlappen.

den die Iterationen oft zusätzlich belebt, Pausen können eingelagert werden. Darüber hinaus sind die Instrumente zumeist durch einen gemeinsamen Notenhals miteinander verbunden (Abb. 98a bis 98c).

Abb. 98a: Repetitionsfigur (Partitur S. 5 (5-1-8))

Abb. 98b: Repetitionsfigur (Partitur S. 7 (7-2-4 bis 6-2-6))

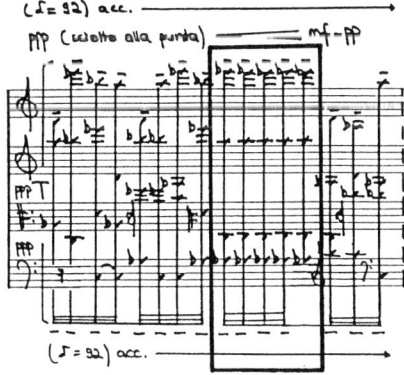

Abb. 98c: Repetitionsfigur (Partitur S. 3 (3-2-5))

Auch die Repetitionsfigur kann als eine spezielle Ausprägung der additiven Akkordreihung verstanden werden, in der diese auf einen kurzen Ausschnitt begrenzt und zu einer Figur stilisiert worden ist. Sie findet sich in *Sincronie* auch in zahlreichen Varianten, in denen insbesondere die vertikale Koordination unter den (vier) Instrumenten aufgebrochen ist. Der Akkordklang, der oft auch in Form eines Initial- bzw. Vorschlagselements austextiert ist, spaltet sich dabei nicht mehr in synchronisierte Iterationen auf, sondern zerfällt in eine dissoziierte Figur (Abb. 99).

Abb. 99: »Dissoziierte« Repetitionsfigur (Partitur S. 3 (3-2-3))

In Abb. 100 notiert Berio diese Dissoziation schließlich vollständig aus. Durch die Unregelmäßigkeit, mit der die Iterationen in den einzelnen Stimmen wiederkehren, gerät die Figur jedoch schon bald in den Grenzbereich zur dissoziierten Sektion (vgl. S. 100–103). Die »strenge« und »dissoziierte« Variante stehen hier unmittelbar nebeneinander.

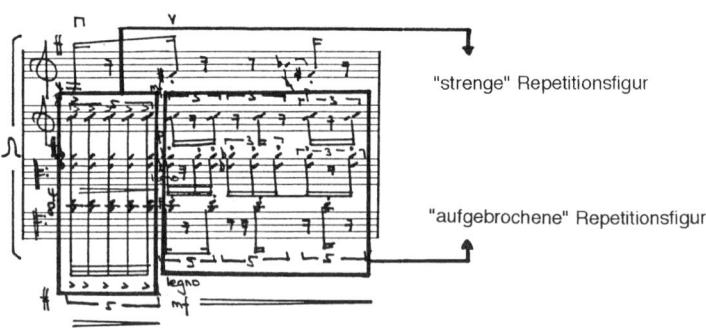

Abb. 100: Repetitionsfigur (Partitur S. 5 (5-2-5))

Auch finden sich Repetitionen, die nur von einem oder zwei Instrumenten ausgeführt werden. Diese werden in Folge oder aber in der durchsetzenden Rhythmisierung mit Pausen ausgeformt.

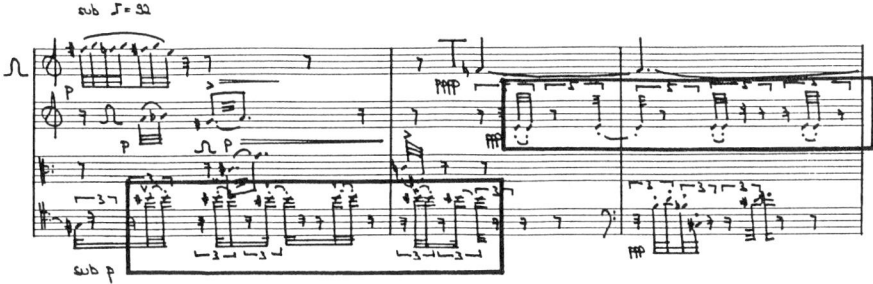

Abb. 101a: Repetitionsfigur in einer Stimme (Partitur S. 7 (7-2-1- bis 7-2-3))

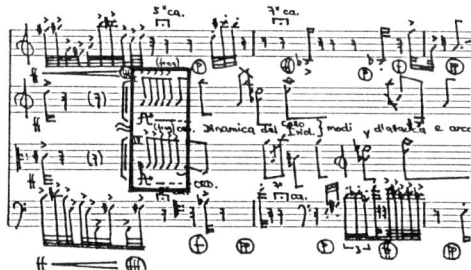

Abb. 101b: »Dissoziierte« Repetitionsfigur in zwei Stimmen (Partitur S. 4 (4-1-1))

Schließlich läßt sich auch die im Schlußteil vorherrschende Tremolo-Figur als eine Variante der Repetitionsfigur verstehen. In ihr werden die Töne, die in einem stehenden Akkord notiert sind, so schnell wie möglich im Wechsel angezupft, ohne daß Berio hierfür einen regelmäßigen Grundrhythmus vorschreibt. Die Finger der rechten Hand zupfen also stets zwei Saiten im Wechsel, wobei der Geschwindigkeit durch die natürliche Ermüdung der Hand bereits gewissen Grenzen gesetzt sind. Freilich ist der »Dissoziationsgrad«, den diese Art der Repetition mit sich bringt, ein doppelter: Die Iteration eines einzelnen Tones ist zunächst in das Tremolo eingebunden, erscheint dort also stets im (mehr oder weniger unregelmäßigen) Wechsel mit einem anderen Ton, darüber hinaus ist auch die Vertikalkoordination der Tremologeschwindigkeit unter den vier Spielern verschieden. Auch hier sind die Iterationen einzeln kaum hörbar, als daß sie in einem übergreifend »dissoziierten Feld« aufgehen Abb. 102 zeigt, wie Berio die Tremolo-Figur mit anderen Varianten der Repetitionsfigur kombiniert, wobei sich pizzicato- und arco-Partien abwechseln.

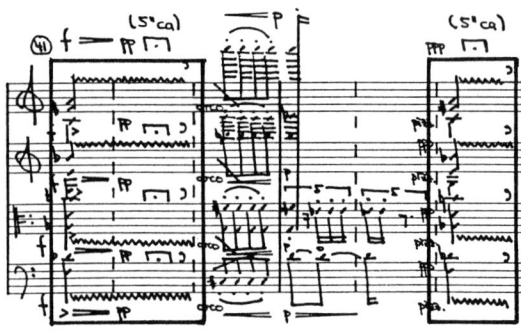

Abb. 102: Tremolo-Figur im Kontext (Partitur S. 17 (Ziffer 41))

Ricochet-Figur

In der Ricochet-Figur setzt der Spieler mit der linken Hand ganz am Ende des Griffbretts an (die Tonhöhe ist nicht genau vorgegeben) und greift äußerst rasch einen vorgegeben Fingersatz aus. Die rechte Hand faßt diesen Ablauf mit einem übergreifenden Springbogen zusammen. Durch den hohen Tonansatz geht die diskrete Tonhöhe weitgehend verloren und schlägt mitunter um ins Geräuschhafte. Zusätzliche Farben werden aus dem sich stets variierenden Fingerspiel, aus dem Wechsel der Spielarten (legno, tallone, legno battuto u.a.) und den Unwägbarkeiten des Springbogens gewonnen. Alle diese Komponenten addieren sich zu einer vielfältig koloristischen Geste, die Berio abwechselnd (Abb. 103a) oder aber gleichzeitig auf die Instrumente verteilt (Abb. 103b).

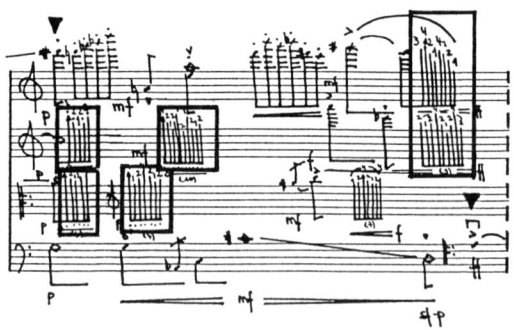

Abb. 103a: Ricochet-Figur (versetzt) (Partitur S. 11 (11-1-4))

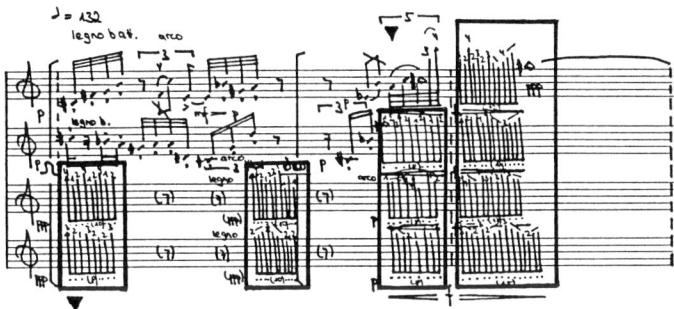

Abb. 103b: Ricochet-Figur (blockhaft) (Partitur S. 11 (11-2-4))

In Abb. 104 wird die Ricochet-Figur in einen Ablauf von ordinario-Tönen eingestreut. Die Umgebung wird damit punktuell »aufgehellt«.

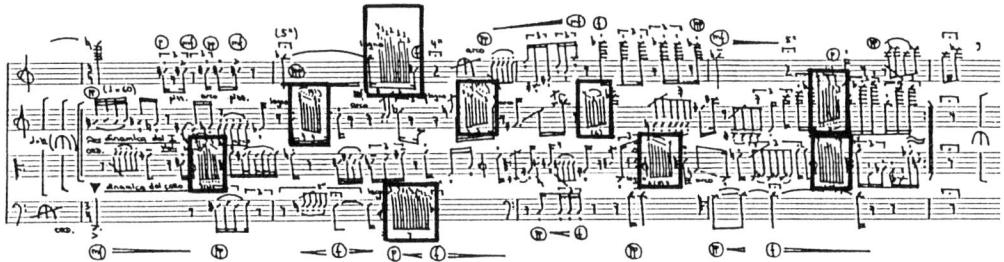

Abb. 104: Ricochet-Figuren innerhalb der begrenzt-aleatorischen Sektion (Partitur S. 12 (2-2-2))

Berio verwendet diese Figur in *Sincronie* stets in freieren Zusammenhängen: Während die erste gelenkt-aleatorische Sektion (T. 52 (4–11)) noch ohne Ricochet-Figur auskommt, verdichtet er sie auf S. 11 zu einer koloristischen Partie, die bereits durch das hohe Register (nur spärliche Rückgriffe auf ein »Baßfundament«) deutlich hervorsticht (vgl. Abb. 103a und 103b). Berio läßt die Figuren oft gemeinsam beginnen, wogegen sich das Ende des Springbogens, so dies überhaupt beabsichtigt ist, nur schwer übereinbringen läßt. In der zweiten aleatorischen Sektion (Abb. 104) streut er die Ricochet-Figur zwischen andere Gesten ein, das »melodische« und klangfarbliche Vokabular wird gegenüber der ersten Sektion also weiter entgrenzt. Insgesamt kann diese Figur als eine stehende Wendung verstanden werden, die in kaum einem freieren Streicherpart von Berio aus den 60er und 70er Jahren zu vermissen bleibt.

Kleinfiguren

Während die Vorschlags-, Schaukel-, Repetitions- und Ricochet-Figur eine Art Grundvokabular bilden, das eng mit Berios kompositorischer Handschrift verbunden ist, finden sich in

Sincronie auch Figuren, die nur vereinzelt zur Verwendung kommen, die dennoch aber markant genug sind, um die Zusammenhänge mit einer eigenständigen Bedeutung zu füllen.

In der *Vagierfigur* (Abb. 105) wechseln die Stimmen zwischen zwei benachbarten Tönen hin und her, bewegen sich rhythmisch jedoch völlig unabhängig voneinander. Berio läßt die Stimmen dabei auch zweistimmig umherschweifen, so daß sich, wie in der nachfolgenden Verbindung mit Viola und Cello, ein dichtes Klangbild ergibt.

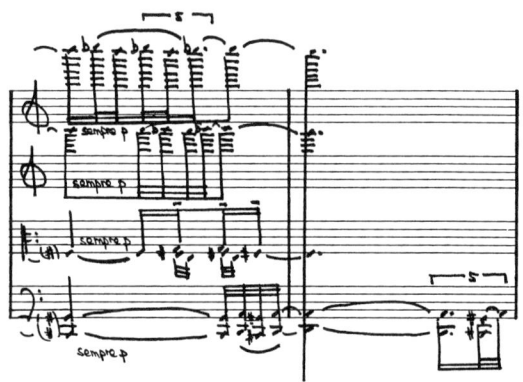

Abb. 105: Vagierfigur (Partitur S. 6 (6-3-1 bis 6-3-2))

In der *Leere-Saiten-Schichtungsfigur* (vgl. S. 91) übernehmen die Instrumente einen Stützton (leere Saite), zu dem ein zweiter, frei vagierender Ton im Doppelgriff hinzutritt. Die Stütztöne können dabei stets wiederholt (Abb. 106a) oder aber ausgehalten werden (Abb. 106b). Berio bringt diese Figur vermehrt in der ersten Endfassung (E1) zur Verwendung, nimmt die Stütztöne in der zweiten Fassung (E2) jedoch weitgehend wieder zurück, so daß sich die Figur erübrigt. Auch hier wird deutlich, wie fließend die Figuren ineinander übergehen: Abb. 106a läßt sich auch als eine Kombination aus der Repetitions-/Leere-Saiten- und Vagierfigur (Schweiftöne) verstehen, die Berio hier in eins überblendet.

Abb. 106a: Leere-Saiten-Schichtungsfigur mit Tonrepetitionen (Partitur S. 4 (4-3-1))

Abb. 106b: Leere-Saiten-Schichtungsfigur mit vagierenden Tönen (Partitur S. 6 (6-3-4 bis 6-3-5))

Abb. 107a und 107b zeigt die *Absprungsfigur*, in der zwei kurze Akkordschläge bei abspringenden Außenstimmen miteinander verbunden sind (vgl. S. 90). Nicht selten wird einer der beiden Akkorde durch einen Akzent hervorgehoben und die Dynamik zusätzlich abgestuft. Berio verwendet diese Figur, um kurze Binnenabschnitte zu markieren, nach denen der aufgespannte Zusammenhang dann unmittelbar weitergeführt wird. Auch hier gehen die Kategorien stufenlos ineinander über: In Abb. 107b springen die vier Streicher im Unisono ab, die »Akkordstruktur« ist dabei auf einen einzigen Ton reduziert. Absprungsfigur und Unisono-Markierung (vgl. S.113–115) überblenden sich in eins.

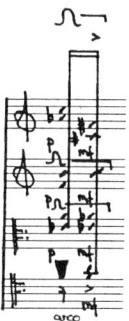

Abb. 107a: Absprungsfigur (Partitur S. 1 (1-2-5))

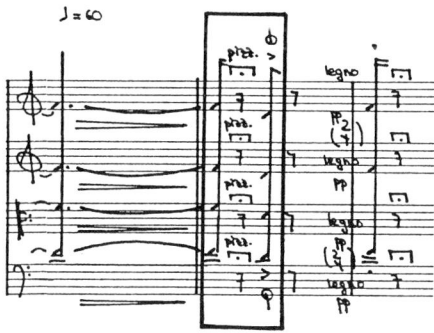

Abb. 107b: Absprungsfigur im Unisono (Partitur S. 12 (12-1-4 bis 12-1-5))

Auch andere Figuren bewegen sich in Grenzbereichen, in denen sich mehrere Funktionen überschneiden: Das Pizzicato-Tremolo haben wir bereits auf Seite 113 kennengelernt. Es läßt sich als eine besondere Variante der dissoziierten Repetitionsfigur verstehen, bei der die Spieler im Pizzicato unregelmäßig zwischen mehreren Tönen hin- und hertremolieren. In der »Schlußgruppe« verfestigt Berio dieses Klangbild noch einmal zu einer eigenständigen *11-Ton-Pizzicato-Figur* (Abb. 108). Sie erscheint genau sechs Mal, wobei die vier Instrumente den jeweils gleichen 11-Ton-Akkord unregelmäßig durch Pizzicato-Tremoli aufbrechen.

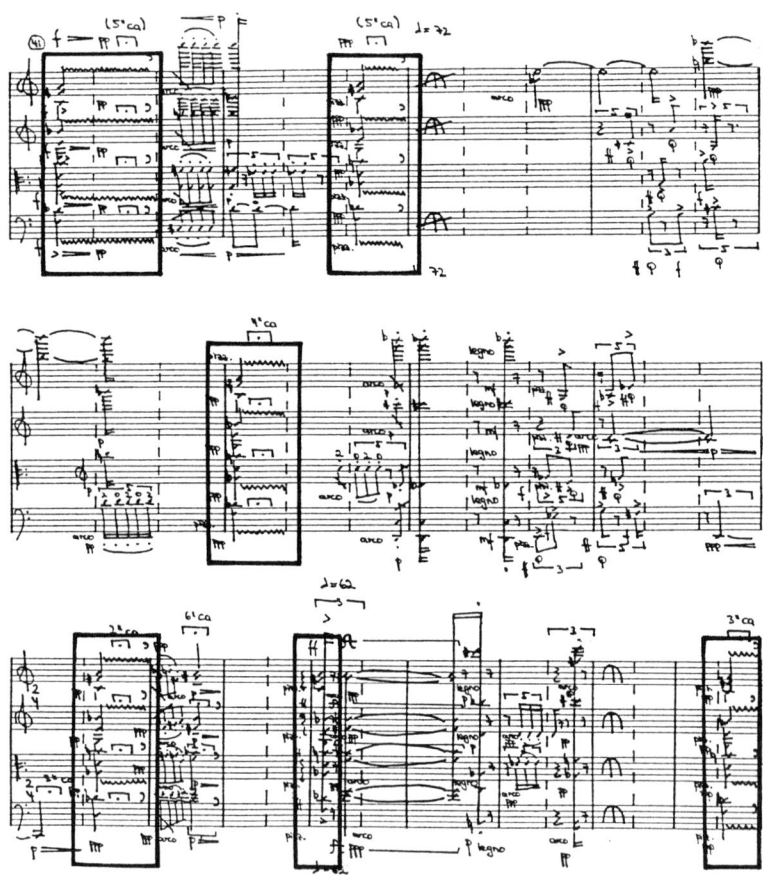

Abb. 108: 11-Ton-Pizzicato-Figur (Partitur S. 17f. (17-3-4 bis 18-2-6))

Auch der »*Kadenztriller*« (Abb. 109) läßt sich als eine Kleinfigur beschreiben, die Berio funktional einsetzt (vgl. auch S. 104, Fußnote 26): Im Überhang aus der gelenkt-aleatorischen Partie verweilt die erste Violine dort, bis sich die anderen Stimmen zum Neueinsatz »gesammelt« haben.

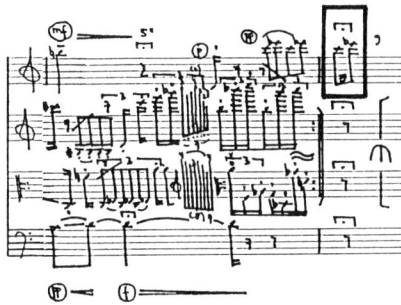

Abb. 109: »Kadenztriller« (Partitur S. 12 (12-2-2))

Weit verbreitet ist die *Zweiergeste*, die in nahezu allen Varianten im Werk zu finden ist (Abb. 110a und 110b). In ihr werden zwei Töne durch die gleiche Artikulation zusammengeschlossen und oft auch durch andere Mittel in ihrem Zusammenhalt unterstützt (gemeinsame Dynamik, umgebende Pausen u.ä.)[4]. Fast alle Intervallkombinationen – Schritte wie Sprünge – sind möglich, auch die Richtung (aufwärts, abwärts) gestaltet Berio flexibel. Freilich kann die Zweiergeste nicht mit den bisherig beschriebenen Figuren konkurrieren: Sie bildet noch keine Figur im engeren Sinne, sondern läßt sich nur als eine artikulatorische Wendung beschreiben, die als Bestandteil wiederum in eine Figur eingehen kann, aber nicht muß[5]. In ihr orientiert sich Berio u.a. an den artikulatorischen Gewohnheiten der Streicher.

Abb. 110a: Zweiergeste (Partitur S. 8 (8-1-3 bis 8-3-4))

---

[4] Die Bezeichnung »Seufzergeste« wurde in diesem Zusammenhang vermieden, da eine traditionell-rhetorische Anbindung von Berio offensichtlich nicht beabsichtigt ist: So wird die Aufwärtsfigur in ihrer Substanz nicht von der Abwärtsfigur unterschieden, sondern lediglich als eine Richtungsvariante verstanden.
[5] Auch die Absprungsfigur (vgl. S. 90) läßt sich mit der Zweiergeste in Verbindung bringen: In ihr wird der Absprung auf alle vier Instrumente zugleich übertragen.

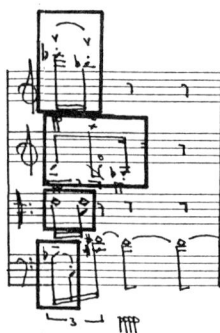

Abb. 110b: Zweiergeste (Partitur S. 8 (8-3-6))

Eine Sonderstellung unter den Zweiergesten nimmt die *fallende kleine Terz* ein. Nicht nur in *Sincronie*, sondern auch in anderen Werken verwendet Berio dieses Intervall bevorzugt, um einen abfallenden, »kadenzierenden« Prozeß zu besiegeln (»rückbestätigendes Kadenzintervall«). Gleichwohl ist es nicht die Kleinterz selbst, die den Kadenzierungsvorgang vollzieht: Dieser wird zumeist von den Gruppen übernommen, die in ihrem Durchlauf aufgebraucht oder auf andere Weise zu Ende geführt werden, während die Kleinterz diesen Vorgang nur äußerlich flankiert. Auch diese Funktion gestaltet Berio weitgehend permeabel: Nicht jede kleine Terz indiziert gleichzeitig auch einen abgeschlossenen Kadenzierungsvorgang, umgekehrt wird dieser, wo er sich ereignet, oftmals von der kleinen Terz begleitet. Schließlich kommt auch *Sincronie* als Ganzes mit der Kleinterz (f^1- a^1 in der ersten Violine) zum Abschluß (Abb. 111).

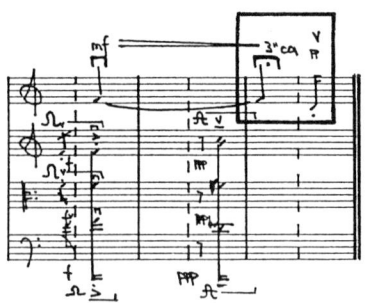

Abb. 111: Fallende Kleinterz (Partitur S. 18 (18-2-9 bis 18-2-11))

ZUSAMMENFASSUNG

1. Auch in *Sincronie* greift Berio auf musikalische Figuren zurück, die sich teilweise als festes Vokabular seiner kompositorischen Handschrift etabliert haben. Mit ihnen wird die musikalische Faktur aufgelockert, ausgeschmückt, durchbrochen oder auf andere Weise belebt. Während einzelne Figuren unmittelbar konstitutiv in das Geschehen eingreifen, in ihrer Funktion also nicht ersetzbar sind, verbleiben andere nur als ein Ornament, das die Substanz anreichert.
2. Mit der Auflockerung des Satzes durch die Figuren bricht Berio sowohl die »Melodik« als auch das farbliche Spektrum der jeweiligen Partien auf. Die Grenzen zwischen den verschiedenen Synchronisationszuständen werden verwischt, die »Starrheit« der Setzungen aufgebrochen.
3. Auch die Ausgestaltung der Figuren läßt bisweilen einen graduellen Bezug der Figuren untereinander erkennen. Durch Mischformen nähert Berio diese aneinander an, so daß sich ihre charakteristischen Merkmale mitunter überschneiden. Beziehungen lassen sich dadurch in alle Richtungen vertiefen.

Formbildende Tendenzen der Komposition mit Gruppen

Während die *musikalische Textur*, wie gezeigt, den Ablauf von *Sincronie* im *Äußeren* gliedert und ausformt, eröffnet die *harmonische Analyse* eine zweite, *innere* Ebene des Werkes, die durch die *Komposition mit Gruppen* bestimmt ist. Ausgangspunkt dieses Verfahrens, das Berio in diesem Werk erstmals und verhältnismäßig exemplarisch exerziert, sind die verschiedenen Sechstongruppen, die er in seiner Materialprädisposition aufgestellt, spezifiziert und vorgeordnet hat. Beide Ebenen, die äußere der musikalischen Textur, wie auch die innere der Komposition mit Gruppen, lassen sich auf einer dritten Ebene, der Werkbetrachtung als Ganzes, noch einmal neu zueinander in Beziehung setzen. Sie wird uns schließlich an dritter und letzter Stelle beschäftigen (vgl. S. 162–164).

Als Gruppen haben wir in Berios Materialprädisposition jene Zusammenschlüsse bezeichnet, in denen er je sechs Töne zu einer eigenständigen kleinen Formation zusammengeschlossen hat (vgl. S. 31–33)[1]. Eine Gruppe enthält eine Auswahl von sechs Tönen, die auf verschiedene Weise konstelliert und zum Einsatz gebracht werden können. Weiter haben wir gesehen, daß Berio *je zwölf Gruppen*, die durch das gleiche Verfahren gewonnen wurden, chronologisch geordnet und zu einem übergreifenden *Gruppenverband* zusammengeschlossen hat. Ein Gruppenverband enthält mehrere, *isomorph* gestaltete Formationen (Gruppen), die *chronologisch geordnet* sind. Die Gesamtheit der in *Sincronie* aufgestellten Gruppenverbände, d.h. das Ausgangsmaterial der Komposition mit Gruppen, läßt sich damit noch einmal wie folgt darstellen (Abb. 112)[2].

---

1 Freilich kann die hier gegebene Definition nur auf den »Gruppen«-Begriff angewendet werden, wie Berio ihn (in diesem Werk) handhabt. Daß der Begriff in anderen Zusammenhängen, bei anderen Komponisten mit anderem Inhalt belegt ist, verdeutlicht einmal mehr, daß bestimmte Kompositionssysteme nicht selten auch mit einer spezifischen Terminologie einhergehen, die sich auf andere Systeme nicht ohne weiteres übertragen läßt. Davon unabhängig mag Berios Gruppenbegriff eine gewisse Affinität aufzeigen zu dem des frühen Stockhausen: »Mit *Gruppe ist eine bestimmte Anzahl von Tönen* gemeint, *die durch verwandte Proportionen zu einer übergeordneten Erlebnisqualität verbunden sind* [im Original kursiv], der Gruppe nämlich. Die verschiedenen Gruppen in einer Komposition haben verschiedene Proportionsmerkmale, verschiedene Struktur, sind aber insofern aufeinander bezogen, als man die Eigenschaften einer Gruppe erst versteht, wenn man sie mit den anderen Gruppen im Grad der Verwandtschaft vergleicht.« (Karlheinz Stockhausen: Gruppenkomposition: Klavierstück I. (Anleitung zum Hören), in: Id.: Texte zur elektronischen und instrumentalen Musik, Bd. I (Aufsätze 1952–1962 zur Theorie des Komponierens), hg. v. Dieter Schnebel, Köln 1963, 63–4, hier 63). Verwandte Proportionen lassen sich in den Gruppen von *Sincronie* jedoch nur bedingt aufzeigen. Die *formale* Mobilisierung, bei der einzelne *Konstituenten der Form* vertauscht werden können, bleibt für das Werk derweil ohne Bedeutung.
2 Die Vorräte ((V), (KV), (TV), (TKV), vgl. S. 37)) werden nicht berücksichtigt, da sie nur Einzeltöne, keine vorgeformten Gruppen enthalten und somit keine Gruppenverbände im hiesigen Sinne sind.

1. Grundgruppen (G) (vgl. S. 31–33):
   12 Gruppen ((a) bis (n)) zu je sechs Tönen

2. Komplementgruppen (KG) (vgl. S. 34):
   12 Gruppen ((ka) bis (kn) zu je sechs Tönen

3. Spreizgruppen (SG) (vgl. S. 35):
   12 Gruppen ((sa bis (sn)) zu je sechs Tönen

4. Spreizgruppenkomplemente (SKG) (vgl. S. 36):
   12 Gruppen ((ska bis skn)) zu je sechs Tönen

5. Instrumentationsgruppen (IG) (vgl. S. 43–46):
   12 Gruppen, die sich in verschiedene Varianten aufgliedern ((ia^1 bis ia^{15}), (ib^1 bis ib^{15}), (ic^1 bis ic^{15}), (id^1 bis id^{17}), (ie^1 bis ie^9), (if^1 bis if^{10}), (ig^1 bis ig^7), (ih^1 bis h^7), (ii^1 bis ii^6), (il^1 bis il^4), (im^1 bis im^7), (in^1 bis in^4))

Abb. 112: Übersicht über die Gruppenverbände

Mit dem Zusammenschluß in Gruppen und Gruppenverbände hinterläßt Berio nicht nur einzelne, für sich selbst verbleibende Partikel, sondern bettet diese zugleich in eine übergreifende Ordnung ein. Betrachten wir diese Ordnung im folgenden genauer:

1. Die fünf Gruppenverbände sind zueinander *isomorph* gestaltet[3]. Die zwölfgliedrige Ordnung der Grundgruppen bleibt also auch in den von ihnen abgeleiteten Spreiz-, Komplement-, Spreizkomplement- und Instrumentationsgruppen erhalten. Jeder Verband besteht aus zwölf Gruppen, jede Gruppe wiederum aus sechs Tönen. Die Gruppen, aber auch die Materialverbände können sich damit jeweils – auf der entsprechenden Ebene – substituieren[4]: Statt Gruppe (a) kann auch Spreizgruppe (sa) eingesetzt werden, statt dem Verband der Spreizgruppen (SG) auch der der Spreizgruppenkomplemente (SKG) etc. Für seine Komposition schafft Berio sich damit die Möglichkeit, gegebene Zusammenhänge auszuweiten, umzulenken, zu verschleiern etc.
2. Berio verbindet in seinen Ordnungsgefügen *verschiedene Ordnungsgrade* miteinander: Eine Gruppe verbleibt nicht nur als ein einzelnes, für sich selbst stehendes Relikt, sondern repräsentiert auf einer höheren Ebene stets auch den Verband, dem sie entnommen ist. Beziehungen lassen sich damit sowohl »von Gruppe zu Gruppe« als »von Verband zu Verband« ausbilden[5].
3. In seiner Vorordnung hat Berio die Gruppen mit einer chronologischen Buchstabenfolge identifiziert ((a) bis (n)). Mit ihr werden die Gruppen zunächst »benannt«. Seine Ordnung legt darüber hinaus jedoch auch ganz präzise Ordnungspositionen fest: Gruppe (f) steht nach (e), (b) vor (c) und (d) usw. Die einzelnen Glieder können somit streng gereiht oder aber in einem losem Vorrat zerstreut werden.
4. Während in *monotechnischen* Kompositionsprozessen *verschiedene* Materialien durch das *gleiche* Verfahren bearbeitet werden, läßt sich das *gleiche* Ausgangsmaterial hier auch auf *ver-*

---

[3] Eine Sonderstellung nehmen die Instrumentationsgruppen (IG) ein: Berio stellt die zwölf Grundgruppen hier noch einmal in vier bis siebzehn Varianten dar, so daß das Ausgangsmaterial durch einen zusätzlichen Verfahrensschritt verfeinert wird. Die zwölf Grundgruppen bleiben dabei jedoch erhalten.
[4] Auf die Sonderrolle der Instrumentationsgruppen wurde bereits hingewiesen.
[5] Die Einrichtung einer Meta-Struktur verweist hier u.a. auf die Erfahrungen der seriellen Musik: Auch die Anordnung der Anordnungen wird dort mitunter von der Determinierung durch das allumfassende Proportionsprinzip reguliert.

schiedene Weise behandeln: Indem derselbe Materialverband mehrmals ausgeschöpft wird, bringt sein Neueinsatz stets eine Art »Initialisierung«, sein Ablauf eine »Kadenz« mit sich. Beides, das »Beginnen« und »Enden« macht Berio für die Ausbildung musikalischer Zusammenhänge nutzbar[6].

Die *Vorordnung* der Gruppen zeigt damit – aufgrund ihrer besonderen Morphologie – verschiedene Möglichkeiten auf, durch die sich die Ausbildung und Gliederung musikalischer Zusammenhänge – und damit auch der musikalischen Form – begünstigen läßt. Betrachten wir Berios kompositorisches Procedere im folgenden genauer, so lassen sich *vier Modi* erkennen, nach denen er die Gruppen miteinander verknüpft: die *additive, permutative, integrative* und *freie Reihung*. Daneben finden sich – wie in fast allen Bereichen – zahlreiche *Mischformen*, die sich jedoch meist als Varianten auf eine der vier Grundformen zurückführen lassen.

Additive Reihung

Als einfachstes Verfahren, nach dem die harmonischen Gruppen in *Sincronie* angeordnet werden, findet sich das Prinzip der *additiven Reihung*. In ihr läßt Berio, wie in Abb. 113 an der zweiten Violine ersichtlich, die prädisponierte Ordnung der Gruppen chronologisch ablaufen[7]:

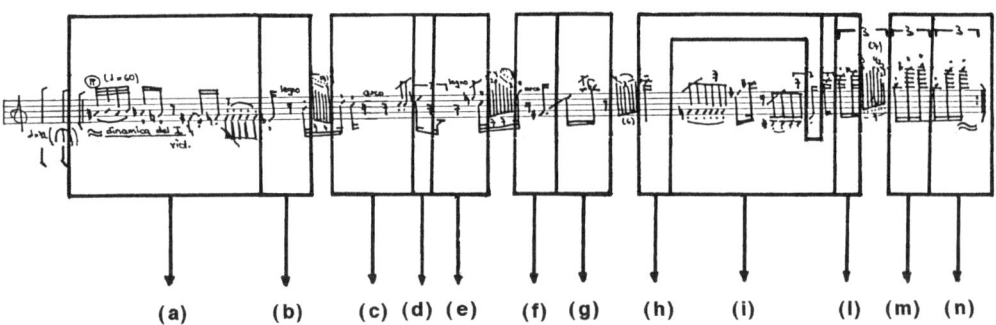

Abb. 113: Harmonischer Durchlauf in der zweiten Violine (Partitur S. 12 (12-2-2))

Während die sechs Töne der Gruppe (a) zu einer kleinen, melodischen Gestalt ausgeformt werden, in der Berio einzelne Töne wiederholt und durch Pausen ergänzt, greift er aus den Gruppen (b), (c), (d) etc. im folgenden nur noch einzelne Töne heraus und geht zur nächsten Gruppe über, noch bevor der komplette Sechstonbestand ausgeschöpft ist.

---

6 Eine derartige »Initialisierung« wird oft auch durch begleitende Mittel unterstützt (Initialisierungsfigur u.a.). Umgekehrt bringt nicht jeder Wiedereintritt der Gruppe (a) auch eine formale Zäsur mit sich.

7 Die Ricochet-Figuren (vgl. S. 138f.) können wegen ihrer fehlenden Tonhöhenbasis keiner Gruppe zugerechnet werden, sondern sind lediglich als Koloritelemente zu verstehen. Die kurze Überblendung bei den Gruppen (h) und (i) bestätigt erneut das Berio-typische Prinzip der Abweichung.

Berio setzt die Gruppen hier als *Tonvorräte* ein, aus denen er die Töne frei, d.h. in beliebiger Reihenfolge auswählt und mitunter beliebig oft wiederholt, während andere Töne aus derselben Gruppe unberücksichtigt bleiben. Die *Anordnung* der Gruppen gestaltet er nach dem *additiven* Prinzip, *innerhalb* der Gruppen geht er jedoch nach *selektiven* Kriterien vor: Welche Töne er nun konkret aus den Gruppen herausgreift und wie er sie austextiert, dies unterliegt einzig seiner individuellen Entscheidung innerhalb des kompositorischen Prozesses.

In der additiven Reihung werden somit alle Glieder durch *dieselbe* Verknüpfungsrelation miteinander verbunden, die Gruppen folgen nach einem konstanten Additionsgesetz aufeinander ab. Darüber hinaus verfügt diese Reihungsart über eine eigenständige *Substruktur*, die Berio nach *selektiven* Kriterien gestaltet. Die Auswahl der Töne ist wiederum frei. Aufschlußreich ist überdies, wie Berio die Töne hier einbringt: Sie werden ausschließlich *linear* auf die Einzelstimmen verteilt, so daß der Gruppenvorrat *horizontal,* d.h parallel zum Stimmverlauf ausgeschöpft wird[8].

Eine Variante in der Substruktur findet sich in Abb. 114. Berio läßt hier die Instrumentationsvarianten der Gruppe (f) ablaufen, die er bereits in der Materialprädisposition vorgeordnet hat. Die sechs Töne werden dabei nicht *horizontal* auf die Einzelstimmen, sondern *vertikal* über die vier Stimmen verteilt. Es ergibt sich eine Folge synchronisierter Sechsklänge, in der jeder Gruppenton genau einmal vorhanden und Gruppe (f) in jedem Akkord vollständig vertreten ist.

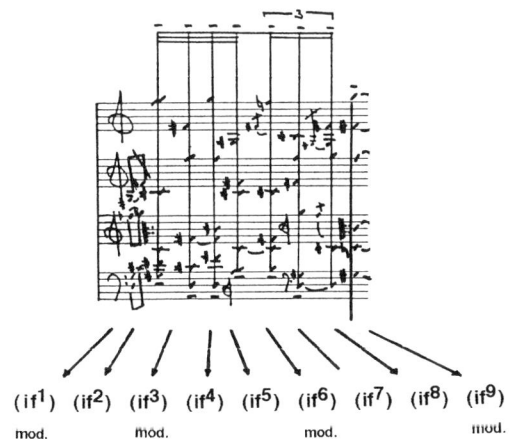

Abb. 114: Harmonischer Durchlauf (Partitur S. 2 (2 1 6))

Wir können diese Ordnung als eine *additive Reihung* mit *konsolidierender Substuktur* beschreiben: Während die Abfolge der Instrumentationsvarianten durch das gleiche Additionsgesetz bestimmt ist, wird die Gruppe nicht, wie noch in Abb. 113, als *Menge* behandelt, sondern zu einem (Sechston-)*Akkord* aufgeschichtet. Im Gegensatz zur *selektiven Substruktur,* in der Berio den Einzelton noch frei aus aus der Gruppe auswählt, ist der Tonbestand in der *konsolidierenden*

---

[8] Auch die anderen Stimmen können zur gleichen Zeit aus der gleichen Gruppe ausgeformt werden (vgl. T. 14 (1-3-4)), der Prozeß in der Einzelstimme wird dadurch jedoch nicht beeinträchtigt.

Substruktur also obligat[9]. Berio praktiziert dieses Verfahren in *Sincronie* überwiegend in Partien, in denen die synchrone Gleichordnung der vier Instrumente in den Vordergrund gerückt wird: Die äußere Gleichschaltung im vertikalen Gleichgang der vier Instrumente wird dabei mit dem vollkommenen »Einklang« bzw. der umfassenden »Sättigung« innerhalb der Gruppenstruktur verknüpft. Daneben finden sich Beispiele, in denen die *additive Reihung* auch mit anderen Substrukturen verbunden wird. Sie lassen sich jedoch meist als Varianten der bereits erläuterten Modi verstehen, von denen sie sich nur (geringfügig) graduell unterscheiden.

Auch Abb. 115 zeigt eine additive Reihung der Gruppen. Diese sind jedoch – Berios Vorliebe für »Verschmutzungseffekte« entsprechend – mit verschiedenen Fremdeinlagerungen versehen (Töne aus (KV) sowie vorweggenommene Töne aus den späteren Gruppen).

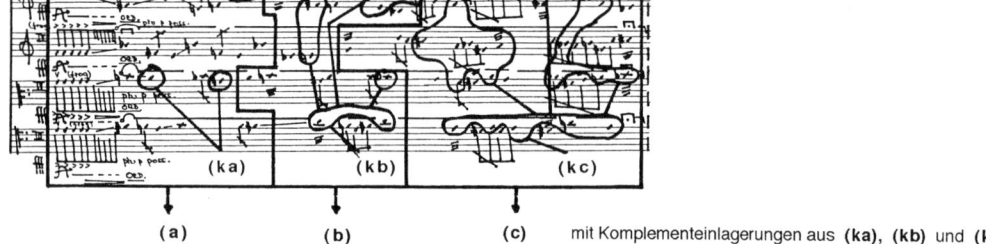

Abb. 115: Harmonischer Durchlauf (Partitur S. 3 (3-1-6))

Auch hier werden die Gruppen als *Tonvorräte* verwendet. Die Substrukturen gehen in den Stimmen auf *selektive* Prinzipien zurück. Dennoch stellt sich über dem Zusammenklang der vier Instrumente ein harmonisches Feld ein, in dem sich der gesamte Sechstonbestand einer Gruppe aufsummiert. Während die *musikalische Textur* also gerade eine extreme *Polyphonisierung* der Stimmen suggeriert, ergibt das klangliche Resultat das genaue Gegenteil: Die sechs Töne einer Gruppe schließen sich zu einem dissoziierten Klangfeld zusammen, das sich in einer farbenreich aufgebrochenen Textur entfaltet.

Auch die Beziehung zwischen Harmonik und musikalischer Textur gestaltet sich aufschlußreich: In der *konsolidierenden* Substruktur (Abb. 114, S. 149) werden die Gruppentöne in *vertikaler* Richtung (d.h. unter den vier Stimmen) austextiert. Sie löst sich am vollkommensten in der synchronen Schichtung der sechs Gruppentöne ein, in der die Gruppe jeweils vollständig repräsentiert ist. Daneben werden auch die Anweisungen zu Dynamik, Artikulation und Klangfarbe oft für alle vier Instrumente gleichgeschaltet und die Noten durch einen gemeinsamen Notenhals miteinander verbunden. Demgegenüber werden die Gruppen in der *selektiven Substruktur* (Abb. 113, S. 148) vorrangig in horizontaler Richtung (d.h. im Verlauf der einzelnen Stimme) austextiert. Berio kombiniert sie primär mit polyphonen oder begrenzt-aleatorischen Satzarten. Darüber hinaus zeigt Abb. 115, wie die idealtypische Ver-

---

9 Daneben finden sich zahlreiche Derivatformen, in denen Berio auf nur vier oder fünf Töne zurückgreift, so daß die ursprüngliche Sechstonstruktur verkürzt wird. Auch hier bleibt die übergreifende Idee der (Vertikal-)Konsolidierung jedoch zu erkennen.

schmelzung von Textur und Harmonik auch wieder aufgelöst wird: Mit dem Klangfeld führt Berio die *selektive* Anwendung in den Einzelstimmen (Abb. 113) mit einer eher *konsolidierenden* (Abb. 114) zusammen. Die Textur ist dissoziiert, die Harmonik konsolidiert sich jedoch zu einem einheitlichen Klangfeld, in dem die Gruppen zwar nicht präzise synchronisiert sind, im Verlauf aber dennoch chronologisch durchschritten werden.

Die Tendenzen zur Herausbildung einer musikalischen Form werden in der additiven Reihung also gleich mehrfach begünstigt. Betrachten wir Abb. 113 (vgl. S. 148) erneut unter Berücksichtigung der musikalischen Weiterführung (Abb. 116):

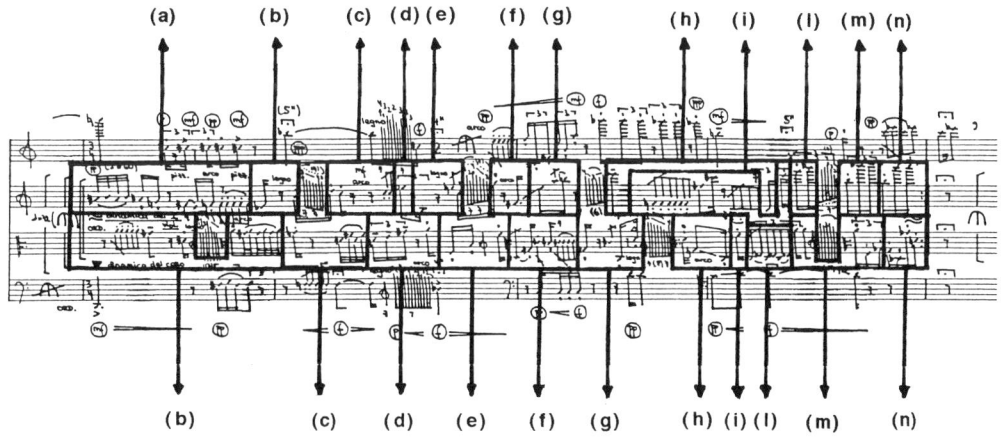

Abb. 116: Harmonischer Durchlauf (Partitur S. 12 (12-2-2))

Die additive Gruppenreihung, wie sie in der zweiten Violine und leicht versetzt dazu auch in der Viola zu finden ist[10], bildet einen in sich geschlossenen Zusammenhang, der sich auch in der Textur (Pausen vorab und am Ende) deutlich von seiner Umgebung absetzt. Die Gruppen werden durchlaufen und sind damit vollständig verschlissen. Durch die Anordnung der Gruppen definiert Berio zunächst die äußeren Grenzen dieser Episode: Sie beginnt (ausgehend von der Harmonik in den Mittelstimmen) mit Gruppe (a) (bzw. (b)) und endet mit Gruppe (n). Zweitens verleiht er dieser Episode eine Binnenstruktur: Die Außenstimmen gestaltet er harmonisch frei, die Mittelstimmen werden durch den Gruppenverband in einen harmonisch gegliederten Ablauf gebracht.

Auch diese Partie läßt sich als eine »strukturierte Episode« begreifen: Ihre Ordnung gilt nur für einen bestimmten Abschnitt, dessen Grenzen sie aus sich definiert: Keine der Proportionen, die der chronologischen Abfolge der Gruppen zu Grunde liegen, wird weiterführend nutzbar gemacht. Berio verzichtet hier also auf ein *grundlegendes Proportionsprinzip*. Stattdessen verbleibt alles als ein einmaliges, in sich abgeschlossenes Ereignis.

Darüber hinaus wird die additive Gruppenreihung in *Sincronie* auch in anderer Weise praktiziert: In Abb. 117 (S. 152) (Werkanfang) läßt Berio die Instrumentationsvarianten der

---

10 In der Viola läßt Berio die Gruppe (a) aus und beginnt direkt mit Gruppe (b), wodurch sich eine leichte Verschiebung beider Durchläufe ergibt. Auch in den Außenstimmen wird die Paarbildung übernommen, ohne daß sich damit jedoch auch eine harmonischen Ordnung verbindet.

Gruppe (a) chronologisch ablaufen. Während die drei Unterstimmen anfangs noch eine konsolidierende Substruktur ausbilden (die erste Violine ist bis Ziffer 1 von der additiven Reihung ausgeschlossen und wiederholt den Gruppenvorrat (a)), wird die Strenge der Reihung im Verlauf durch einzelne, selektive Elemente aufgelockert. Das Vorwärtsschreiten ergibt sich, indem die Instrumentationsvarianten von Glied zu Glied durchschritten werden (Operation (a^{n+1}), in der der Exponent jeweils um eine Glied voranschreitet). Mit dem Abschluß der Gruppe (a) überträgt Berio dieses Prinzip auf die Basis $((a+1)^{(n+1)})$: Wie er innerhalb der Gruppe die Instrumenationsvarianten Glied für Glied ablaufen läßt $((a^1), (a^2)$, etc.), überblendet er diese Operation auch auf den Ablauf der Gruppen selbst ((a), (b), (c) usw.) (Abb. 117 unten).

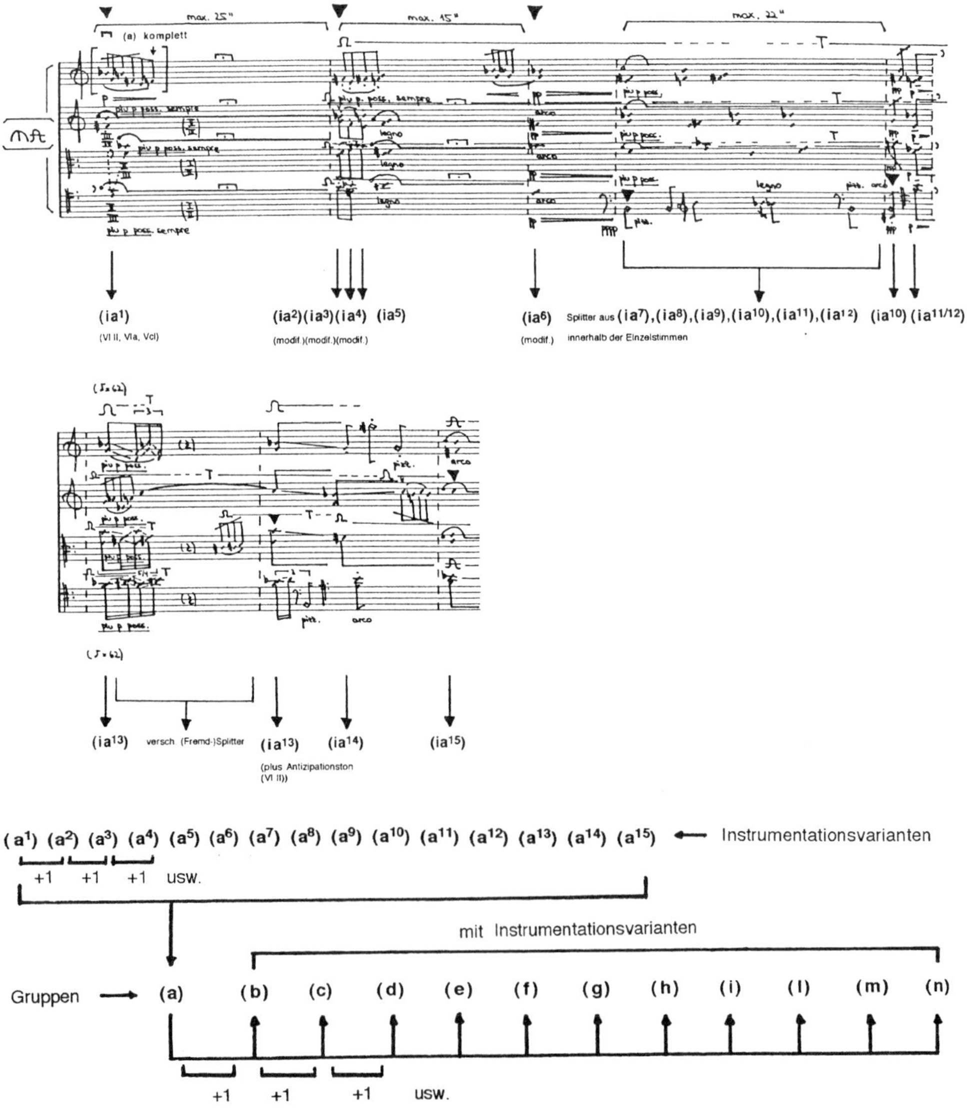

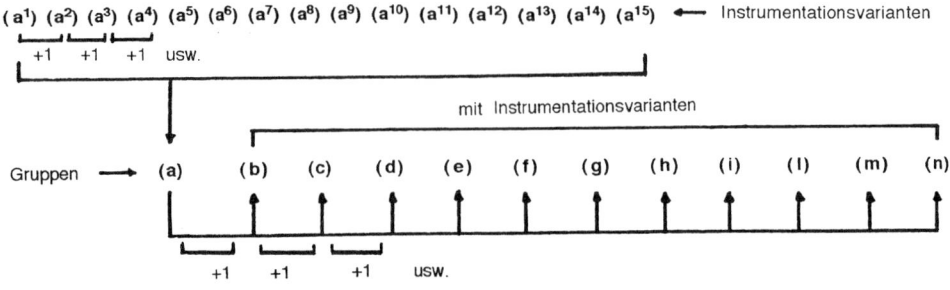

Abb. 117: Harmonischer Durchlauf von Gruppe (a) (Partitur S. 1 Anfang) (oben) mit Schema der Weiterführung (unten)

Gleichwohl läßt sich die Binnenstruktur (Abfolge der Instrumentationsvarianten) der Gruppen (b) bis (n) im folgenden kaum mit der Ordnung vergleichen, die Berio noch in Gruppe (a) umsetzt: Zwar werden die Instrumentationsvarianten auch hier mehr oder weniger chronologisch durchschritten, die Ausweitungen und Fremdeinlagerungen nehmen jedoch deutlich zu, so daß der Ablauf in sich oft verschleiert wird. Dennoch bleibt der chronologische Bezug auch in der Abfolge der Gruppen erhalten.

Fazit:

1. In der *additiven Reihung* werden *monogene* Materialien nach einer feststehenden Gesetzmäßigkeit chronologisch durchlaufen. Sie bildet das Elementarverfahren, von dem sich alle übrigen Reihungsverfahren ableiten lassen. Als Substrate, die dieser Reihungsart unterworfen werden, setzt Berio primär die *Grund-* und *Instrumentationsgruppen* ein; von der (monogenen) Reihung der Komplement-, Spreiz- oder Spreizkomplementgruppen sieht er hingegen ab.
2. Die additive Reihung wird stets mit einer spezifischen *Substruktur* verknüpft: In der *selektiven Substruktur* wird die Gruppe als Tonvorrat benutzt, aus dem der Einzelton frei ausgewählt wird. Die Gruppentöne werden darin zum Verlauf einer Stimme ausgeformt. Demgegenüber zielt die *konsolidierende* Substruktur auf eine möglichst vollständige Repräsentation der sechs Gruppentöne. Sie wird am vollkommensten in der synchronen Schichtung der Gruppentöne zu einem Sechstonakkord verwirklicht. Daneben finden sich jedoch auch Zwischenformen, in denen die Substruktur graduell variiert wird: Keine wird jedoch an späterer Stelle noch einmal in identischer Form wiederholt.
3. Obwohl die *additive Reihung* vielfältige Proportionsverhältnisse ausbildet, verbleiben die hier konstituierten Zusammenhänge nur als eine Episode: Die hier gefundenen Binnenstrukturen werden mit ihrer Umgebung jenseits der Grenzen nur selten vernetzt.

Permutative Reihung

Als eine Ableitung aus der additiven Reihung läßt sich die *permutative Reihung* verstehen. In ihr werden die Glieder eines Materialverbandes nach feststehenden Gesetzmäßigkeiten vertauscht. In Abb. 118 greift Berio auf die Instrumentationsvarianten zurück und komponiert die dort vorbereitete (Sechston-) Schichtung der Gruppentöne aus. Auch in den Vortragsbezeichnungen werden die vier Instrumente gleichgeordnet und durch einen gemeinsamen Notenhals miteinander verbunden. Berio verschachtelt hier gleich zwei verschiedene Ordnungsprinzipien miteinander: Während er die Instrumentationsvarianten chronologisch ausschöpft, läßt er die Gruppen, die den Varianten übergeordnet sind, nach einer festen Ordnung permutieren:

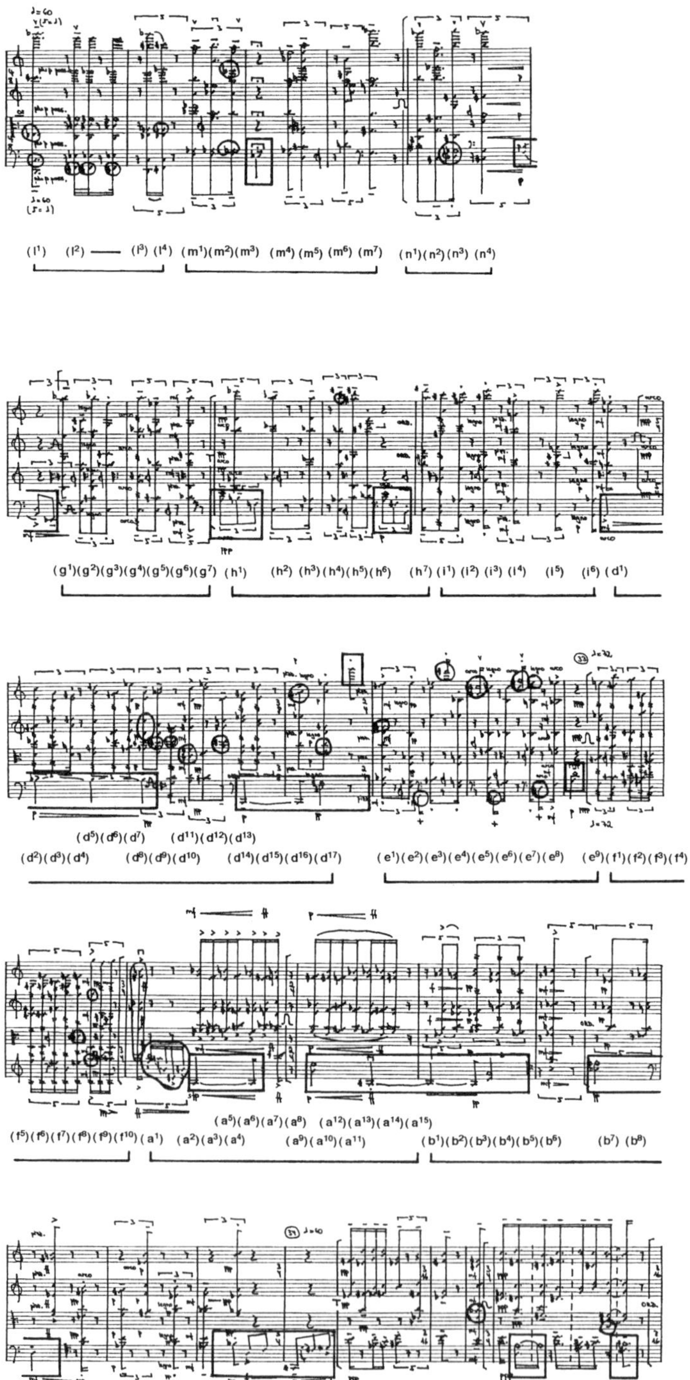

154 DAS WERK

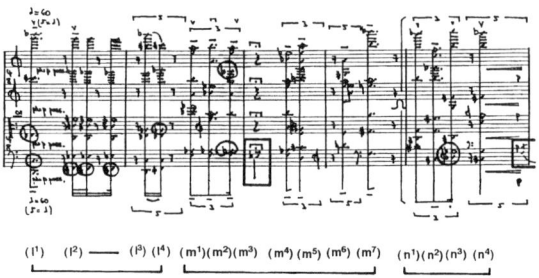

Abb. 118: Permutative Gruppenreihung (Partitur S. 13f. (13-1-2 bis 14-2-2)). Die von den Gruppen abweichenden Noten sind durch einen Kreis markiert. Die Liegetöne (eckige Klammer) sind gruppenfremd.

Berio schöpft hier, beginnend mit den Gruppen (l), (m) und (n), die Varianten der Instrumentationsgruppen mit allen Gliedern aus (Abb. 119):

(l¹) (l²) (l³) (l⁴) (m¹) (m²) (m³) (m⁴) (m⁵) (m⁶) (m⁷) usw.

Abb. 119: Abfolgeschema der Instrumentationsvarianten

Die Abfolge der Gruppen erfolgt nach einem übergeordneten Permutationsschema[11]: Vertauscht man die jeweils erste und letzte Gruppe pro Dreiersegment, so ergibt sich die umgekehrt chronologische Reihenfolge der Buchstaben (a) bis (n) (Abb. 120).

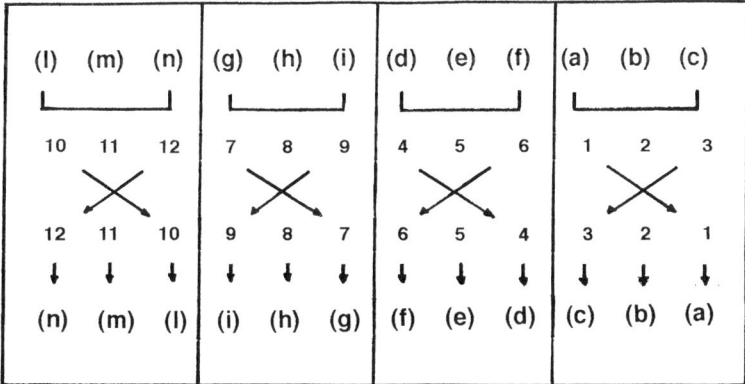

Abb. 120: Schema der Gruppenfolge

Fazit:

1. Auch in der *permutativen Reihung* greift Berio auf einen mehrgliedrigen Materialverband zurück, den er bereits in seiner Materialprädisposition vorbereitet hat. Die Glieder werden darin nach einer feststehenden Regel vertauscht. In der permutativen Reihung kommen ausschließlich *monogene* Materialien zur Verwendung. Sie wird auch mit anderen Reihungsarten kombiniert.
2. Auch in der permutativen Reihung schließt Berio einen kleinen, in sich geschlossenen Abschnitt zu einer eigenständigen Episode zusammen. Jede der zwölf Instrumentationsgruppen wird genau einmal durchlaufen und ist damit vollständig verschlissen.
3. Berio unterteilt seine permutative Episode in vier Teilsegmente zu je drei Gruppen. Die symmetrische Aufteilung der zwölf Glieder verweist auf Erfahrungen aus der dodekaphonen Reihentechnik.
4. In der permutativen Reihung wird die bloß chronologische Ordnung der Glieder weiter spezifiziert. Sie läßt damit bestimmte »Verarbeitungstendenzen« erkennen, die über das bloße Exponieren hinausgehen.

---

11 Streng betrachtet sind dieser Abfolge noch die Gruppen (m) und (n) hinzuzufügen, die im Anschluß an die Gruppe (c) erneut durchlaufen werden. Sie können jedoch auch als verschränkende Überleitung zu dem nachfolgenden freien Teil aus (m) bzw. (n) verstanden werden. Auch die Gruppe (l) wird im Vorfeld (vor Ziffer 32) bereits einmal durchschritten, bereitet den Gruppenablauf also unmittelbar vor.

Integrative Reihung

In der *integrativen* Reihung werden *polygene* Materialien – Gruppen, die aus *verschiedenen* Materialverbänden entnommen sind – nach feststehenden Gesetzen miteinander verzahnt. In ihr werden die Glieder der Materialverbände wie die Zähne zweier Kämme ineinander verschachtelt. Die sich ergebende Struktur ist sowohl durch die Beziehung von einem Glied zum anderen bestimmt (»von Gruppe zu Gruppe«) als auch durch den Konnex höherer Ordnungsglieder (»von Verband zu Verband«).

In Abb. 121 läßt Berio die Spreizgruppenkomplemente (ska) bis (skn) aufeinander abfolgen, stellt diesen jedoch jeweils die entsprechenden Spreizgruppen ((sa) bis (sn)) voran (vgl. auch Abb. 31, S. 64f.).

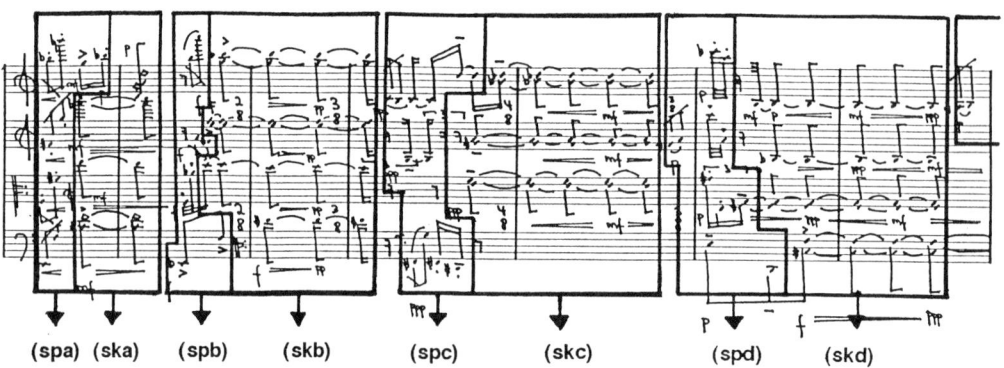

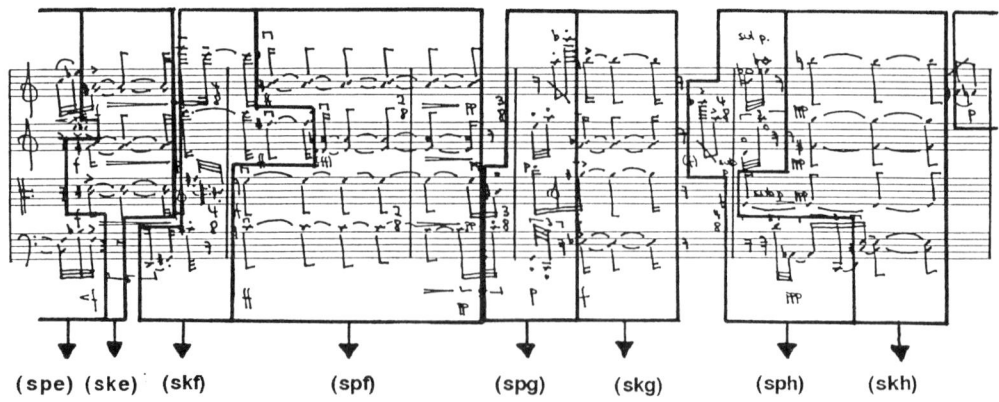

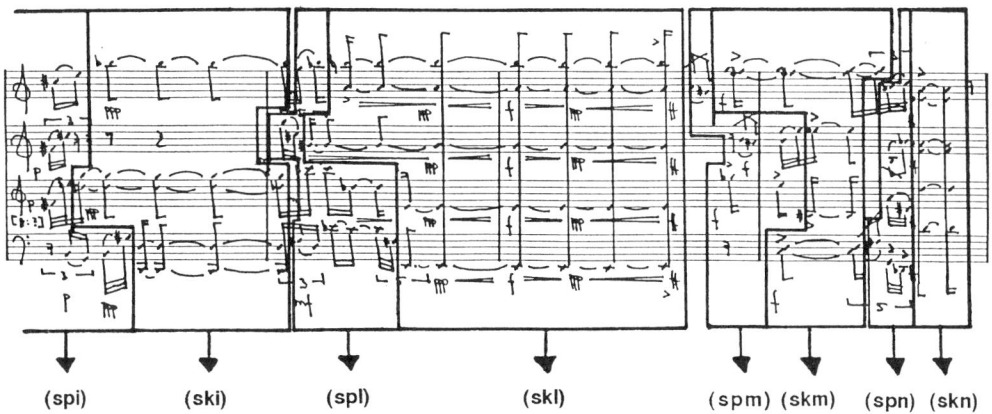

Abb. 121: Integrative Reihung der Spreizgruppen und Spreizgruppenkomplemente (Partitur ab ein Takt nach Ziffer 23 Ende bis zwei Takte vor Ziffer 25)

Die Spreizgruppenkomplemente (SGK) formt Berio zu einem lang ausgehaltenen Sechstonakkord aus. Die Spreizgruppen (SG) verarbeitet er zu stets wechselnden Vorschlagsfiguren, die den Halteakkorden jeweils vorangestellt werden. Dabei bedient er sich eines speziellen Verfahrens (Abb. 122): Für die erste Violine greift er die beiden oberen Töne der Spreizgruppe (sa) heraus, die in der Vorordnung bereits zu einem Sechstonakkord geschichtet worden sind[12]. Der kleinen Sekunde (Oktavdistanzen werden nicht berücksichtigt!) wird, wie in der Materialprädisposition vorgesehen, ein Vorschlagsachtels zugeordnet. Die beiden Töne werden hier der Höhe nach aufgestellt, so daß sich eine aufsteigende Vorschlagsgeste ergibt. Da insgesamt fünf Intervalle auf vier Instrumente zu verteilen sind, wird die erste Violine mit einem zusätzlichen Intervall bedacht. Auch beim nächsten Intervall ($h - g$) werden die Töne zunächst in ihrer Reihenfolge vertauscht (aufsteigende Geste). Der großen Terz ist in der Tabelle ein Sechzehntel zugeordnet. Für die zweite Violine greift Berio das wiederum nächste Intervall heraus ($g - fis$), vertauscht die beiden Töne und textiert sie mit dem in der Tabelle zugewiesenen Achtelvorschlag usw. (Abb. 122, S. 158).

Die harmonischen Verbände ((SG) und (SGK)) durchsetzt Berio im folgenden wie im Reißverschlußverfahren miteinander. Durch die Einteilung in Halteakkorde und Vorschlagsfiguren bleiben die jeweiligen Vorräte auch in ihrer äußeren Erscheinung deutlich aufeinander bezogen. Es ergeben sich zwölf *polygene Parzellen*, in denen der Ablauf verschiedener Materialverbände ineinander verschachtelt ist (Abb. 123, S. 158).

---

12 Die Vorzeichen der Töne *b* und *h* hat Berio in der Skizze offensichtlich verwechselt – ein Versehen, dessen Hergang sich leicht aus den Skizzen nachvollziehen läßt: In Gruppe (a) bindet er das *h* durch einen eigenen Notenhals an die restlichen Gruppentöne an, bei der Spreizung der Töne verliert er deshalb für einen Moment die Orientierung, welcher der beiden Töne der höhere ist. Daß es sich um eine absichtsvolle Permutation handelt, scheint kaum evident, zumal er die Reihenfolge in den anderen elf Spreizgruppen exakt beibehält und sein »Versehen« beim Übergang in die Partitur korrigiert.

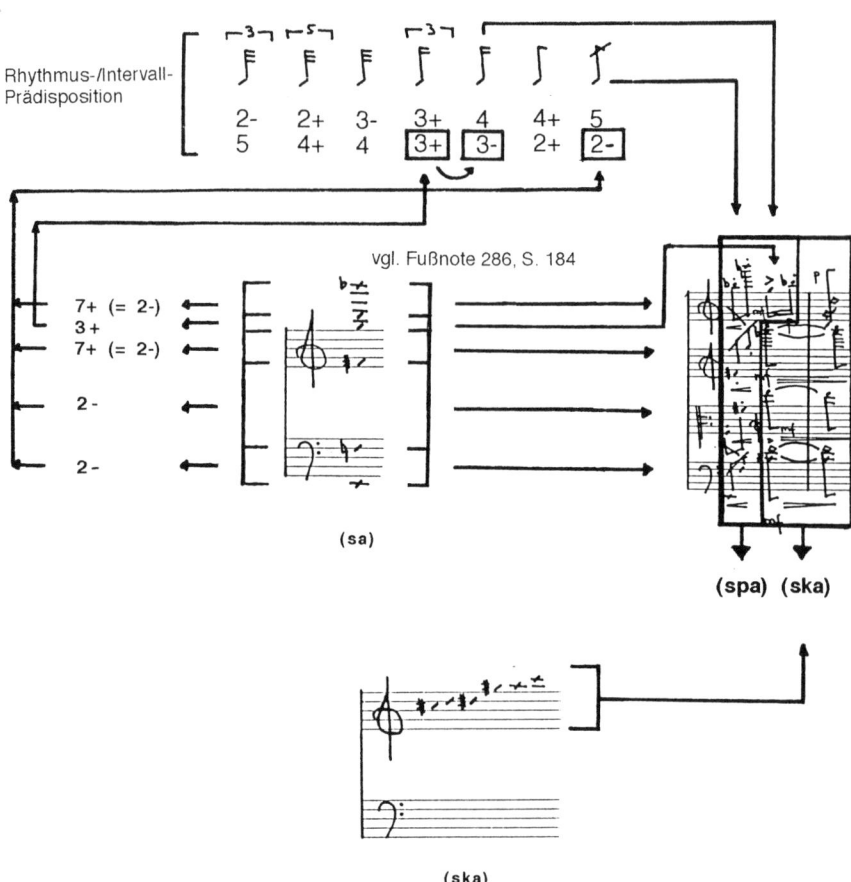

Abb. 122: Schema zur Bildung einer Parzelle

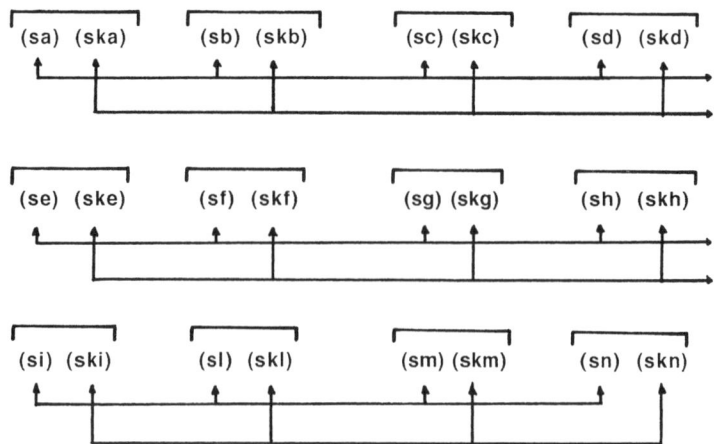

Abb. 123: Schema der Parzellen

Die Ausbildung dieser Parzellen unterstützt Berio zusätzlich, indem er die Halteakkorde zum Pianissimo hin ausblendet und in allen vier Instrumenten gleichzeitig enden läßt[13]. Die nun neue Parzelle beginnt oftmals in dynamischem und artikulatorischem Kontrast, der Einsatz der vier Stimmen ist deutlich versetzt.

Fazit:

1. In der *integrativen* Reihung werden *polygene* Materialien – Gruppen, die aus verschiedenen Materialverbänden entnommen sind – nach bestimmten Gesetzmäßigkeiten miteinander durchsetzt. Sie bilden eine zusammengesetzte Reihungsstruktur, in der eine *primäre* Reihungsform (»von Gruppe zu Gruppe«) mit einer *sekundären* (»von Verband zu Verband«) verbunden wird.
2. Auch hier konfiguriert sich der gegebene Zusammenhang lediglich zu einer *Episode*: Beginn und Ende des Gruppendurchlaufs werden durch die Buchstaben (a) bis (n) eindeutig markiert, mit seiner einmaligen Verwendung ist das Material jedoch vollständig verschlissen.

Freie Reihung

Während die harmonischen Gruppen in den bereits beschriebenen Verfahren nach bestimmten Gesetzen geordnet werden, finden sich in *Sincronie* auch Partien, in denen die Gruppen frei miteinander kombiniert werden. Der gegebene Zusammenhang läßt sich dabei stets auf die Gruppen zurückführen, ihre Anordnung gestaltet Berio hingegen ohne erkennbare Regularitäten. In der *freien Reihung* kommen alle Arten von Gruppen zur Verwendung; diese wiederum können *monogenen* oder *polygenen* Ursprungs sein.

Freilich ist diese Reihungsart sorgsam von der »freien Harmonik« zu unterscheiden, wie Berio sie insbesondere in seinen traditionellen Satzanleihen verwendet (vgl. S. 110–116): Während der Bezug auf die Gruppen dort vollständig preisgegeben ist, so daß die Töne nur noch als atomisierte Partikel vorhanden sind, bilden die Gruppen in der freien Reihung noch immer die (verbindliche) Grundlage, auf die sich das harmonische Geschehen zurückführen läßt. Sie werden also nur frei, d.h. ohne Bezug auf ein (erkennbares) Gesetz miteinander verkuplt. Abb. 124 zeigt eine Reihung verschiedener (Sechston-)Akkorde, die auf verschiedene Gruppen zurückgehen. Auch hier streut Berio zahlreiche »Schmutzpartikel« ein – Töne, die die Reinheit auch der Akkorde durchbrechen.

---

[13] Akustisch kaum ins Gewicht fällt eine Abweichung in der zweiten Violine auf Zählzeit 1 in Takt 163 (9-2-6), die statt mit einem normalen Sechzehntel mit einem Triolensechzehntel endet.

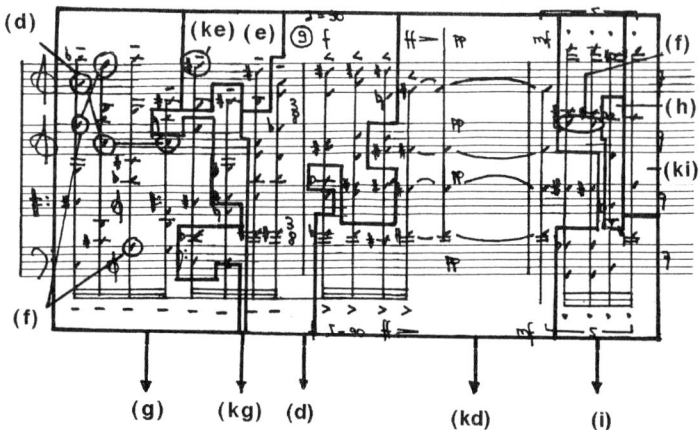

Abb. 124: Freie Reihung (Partitur S. 3 (3-3-2 bis 3-3-4))

Die Anordnung dieser Gruppen läßt hier also keine bzw. nur sehr schwache Regelmäßigkeiten erkennen (die Grundgruppen werden oft mit den jeweiligen Komplementgruppen kombiniert). Zwar mag die *äußere* Erscheinung auf den ersten Blick eine *integrative* Struktur vermuten lassen, diese löst sich jedoch nicht ein: Weder die Grund- noch die Komplementgruppen bilden eine eigenständige Ordnung aus, die auch unabhängig von ihrer Verzahnung bestehen könnte. Die formbildende Tendenz, die von der freien Reihung ausgeht, ist damit nur schwach. Sie grenzt sich von ihrer Umgebung nur *ex negativo* ab: Indem sie die vorherige Ordnung durchbricht und die nachfolgende verzögert, wird der harmonische Ablauf für kurze Zeit aufgestaut, umgelenkt oder verschleiert.

Fazit

1. Auch in der *freien* Reihung greift Berio auf Materialien zurück, die er in seiner Materialprädisposition vorgeordnet hat. Sie können sowohl *monogenen* als auch *polygenen* Ursprungs sein und werden frei miteinander kombiniert. Obwohl die einzelnen Glieder oftmals mit »Schmutzpartikeln« (»falsche Töne« etc.) durchsetzt sind, läßt sich jedes noch auf eine feste Gruppe zurückführen.
2. Ihre formbildende Tendenz erhält die freie Reihung *ex negativo*: Berio verwendet sie als ein *quid non,* als welches sie den umgebenden (harmonischen) Zusammenhang durchbricht bzw. verzögert.

ZUSAMMENFASSUNG

1. Berios Streichquartett *Sincronie* liegt ein differenziertes Verfahren der *Komposition mit Gruppen* zu Grunde, das als Grundlage der harmonischen wie auch der formalen Konstitution des Werkes bezeichnet werden kann. In ihm macht er sich die formbildenden Tendenzen zunutze, wie sie sich aus der besonderen Morphologie seiner Tonhöhenprädisposition gewinnen lassen.
2. Die kompositorische (An-)Ordnung der verschiedenen Gruppen und Gruppenverbände gestaltet Berio in schier unüberschaubarer Vielfalt. Dennoch lassen sich in seinem Werk vier grundlegende Verfahren erkennen, auf die sich auch alle anderen Ordnungsformen zurückführen lassen *(additive, permutative, integrative* und *freie Reihung)*. Daneben finden sich Partien, in denen die Harmonik ganz ohne Bezug zu den Gruppen verbleibt.
3. Berio verknüpft in seinem Werk auch mehrere Reihungsverfahren miteinander. Der additiven Reihung lagert er verschiedenen Substrukturen ein, andere Verfahren werden miteinander kombiniert oder ineinander verschachtelt. Nur wenige Partien legen sich in der oben beschrieben »Reinform« dar. Berios kompositorische Praxis erweist sich – im Umgang mit den harmonischen Gruppen – somit als eine Art »Spielfeld«: Zwar lassen sich in ihm bestimmte Grundverfahren aufzeigen, seinem *aktuellen kompositorischen Bedürfnis* bleiben sie jedoch stets unterworfen.

Schlußbetrachtung: Satz und Form

Während die *musikalische Textur*, so haben wir gesehen, den Ablauf von *Sincronie* im *Äußeren*, d.h. aus der Gliederung des Werkes durch die verschiedenen Satztypen ausformt (vgl. S. 87–109), eröffnet die harmonische Analyse eine zweite, *innere* Ebene der Struktur, die von der *Komposition mit Gruppen* bestimmt ist (vgl. S. 146–161). Sie konstituiert sich aus der Art, wie die harmonischen Gruppen ausgeschöpft und miteinander verknüpft werden. Beide Ebenen sollen nun in einem dritten, abschließenden Schritt zueinander in Beziehung gesetzt werden.

Berios Satzbild, so hat sich gezeigt, ist in *Sincronie* von verschiedenen Texturen bestimmt, die – teils mehr, teils weniger vermittelt – aneinandergefügt werden. In ihnen werden verschiedene *Texturtypen* entfaltet, in denen die *vertikale Gleichordnung* unter den vier Instrumenten auf verschiedene Weise zur Darstellung gebracht wird. Die einzelnen Texturtypen stellt er in meist kurzatmigen, so doch deutlich erkennbaren (Klein-)Abschnitten vor. Entwicklungen – wo sie stattfinden – bleiben auf lokale, auf das Detail zentrierte Zusammenhänge beschränkt und brechen schon nach kurzer Zeit wieder ab. Auch traditionelle Satzbilder kommen zur Anwendung (vgl. S. 110–116). Diese bleiben jedoch nur auf lokale Zusammenhänge verwiesen und können als eine Art »déjà vu«, als Anklang an traditionelle Gattungsvorbilder verstanden werden, die Berio im nächsten Schritt schon wieder verläßt.

Vergleichen wir diese Ausgangssituation mit den Grundlagen, wie sie die diskursiv-dialektische Tradition des Streichquartetts bislang reklamiert hat: Berio gründet sein Werkkonzept auf einer »thematischen Idee« – der Darstellung von »synchronic events« und ihrem »disregard of local symmetries by time«[1]. Sein musikalisches Substrat bezieht er also nicht aus einer (vorgefertigten) Bezugsgestalt, einem mehr oder weniger »thematischen *proponens*«, sondern aus der *Relationalität* unter den vier Stimmen selbst, die hier auf einen bestimmten Aspekt – die *vertikale Dissoziativität* innerhalb des vierstimmigen Satzes – zentriert bleibt. Daß die Idee der verschiedenen Synchronisationszustände als konstruktive Pervertierung des »dialogisierenden Prinzips« verstanden werden kann, daß Berio die Gattungstradition also gerade dadurch fortsetzt, daß er sie *ex negativo* beantwortet, wäre denkbar. Dennoch bleiben seine Ansätze auf einen eher stationären Rahmen der Verknüpfungen verwiesen, in dem diese nur im Ansatz, in einer Art »Anspielung« aufaddiert werden und sich nur begrenzt in einen übergreifend dialektischen Zusammenhang überführen lassen.

Die Gesamtform von *Sincronie* läßt sich schließlich als das Ergebnis umfangreicher Aufstellungs-, Kontrastsetzungs-, Angleichungs- und Montage-Prozesse verstehen. Betrachten wir den formalen Ablauf im Ganzen, so lassen sich zunächst vier (Teil-)Abschnitte aufzeigen; daneben sind jedoch auch andere Möglichkeiten der Unterteilung denkbar, in denen sich das Verhältnis der Teile zum Ganzen nicht weniger evident darlegt: Berios musikalische Form, so bleibt zu konstatieren, gestaltet sich stets *mehrdeutig*, wobei verschiedene Beschreibungsmodelle zu durchaus verschiedenen Ergebnissen führen können. Die folgende Vier-Teile-Form sei damit also nur als *eine* Möglichkeit der Gliederung verstanden, die andere nicht ausschließt:

---

1 Gespräch der Verfasserin mit Luciano Berio, Freiburg, 27.9.1993. Gegenüber einer thematischen Bezugsgröße entfällt hier z.B. das Postulat der Initialstellung, das sich in Berios Ansatz kaum einlösen läßt. Auch gibt es keinerlei »rhythmische Modelle« o.ä., die sich über die Figurenbildung hinaus als thematische (Teil-)Komponenten behaupten könnten. Demgegenüber kommt dem Erfindungsreichtum, der Frage also, wie die einzelnen Synchronisationszustände möglichst vielfältig differenziert werden können, eine maßgebliche Stellung zu.

- In *Teil (A)* (S. 1, T. 1 bis S. 4, vor Ziffer 11 (1-1-1 bis 4-2-1)) legt Berio seine Materialien – die vier Texturtypen wie auch die Disposition der harmonischen Gruppen – verhältnismäßig systematisch dar und schließt sie durch ein erstes, deutlich erkennbares, virtuos ausgeformtes Aleatorik-Feld ab.
- *Teil (B)* (S. 4, Ziffer 11 bis S. 12, Ziffer 30 Ende) ist aus eher heterogenen Harmonie- und Texturelementen zusammengesetzt. In ihm verknüpft er harmonisch und satztechnisch eher freier gehaltene Partien mit solchen, die bereits im Vorfeld durchkonstruiert worden sind (Episoden).
- *Teil (C)* (S. 12, Ziffer 31 bis S. 15, Ziffer 36 Ende) ist kurz und nimmt die ausgetesteten Freiheiten schnell wieder zurück – allerdings nur, um sie sogleich mit noch umfassenderer Strenge (additive Akkordreihung, permutativer Gruppendurchlauf) zu beantworten.
- In *Teil (D)* (S. 15, Ziffer 37 bis S. 18 Ende) werden die Proportionen des Werkganzen, insbesondere nach dem kurzen (C)-Teil, noch einmal durch einen längeren Schlußteil harmonisiert. Auch hier greift Berio auf bereits bekannte Materialien zurück (Texturarten, Gruppenharmonik), die stets neu variiert bzw. durchbrochen werden.

Berio gewinnt seine musikalische Form also aus dem (mehr oder weniger) freien Zusammenspiel der Elemente (Texturtypen, Gruppen), die funktional zueinander in Beziehung gesetzt werden: Wir können Teil (A) – im weitesten Sinne – als einen »aufstellenden« Abschnitt beschreiben, Teil (B) als »frei vagierenden« Werkteil, Teil (C) als »strenges« bzw. »zurückführendes« Formglied und Teil (D) als eine Art »abrundenden« Anhang. Die Funktionen, wie sie hier beschrieben werden, lassen sich freilich nicht immer auf den ersten Blick erkennen, sondern erklären sich oft erst aus der harmonischen Analyse (interne Gruppenstruktur). Auch *innerhalb* dieser Vier-Teile-Form können die Abschnitte schließlich auch anders ausgedeutet werden: Teil (A) läßt sich auch als ein »exponierender« Werkabschnitt verstehen, in dem bestimmte Grundlagen (Texturtypen, Gruppenharmonik) aufgestellt und »befestigt« werden, Teil (B) als »mischender«, »zerstreuender«, »diffundierender« Werkteil, Abschnitt (C) als Teil der »partiellen Restitution«, auf den mit Teil (D) schon bald eine Art »Coda« folgt. Obwohl eine solche Ausdeutung recht schnell das Bedürfnis nach einem traditionellen »Sonatenhauptsatztypus« erkennen läßt, scheint sie derweil nicht zwingend: Das dualistische Prinzip, die Exponierung von zwei gegensätzlichen »Objekten«, wird in *Sincronie* gerade aufgehoben und auf ein ganzes Kontinuum graduell miteinander vernetzter Relationen ausgedehnt. Auch im »dissoziierenden« Werkteil (B) bleibt die Vermischung und Auflösung der Elemente lediglich auf »Nebenprodukte« beschränkt, die für die konstitutiven Zusammenhänge letztlich ohne Folgen bleiben. Stattdessen entfaltet sich das Werk als eine (vier-)teilige, wenn auch hochentwickelte Montage verschiedener Textur- und Gruppenbeziehungen, deren formbildende Tendenzen überwiegend im Lokalen genutzt werden.

Dem progredient-vermittelnden, auf traditionelle Begriffe wie »Prozeß« oder »Entwicklung« ausgerichteten Denken begegnet Berio in *Sincronie* somit eher aus der Ferne. Sein Werk rekurriert mit der Besetzung von zwei Violinen, Viola und Violoncello auf die Möglichkeiten einer Gattung, die – mit allen Implikationen – letztlich jedoch nur als Bezugsrahmen (im weitesten Sinne) genutzt wird. Umgekehrt läßt *Sincronie* sich jedoch auch nicht vollständig aus der dialektischen Gattungstradition herauslösen.

Darüber hinaus eröffnet *Sincronie* aufschlußreiche Einsichten in Berios handwerkliches und kompositorisches Denken: Im Mittelpunkt steht stets das *klingende* Ereignis, der von der

Tonhöhe bestimmte musikalische Verlauf, der sich primär aus dem inneren Aushören, nie jedoch aus einem von außen gesetzten, objektiv zu bemessenden Impetus ableitet. Berios Triebkraft ist seine musikalische Phantasie, die sich *eo ipso*, als ein Spiel *aus* sich selbst, *für* sich selbst entfaltet.

Sein Denken vollzieht sich in Tönen, Gesten, Vorräten und Mengen, die sich im schier unerschöpflichen Reichtum mehr oder weniger komplexer Beziehungen zueinander entfalten. Die konstruktive Leitlinie – wo sie besteht – fungiert dabei lediglich als eine Art »Katalysator«, durch den der Akt der Ausformung (nicht der Erfindung!) vereinfacht, »objektiviert« oder einfach vorangetrieben wird. Die Struktur, die von außen proponierte Ordnung wird dabei – und darin unterscheidet Berio sich maßgeblich vom frühseriellen Boulez – zu keiner Zeit zum *generans ex se*: Die kompositorische Einzelentscheidung läßt Berio sich, dies zeigt auch seine Vorliebe für »Verschmutzungseffekte«, nicht aus der Hand nehmen. Obwohl sich für das Ereignis *rückwirkend* also oft ein logisches Prinzip seiner Auswahl oder Entstehung erkennen läßt, ist Berios Entscheidung im *Vorgriff* nur selten prädikabel. Im Umgang mit kompositorischen Materialien läßt sich eine deutliche Neigung zur Spreizung, Stauchung, Selektion, Permutation und Komplementierung verschiedener Substrate erkennen. Komplexere Verfahren[2] wie auch aufwendigere Transpositionsprozeduren liegen Berio (in diesem Werk) nicht. Darüber hinaus läßt sein musikalisches Denken ein ausgeprägtes Bewußtsein für kompositorische *Hierarchien* erkennen: Indem er seine Elemente nicht nur *quantitativ*, nach Ordnungspositionen, sondern auch *qualitativ*, in Unter- und Überkategorien klassifiziert, lassen sich ihre Beziehungen vielfältig vertiefen. Quer- und Rückbezüge erweisen sich wiederum *mehrdeutig*.

Musik, so bleibt zu schließen, bestätigt sich für Berio stets als ein Im-Werden-Begriffenes, Sich-Wandelndes, das sich aus der Erfindung bzw. Herstellung vielfältiger Beziehungen entfaltet. Musik ist eine Aktivität, die den Menschen stets neu mit seiner Welt, aber auch mit sich selbst in Beziehung setzt:

> »Tuttavia la musica è pur sempre un'attività dell'uomo: non esiste in natura. Non è quindi possibile concepire un discorso musicale senza fare riferimento a quei mezzi che l'uomo ha inventato o adattato a scopo di musica. Il riferimento può essere più o meno facile, più o meno esplicito, ma è inevitabile...«[3].

---

2 Gemeint ist z.B. die Boulezsche Vektorenprojektion, bei der jedes Element durch eine zwei- bzw. dreidimensionale Vektorenkonstellation dargestellt wird.

3 »Trotz allem bleibt die Musik eine Aktivität des Menschen: Sie ist in der Natur nicht vorhanden. Deshalb ist es nicht möglich, eine musikalische Auseinandersetzung zu entwickeln, ohne sich auf jene Mittel zu beziehen, die der Mensch erfunden oder dienstbar gemacht hat, um Musik zu machen. Der Bezug kann mehr oder weniger leicht erkennbar, mehr oder weniger explizit sein, aber er ist unabdingbar...«. Luciano Berio: Prospettive nella musica. Ricerche ed attività dello studio di fonologia musicale di Radio Milano, in: Elettronica V/3, Turin, 1956, 108–115, hier 109. – Die deutsche Übersetzung (unveröffentlicht) erfolgte durch die Verfasserin.

Anhang

Dokumentation Luciano Berio

Biographie

1925	geboren am 24. Oktober in Oneglia/Ligurien als Kind einer Musiker-, Juristen- und Politikerfamilie, erster Klavierunterricht mit sechs Jahren, Kompositionsunterricht beim Vater und Großvater
1944	Verletzung der rechten Hand mit der eigenen Schußwaffe durch ein Versehen beim Wehrdienst in San Remo
1945	Übersiedelung nach Mailand, Jurastudium mit baldigem Studienabbruch
1946–51	Studium in den Fächern Klavier, Klarinette und Kontrapunkt (Giulio Cesare Paribeni) am Konservatorium Mailand, ab 1948 auch in Komposition (Giorgio Federico Ghedini), Diplomprüfung, daneben Tätigkeit als Dirigent, Klarinettist und Korrepetitor
1950	Heirat mit Cathy Berberian († 1983), erste USA-Reise
1952	Zweite USA-Reise, Teilnahme am Kompositionskurs von Luigi Dallapiccola beim Berkshire Musik Festival in Tanglewood, erste Begegnung mit elektronischer Musik
1953	Studien im Experimentalstudio Mailand, kommerzielle Film-Musiken
1954	Geburt der Tochter Cristina, Begegnung mit Bruno Maderna, Karlheinz Stockhausen und Henri Pousseur in Basel, Teilnahme als Gast an den Darmstädter Ferienkursen (bis 1958), freier Redakteur bei RAI Milano (Rundfunk und Fernsehen)
1955	Gründung des Studio di fonologia musicale in Mailand (RAI), der Konzertreihe *Incontri Musicali* (1956–60) und der gleichnamigen Zeitschrift (1956) gemeinsam mit Bruno Maderna
1957	Erster Paris-Aufenthalt, Aufgabe der Stellung am Studio di fonologia, Lehrtätigkeit an der Berkshire School of Music in Tanglewood
1960	Member of Faculty of Composers am Mills College/Oakland, Gastdozent bei den Darmstädter Ferienkursen
1961	Aufgabe der Stellung am Rundfunk (RAI), Kompositionslehrer an der Darlington Summer School/England sowie am Mills College/Oakland (1962)
1963	Endgültige Übersiedelung in die USA, Professur am Mills College
1965	Scheidung von Cathy Berberian, Heirat mit Susan Oyama, weitere Verlegung der Aktivitäten an die Ostküste der USA, Lehrer an der Harvard University (bis 1966) und Juilliard School of Music New York (bis 1971), Gründung des Juilliard Ensemble (1967)
1966/68	Geburt der Kinder Marina und Stefano
1971–72	Redaktion einer eigenen Fernsehreihe (RAI) *(C'è musica e musica)*, Studien am IRCAM Paris, Rückverlagerung des Arbeitsschwerpunkts nach Italien (Radicondoli/ Toskana)
1974–80	Leitung der elektroakustischen Sektion am IRCAM Paris, Künstlerischer Direktor des Israel Chamber Orchestra (1975) sowie der Accademia Filarmonica Romana (1976), zahlreiche Konzertreisen als Dirigent und Komponist
1977	Heirat mit Talia Pecker, Geburt der Kinder Daniel (1978) und Jonathan (1980)
1982/84	Künstlerischer Direktor des Orchestra Regionale Toscana bzw. des Maggio Musicale Fiorentino

1987	Gründung des Centro Tempo Reale in Florenz, Forschungsprojekt TRAILS (Tempo Reale Audio Interactive Location System)
1993/94	Gastdozent im Rahmen der Charles-Eliot-Norton-Vorlesungsreihe für musikalische Poetik an der Harvard University

Zahlreiche internationale Preise und Auszeichnungen (u.a. Premio Italia, Fondation Européenne de la Culture, Ehrendoktorwürde der City University of London, Sibelius Prize, Ernst von Siemens-Musikpreis), Mitglied verschiedener Akademien, Gremien und Verbände insbesondere in Italien, USA und Frankreich.

Werkverzeichnis[1]

PASTORALE (1937/(46?))
   für Klavier (unveröffentlicht)
TOCCATA (1939)
   für Klavier zu vier Händen (unveröffentlicht)
PRELUDIO A UNA FESTA MARINA (1944)
   für Streichorchester (unveröffentlicht)
L'ANNUNCIAZIONE (1945/46)
   für Sopran und Kammerorchester, Text von Rainer Maria Rilke (unveröffentlicht), unvollendet
DUE CORI POPOLARI (1946)
   für Chor (unveröffentlicht)
O BONE JESU (1946)
   für Chor (unveröffentlicht)
DIVERTIMENTO (1946, rev. 1985)
   für Violine, Viola und Violoncello, a) Fassung 1946 (unveröffentlicht), b), Fassung 1946, rev. 1985 (RCA)
TRE CANZONI POPOLARI (1946/47)
   für Frauenstimme und Klavier (unveröffentlicht), Textverfasser nicht identifiziert, UA: Mailand 1953, eingegliedert auch in QUATTRO CANZONI POPOLARI (1952) (UE). Das Lied DOLCE COMICIAMENTO (1946), das in beiden Zyklen enthalten ist, wird gelegentlich auch selbständig ausgewiesen.
TRE PEZZI (1947)
   für 3 Klarinetten (unveröffentlicht), UA: Mailand 1947
PETITE SUITE POUR PIANO (1947)
   in FAMILY ALBUM mit Werken von Adolfo, Maria Isabella, Ernesto und Luciano Berio (UE), UA: Como 1948
DUE LIRICHE DI GARCIA LORCA (1947/48)
   für Baß und Orchester (unveröffentlicht), unvollendet
TRE LIRICHE GRECHE (1946/48)
   für Singstimme und Klavier (unveröffentlicht), das Lied E DI TE NEL TEMPO wird auch selbständig ausgewiesen
QUINTETTO (1948)
   für Bläser (unveröffentlicht)

---

1 Ansätze zu einem Werkverzeichnis finden sich u.a. bereits in den folgenden Quellen, die im folgenden erweitert, aktualisiert und durch neuerliche Recherchen ergänzt wurden. Luciano Berio. Werke in den Verlagen Universal Edition, Wien und Suvini Zerboni, Milano, hg. v. Universal Edition Wien A.G./Edizioni Suvini Zerboni, spa, Wien/Milano 1995; Musikvorschau, hg. v. Universal Edition Wien, Hefte 109–122, Newsletter, hg. v. Universal Edition Wien, Heft 1/97 bis 4/99; David Osmond-Smith: Luciano Berio (= Oxford Studies of Composers, Bd. 24 [korrekt 20]), Oxford/New York 1991, 123–149; Ivanka Stoianova: Luciano Berio. Chemins en musique, Paris 1985, 473–485; David Osmond-Smith (Hg.): Luciano Berio. Two interviews with Rossana Dalmonte/Bálint Varga, New York/London 1985, 173–185; René Karlen/Sabine Stampfli (Hgg.): Luciano Berio. Musikmanuskripte. Inventare der Paul Sacher Stiftung, Basel 1988; Enzo Restagno (Hg.): Berio, Turin 1995. – Die Verfasserin dankt insbesondere Frau Bettina Tiefenbrunner von der Universal Edition Wien, der Agentur Andrew Rosner, Allied Artist, London, den Mitarbeitern des Centre de documentation de la musique contemporaine Paris (Cdmc) und der Médiathèque pédagogique der Cité de la musique Paris für wertvolle Hinweise. – Die Verlage werden wie folgt abgekürzt: Universal Edition Wien (UE); Edizioni Suvini Zerboni Milano (SZ); Edizioni Musicali Rom (RCA); Bellwin and Mills New York (BM); Schott Musik International Mainz (SCH), G. Ricordi & C. s.p.a. (RI) – Da die Entstehungsdaten in Skizzen, Druckfassung(en) und anderen Quellen oftmals erheblich voneinander abweichen, werden außer dem Datum, wie es in der Druckfassung ausgewiesen ist, z. T. auch andere Angaben berücksichtigt.

DUE CANTI SICILIANI (1948)
   für Tenor und Männerchor (unveröffentlicht)
AD HERMES (1948)
   für Singstimme und Klavier (unveröffentlicht), UA: Oneglia 1948
DUE PEZZI SACRI (1949)
   für 2 Soprane, Klavier, zwei Harfen, Pauken und zwölf Glocken (unveröffentlicht)
TEMA E VARIAZIONI (1949)
   für Kammerorchester (unveröffentlicht), unvollendet
MAGNIFICAT (1949)
   für 2 Soprane, Chor und Orchester, a) Fassung 1949 (unveröffentlicht), b) Fassung 1949, rev. 1971 (BM), UA: Turin 1971
CONCERTINO (1949, rev. 1950/51 und 1970)
   für Solo-Klarinette, Solo-Violine, Harfe, Celesta und Streicher (UE), UA: Mailand 1950, eingegliedert auch in CONCERTINO (1970), gelegentlich auch unter dem Titel PICCOLO CONCERTO geführt
TRE VOCALIZZI (1950)
   für Stimme und Klavier (unveröffentlicht)
QUARTETTO (1950)
   für Bläser (unveröffentlicht), unvollendet
DOPPIO CANONE (vor 1951)
   für Chor (unveröffentlicht), Textverfasser nicht identifiziert
OGNI ASPRO MARTIRE (vor 1951)
   für Singstimme und Klavier (unveröffentlicht), Textverfasser nicht identifiziert
OUVERTURE PER UN BALLETTO (vor 1951)
   für Orchester (unveröffentlicht)
SOLFEGGIO A DUE VOCI (vor 1951)
   für 2 Singstimmen und Klavier (unveröffentlicht)
TCHEKOV I, II, III (vor 1951)
   für Klavier (unveröffentlicht)
CANZONETTA (vor 1951)
   für 3 Singstimmen (unveröffentlicht), Textverfasser nicht identifiziert
DUE PEZZI (1951, rev. 1966)
   für Violine und Klavier, a) Fassung (1951) (unveröffentlicht), b) Fassung (1966) (SZ), UA: Tanglewood 1952. Das Entstehungsdatum 1951 wurde im Zuge der Revision von 1966 auf 1949 korrigiert.
OPUS NUMBER ZOO (1951, rev. 1970)
   Text (engl.) von Rhoda Levine, basierend auf Cathy Berberian, dt. Textfassung von Friedl Hofbauer, ital. von Vittoria Ottolenghi, a) Fassung (1951) für Sprecher, 2 Klarinetten und 2 Hörner (unveröffentlicht), UA: Mailand 1952, b) Fassung (1970) für Bläserquintett (UE), UA: New York 1971, beinhaltet Material des unvollendeten QUARTETTO (1950) für Bläser
CAMINO (1951)
   für Baß und Orchester (unveröffentlicht), Text nach F. Garcia Lorca
DEUS MEUS (1951)
   für Stimme und 3 Instrumente (unveröffentlicht), UA: Mailand 1952
MIMUSIQUE NR. 1 (1951)
   für Einspurtonband

SONATINA (1951)
: für Flöte, 2 Klarinetten und Fagott (unveröffentlicht)

EL MAR LA MAR (1952/53/69)
: a) Fassung für 2 Soprane, Flöte, Klarinette, Gitarre, Akkordeon und Kontrabaß (1952) (unveröffentlicht), b) Fassung für 2 Soprane und Klavier (1953), c) Fassung für Sopran, Mezzosopran, Flöte, 2 Klarinetten, Harfe, Akkordeon, Violoncello und Kontrabaß (UE), UA: Royan 1969

QUATTRO CANZONI POPOLARI (1946/52, rev. 1973)
: für Frauenstimme und Klavier (UE), Text von Jacopo da Lentini und unbekannten Dichtern. Der Zyklus beinhaltet die bereits 1946/47 entstandenen TRE CANZONI POPOLARI, die um ein viertes Lied, AVENDO GRAN DIVISO, erweitert wurden, UA: Mailand 1952

STUDY (1952, rev. 1985)
: für Streichquartett, a) Fassung 1952 (unveröffentlicht), b) Fassung 1952, rev. 1985 (RCA), UA: Tanglewood 1952

CINQUE VARIAZIONI (1952/53, rev. 1966)
: für Klavier (SZ), UA: Mailand 1953

MIMUSIQUE NR. 2 (1952/53)
: für Orchester (SZ), eingearbeitet auch in MIMUSIQUE NR. 2/TRE MODI PER SOPPORTARE LA VITA (1952–55)

ALLEZ HOP (1953/59, rev. 1968)
: Racconto mimico für Mezzosopran, 8 Mimen, Ballett und Orchester (SZ), Text von Italo Calvino, a) Fassung (1953/59), UA: Venedig 1959, b) Fassung 1953/59, rev. 1968, UA: Bologna 1968, beinhaltet Material aus MIMUSIQUE NR. 2/TRE MODI PER SOPPORTARE LA VITA und RHUMBA-RAMBLE bzw. SCAT-RAG aus DIVERTIMENTO (1952–55)

CHAMBER MUSIC (1953)
: für Frauenstimme, Klarinette, Violoncello und Harfe (SZ), Text von James Joyce, UA: Mailand 1953

VARIAZIONI (1953/54)
: für Kammerorchester (SZ), UA: Hamburg 1955

NONES (1954)
: für Orchester (SZ), nach einem Text von W. H. Auden, a) Konzept als Oratorium (unveröffentlicht), b) Fassung für Orchester (1954), UA: Turin 1955

RITRATTO DI CITTÀ (1954)
: für Einspurtonband, Gemeinschaftskomposition mit Bruno Maderna, Text von Roberto Leydi, UA: RAI Mailand 1955

MUTAZIONI (1954/55)
: für Tonband (SZ), UA: RAI Mailand 1956

MIMUSIQUE NR. 2/TRE MODI PER SOPPORTARE LA VITA (1952–55)
: für Mimen und Orchester (SZ), Sujet von R. Leydi, UA: Bergamo 1955

ALLELUJAH I (1955/56)
: für sechs Orchestergruppen (SZ), a) Fassung (1955/56), UA: Köln 1957, zurückgezogen, b) revidiert und eingearbeitet in ALLELUJAH II (1957/58)

MUSICA DI SCENA NR. 9 (1955/56)
: für Tonband, Gemeinschaftskomposition mit Bruno Maderna, UA: RAI Mailand 1956

STUDIO NR. 3 (1955/56)
: für Tonband, Gemeinschaftskomposition mit Bruno Maderna, UA: RAI Mailand 1956

STUDIO NR. 4 (1955/56)
: für Tonband, Gemeinschaftskomposition mit Bruno Maderna, UA: RAI Mailand 1956

FILM MUSIC (1955/56)
   für Tonband, UA: RAI Mailand 1956
VARIAZIONI »EIN MÄDCHEN ODER WEIBCHEN« (1956)
   (= DIVERTIMENTO FÜR MOZART, NR. 2) für 2 Bassetthörner und Streicher (SCH/UE), UA: Donaueschingen 1956. Hinweise auf ein eigenständiges DIVERTIMENTO FÜR MOZART liegen nicht vor.
QUARTETTO (1955/56)
   für Streichquartett (SZ), UA: Wien 1959
DIVERTIMENTO PER ORCHESTRA (1957)
   Gemeinschaftskomposition von Bruno Maderna (I. Satz: DARK RAPTURE CRAWL) und Luciano Berio (II. und III. Satz: SCAT RAG, RHUMBA-RAMBLE) (SZ). Der III. Satz ist übernommen aus MIMUSIQUE NR. 2/TRE MODI PER SUPPORTATE LA VITA (1952/55), UA: Rom 1957
SERENATA I (1957)
   für Flöte und 14 Instrumente (SZ), UA: Paris 1957
PERSPECTIVES (1957)
   für Zweispurtonband (SZ), UA: RAI Mailand 1957
MOMENTI (1957) (1960?)
   für Vierspurtonband (UE), UA: NDR Hamburg 1960
ALLELUJAH II (1957/58)
   für 5 Orchestergruppen (SZ), UA: Rom 1958
DIFFÉRENCE (1958)
   für 5 Instrumente und Tonband (UE), UA: Paris 1959, zurückgezogen
SEQUENZA I (1958)
   für Flöte (SZ), UA: Darmstadt 1958
THEMA (OMAGGIO A JOYCE) (1958)
   für Zweispurtonband mit Material der Stimme von Cathy Berberian (SZ), Text von J. Joyce, UA: Neapel 1958
TEMPI CONCERTATI (1958/59)
   für Flöte, Violine, 2 Klaviere und 4 Instrumentalgruppen (UE), UA: Hamburg 1960
WATERLOO (1959)
   für Tonband (Radiofassung), Text von Giovanni Battista Angioletti
QUADERNI I (1959)
   aus EPIFANIE (1959/61) für Orchester (UE) (= EPIFANIE Teil A, B und C), UA: Köln 1960
EPIFANIE (1959/61, rev. 1965)
   für Frauenstimme und Orchester, Texte von Proust, Joyce, Machado, Simon, Brecht und Sanguineti, darin auch QUADERNI I–III, um eine Frauenstimme erweitert, a) Fassung 1959/61 (unveröffentlicht), b) Fassung 1959/61, rev. 1965 (UE), UA: Donaueschingen 1961 (ohne Teil G)
CIRCLES (1960)
   für Frauenstimme, Harfe und 2 Schlagzeugspieler (UE), Text von e.e. cummings, UA: Tanglewood 1960
QUADERNI II (1961)
   aus EPIFANIE (1959/61) für Orchester (UE) (= EPIFANIE Teil D, E und F), UA: Wien 1961
VISAGE (1961)
   für Zweispurtonband mit der Stimme von Cathy Berberian (UE), UA: RAI Mailand 1961

PASSAGGIO (1961/62)
   Messa in scena für Sopran, 2 Chöre und Instrumente (UE), Text von Luciano Berio und Edoardo Sanguineti, UA: Mailand 1963
QUADERNI III (1962)
   aus EPIFANIE für Orchester (UE) (= EPIFANIE Teil G, D und C), UA: Los Angeles 1963
ESPOSIZIONE (1962/63)
   für Mezzosopran, 2 Kinderstimmen, Tänzer, 14 Instrumente und Vierspurtonband, Text von Edoardo Sanguineti, UA: Venedig 1963, zurückgezogen und eingearbeitet in LABORINTUS II (1965)
SEQUENZA II (1963)
   für Harfe (UE), UA: Darmstadt (Paris?) 1963
SINCRONIE (1963/64)
   für Streichquartett (UE), UA: Grinnell/Iowa 1964
TRACES (1964)
   Szenisches Oratorium für Sopran, Mezzossopran, 2 Schauspieler, 2 Chöre und Orchester, Text von Susan Oyama (UE), UA: 1964 (1965?), nach 1968 zurückgezogen, teilweise eingearbeitet in OPERA (1969/70)
ROUNDS (1964)
   Version für Cembalo und Stimme (unveröffentlicht), Text von Markus Kutter, zurückgezogen
FOLK SONGS (1964 bzw. 1973)
   für Mezzosopran und 7 Instrumente, darin auch: BALLO und LA DONNA IDEALE aus TRE CANZONI POPOLARI (1946), a) Fassung für Mezzosopran, Flöte, Klarinette, 2 Schlagzeuger, Harfe, Viola und Violoncello (UE), b) Fassung für Mezzosopran, Flöte, Klarinette, 2 Schlagzeuger, Gitarre, Viola und Violoncello (UE), UA: Oakland/California 1964, c) Fassung für Mezzosopran und Orchester (1973) (UE), UA: Zürich 1973
LABORINTUS II (1965)
   für 3 Frauenstimmen, 8 Schauspieler, Sprecher, Instrumente und Tonband, Text von Edoardo Sanguineti (UE), UA: Paris 1965, ausgezeichnet mit dem Prix Italia Palermo 1966
CHEMINS I SU SEQUENZA II (1965)
   für Harfe und Orchester (UE), UA: Donaueschingen 1965
WASSERKLAVIER (1965)
   für Klavier, a) Fassung WASSERKLAVIER: INTERMEZZO CON FANTASIA (1965) für 2 Klaviere (unveröffentlicht), b) Fassung WASSERKLAVIER (1965) für Klavier (UE), UA: Brescia 1970, eingegliedert auch in 6 ENCORES POUR PIANO (1965-90)
6 ENCORES POUR PIANO (1965-90)
   enthält BRIN (1990), LEAF (1990), FEUERKLAVIER (1989), WASSERKLAVIER (1965), LUFTKLAVIER (1985), ERDENKLAVIER (1969) (UE), alle Stücke werden auch selbständig ausgewiesen.
CLAUDIO MONTEVERDI: IL COMBATTIMENTO DI TANCREDI E CLORINDA (1966)
   für Sopran, Bariton, Tenor, 3 Violen und Continuo eingerichtet von Luciano Berio (UE), Text von Torquato Tasso, UA: New York 1967
SEQUENZA III (1966)
   für Stimme solo (UE), Text von Markus Kutter, UA: Radio Bremen 1966
SEQUENZA IV (1966)
   für Klavier (UE), UA: St. Louis 1966
SEQUENZA V (1966)
   für Posaune (UE), UA: San Francisco 1966

ROUNDS (1966)(1964?)
   für Cembalo (UE), UA: Basel 1965
GESTI (1966)
   für Blockflöte (UE), UA: Amsterdam 1966
ROUNDS (1967)
   für Klavier (= Klavierfassung von ROUNDS für Cembalo) (UE), UA: New York 1968
SEQUENZA VI (1967)
   für Viola (UE), UA: New York 1967, auch für Violoncello eingerichtet von Rohan de Saram (1981)
CHEMINS II SU SEQUENZA VI (1967)
   für Viola und 9 Instrumente (UE), UA: Kopenhagen 1968 (New York 1967?)
PAUL McCARTNEY/JOHN LENNON: MICHELLE (1967)
   bearbeitet von Luciano Berio, a) Fassung für Stimme, 2 Flöten und Harfe, b) Fassung für Stimme und 7 Instrumente (UE), UA (unklar, welche der beiden Versionen): Venedig 1967
PAUL McCARTNEY/JOHN LENNON: TICKET TO RIDE (1967)
   bearbeitet von Luciano Berio für Stimme und 8 Instrumente, UA: Venedig 1967
PAUL McCARTNEY/JOHN LENNON: YESTERDAY (1967)
   bearbeitet von Luciano Berio für Stimme, Flöte und Harfe, UA: Venedig 1967
KURT WEILL: LE GRAND LUSTUCRU aus MARIE GALANTE (1967) (1972?)
   für Mezzosopran und Instrumente bearbeitet von Luciano Berio (1967/72?) (UE), Text von Deval, UA: Venedig 1967
KURT WEILL: SURABAYA JOHNNY aus HAPPY END (1967)
   für Mezzosopran und Instrumente bearbeitet von Luciano Berio (1967/72?) (UE), Text von Bert Brecht, UA: Venedig 1967
KURT WEILL: BALLADE VON DER SEXUELLEN HÖRIGKEIT aus DIE DREIGROSCHENOPER (1967)
   für Mezzosopran und Instrumente bearbeitet von Luciano Berio (1967/75) (UE), Text von Cathy Berberian nach Bert Brecht, UA: Venedig 1967
CHEMINS III SU CHEMINS II (1968)
   a) Fassung für Viola, 9 Instrumente und Orchester (UE), UA: Paris 1968, b) Fassung für Viola und Orchester (1973) (unveröffentlicht)
O KING (1968)
   für Stimme und 5 Instrumente (UE), UA: Bereo/Ohio 1967, eingegliedert auch als II. Satz in SINFONIA (1968/69)
PRAYER-PRIÈRE (1968)
   für Stimme und Instrumente ad libitum, Text von Italo Calvino (unveröffentlicht), UA: Paris 1968, eingearbeitet auch in CHE IL CANTO FACCIA (= Ballata V aus Teil I von LA VERA STORIA (1977–81)
SINFONIA (1968/69)
   für 8 Singstimmen und Orchester, Text von Claude Lévi-Strauss, Samuel Beckett, Luciano Berio u.a. (UE), darin auch: O KING (1967), a) Fassung (1968/69) (Sätze I bis IV), UA: New York 1968, b) Fassung (1969), erweitert um Satz V, UA: Donaueschingen 1969
QUESTO VUOL DIRE CHE (1968/69)
   für 3 Frauenstimmen, Chor, Tonband und andere Quellen (UE), a) Fassung (1968/69) unter dem Titel CELA VEUT DIRE QUE, UA: Royan 1969, b) erweiterte Fassung unter dem Titel QUESTO VUOL DIRE CHE, UA: Rom 1970, zurückgezogen

HENRY PURCELL: THE MODIFICATION AND INSTRUMENTATION OF A FAMOUS HORNPIPE AS A MERRY AND ALTOGETHER SINCERE HOMAGE TO UNCLE ALFRED (1969)
: bearbeitet von Luciano Berio für 6 Instrumente (UE), UA: London 1969

SEQUENZA VII (1969)
: für Oboe und Klangquelle (UE), UA: Basel 1969, auch für Sopran-Saxophon eingerichtet von Claude Delangle (1993)

STUDIE ZU SEQUENZA VII (1969)
: für Oboe (BH) (= Erstfassung der SEQUENZA VII zu Studienzwecken, Aufführung nur mit besonderer Erlaubnis der UE)

ERDENKLAVIER (1969)
: für Klavier (UE), UA: Bergamo 1970, eingegliedert auch in 6 ENCORES (1965–90)

AIR (1969)
: für Sopran und Orchester, Text von Alessandro Striggio, a) Fassung für Sopran und 4 Instrumente (1969) (UE), b) Fassung für Sopran und Orchester (1970) (UE), UA: Rovereto 1971, eingegliedert auch in OPERA (1969/70)

MEMORY (1969/70, rev. 1973)
: a) Fassung für 2 Klaviere (1969), unveröffentlicht, b) Fassung für elektrisches Klavier und elektrisches Cembalo (UE), UA: New York 1972, zurückgezogen und übernommen in RECITAL FOR CATHY (1971)

BORIS VIAN/HAROLD BERG: LE DÉSERTEUR (1969)
: eingerichtet von Luciano Berio für Singstimme und 11 Instrumente (unveröffentlicht), Text von Boris Vian

OPERA (1969/70, rev. 1977)
: Oper in drei Akten für Schauspieler, Stimmen, Vokalensemble, Kinderchor, Instrumente und Tonband (UE), Text von Luciano Berio, Furio, Colombo, Umberto Eco, Alessandro Striggio, Susan Yankitz, engl. Textfassung von Luciano Berio, ital. von Vittoria Ottolenghi und Luciano Berio, frz. von Celine Zins und Luciano Berio, dt. in Vorbereitung, darin auch Material aus TRACES (1964), a) Fassung (1969/70), UA: Santa Fe 1970, b) Fassung (1977), z.T. auch eingearbeitet in AGNUS (1971) und E VÒ (1972), selbständige Aufführung auch von AIR (1969) und MELODRAMA (1970)

MELODRAMA (1970)
: für Tenor und Instrumente, Text von Luciano Berio und Daniele Orlando (UE), aus: OPERA (1969/70), UA: Siena 1971

CHEMINS II B (1970)
: für Orchester (= Überarbeitung von CHEMINS II für großes Ensemble) (UE), UA: Berlin 1970

ORA (1971)
: für Sopran, Mezzosopran, Flöte, Englischhorn, Chor, Ensemble und Orchester, Text von Luciano Berio und Maurice Essam nach Vergil, UA: Detroit 1971, nach 1975 zurückgezogen

BEWEGUNG (1971, rev. 1984)
: für Orchester (UE), UA: Glasgow 1971

AMORES (1971)
: Rappresentazione da camera für 16 Sänger und 14 Instrumente, Text von Vittoria Ottolenghi (unveröffentlicht), unvollendet

BEWEGUNG II (1971)
: (= BEWEGUNG plus Bariton) (UE), Text von Vergil, UA: Rotterdam 1972, 1972 zurückgezogen

AUTRE FOIS (1971)
: Berceuse canonique pour Igor Stravinsky für Flöte, Klarinette und Harfe (UE), UA: Venedig 1971

AGNUS (1971)
: für 2 Soprane, 3 Klarinetten und Klangquelle (UE), eingegliedert auch in OPERA, UA: Muncie/Indiana 1971

RECITAL FOR CATHY (1971)
: für Mezzosopran und 17 Instrumente (auch als RECITAL I (FOR CATHY) (UE), Text von Luciano Berio, basierend auf Andrea Moretti und Edoardo Sanguineti, darin auch: MEMORY, UA: Lissabon (Venedig?) 1972

CHEMINS II C (1972)
: für Baßklarinette und Orchester (= CHEMINS II B plus Baßklarinette) (UE), UA: Rotterdam 1972

E VÓ (1972)
: Sizilianisches Wiegenlied für Sopran und 14 Instrumente (UE), eingegliedert auch in: OPERA, UA: Rovereto 1972

APRÈS VISAGE (1972)
: für Tonband und Orchester, UA: Hague 1972, zurückgezogen

CONCERTO (1972/73)
: a) Fassung für 2 Klaviere und Orchester (UE), UA: New York 1973, b) Fassung für Klavier und Kammerorchester (= SELEZIONE (1975) (unveröffentlicht), UA: Mailand 1976, zurückgezogen

STILL (1973)
: für Orchester (UE), darin auch Material aus EINDRÜCKE (1973), UA: Glasgow 1973, zurückgezogen

LINEA (1973)
: für 2 Klaviere, Marimbaphon und Vibraphon (UE), UA: Grenoble 1974, eingegangen auch in MIX (1985)

CRIES OF LONDON (1973/74 bzw. 1976)
: a) Fassung für 6 Männerstimmen (1973/74) (unveröffentlicht), b) überarbeitete Fassung für 6 Männerstimmen (= CRY OF CRIES), UA: Edinburgh 1973 (1975?), c) Fassung für 8 gemischte Stimmen (1976) (UE), UA: La Rochelle 1977

EINDRÜCKE (1973/74)
: für Orchester (UE), eingegliedert auch in STILL (1973), UA: Zürich 1974

CALMO (in memoriam Bruno Maderna) (1974, rev. 1988/89)
: für Mezzosopran und 12 Instrumente, Text von Homer, a) Fassung 1974, b) Fassung 1974, rev. 1988/89 (UE), UA: Mailand 1974

»POINTS ON THE CURVE TO FIND...« (1974)
: für Klavier und 22 Instrumente (UE), UA: Donaueschingen 1974. Als Uraufführungsort wird irrtümlich mitunter auch Rotterdam genannt.

PER LA DOLCE MEMORIA DI QUEL GIORNO (1974)
: Ballett, für Tonband (mit Material aus Stimmen, Klavier und Orchester), Text nach Francesco Petrarca (UE), UA: Florenz 1974

MUSICA LEGGERA (1974)
: Canone per moto contrario e al rovescio con un breve intermezzo per flauto, viola e accompagnamento di violoncello (UE), UA: Rom 1974

A-RONNE (1974/75)
: A radiophonic documentary for five actors on a poem by Edoardo Sanguineti, a) Fassung für

Tonband, UA: Radio Hilversum 1974, b) Fassung für 5 Stimmen (1975) (UE), UA: Liège 1975, c) Fassung für 8 Stimmen (1977), UA: La Rochelle 1977

CORO (1974/76)
für 40 Stimmen und Instrumente, Text von Pablo Neruda und aus folkloristischen Quellen (UE), a) Fassung (1974/76), UA: Donaueschingen (Köln?) 1976, b) erweiterte Fassung (1977), UA: London 1977

FA-SI (1975)
für Orgel mit Registranten (UE), UA: Rovereto 1975

SELEZIONE (1975)
für Klavier und Kammerorchester (unveröffentlicht) (= Bearbeitung des CONCERTO für 2 Klaviere (1972/73)), UA: Mailand 1976, zurückgezogen

SEQUENZA VIII (1975)
für Schlagzeug (UE), UA: London 1975, zurückgezogen. Der Titel SEQUENZA VIII wurde für das spätere Violinstück (1976) übernommen.

CHANTS PARALLÈLES (1975)
für Tonband (UE), UA: ORTF Paris 1975

DIARIO IMAGINARIO (1975)
Radiostück, Text von Vittorio Sermonti nach Molières »Le malade imaginaire«, a) Fassung für Streichorchester (unveröffentlicht), b) Fassung für Stimmen, Chor und Orchester (UE), UA: RAI Florenz 1975, ausgezeichnet mit dem Prix Italia 1975

CHEMINS IV SU SEQUENZA VII (1975)
für Oboe und 11 Streicher (UE), UA: London 1975

QUATTRO VERSIONI ORIGINALI DELLA RITIRATA NOTTURNA DI MADRID DI L. BOCCHERINI SOVRAPPOSTE E TRASCRITTE PER ORCHESTRA (1975)
für Orchester (UE), UA: Mailand 1975

PIECE FOR CHOIR (1975)
(UE), möglicherweise eingegangen in ein späteres Werk

SEQUENZA VIII (1976)
für Violine (UE), UA: La Rochelle 1977. Das Stück wurde vermutlich bereits 1975 unter dem Titel PIECE FOR VIOLIN entworfen, UA: USA 1975

IL RITORNO DEGLI SNOVIDENIA (1976/77)
für Violoncello und 30 Instrumente (UE), UA: Basel 1977

FEUILLE D'ALBUM (1977)
vermutlich unvollendet und/oder eingegangen in ein späteres Werk

FANTASIA AFTER GABRIEL (1977)
für Orchester (unveröffentlicht), unvollendet, bei der irrtümlich ausgewiesenen UA des Werkes (RAI 1977) handelt es sich um die Aufführung eines auf Bruno Maderna zurückgehenden Arrangements. Auch wurde das Werk irrtümlich mit der TOCCATA für Orchester identifiziert, die auf Ghedinis Studie im Stile von Frescobaldi zurückzuführen ist.

COLLIERS (1977)
für Orchester nach Text von Pierre Boulez, vermutlich unvollendet oder eingegangen in ein späteres Werk

LA VERA STORIA (1977/78)
Oper in zwei Akten für Solo-Stimmen, Balladensänger, Vokalensemble, Chor, Sprecher, Mimen, Tänzer, Akrobaten und Orchester (UE), Text von Italo Calvino und Luciano Berio, dt. Textfassung von Karl Heinz Füssl und Helmut Wagner, UA: Mailand 1982, Teile daraus werden auch als selbständige Werke ausgewiesen: PAS DE QUOI (UA: Köln 1978), SCENA (UA: Brüssel 1978),

STUDI (UA: Rom 1979), ENTRATA (UA: San Francisco 1980), SUITE (UA: Venedig 1981), FANFARA (UA: Venedig 1982)
PAS DE QUOI (1978)
    für 11 Instrumente (= Teil aus LA VERA STORIA (1977/78)), UA: Köln 1978
ENCORE (1978)
    für Orchester (UE) (= Teil aus LA VERA STORIA (1977/78)), UA: Rotterdam 1978
MANUEL DE FALLA: SIETE CANCIONES POPULARES ESPANOLAS (1978)
    für Mezzosopran und Orchester bearbeitet von Luciano Berio (UE), UA: Italien (Los Angeles?) 1978
LES MOTS SONT ALLÉS (1978)
    für Violoncello (UE), UA: Basel 1978
DUETTI PER DUE VIOLINI (1979/82)
    Duetti 1–34 Vol. 1 (UE), UA: Fiesole 1981 (27 der 34 Stücke), UA aller Stücke: Los Angeles 1984, auch bearbeitet für Gitarre von Eugenia Kanthou (1987) (UE)
UN RE IN ASCOLTO (1979/83)
    Azione musicale in due parti, Text von Italo Calvino, W. H. Auden, F. W. Gotten und William Shakespeare, ins Dt. übertragen von Burkhart Kroeber, a) Fassung für Singstimmen, Schauspieler, Chor, Mimen, Tänzer, Akrobaten, Klavier, Akkordeon und Orchester (UE), UA: Salzburg 1984, b) Versione concertante für 6 Solisten und Orchester (1979/83) (UE), c) weitere konzertante Fassung, zurückgezogen
ENTRATA (1980)
    für Orchester (= Teil aus LA VERA STORIA (1977/78)) (UE), UA: San Francisco 1980
CHEMINS V (1980)
    für Klarinette und Digitalfilter (UE), UA: Paris 1980, zurückgezogen
SEQUENZA IXa (1980)
    für Klarinette (= Ausschnitt aus CHEMINS V) (UE), UA: Paris 1980, eingegangen auch in MIX (1985)
SEQUENZA IXb (1981)
    für Alt-Saxophon (= Transkription der SEQUENZA IXa für Klarinette) (UE), UA: London 1981
SCENA (1981)
    für Mezzosopran, Baß, gemischten Chor und Orchester, Text von Italo Calvino (UE) (= Teil aus LA VERA STORIA (1977/78)), UA: Venedig 1981
ACCORDO (1981)
    per quattro gruppi di bande (UE), UA: Assisi 1980
CORALE SU SEQUENZA VIII (1981)
    für Violine, 2 Hörner und Streicher (UE), UA: Zürich 1982
DUO (1982)
    Teatro immaginario für Radio unter Verwendung eines Baritons, 2 Violinen, Chor und Orchester, Text von Italo Calvino (UE) (= Studie zu UN RE IN ASCOLTO), UA: RAI Rom 1982 (Turin 1982?), ausgezeichnet mit dem Premio Italia 1982
FANFARA (1982)
    für Orchester (UE) (= Teil aus LA VERA STORIA (1977/78)), UA: Venedig 1983
LIED (1983)
    per clarinette solo (UE), UA: Genf 1983
REQUIES (1983/84, rev. 1987)
    für Orchester (UE), a) Fassung 1983/84 (unvollständig) unter dem Titel REQUIES: FRAM-

MENTO (IN MEMORIAM CATHY), UA: Lausanne 1984, b) vollständige Fassung, gelegentlich auch unter dem Titel REQUIES. IN MEMORIAM CATHY, UA: Aspen 1985
VOCI (1984)
für Viola und 2 Instrumentalgruppen (UE) (= FOLK SONGS II), a) unvollständige Fassung (1984), UA: Basel 1984, b) vollständige Fassung (1984), UA: Manchester 1985
BRAHMS-BERIO: OPUS 120 Nr.1 (1984/86)
für Klarinette oder Viola und Orchester (UE), UA: Los Angeles 1986
CALL-ST. LOUIS-FANFARE (1985, rev. 1987)
für 5 Blechbläser (UE), UA: St. Louis 1985
MIX (1985)
(= Arrangement aus LINEA (1973) und SEQUENZA IX (1979/80)) (unveröffentlicht), UA: Taormina 1985
TERRE CHALEUREUSE (1985)
für Bläserquintett (unveröffentlicht), UA: Paris 1985, eingegangen auch in RICORRENZE (1985–87)
LUFTKLAVIER (1985)
für Klavier (UE), UA: Italien 1985, eingegliedert auch in 6 ENCORES (1965–90)
SEQUENZA X (1985)
für Trompete in C und Klavier (Resonanz) (UE), UA: Los Angeles 1984
RICORRENZE (1985/87)
für Bläserquintett (UE); UA: Darmstadt 1987
NATURALE (1985/86)
Theaterstück/Ballett nach sizilianischen Melodien für Viola, Marimbaphon, Tamtam und aufgezeichnete Tonband-Stimme (UE), UA: Taormina 1985
FORMAZIONI (1986)
für Orchester (UE), a) Fassung (1986), UA: Amsterdam 1987, b) erweiterte Fassung (1986), UA: Amsterdam 1988
GUSTAV MAHLER: FÜNF FRÜHE LIEDER (1986)
für Männerstimme und Orchester bearbeitet von Luciano Berio (UE), UA: Dobbiacco 1986
NOTTURNO (QUARTETTO III) (1986/93)
für Streichquartett (UE), UA: Wien 1994, auch eingerichtet als NOTTURNO für Streichorchester (1995)
GUSTAV MAHLER: SECHS FRÜHE LIEDER (1987)
für Bariton und Orchester bearbeitet von Luciano Berio (UE), UA: Reggio Emilia 1987
PAUL HINDEMITH: WIR BAUEN EINE STADT (1987)
Oper für Kinder, a) Fassung für Kinder und 2 Klaviere, b) Fassung für Kinder und Kammerorchester (1987) (UE), UA: Wien 1988, c) Fassung für Kinder und 2 Klaviere (unveröffentlicht)
KONZERT FÜR KLAVIER UND ORCHESTER (1987/88 bzw. 1977?)
(UE), UA: Paris 1988
ECCE: MUSICA PER MUSICOLOGI DA GUIDO D'AREZZO (1987)
für Frauenstimme, Männerstimme und Glocken, Text von Guido von Arezzo (unveröffentlicht), UA: Bologna 1987
COMMA (1987)
für Es-Klarinette (unveröffentlicht)
SEQUENZA XI (1987/88)
für Gitarre (UE), UA: Rovereto 1988

CONCERTO II (ECHOING CURVES) (1988)
: per pianoforte solo e due gruppi strumentali (UE), a) Fassung (1988) (darin auch eine überarbeitete Version von POINTS ON THE CURVE TO FIND (1974)), UA: Paris 1988, b) erweiterte Fassung

LB. AM. L. B. M. W. D. IS. LB (1988)

OFANIM (1988/92)
: für 2 Instrumentalgruppen, 2 Kinderchöre, Frauenstimme und Real Time Computer System, Text nach Ezechiel u.a. (UE), UA: Prato 1988. Andere Versionen, in denen Ausschnitte aus OFANIM neu kombiniert sind, wurden wieder zurückgezogen.

CANTICUM NOVISSIMI TESTAMENTI II (1989)
: für 8 Solo-Stimmen, 4 Klarinetten und Saxophonquartett, Text von Edoardo Sanguineti aus »Novissimum Testamentum« (UE), UA: Paris 1989

FRANZ SCHUBERT: AN DIE MUSIK (1989)
: für Chor und Kammerorchester bearbeitet von Luciano Berio (unveröffentlicht), UA: Paris 1989

CONTINUO (1989)
: für Orchester (UE), UA: Chicago 1991? (London 1991?, 1993?)

FESTUM (1989)
: für Orchester (UE), UA: Dallas 1989

PSY (1989)
: per contrabasso solo (UE), UA: Parma 1989

SCHUBERT-BERIO: RENDERING (1989)
: Restoration of Fragments from a Symphony by Franz Schubert für Orchester (UE), UA der Teilfassung: Amsterdam 1989, UA der Gesamtfassung: Amsterdam 1990

FEUERKLAVIER (1989)
: für Klavier (UE), UA: New York 1989, eingegliedert auch in 6 ENCORES (1965–90)

GIUSEPPE VERDI: OTTO ROMANZE (1990)
: bearbeitet für Tenor und Orchester von Luciano Berio, Texte von Jacopo Vitorelli, Andrea Maffei, Felice Romani, Temistocle Solera und Johann W. von Goethe in der Nachdichtung von Luigi Balestra (UE), UA: Padua 1990

LEAF per piano (1990)
: (UE), UA: London 1990, eingegliedert auch in 6 ENCORES (1965-90)

BRIN per piano (1990)
: (UE), eingegliedert auch in 6 ENCORES (1965–90), auch für Gitarre bearbeitet von Bruce Charles (1994) (UE)

EPIPHANIES (1991/92)
: für Orchester und Frauenstimme, Text von Proust, Joyce, Machado, Simon, Brecht und Sanguineti (UE) (= erweiterte Neufassung von EPIFANIE (1959/61)), UA: Philadelphia/Mass. 1993

CHEMINS V SU SEQUENZA XI (1992)
: für Gitarre und Kammerorchester (UE) (= erweiterte Neufassung von Epifanie (1959/61)), UA: Bonn 1992

SEQUENZA VIIb (1993)
: für Sopran-Saxophon bearbeitet von Claude Delangle (UE)

COMPASS (1994)
: Ballett, Recital for Piano and Orchestra (UE), UA: Zürich 1995

TWICE UPON (1994)
: teatro senza parole per sei gruppi di bambini (RI), UA: London 1994

THERE IS NO TUNE (1994)
   für Kammerchor (RI), Text von Talia Pecker Berio, UA: London 1994
RE-CALL (1995)
   per 23 strumenti (UE), UA: Paris 1995
VOR, WÄHREND, NACH ZAIDE (1995)
   commento a un' opera incompiuta di W. A. Mozart per orchestra (RI), Text von Lorenzo Arruga, UA: Florenz 1995
NOTTURNO (III Quartetto) (1995)
   für Streichorchester (= Bearbeitung des Quartetto III für Streichquartett) (UE), UA: Luzern 1995
SEQUENZA XII (1995)
   für Fagott (UE), UA: Paris 1995
PROLOG aus REQUIEM DER VERSÖHNUNG (1995)
   für Orchester, UA: Stuttgart 1995
SHOFAR (1995)
   für Chor und Orchester (RI), Text von Paul Celan, UA: London 1995
KOL-OD (CHEMINS VI) (1995/96)
   für Trompete solo und Instrumentalgruppe (UE), UA: Basel 1996
SEQUENZA XIII (1995/96)
   für Akkordeon (UE), UA: Rotterdam 1995
EKPHRASIS (CONTINUO II) (1996)
   für Orchester, UA: Gran Canaria 1997
RÉCIT (CHEMIN VII) (1996)
   für Saxophon und Orchester, UA: Mailand 1996
OUTIS (1996)
   Azione musicale in due parti für Stimmen, Mimen, Chor und Orchester, Text von Dario del Corno und Luciano Berio (RI), UA: Mailand 1996
GLOSSA (1996)
   für Violine, Klarinette und Streichorchester (zurückgezogen), UA: Wien 1997
GLOSSE (1997)
   für Streichquartett (= Umarbeitung von Glosse) (UE), UA: Reggio Emilia 1997
ALTERNATIM (1997)
   für Klarinette, Viola und Orchester (= KONZERT FÜR KLAVIER UND ORCHESTER = CONCERTO II (ECHOING CURVES) (1988)), UA: Amsterdam 1997
NATURALE (1998)
   für Viola und Schlagzeug
KORÓT (1998)
   für acht Violoncelli (UE), UA: Beauvais 1998
CRONACA DEL LUOGO (1998)
   Azione musicale (RI), Libretto von Talia Pecker Berio nach Texten aus dem Alten Testament, aus den apokryphen Schriften, von Dante, Virgil, Ovid, Paul Celan, Ida Funk, William Faulkner, Marina Zwetajewa, T. S. Eliot, Jorge Luis Borges u.a., UA: Salzburg 1999
ALTRA VOCE (1999)
   für Mezzosopran, Altflöte und Live-Elektronik (= Ausschnitt aus CRONACA DEL LUOGO) (UE), UA: Salzburg 1999
SOLO (1999)
   Konzert für Posaune und Orchester, UA: Zürich 1999

Schriften von Luciano Berio

INVITO A WOZZECK, in: Il diapason, 1952, Heft 3/4, 14.
UNA NUOVA TECNICA DEL FILM?, in: Ferrania, 1952, Heft 12, 28f.
ASPETTI DI ARTIGIANATO FORMALE, in: Incontri musicali, 1956, Heft 1, 55–69, frz.: Aspects d'un artisanat formel, in: Contrechamps, Paris 1983, Heft 1 (Sept.), 10–83.
STUDI DI FONOLOGIA MUSICALE, in: The score, 1956, Heft 15 (März), 83.
PROSPETTIVE NELLA MUSICA, in: Richerche ed attività dello studio di fonologia musicale di Radio Milano, in: Elettronica v/3, 1956, Heft 2, 108–115, frz.: Prospective musicale. Recherches et activités du Studio de phonologie musicale de Radio-Milan, in: Musique en jeu, 1974, Heft 15, 60–63, auch in: Schweizerische Musikzeitung, 1957, Heft 1, 265.
NOTE SULLA MUSICA ELETTRONICA, in: Ricordiana, Milano 1957, Heft 3, 427–437, frz.: Sur la musique électronique, in: Schweizerische Musikzeitung, 1957, Heft 1, 265.
AGLI AMICI DEGLI »INCONTRI MUSICALI«, in: Incontri musicali, 1958, Heft 2, 69–72.
POESIA E MUSICA - UN' ESPERIENZA, in: Incontri musicali, 1959, Heft 3, 98–111; dt.: Musik und Dichtung - eine Erfahrung, in: Darmstädter Beiträge zur Neuen Musik, hg. v. Wolfgang Steinecke, Mainz 1959, 36–45, auch in: Literatur und Musik, hg. v. Paul Scher, Berlin, s.a., 380–389; frz.: Poésie et musique, une expérience, in: Contrechamps, Paris, 1983, Heft 1 (Sept.), 24–35; engl.: Poetry and music - an experiment, in: Words/Music, hg. v. Michael Edwards, Portree 1979, 9–20.
WAS IST DENN »L'AVANGUARDIA FABBRICATA«?, in: Melos, 1960, Heft 5 (Mai), 168f.
UNTITLED NOTES, in: La Biennale di Venezia, 1961, Heft 44–45, 29–31, auch in: Il convegno musicale, 1964, Heft 2, 123–131.
SEQUENZA II, in: La Biennale di Venezia, Programmheft des 27. Festival internazionale di musica contemporanea vom 6.–16.9.1964, hg. v. L' Ufficio stampa dell' ente autonomo la Biennale di Venezia unter Mitarbeit von Ernesto Rubin de Cervin, Venezia 1964, 105f.
EUGENETICA MUSICALE E GASTRONOMIA DELL'»IMPEGNO«, in: Il convegno musicale, 1964, Heft 2, 123–131.
LA MUSIQUE SÉRIELLE AUJOURD'HUI, in: Preuves, 1966, Heft 16 (Febr.), 30f.
DU GESTE ET DE PIAZZA CARITÀ, in: La musique et ses problèmes contemporains, 1966, Heft 41, 216–223, auch in: Contrechamps, Paris, 1983, Heft 1 (Sept.), 41–45, auch in: La musique et ses problems contemporains (= Cahier de la Compagnie Madeleine Renaud/Jean-Louis Barrault), 1963, Heft 41, 216–223.
FAÇON DE PARLER, Une enquête de preuves dirigée par André Bouchourechliev, in: Preuves, La musique sérielle aujourd'hui, Paris, 1966, Heft 180 (Febr.), 30–31.
SEQUENZA III, in: La Biennale di Venezia, Programmheft des 29. Festival internazionale di musica contemporanea vom 4.–14.9.1966, hg. v. L' Ufficio stampa della Biennale di Venezia unter Mitarbeit von Ernesto Rubin de Cervin, Venezia 1966, 31.
REMARKS TO THE KIND LADY OF BALTIMORE, delivered at a concert at Hunter College New York on December 1st, 1965, in: Electronic music review, 1967, Heft 1, 58f.

---

2 Eine bibliographische Zusammenstellung findet sich u.a. bereits bei Luciana Galliano (in: Enzo Restagno (Hg.): Berio, Turin 1995, 299–308) sowie bei den Autoren, die bereits im Werkverzeichnis genannt sind (vgl. S. 169, Fußnote 1). Auch hier konnten die entsprechenden Listen neuerlich erweitert, präzisiert und aktualisiert werden. - Da die Texte oft mehrmals nachgedruckt und in verschiedene Sprachen übersetzt wurden, läßt sich die Erstpublikation nicht immer ermitteln, wie auch eine Vielzahl weitere Nachdrucke zu vermuten bleibt. Texte für Programmhefte, Einführungstexte auf Schallplatten u.ä. wurden, da ihre Flut unüberschaubar ist, nur in besonderen Fällen übernommen. Neben obigen Texten existieren, so die Mitteilung Berios, mehrere (noch) nicht veröffentlichte Schriften.

COMMENTI AL ROCK, in: Nuova rivista musicale italiana, 1967, Heft 1 (Mai/Jun.), 125–135, frz.: Commentaires au rock, in: Musique en jeu, 1971, Heft 2, 56–65.
EPIFANIE, in: La Biennale di Venezia, Programmheft des 30. Festival internazionale di musica contemporanea vom 9.–16.9.1967, hg. v. L' Uffizio stampa della Biennale di Venezia, Venezia 1967, 12.
THE COMPOSER ON HIS WORK. MEDITATION ON A TWELVE-TONE HORSE, in: The christian science monitor (weekend issue), Boston/Mass., 15. 7.1968, 8, dt.: Meditation über ein Zwölfton-Pferd, in: Melos, 1969, Heft 7/8, 293–295, ital.: Meditazione su un cavallo a dondolo dodecafonico, in: Spirali, 1980, Heft 11, 13–14; frz.: Méditation sur un cheval de douze sons, in: Contrechamps, Paris 1983, Heft 1 (Sept.), 46–49.
GRAZIE PER LA MAGNIFICA FASE. SU »FASE SECONDA« DI MARIO BORTOLOTTO, in: Nouva rivista musicale italiana, 1969, Heft 5 (Sept./Okt.), 829–834.
NOTRE FAUST, in: Nuova rivista musicale italiana, 1969, Heft 2 (März/Apr.), 275–281; frz.: Contrechamps, Paris 1983, Heft 1 (Sept.), 51–56.
SINFONIA, in: Programmheft der Donaueschinger Musiktage für zeitgenössische Tonkunst, Darmstadt 1969, 13, auch in: I Concerti di repubblica e Ricordi. La nuova rivista. Immagini e riflessi. Rassegna dedicata alla musica contemporanea in collaborazione con RAI, Radio 3, 25.9.–29.10.1988, hg. v. Mario Messinis, Milano 1988, 113, darin auch: Sequenza V (1965), 200, Corale (1981), 310, Voci (Folk Songs II) (1984), 310f., auch in: Synthesis, 1970, Heft 1, 1.
CANONS AND EPITAPHS IN MEMORIAM I, 1971-72, in: Tempo, 1971, Heft 97, s.p. und 1972, Heft 98, s.p.
EROISMO ELETTRONICO, in: Nuova rivista musicale italiana, 1971, Heft 4 (Okt./Dez.), 663–665.
VINGT ANS APRÈS. Beaubourg. Intervention à la conférence de presse IRCAM du 7 mars 1974, in: Musique en jeu, 1974, Heft 15, 62.
BUSSOTTI, DONATONI, NONO. Giacomo Puccini nelle festimonianze di Berio, Bussotti, Donatoni e Nono, in: Nouva rivista musicale italiana, 1974, Heft 3 (Juli/Sept.), 356–365.
UNA LETTERA SU PUCCINI, in: Nuova rivista musicale italiana, 1974, Heft 3, 356.
TEXTE, in: Musique en jeu, 1974, Heft 15 (Sept.), 60.
BERIO ON VERDI, in: Opera news, 1975, Heft 6 (Dez.), 11–13.
CHANTS PARALLÈLES, in: Programm Bulletin GRM, 1975, Heft 13, 41–54.
BRUNO E LA GIOIA DI FAR MUSICA, in: La Biennale di Venezia, Programmheft des Festival internazionale di musica contemporanea, hg. v. L' Ufficio stampa della Biennale di Venezia, 1975(?), 828f.
PREMESSA, in: La musica elettronica, hg. v. Henri Pousseur, Milano 1976, 7–9.
ENTRE SON ET SENS, in: La quinzaine litteraire, 1978, Heft 284, 13f.
UN INEDITO DI BRUNO MADERNA, Vorwort, in: Nuova rivista musicale italiana, 1978, Heft 4 (Okt./Dez.), 517–520.
WORDS-MUSIC, in: Words-music, hg. v. Michael Edwards, Portree 1979, s.p.
RADICI, in: Musica italiana del primo novecento. La generazione dell' 80. Atti del convegno Firenze 9.–11.5.1980, hg. v. Fiamma Nicolodi (= Historiae musicae culores bibliotheca, Bd. 35), Firenze 1981, 9–12.
SUITE DA LA VERA STORIA (1976–81), in: Dopo l'avanguardia. Prospettive musicali intorno agli anni '80. La Biennale di Venezia, Programmheft des Festival internazionale di musica contemporanea vom 24.9.–10.10.1981, hg. v. L' Uffizio stampa della Biennale di Venezia in Zusammenarbeit mit dem Teatro La Fenice, Venezia 1981, 81.
ROMARINE, in: Quale Roma?, Quaderni dell' Astrolabio 1, Bari 1981, 24–26.

FANFARA, in: Numero e suono. La Biennale di Venezia, Programmheft des Festival internazionale di musica contemporanea vom 27.9.–8.10.1982, hg. v. L' Uffizio stampa della Biennale di Venezia, Venezia 1982, 176.

VERDI?, in: Studi Verdiani 1, hg. v. Istituto di studi Verdiani, Parma 1982, 99–105, auch in: Programma di sala de La vera storia, Milano, Edizioni del Teatro alla Scala 1982, 27–29.

IGOR STRAWINSKY. Sur la mort d'un grand créateur, in: Festival d'automne à Paris, 1972–82, Temps actuels, Paris 1982, auch in: Contrechamps, Paris, 1983, Heft 1 (Sept.), 57–59.

DIFFÉRENCES, in: Numero e suono. La Biennale di Venezia, Festival internazionale di musica contemporanea vom 27.9.–8.10.1982, hg. v. L' Uffizio stampa della Biennale di Venezia, Venezia 1982, 150.

FORME, in: Contrechamps, Paris, 1983, Heft 1 (Sept.), 36–40.

OPERA E NO, in: Programma di sala de La vera storia, Milano, Edizioni del Teatro alla Scala 1982, 27–29, auch in: Programmheft zur Oper am Teatro Comunale di Firenze, hg. v. Lamberto Scotti, 49. Maggio musicale fiorentino, Florenz, s.a. [nach 1985], 45f.

[WEBERN], in: Anton Webern. 1883.1983. Eine Festschrift zum hundertsten Geburtstag, hg. v. Ernst Hilmar, Wien 1983, 29.

MUSICACITTÀ. 47 Maggio musicale fiorentino, a cura di Luciano Berio in collaborazione con Massimo Fino e Carlo Mager, Bari/Laterza 1984.

DIALOG ZWISCHEN DIR UND MIR, in: Programmheft der Salzburger Festspiele zu Un re in ascolto, hg. v. Wiener Staatsoper, Wien, Spielzeit 1984/85, 10–16.

PARLARE DI FESTIVAL, in: Musicacittà, 47. Maggio musicale fiorentino, a cura di Luciano Berio in collaborazione con Massimo Fino e Carlo Mager, Bari/Laterza 1984, 9f.

GENESI DELL'ORFEO, in: 47. Maggio musicale fiorentino, Bari 1984.

A-RONNE, in: Foné. La voce e la traccia, hg. v. Stefano Mecatti, Firenze 1985, 269-276, auch in: AA. VV., Musica senza aggettivi. Studi per Fedele D'Amico, a cura di A. Ziino (= Quaderni della rivista italiana di musicologia, 25), Firenze 1991, Heft 2, 815–824.

CIRCLES, in: Europa 50/80. Generazioni a confronto. 42. Festival internazionale di musica contemporanea Venezia 1985, hg. v. Mario Messinis e Roberto Doati unter Mitarbeit von Wolfgang Becker, Venezia 1985, 155–157.

LA DANZA DEL CINESE, in: La filosofia della danza, supplemento di Alfabeta, 1985, Heft 78 (Nov.), 1f.

LA MUSICALITÀ DI CALVINO, in: Il verri, 1988, Heft März/Juni, 9–12.

OFANIM II, in: Programme Fondation Maeght, 19.7.1988.

PRESENZA DI DUCHAMP, in: AA. VV., Marcel Duchamp, Milano 1993, s.p.

I MAESTRI PREDATORI, hg. v. Luciana Galliano, in: La stampa, 6.12.1993, 13f.

MAGGIO MUSICALE FIORENTINO 1993, in: Maggio musicale fiorentino 1993, hg. v. Teatro communale di Firenze, Firenze 1993, s.p.

TEXT OF TEXTS, in: Musik als Text. Bericht über den Internationalen Kongreß der Gesellschaft für Musikforschung, Freiburg i. Br. 1993, Bd. 1: Hauptreferate, Symposien, Kolloquien, hg. v. Hermann Danuser und Tobias Plebuch, Kassel 1998, 6f., ital.: Testo dei testi, in: Da Beethoven a Boulez. Il pianoforte in ventidue saggi, o. Hg., Milano/Longanesi 1994, 13–16.

DA DIMENTICARE LA MUSICA, in: Da Beethoven a Boulez. Il pianoforte in ventidue saggi, o. Hg., Milano/Longanesi 1994, 17-19.

REMEMBERING THE FUTURE. Six Norton lectures on music, gehalten im Rahmen der »The Charles Eliot Norton Lecture Series 1993/94« an der Harvard University, Sanders Theatre, darin: Formations (20.10.1993), Translating Music (17.11.1993), O alter Duft (9.2.1994), Seeing Music (2.3.1994), Poetics of Analysis (6.4.1994) (Publikation in Vorbereitung (Harvard University Press)).

Schriften über Luciano Berio/Print-Interviews[3]

ACQUAFREDDA, PIETRO: Luciano Berio. Colloquio con Pietro Acquafredda, in: Piano time, 1986, Heft 34 (Jan.), 18–26.
ALBÈRA, PHILIPPE: Matériaux et composition. Sur trois œuvres vocales de Luciano Berio, in: Canadian music university review, 1983, Heft 4, 66–91.
ALBÈRA, PHILIPPE: Introduction aux neuf sequenzas, in: Contrechamps, Paris 1983, Heft 1 (Sept.), 90–122.
ALBÈRA, PHILIPPE/DEMIERRE, JACQUES: Entretien avec Luciano Berio (Radicondoli 1983), in: Contrechamps, Paris, 1983, Heft 1 (Sept.), 60–66, auch in: Révolution, 16.9.1983.
ALLEN, MICHAEL PAUL: The music of Luciano Berio, University of Southhampton (diss.) 1974.
ALTMANN, PETER: Sinfonia von Luciano Berio. Eine analytische Studie, Wien 1977.
AMERINGEN, SYLVIA VAN: 25 Jahre Holland-Festival, in: ÖMZ, 1987, Heft 9 (Sept.), 488f.
ANGERER, MANFRED: Sincronie. Programmheft zum Konzert vom 30.9.1992, hg. v. 34. Internationales Beethovenfest Bonn 1992, Beethovenhaus, Kammermusiksaal.
ANHALT, ISTVÁN: Alternative voices. Essays on contemporary vocal and choral composition, University of Toronto 1984.
ANNIBALDI, CLAUDIO: Berio [Stichwort], in: The New Grove Dictionary of Music and Musicians, hg. v. Stanley Sadie, Bd. 2, London, Washington, Hong-Kong 1980, 554–559.
ARITA, SAKAE: Luciano Berio and his practice of »opera aperta« through a »commentary« technique, in: Ongakugaku. Journal of the musicological society of Japan, 1992, Heft 3, 165–187.
ARNECKE, JÖRG: Großer Komponist, kleiner Workshop. Luciano Berio zu Gast beim Schleswig-Holstein Musik-Festival, in: NMZ, 1998, Heft Okt., 22.
AROM, SIMHA: Polyphonies et polyrythmies instrumentales d'Afrique centrale. Structure et méthodologie (= Ethnomusicologie 1), Paris 1985.
ARRUGA, LORENZO: Luciano Berio, in: Musica viva, 1982, Heft 4, 58–61.
ARTAUD, A.: Luciano Berio. Pourquoi la voix?, in: Scherzo, 1976, Heft 49 (Jan.), 10f.
AUGIAS, CORRADO: Luciano Berio. Requiem per la musica. Interview with Corrado Augias, in: Mercurio, Supplemento a La Repubblica, 1989, Heft 2 (16. Sept.), 1–3.
AVRON, DOMINIQUE: L'appareil musical, unveröffentl., Mss., s.a.
AVRON, DOMINIQUE/LYOTARD, JEAN-FRANÇOIS: A few words to sing. Sequenza III, in: Musique en jeu I, 1971, Heft 2, 28–44.
BASSO, ALBERTO: Sui sentieri della musica, hg. v. A. Conforti, Milano 1985.
BAYER, FRANCIS: Thèmes et citations dans le 3ème mouvement de la Sinfonia de Luciano Berio, in: Analyse musicale, 1988, Heft 13, 69–74.
BECKER, PETER: Schnee gegen Lehm. Erfahrungen mit Luciano Berios Sequenza I für Flöte solo (1958) in einer 6. Klasse, in: MuB, 1992, Heft 2 (Mrz./Apr.), 37–40.
BELINFANTE, DAVID: Luciano Berio's Un re in ascolto, in: Musical times, 1989, Nr. 1752, 70–71.
BENTIVOGLIO, LEONETTA: Luciano Berio. America, senti che musica, in: La repubblica, 19.10.1993, 33.
BERIO, LUCIANO/D' AMICO, FEDELE/CALVINO, ITALO: Luciano Berio, in: La biennale di Venezia, 1981, Heft Sept./Okt., 81–88.

---

[3] Von den Interviews seien hier nur diejenigen berücksichtigt, die auch in schriftlicher Form vorliegen. Darüber hinaus lassen sich zahlreiche Rundfunkaufzeichnungen dokumentieren, die als spontane Original-Töne zu bewerten oder im Rahmen von Berios Tätigkeit als Rundfunk- und Fernsehredakteur entstanden sind.

BERIO, LUCIANO/CASTALDI, PAOLO/GERDINE, LEIGH (Hgg.): Varèse-Xenakis-Berio-Pierre Henry. Œuvres-études-perspectives. La revue musicale. Les journées de musique contemporaine de Paris, 25.–31.10.1968.
BETZ, MARIANNE: Versuch über Berio. Eine Analyse der Sequenza per flauto solo, in: Tibia, 1992, 1, 26–32.
BITZ, ALBERT-PETER: Neue Musik auf weicher Welle. Eindruck vom Donaueschinger Festival. Ein Meisterwerk: Luciano Berios Coro, in: Saarbrücker Zeitung, 27.10.1976.
BLESING, A.: Etude sur la Sequenza IV de Luciano Berio, unveröffentl., Mss., 1984.
BOLL, A./GOURY, J.: 3 Œuvres de Luciano Berio créées a L'Opéra Comique, in: Opéra, 1970, Heft 86, 8–10.
BOLTON, PAUL M.: Structural organisation and use of text in selected vocal compositions by Luciano Berio, Queen's University, Belfast 1982.
BORNOFF, JACK: Music, musicians and communication. An interview with Luciano Berio with the participation of Vittoria Ottolenghi, in: The world of music, 1974, Heft 2, 34–51 [mit ital., frz. und dt. Paralleltext].
BORTOLOTTO, MARIO: The new music in Italy, in: The musical quarterly, hg. v. Paul Henry Lang, New York, Bd. VI, 1965, Heft 1 (Jan.), 61–77.
BORTOLOTTO, MARIO: Luciano Berio, o dei piaceri, in: Fase seconda, hg. v. Mario Bortolotto, Torino 1976, 128–148.
BOSSEUR, JEAN-YVES: Luciano Berio, in: Musique de notre temps, 1973, Heft 1, 45–48.
BOUCOURECHLIEV, A.: Le monde des chimères, in: Esprit, 1985, Heft 99 (Mrz.), 77.
BREUER, ROBERT: Luciano Berios Huldigung an Mahler in New York, in: Melos, 1968, Heft 35, 487f.
BREUER, ROBERT: Die Uraufführung von Berios Opera in Santa Fé endete sang- und klanglos, in: Melos 1970, Heft 10, 421f.
BRINDLE, REGINALD SMITH: Italy [Luciano Berio], in: The musical quarterly, 1958, Heft 44, 95–101.
BRINDLE, REGINALD SMITH: Maderna and Berio, in: The listener 1971, Heft 85, 761.
BRINER, ANDREAS: Musikalische Erinnerung an Cathy. Luciano Berios Requies in Lausanne uraufgeführt, in: NMZ, 1984, Heft 3 (Jun./Jul.), 48.
BUDDE, ELMAR: Zum dritten Satz der Sinfonia von Luciano Berio, in: Die Musik der sechziger Jahre, hg. v. Rudolf Stephan (= Veröffentlichungen des Instituts für neue Musik und Musikerziehung Darmstadt, Bd. 12), Mainz 1972, 128–144.
CADIEU, MARTINE: Entretien avec Luciano Berio, in: Les lettres françaises, 6.12.1967, 24–26.
CADIEU, MARTINE: Berio. La mémoire et les songes, in: Musique en jeu, 1977, Heft 29, 23–24.
CADIEU, MARTINE: La vera storia, in: Opera International, 1985, Heft 86 (Nov.), 33.
CALVINO, ITALO: La vera storia, in: Programma di sala, Edizioni del Teatro alla Scala, Milano 1982, 30–32.
CANONICO, VINCENZO/FERRARI, ILIA: Berio e/o della problematica musicale, in: Laboratorio musica, 1980, Heft 10, 10–14.
CASTALDI, PAOLO: Luciano Berio ed Henri Pousseur. L'aspirazione ad una libertá integrale, in: La musica moderna, 1969, Heft 3, 65–77.
CASTALDI, PAOLO: Ascoltando il disco. Luciano Berio. Circles (1960), in: La musica moderna, 1969, Heft 101, 78–80.
CERCHIO, BRUNO: Spettacolo nello spettacolo con pubblico rumoroso. L'esecuzione di Opera al Regio, in: Laboratorio musica 1980, Heft 10, 17f.
CHRISTOPHO, J.: Une musique sans croix, in: Scherzo, 1971, Heft 2, 13f.

CHRISTOPHO, J.: Bewegung de Luciano Berio, in: Scherzo, 1972, Heft 18 (Dez.), 5.

CLEMENT, ANDREW: Un re in ascolto, Opera Bastille Paris, in: Financial times 1991, Nr. 372, s.p.

CLEMENT, ANDREW/GAUTHIER, A.: Une creation à Lyon et à Nanterre, in: Opéra International, 1979, Heft 23 (Dez.), 24f.

COLLECTIF: Luciano Berio, in: Harmonie, 1976, Heft 117 (Mai), 43–46.

COLLINS, DENNIS: Catalogue des œuvres, discographie [de Luciano Berio], in: Musique en jeu, 1974, Heft 15 (Sept.), 64–70.

CORLAIX, OMER/GALLET, BASTIEN: Entretien avec Luciano Berio, in: Musica Falsa, 1997, Heft 1 (Nov./Dez.), 30f.

COSSA, LAURA: Un re in ascolto. Berio, Calvino e altri, in: Nuova rivista musicale italiana, 1994, Heft 4, 557–574.

DALMONTE, ROSSANA: Musiche di Berio al 40. Maggio musicale fiorentino, in: Richerche musicali, 1978, Heft 2, 159–166.

DALMONTE, ROSSANA: Intervista sulla musica, Bari 1981.

DALMONTE, ROSSANA: Luciano Berio. One of the world's leading composers talks about his life and works, in: European American music, 1985, Heft 2, 2f. und 8f.

DALMONTE, ROSSANA/LORENZI, NIVA: Situation de la poésie et de la musique au début des années soixante en Italie, in: Contrechamps, Paris 1983, Heft 1 (Sept.), 67–74.

DALMONTE, ROSSANA/LORENZINI, NIVA u.a.: Il gesto della forma. Musica, poesia e teatro nell'opera di Luciano Berio, Milano 1981, darin auch: Dalmonte, Rossana/Azzaroni, Loris: Struttura latente e struttura manifesta. Contributi per un'analisi di Epifanie, 45–141.

D'AMICO, FEDELE: Dell'opera aperta, ossia dell' avantguardia, in: Incontri musicali, 1960, Heft 4, 89–104.

DECROUPET, PASCAL: Fixer sa vision sur un foyer précis, in: Ars musica, 1990, 59–65.

DEGRADA, FRANCESCO: La vera storia, programma di sala, Edizioni del Teatro alla Scala, Milano 1982, 35–40.

DELALANDE, FRANÇOIS: L' Omaggio a Joyce de Luciano Berio, in: Musique en jeu, 1974, Heft 15 (Sept.), 45–54.

DELIÈGE, IRENE/EL AHMADI, ABDESSADEK: Mécanismes d'extraction d'indices dans le groupement. Étude de perception sur la Sequenza VI pour alto solo de Luciano Berio, in: Contrechamps, 1989, Heft 10, 85–104.

DELUME, CAROLINE: Luciano Berio. Sequenza 11 pour guitare, in: Entretemps, 1992, Heft 10 (Apr.), 41–56.

DEMIERRE, JACQUES: Circles, e.e. cummings lu par Luciano Berio, in: Contrechamps, Paris, 1983, Heft 1 (Sept.), 124–180.

DIBELIUS, ULRICH: Luciano Berio, in: Moderne Musik, Bd. 1: 1945-1965, Zürich 1984, 174–183.

DONAT, MISHA: Berio and his Circles, in: The musical times, 1964, Heft Febr., 105–107.

DONAT, MISHA: Recent Berio, in: Tempo, 1975, Heft 115 (Dez.), 51f.

DRESSEN, NORBERT: Sprache und Musik bei Luciano Berio. Untersuchung zu seinem Vokalschaffen (= Kölner Beiträge zur Musikforschung, hg. v. Heinrich Hüschen, Bd. 124), Regensburg 1982.

DRUHEN, D.: Festival d'automne. Berio et Holliger, in: Le monde de la musique, 1992, Heft 161 (Dez.), 18.

DÜRR, BERNARD: Journal des chants parallèles de Luciano Berio (recherche musicale au GRM), in: La revue musicale, 1986, 72f.

ECO, UMBERTO: L'opera in movimento e la coscienza dell' epoca, in: Incontri musicali, 1959, Heft 3, 32–54.
ECO, UMBERTO: »Apertura« e »informazione« nella struttura musicale. Uno strumento d' indagine, in: Incontri musicali, 1960, Heft 4, 57–88.
ECO, UMBERTO: Riposta a D'Amico, in: Incontri musicali, 1960, Heft 4, 105–112.
ECO, UMBERTO: Introduzione a Passaggio, programma di sala della Piccola Scala, Milano 1963, s.p.
ECO, UMBERTO: Pensée structurale et pensée sérielle, in: Musique en jeu, 1971, Heft 5, 45–56.
ECO, UMBERTO (Hg.): Eco in ascolto, in: Contemporary music review 1989, Bd. 5, London u.a. 1–8, dt. in: Komponisten des 20. Jahrhunderts in der Paul Sacher Stiftung. Publikation zur Eröffnung der Paul Sacher Stiftung am 28.4.1986, Basel 1986, 329–334.
ECO, UMBERTO (Hg.): Abbiccì o doremì. Colloquio tra Umberto e Luciano Berio, in: L'espresso, 1986, Heft 31, 86–89 und 93.
ERNI, JÜRG/KUHN, HEINRICH: Luciano Berio. Ein symbolisches Gastbett, in: Neue Musik in Basel. Paul Sacher und sein Mäzenatentum, hg. v. Jürg Erni und Heinrich Kuhn, Basel 1986, 57–59.
ERNST VON SIEMENS-MUSIKPREIS. Luciano Berio, [o. Hg.], München 1989.
FABIAN, IMRE: Die zeitgenössische Oper - eine offene Frage. Zwei Uraufführungen, in: Opernwelt 1984, Heft 8/9, 17–19.
FAURE, MAURICE: Entretien avec Luciano Berio. Propos recueillis par Maurice Faure, in: Les lettres nouvelles 22, nouvelles série, 1962, Heft 10, (Febr.), 128–140.
FEIDER, DENISE: Contribution à l'étude de la renaissance de la flute à bec du XXème siècle. Chapitre I. Berio, Université Lumière Lyon 1994.
FENNETEAU-FAUCHER, ANNE-MARIE: La vocalité dans La vera storia de Luciano Berio. La tradition renouvellée, unveröffentl., Mss., 1994.
FERRERO, LORENZO: L'opinione di un giovane compositore su Luciano Berio, in: Laboratorio musica, 1980, Heft 10, 19f.
FERRERO, PIERO: Luciano Berio. Un teatro isolato in una realtà molteplice. Un incontro con Piero Ferrero, in: Laboratorio musica, 1980, Heft 101, 15f.
FITZGERALD, THOMAS ANTHONY: A study of the Sequenzas I to VII by Luciano Berio, University of Melbourne 1979.
FLEURET, MAURICE: Luciano Berio: Je veux libérer la voix. Propos recueillis par Maurice Fleuret, in: Le nouvel observateur, 18.10.1967, 52.
FLORIDIA, EMANUELA: Il rapporto test-musica nella collaborazione Sanguineti-Berio, Università degli studi di Pavia, scuola di paleografia e filologia musicale di Cremona 1992.
FLYNN, GEORGE W.: Listening to Berio's music, in: The new quarterly, hg. v. Christopher Hatch, Vol. 61, New York, London 1975, Heft 1 (Jan.), 388–421.
FÖRTIG, PETER: Zu Luciano Berios sequenza per oboe solo, in: Tibia, 1976/77, Heft 2, 72–76.
FUHRMANN, AXEL: Geschichte, Geschichten. Luciano Berio über das Verhältnis von Musik und Text, in: NZ, 1991, Heft 5, 28–32.
FUHRMANN, PETER: Schnittpunkte alten und anderen Theaters. Un re in ascolto von Luciano Berio bei den Salzburger Festspielen, in: NMZ, 1984, Heft 5 (Okt./Nov.), 48.
FUHRMANN, WOLFGANG: Luciano Berio. Gesten in der Musik. Mit musikalischen Mitteln auf der Suche nach anthropologischen Konstanten, in: Programmheft Wien Modern, hg. v. Lothar Knessl, Wien 1990, 15–31.
GAGNARD, MADELEINE: La voix archaïque. Luciano Berio Sequenza III, in: La voix dans la musique contemporaine, Luynes 1987, 47–51.

GAGNARD, MADELEINE: Quelques aspects de la voix et du chant dans la musique contemporaine, Mss., s.a.

GALLIANO, LUCIANA: La creazione, la vita e il silenzio, programma di sala (Notturno), Edizioni del teatro alla Scala, Milano 1994, 9–13.

GALLIANO, LUCIANA: I maestri predatori, in: La Stampa, 6.12.1993, 13.

GAMBA, MARIO: Un giorno entrò nella mia vita un computer. Interview mit Luciano Berio, in: TV radiocorriere, s.a, s.p.

GARTMANN, THOMAS: Konfrontation zweier Musikwelten. Luciano Berios Annäherung an Sinfonie-Fragmente Schuberts, in: Neue Zürcher Zeitung, 11./12. 8. 1990, 60.

GARTMANN, THOMAS: »Una frattura fra intenzioni e realizzazione?« Untersuchungen zu Luciano Berios Sincronie für Streichquartett, in: Quellenstudien II. 12 Komponisten des 20. Jahrhunderts (= Veröffentlichungen der Paul Sacher Stiftung, hg. v. Felix Meyer, Bd. 3), Basel 1993, 73–96 und 323.

GARTMANN, THOMAS: »... dass nichts an sich jemals vollendet ist.« Untersuchungen zum Instrumentalschaffen von Luciano Berio (= Publikationen der Schweizerischen Musikforschenden Gesellschaft, o. Hg., Bd. 37), Bern, Stuttgart, Wien 1995.

GARTMANN, THOMAS: Luciano Berio und sein »Tempo reale«, in: MZ, 1995, Heft 2 (Mrz./Apr.), 48–51.

GARTMANN, THOMAS: Annäherung an Luciano Berios Instrumentalwerke, in: Neue Zürcher Zeitung, 11./12. 3.1995, 65–69.

GAVIN, THOMAS: Musica e musica. Thomas Gavin offers a personal reading of the music of Luciano Berio, who celebrated his 70th birthday last month, in: The musical times, 1996, Heft 1, 12–16.

GENTILUCCI, ARMANDO: Cronache di una ricerca, dal 1960 ad oggi. Maderna, Berio, Pousseur, in: Introduzione alla musica elettronica, Milano 1975, 68–70.

GENTILUCCI, ARMANDO: Luciano Berio, in: Guida all'ascolta della musica contemporanea, Feltrinelli 1983, 70–75.

G.H. [Kürzel]: Partitions, in: Scherzo, 1975, Heft 47 (Nov.), 54.

GILES, ALICE: Berios Beitrag zur zeitgenössischen Harfenkomposition, in: Harpa, 1996, Heft 22, 44f.

GOERTZ, HARALD: Luciano Berio. Un re in ascolto (Ein König horcht), Oper. Salzburger Festspiele, Kleines Festspielhaus, 7.8.1984, in: ÖMZ, 1984, Heft 7, 1984, 384–386.

GOLDÉ, PIERRE: Luciano Berio. Quelque lignes d'approche, in: Ars musica, 1990, 6.

GRIFFITHS, PAUL: Berio becoming Berio, in: The New Yorker, 1994, Heft 30 (Mai), 102–104.

GRIGOREVA, GALINA V.. Luciano Berios Skizzen zu O King, in: Mitteilungen der Paul Sacher Stiftung Basel, 1995, Heft 8 (Mrz.), 12–16.

GRUHN, WILFRIED: Luciano Berio (1925). Sequenza III (1965), in: Perspektiven neuer Musik, hg. v. Dieter Zimmerschied, Mainz 1974, 234–247.

GRUHN, WILFRIED: Schubert spielen. Berios sinfonische Ergänzungen zu Schuberts Sinfonie-Fragmenten D 936 A, in: Musica, 1990, Heft 44, 290–294.

HAHNE, HEINRICH: Ein König horcht von Luciano Berio in der Deutschen Oper in Düsseldorf, in: Das Orchester, 1988, Heft 7/8, 783f.

HALÁSZ, GABOR: Musiktheatralisches Essay. Luciano Berios La vera storia an der Mailänder Scala uraufgeführt, in: Opernwelt, 1982, Heft 6, 50f.

HALÁSZ, GABOR: Eine Oper über die Oper. Luciano Berios La vera storia in der Scala uraufgeführt, in: NZ, 1982, Heft 5, 77f.

HALÁSZ, GABOR: Der Klang der Architektur. Die Bühne wird Schauplatz. Die Uraufführung Luciano Berios Cronaca del luogo in der Salzburger Felsenreitschule, in: Die Rheinpfalz, 29.7.1999.

HARDIN, CHAD: An interview with Luciano Berio, in: Articles, 1987, Heft 1, 22–27.

HARRY, MARTYN: Un re in ascolto, in: Music and musicians, 1989, Heft 6, 18–22.

HÄUSLER, JOSEF: Kommentar zu Sincronie, Schallplattenhülle Wergo 60053, 1968.

HELM, EVERETT: Florenz. Béjart-Ballett mit Musik von Berio, in: NZ, 1974, Heft 9, 577f.

HENEHAN, DONALD: The magic theater of Luciano Berio, in: High fidelity, 1969, Heft 19, 71f.

HERMANN, RICHARD: Theories of chordal shape. Aspects of linguistics in an analysis of pitch structure in Berio's Sequenza IV for piano solo, in: Journal of Musicological Research, 1994, s.p.

H.H. [Kürzel]: Luciano Berio, in: Harmonie, 1979, Heft 143 (Jan.), 71f.

HICKS, MICHAEL: Text, music and meaning in Berio's Sinfonia, 3rd mouvement, in: Perspectives of New Music, 1981/82, 199–224.

HICKS, MICHAEL: Exorcism and epiphany. Luciano Berio's Nones, in: Perspectives of new music, 1988/89, Heft 2, 252–268.

HOLMES, REED KELLY: Relational systems and process in recent works of Luciano Berio, The University of Texas at Austin, Ann Arbor (diss.) 1981.

HONDRÉ, EMMANUEL: Berio, l'humaniste. Propos recueillis, in: Cité musiques, 1997, Heft 14, 14f.

HONIE, DETMAR/LANOIX, ANNETTE: Circles, Concordaces, in: Motifs et figures, Paris presse universitaire française 1974, s.p.

HOYER, ASTRID: Luciano Berios La vera storia an der Mailänder Skala uraufgeführt. Wie wahr ist denn Die wahre Geschichte? in: Das Orchester, 1982, Heft 7/8, 634–637.

IB [Kürzel]: Luciano Berio. Thema Omaggio a Joyce, in: Melos, 1971, Heft 10, 1971, 439f.

JACOBS, A.: Le Festival de Hollande, in: Opera, 1969, Heft Herbst, 99.

JAHNKE-BORRIS, SABINE: Materialien zu einer Unterrichtssequenz: Des Antonius von Padua Fischpredigt bei Orff-Mahler-Berio, in: MuB, 1973, Heft 11 (Nov.), 615–622.

JARVLEPP, JAN: Compositional aspects of Tempi Concertati by Luciano Berio, in: Interface, 1982, Heft 13, 179–193.

JOHNES, DAVID EVAN: Text and music in Luciano Berio's Circles, in: Ex tempore, 1987/88, Heft 2, 108–114.

JULIEN, PIERRE: Boulez dirige Boulez (mais surtout Holliger et Berio), in: L'Aurore, 25.3.1977.

KALTENECKER, M.: M'entendez vous?, in: Le monde de la musique, 1985, Heft 81 (Sept.), 102–105.

KARLEN, RENÉ/STAMPFLI, SABINE (Hg.): Luciano Berio. Musikmanuskripte. Inventare der Paul Sacher Stiftung 2, Basel 1988.

KASTENDIECK, MILES: Berio. New things to be heard in new environments, in: The christian science monitor (weekend issue), Boston/Mass., 15.7.1968, 6.

KESSLER, GIOVANNA: Verdi und Berio beim Maggio musicale fiorentino. Verdis Nabucco und zwei Berio-Abende, in: Opernwelt, 1977, Heft 7 (Jul.), 12f.

KETTING, OTTO: Componist Luciano Berio. Avantgarde voor iedereen, in: Haagse Post, 21.6.1972, 32f.

KETTING, OTTO: Luciano Berio, in: Haagse Post, 21.6.1972, 39.

KIRCHBERG, KLAUS: Bühnenträume eines Königs. Salzburg: Luciano Berios Un re in ascolto, in: Musikhandel. Offizielles Fachblatt für den Handel mit Musikalien, Schallplatten, Musikinstrumenten und Zubehör, 1984, Heft 6, 259–261.

KOCH, GERHARD: Musiksprache, Sprachmusik. Der Komponist Luciano Berio, in: HIFI Stereophonie 1971, Heft 12, 1143–1148.
KOCH, GERHARD: Das Theater, alles nur Chaos? Berios Un re in ascolto nach Calvino an der Pariser Bastille Oper. Neue Zürcher Zeitung 5.2.1991, 27.
KOCH, HEINZ W.: Das Echo vom Königssee, in: Rheinische Post, 28.10.1976.
KOCH, HEINZ W.: Meister spielt Meister. Uraufführung von Luciano Berios Cello-Konzert mit Rostropowitsch in Basel, in: NMZ, 1977, Heft Feb./Mrz, 21.
KOLB, ANDREAS: Bleibt die Casa Ricordi ein Haus Neuer Musik? Interview mit Tino Cennema, Nachfolger von Mimma Guastoni, und mit Komponist Luciano Berio, in: NMZ, 1998/99, Heft Dez./Jan., 11.
KONOLD, WULF: Musik zwischen Sprache und Aktion: Einige Aspekte zum Schaffen von Luciano Berio, in: Musica, Heft 5 (Sept./Okt.), 1971, 453–457.
KONOLD, WULF: Werke von Luciano Berio, in: Musica, 1971, Heft 5, 51–521.
KRIEGER, GEORG/STROH, WOLFGANG MARTIN: Probleme der Collage in der Musik. Aufgezeigt am 3. Satz der Sinfonia von Luciano Berio, in: MuB, 1971, Heft 5, 229–234.
KROEBER, BURKHARD: Un re in ascolto, Musikalische Handlung in zwei Teilen von Luciano Berio und Italo Calvino, Programma di sala, Wiener Staatsoper 1984.
KROPFINGER, KLAUS: Lautfelder und kompositorisches Gefüge bei Luciano Berio, in: Über Musik und Sprache. Sieben Versuche zur neueren Vokalmusik, hg. v. Rudolf Stephan (= Veröffentlichungen des Instituts für neue Musik und Musikerziehung Darmstadt, Bd. 14), Mainz 1974, 45–58.
KULLBERG, BARBARA L.: Niederlande. Holland Festival 1972. Großartiges Aufgebot mit kleinem Budget, in: NZ, 1972, Heft 9, 526–528.
LAMB, MARVIN: The musical literary and graphic influence upon Luciano Berio's Thema - Omaggio a Joyce, University of Illinois, 1977.
LANNES, SYLVIE: Coro de Berio et Drummings de Reich. Deux Compositions intégrant les polyrythmies africaines, comme expérience de renouveau musical, in: Canadian university music review, 1991, Heft 11, 101–127.
LANZA-TOMASI, GIACCHINO: Laudatio auf Luciano Berio. Kunst als Glosse. Variation, Transkription, Kommentar, in: Ernst von Siemens Musikpreis 1989, Luciano Berio, Zug/Schweiz 1989, 17–36.
LANZA-TOMASI, GIACCHINO: Elogio per Luciano Berio, in: AA. VV. Musica senza aggettivi. Studi per Fedele D'Amico, hg. v. A. Ziino, in: Quaderni della rivista italiana di musicologia, 2. Bd., Firenze 1991, 805–813.
LIETTI, ALFREDO: Gli impianti tecnici dello studio di fonologia di Radio Milano, in: Elettronica, 1956, Heft 3, 116–121.
LONCHAMPT, JACQUES: Au festival de Royan. Chef d'œuvre italiens et Bharatia Natyam, in: Le Monde, 1.4.1969, 19.
LONCHAMPT, JACQUES: Aux recontres de Metz. Berio et les écoliers, in: Le Monde, 24./25.11.1974.
LONCHAMPT, JACQUES: La vera storia de Berio à Milan. Une »propédeutique« de l'opéra contemporain, in: Le Monde, 15.3.1982.
LONCHAMPT, JACQUES: Berio dirigé L'Orchestre de Paris. Deux pâtissiers et un magicien, in: Le Monde, 5.11.1983.
LONCHAMPT, JACQUES: Prodiges de Berio, in: Le Monde, 24. 8. 1984.
LONCHAMPT, JACQUES: Berio et Bruckner par le Concertgebouw au Châtelet, in: Le Monde, 10.6.1988.

MAGNANI, FRANCESCA: La Sequenza I de Berio dans les poétiques musicales des années 50, in: Analyse musicale, 1989, 74–80.

MAGNANI, FRANCESCA: La Sequenza I de Berio dans le poétiques musicales des années 50, in: Analyse musicale, 1989, Heft Jan./Apr., 74ff.

MAHLERT, ULRICH: Luciano Berio. Duos für zwei Violinen, in: Üben und Musizieren, 1986, Heft 5 (Okt.), 442–446.

MANN, RICHARD: Pitch structure and poetic imagery in Luciano Berio's Wasserklavier and Erdenklavier, University of Texas at Austin, Ann Arbor (diss.) 1987.

MARINO, SIMONA: Un tesoro morto. La musica in Sirens, Università degli studi de la sapienza, Roma 1992.

MARTINOTTI, S.: Corrispondenze dall'Italia, in: Nuova rivista musicale italiana, 1971, Heft Sept./Okt., 32.

MAZE, YVES: La Sinfonia de Berio. Quelques remarques, in: L'Education musicale, 1994, Heft 404 (Jan.), 2.

M^cKAY, JOHN: Aspects of post-serial structuralism in Berio's Sequenza IV and VI, in: Interface, 1988, Heft 17, 223–229.

MENEZES, FLORIVALDO: Un essai sur la composition verbale électronique Visage de Luciano Berio (= Quaderni di musica/realtà, hg. v. Luigi Pestaloza, Bd. 30), Modena 1993.

MENEZES, FLORIVALDO: Luciano Berio et la phonologie. Une approche jakobsonienne de son œuvre (= Europäische Hochschulschriften, Serie 36, Musikwissenschaft, Bd. 89), Frankfurt a.M./Berlin u.a. 1993.

MENEZES, FLORIVALDO: Berio. 70 anos, in: Minas Gerais, suplemento literàrio, 1996, Heft 11 (Mrz.), 3–5.

MESSINIS, MARIO: La Biennale di Venezia, in: I Gazzettino, 28.10.1976, dt.: Venedig. Biennale. Orchester und Chor aus Köln, in: Das Orchester, 1977, Heft 1, 36f.

MESSINIS, MARIO: Schlauheit von Luciano Berio, in: Das Orchester, 1977, Heft 25, 36f.

MIESSGANG, THOMAS: Gespräch mit Luciano Berio, in: Semantics. Neue Musik im Gespräch, Hofheim 1991.

MILA, MASSIMO: Un re in ascolto. Una vera opera, programma di sala del Teatro alla Sala Milano [1982].

MILLER, ROBERT W.: A style analysis of the published piano solo music of Luciano Berio 1950–1975, John Hopkins University, Peabody Conservatory of Music, Baltimore 1979.

MONTALE, EUGENIO: Allez-hop di Berio e Calvino, in: Prime alla Scala, Milano 1981, 97f., darin auch: Passaggio, 385–388.

MONTALE, EUGENIO: Didone ed Enea di Purcell, Passaggio di Berio, in: Prime alla Scala, Milano 1981, 385–388.

MÜLLER, THEO: ConSequenze [sic]. Twelve dutch counterparts to Berio's music, in: Key notes, 1996, Heft 1, s.p.

MÜLLER, THEO: Music is not a solitary act. Conversation with Luciano Berio, in: Tempo, 1997, Heft 199, 16–20.

MUNCH, MARC: De Berio à Lindberg, in: Dernieres nouvelles d'Alsace, 1.10.1997.

NATTIEZ, JEAN-JACQUES: Rencontre avec Lévi-Strauss. Le plaisir et la structure, in: Musique en jeu, 1973, Heft 12, 5f.

NEILL, L. A.: The harp in contemporary chamber and solo music, darin: Analyse von Circles und Sequenza II, University of California, Los Angeles 1971.

NICOLODI, FIAMMA: Pensiero e gioco nel teatro di Luciano Berio, in: Orizzonti musicali italo-europei 1860–1980, Roma, 1990, 299–316.

N.N.: Cinque domande ai giovani autori, in: Siparo, 1964, Heft 224, 47.

N.N.: Journée Berio, in: Journées de musique contemporaine de Paris, directeur: Jean-Jacques Duparque, carnet critique Nr. 267, Paris, 25.-31.10.1968, 19–22.

N.N.: Une question à Luciano Berio, in: La musique en projet, Paris 1975, 169-172.

N.N.: Avant-propos, in: Contrechamps, Paris, 1983, Heft 1 (Sept.), 5f.

N.N.: Luciano Berio zum 70. Geburtstag, in: GEMA-Nachrichten, 1995, Nr. 152 (Dez.), 24f.

NOLLER, JOACHIM: Sulla forma in musica. Eco, Berio, gli altri e noi, in: Sonus, 1994, Heft 2/3, 14–24.

NOLLER, JOACHIM: Luciano Berio, in: Komponisten der Gegenwart, München 1994, s.p.

OEHLSCHLÄGEL, REINHARD: Die Einsamkeit des Theaterdirektors. Zu Luciano Berios Un re in ascolto, in: MusikTexte, 1984, Heft 6, 57ff.

OLIVIER, PHILIPPE: Luciano Berio. Celui qui se dit d'avant-garde est un crétin, in: Libération, 3.11.1983.

OSMOND-SMITH, DAVID: Berio and the art of commentary, in: The Musical Times, hg. v. Stanley Sadie, Bd. 116, London 1975, Nr. 1592 (Okt.), 871f.; frz.: Berio et l'art de l'exposition, in: Contrechamps, Paris, 1983, Heft 1 (Sept.), 83–89.

OSMOND-SMITH, DAVID: Berio in London, in: Music and musicians, 1975, Heft Mrz., 16–19.

OSMOND-SMITH, DAVID: From myth to music. Lévi-Strauss's Mythologies and Berio's Sinfonia, in: Musical times, 1975, Heft 67, 230–260, auch in: The musical quarterly, hg. v. Joan Peyser, Bd. 67, New York, 1981, Heft 1 (Jan.), s.p.

OSMOND-SMITH, DAVID: Berio [Stichwort], in: Makers of modern culture. The Dictionary of Biographical Quotation, hg. v. Justin Wintle and Richard Kenin, London, Henley 1981, 48f.

OSMOND-SMITH, DAVID: Joyce, Berio et l'art de l'exposition, in: Contrechamps, hg. v. Philippe Alberà, Paris, 1983, Heft 1 (Sept.), 84–89.

OSMOND-SMITH, DAVID: Playing on words. A guide to Luciano Berio's Sinfonia, The Royal Music Association, London 1985, auch in: Notes, 1987, 56–59; ital.: Suonare le parole, hg. v. N. Bernardini, Torino 1994.

OSMOND-SMITH, DAVID: Intimate rapport. Coro and Requies, in: The listener, 1985, Heft 114, 38.

OSMOND-SMITH, DAVID (Hg.): Luciano Berio. Two interviews with Rossana Dalmonte and Bálint András Varga, New York, London 1985.

OSMOND-SMITH, DAVID: Reinventing the orchestra. Concerto for two pianos and Formazioni, in: The listener, 1987, Heft 118, 40f.

OSMOND-SMITH, DAVID: Prospero's Peace. The making of Berio's opera Un re in ascolto, in: The listener, 1989, Heft 121, 34f.

OSMOND-SMITH, DAVID: Sinfonia de Luciano Berio (O King), in: Inharmoniques, 1989, Heft 5, 181–200.

OSMOND-SMITH, DAVID: Multum in parvo. The music of Luciano Berio, in: Ars musica, 1990, 7f., auch in: Komponisten des 20. Jahrhunderts in der Paul Sacher Stiftung, Publikation zur Eröffnung der Paul Sacher Stiftung am 28.5.86, 347–349.

OSMOND-SMITH, DAVID: Berio's theatre, in: Ars musica, 1990, 67–72.

OSMOND-SMITH, DAVID: Berio (= Oxford Studies of Composers 20 [korrekt 24]), Oxford, New York 1991.

OSMOND-SMITH, DAVID: La mesure de la distance: Rendering de Berio, in: Inharmoniques, 1991, Heft 7, 147–52.

OSWALD, PETER: »Die Nicht-Erinnerung ist ein kalter und schwarzer See...«. Gedanken zur bevorstehenden Uraufführung von Luciano Berios Un re in ascolto bei den Salzburger Festspielen, in: NZ, 1984, Heft 7/8, 47f.
OTTO, PATRICK: Luciano Berio. Sinfonia, troisième mouvement. In ruhig fließender Bewegung, in: Musique et culture, 1994, Heft 2 (Mrz./Apr.), 9–12.
OYAMA, SUSAN: Note, in: Nuova rivista musicale italiana, 1967, Heft 1 (Mai/Jun.), 133–135.
PASCAL, CLAUDE: Berio plébiscité, in: Le Figaro, 25.11.1978.
PECKER-BERIO, TALIA (Hg.): La trascrizione Bach e Busoni. Atti del convegno internazionale Empoli-Firenze, 23.–26.10.1985, Firenze 1987.
PELLMANN, SAMUEL F.: 1. Horizon. 2. An examination of the role of timbre in a musical composition, as exemplified by an analysis of Sequenza V by Luciano Berio, Cornell University, Ithaca/New York 1979.
PESTALOZZA, LUIGI: Compositori milanesi del dopoguerra [Luciano Berio], in: Rassegna musicale, 1957, Heft 22, 27–40.
PESTALOZZA, LUIGI: Questo vuol dire solo consumo, in: Rinascita, 1970, Heft 6, 16f.
PESTALOZZA, LUIGI: Edoardo Sanguineti. Per musica, Modena/Milano 1993, passim.
PHILIPPOT, MICHEL: Entretien Luciano Berio, in: La revue musicale (double numéro special), Les journées de musique contemporaine de Paris, 25.-31.10.1968. Varèse-Xenakis-Berio-Pierre Henry. Œuvres-études-perspectives, Paris, 1968, 85–93, auch in: France-Culture, 29.10.1968, 17–18h (radiophon).
PIANO, RENZO/REGGE, TULLIO: Luciano Berio. Della creazione, in: Micromega, 1995, Heft 3 (Jul./Aug.), 29–45.
PINZAUTI, LEONARDO: A colloquio con Luciano Berio, in: Nouva rivista musicale italiana, 1969, Heft 3, 265–274, dt.: Ich sprach mit Luciano Berio, in: Melos, 1970, Heft 5, 177–181.
PINZAUTI, LEONARDO: Puccini nelle testimonianze al Berio, in: Nuovo rivista musicale italiana, 1974, Heft Jul./Sept., 355f.
PINZAUTI, LEONARDO: Un re in ascolto, Einführung, Programma di sala, Wiener Staatsoper 1984, s.p.
PIPERNO, FRANCO: Luciano Berio, der Musiker, in: Un re in ascolto, Wiener Staatsoper 1984, auch in: Luciano Berio, 3. Komponisten-Portrait, Programmheft, Beethovenhalle Bonn, 16.2.1989.
POTTER, K.: Concerto pour deux pianos de Luciano Berio, in: Music and musicians, 1973, Heft Jul., 69.
POUSSEUR, HENRI: Berio et la parole. Begleittext zur LP Luciano Berio, Circles, Sequenza I, Sequenza III, Sequenza V, Wergo 60021, in dt.: Berio und das Wort, Wergo 621, 1967.
POUSSEUR, HENRI: Luciano Berio. Sequenza III, in: MuB, Heft 10, 1969, 459–461.
POUSSEUR, HENRI: Si', il nostro Faust, indivisibile, in: Nuova rivista musicale italiana, 1969, Heft 2 (Mrz./Apr.), 281–287.
PRIEBERG, FRED: Imaginäres Gespräch mit Luciano Berio, in: Melos, 1965, Heft 5 (Mai), 156–165.
RAID, J.: C'è musica e musica. (Il y a musique et musique). Une série de films d'initiation, in: Musique en jeu I, 1974, Heft 15, 55–57.
RAMAUT, V.: Deux mises en scène d'une conscience de la tradition, in: Revue de musicologie, 1993, Heft 1, 109.
RAVIZZA, VICTOR: Sinfonia für acht Singstimmen und Orchester von Luciano Berio, in: Melos, 1974, Heft 5, 291–297.

RESTAGNO, ENZO (Hg.): Berio, mit Beiträgen von Edoardo Sanguineti, Massimo Mila u.a., Torino 1995.
REXROTH, DIETER: Un re in ascolto von Luciano Berio in Salzburg, in: Musica, 1984, Heft 5 (Sept./Okt.), 444–446.
RICHTER, ARND: Bühnenuntauglich. Berios Oper in Düsseldorf, in: NZ 1988, Heft 7/8, 68.
RICORDI, G. & C., S.P.A. MILANO (Hg.): Le mille strade di Berio, in: Ricordi oggi, 1990, Heft 2, 1 und 16.
RIGONI, MICHEL: La Sequenza IV pour piano de Luciano Berio. Dialogue d'un compositeur et du claviere au XXème siècle, in: Cirem. Musique et claviere, 1988/89, Heft Dez./Mrz., 111–126.
RIGONI, MICHEL: Le troisième mouvement de Sinfonia de Luciano Berio. Citations dans la citations, in: Préparations aux épreuves d'analyse musicale, concours du CAPES et de l'Agrégation 1994–95, o. Hg., Paris 1994, 31–40.
RIVIÈRE, HÉLÈNE: Berio au berceau, in: Ars musica, 1990, 8.
ROGNONI, LUIGI: Allez-hop. Nota di copertina del microsolco Philips P08509L, auch in: Enzo Restagno (Hg.): Berio, Torino 1995, s.p.
ROHDE, GERHARD: Klänge aus der Mauer. Berios Cronaca del luogo in Salzburg, in: NMZ, 1999, Heft Sept., 29f.
ROTH, DAVID: Luciano Berio on new music. An interview with David Roth, in: Musical opinion, Bournemouth 1976, Heft Sept., 548–551.
SALVATORE, GASTON: Luciano Berio, in: Frankfurter Allgemeine Zeitung, 3.6.1988, 10–16.
SAMS, CAROL LEE: Solo vocal writing in selected works of Berio, Crumb and Rochberg, University of Texas at Austin, Ann Arbor (diss.) 1975.
SANDERSEN, ROY VICTOR: Luciano Berio's use oft the clarinet in Sequenza IXa, University of Ann Arbor (Mich.), diss., 1986.
SANGUINETI, EDOARDO: Laborintus II, in: Manteia, Marseille 1972, 14f., auch in: Contrechamps, Paris, 1983, Heft 1 (Sept.), 75–82.
SANGUINETI, EDOARDO: A-Ronne, in: Sprache im technischen Zeitalter, hg. v. W. Höllerer/ N. Miller, Berlin 1980, Heft 74, 107f.
SANGUINETI, EDOARDO: Per musica, hg. v. Luigi Pestalozza, Milano 1993.
SANTI, PIERO: Musicisti italiani. Luciano Berio, in: Il diapason, 1955, Heft 1, 26ff.
SANTI, PIERO: Luciano Berio, in: Die Reihe, Informationen über serielle Musik, hg. v. Herbert Eimert unter Mitarbeit von Karlheinz Stockhausen, Bd. 4. Junge Komponisten, Wien, Zürich, London 1958, 98–102.
SCALDAFERRI, NICOLA: Documenti inediti sullo studio di fonologia musicale della RAI di Milano, in: Musica/realtà, 1994, Heft 45, 151–166.
SCHAEFER, HANSJÜRGEN: Salzburg 1984. Musiktheater neu befragt. Zur Uraufführung von Luciano Berios Un re in ascolto, in: Musik und Gesellschaft 1984, Heft 10, 550f.
SCHENARDI, ANDREA: Luciano Berio e il fascino del suono. Intervista con il compositore al Bologna Festival, in: Secolo, 2. 7.1989, s.p.
SCHIBLI, SIEGFRIED: Ein Bratschenkonzert als Folklore-Reservat. Anderthalb Berio-Uraufführungen in Basel, in: NZ, 1985, Heft 1, 27.
SCHIBLI, SIEGFRIED: Schillernd, virtuos und auch als Lehrer attraktiv. Eine Woche mit Luciano Berio an der Musik-Akademie in Basel, in: NZ, 1986, Heft 4, 48f.
SCHIFFER, B.: O King, in: Melos, 1970, Heft Mai, s.p.
SCHNAUS, PETER: Anmerkungen zu Luciano Berios Circles, in: MuB, 1978, Heft 7/8, 489–497.
SCHOUTEN, MARTIN: Componist Luciano Berio. Avantgarde voor iedereen, in: Haagse Post, 21. 6. 1972, 32–38.

SCHREIBER, WOLFGANG: Luciano Berios Oper La vera storia an der Mailänder Skala uraufgeführt, in: Musica, 1982, Heft 3, 252–254.

SCHUHL, MARIE-PAULE/SAULCE, DOMINIQUE DE(Hgg.): Luciano Berio (= Cahiers de la documentation Bibliothèque d'Orchestres de Radio France), Paris, s.a.

SCHULTZ, ANDREW N.: Compositional idea and musical action, part I. Sequenze I–VII by Luciano Berio. An analytical study, University of Queensland (diss.) 1985.

SCHWARZ, ELLIOTT: Current Chronicle. The Netherlands, in: The musical quarterly, Bd. 58, 1972, Heft 4 (Okt.), 653–658.

SCHWEIZER, KLAUS: Luciano Berio. Ritorno del Snovidenie, in: Schweizerische Musikzeitung, 1977, Heft 2 (Mrz./Apr.), 96f.

SCHWINGER, WOLFRAM: 25. Holland-Festival, in: Musica 1972, Heft 5 (Sept./Okt.), 449f.

SCOTTI, LAMBERTO (Hg.): La vera storia. Azione musicale in due parti, Programmheft des Teatro Comunale di Firenze, 46. Maggio musicale fiorentino, 29.4., 2.5., 4.5., 6.5. [s.a., nach 1985], darin auch: David Osmond-Smith: Per un'introduzione a La vera storia, 27–32; Giorgio Luti: Cercando il 'disegno' del mondo. Italo Calvino tra utopia e scrittura, 33–43; Italo Calvino: La vera storia, 47–50; Francesco Degrada: La vera storia. Contributo critico apparso sul programma di sala di La vera storia, teatro alla Scala, stagione 1981–82, Milano 1982, 51–60; Massimo Mila: Luciano Berio trovatore alla Scala, 61f.; Michelangelo Zurletti: Opera, nostra prigione quotidiana, 63–66; Leonardo Pinzauti: Berio tra musica e teatro, 66–68; Rubens Tedeschi: Millenni di piombo, 68–71; Lorenzo Arruga: Un Sessantotto di grigiastro colore, 71–73; Fedele d'Amico: Sarebbe questa la festa?, 73–76; Jaques Lonchampt: All'indomani della festa, 76–77; Claude Samuel: Berio, testa o croce, 77–80; Rita Guerricchio: L'opera non muore. A colloquio con il regista Lluis [sic] Pasqual, 81–88.

SMITH-BRINDLE, REGINALD: Italy [Luciano Berio], in: The musical quarterly, 1958, Heft 1 (Jan.), 95–101.

STACEY, PETER: Contemporary tendencies in the relationship of music and text with special reference to Pli selon Pli (Boulez) and Laborintus II (Berio), New York, London 1989.

STOIANOVA, IVANKA: Verbe et son »centre et absence« sur Cummings ist der Dichter de Boulez, O King de Berio et Für Stimmen ... Missa est de Schnebel, in: Musique en jeu I, 1974, Heft 16 (Nov.), 79–102.

STOIANOVA, IVANKA: Berio. O King, in: Geste, texte, musique, Paris 1978, 168–173.

STOIANOVA, IVANKA: Les dix jours de Luciano Berio, in: Libération, 22.10.1979.

STOIANOVA, IVANKA: Les voies de la voix, in: Traverses. La voix l'écoute. Revue trimestrielle du Centre de création industrielle. Centre Georges Pompidou, 1980, Heft 20 (Nov.), 108–118.

STOIANOVA, IVANKA: Über die Brechtschen Prinzipien der Operndramaturgie bei Luciano Berio. Musikalische Erzähltechnik und zeitgenössisches episches Theater, in: Bericht über den Internationalen Musikwissenschaftlichen Kongreß Bayreuth 1981, hg. v. Gesellschaft für Musikforschung, Kassel u.a. 1984, 520–527.

STOIANOVA, IVANKA: Luciano Berio. Chemins en musique, Paris 1985.

STOIANOVA, IVANKA: Transkriptionen von Volksliedern. Voci von Luciano Berio, in: Musik-Texte, 1987, Heft 19, 41–43.

STROBEL, UTA: Luciano Berio. Ein Bestandsverzeichnis der Öffentlichen Musikbibliotheken in der Bundesrepublik Deutschland, in: Forum Musikbibliothek. Beiträge und Informationen aus der musikbibliothekarischen Praxis, Berlin 1990, Heft 2, 140–150.

STUCKENSCHMIDT, HANS HEINZ: Ernest Bour in der Berliner Philharmonie gefeiert, in: Melos, 1971, Heft 4, 149.

STUCKENSCHMIDT, HANS HEINZ: Musik des 20. Jahrhunderts [Luciano Berio], München 1979, 225ff.
TABOURET, JEAN: Succession et simultanéité dans la conception de l'œuvre musicale. Les deux versions de O King de Luciano Berio, Paris 1994.
TARASTI, EERO: Luciano Berion haastattelu, Helsinki Biennalen yhteydessä Luciano Berio ja Eero Tarasti keskutelivat julkisesti Yliopiston, in: Musiikkitiede, 1992, Heft 2, 1–18.
TASSONE, PASQUALE: The musical language in Luciano Berio's »Points on the curve to find...« with String quartet No. 1, University of Texas at Austin, Ann Arbor (diss.) 1988.
TG [Kürzel]: Luciano Berio. Laborintus 2, in: Melos, 1971, Heft 6, 264.
THIBAUDEAU, JEAN: Entretien Luciano Berio, in: AA. VV. La musique en projet, Paris 1975, 169–172.
TRÜMPY, BALZ: Pensées sur la musique de Luciano Berio, in: Musique en jeu, 1978, Heft 33 (Nov.), 128–130.
TRÜMPY, BALZ: Sequenza VIII, in: Chigiana, 1981, ohne Heftnummer, 25–40.
UFFICIO STAMPA DELLA BIENNALE DI VENEZIA (Hg.): Luciano Berio. Serenata I. Opus Number Zoo. Différences. Recital I (for Cathy), in: La Biennale di Venezia. 35. Festival internazionale di musica contemporanea, Venezia, 7.–18.9.1972.
UNIVERSAL EDITION (Hg.): Luciano Berio. Werke im Katalog der Universal Edition, Wien, s.a.
USHER, NANCY: Luciano Berio, Sequenza VI for viola solo, in: Perspectives of new music, 1982–83, Heft 21, 286–293.
VANNUCCI, ANDREA: L'histoire vraie de Luciano Berio. Les temps modernes, in: Classic, 1991, Heft 4 (Jan.), 55–57.
VARGA BÁLINT, ANDRÁS: Beszélgetések Luciano Berióval, Budapest 1981.
VERMEULEN, ERNST: Berio stand im Mittelpunkt des Holland-Festivals, in: Melos, 1972, Heft 6 (Nov./Dez.), 371–374.
VIGNAL, M./CONDÉ, G. u.a. (Hgg.): Musica 85, in: Le monde de la musique, 1985, Heft 81 (Sept.), I–XIV.
WALTHER, EDITH: Dialogue avec Luciano Berio, in: Harmonie, Paris 1976, Heft Mai, 43–46.
WARNIER, ALBERT: La Sequenza VIII pour violon seul de Luciano Berio, in: Orphée apprenti, 1992, Heft 12 (Febr.), 76–80.
WEISSMANN, JOHN: Current chronicle. Italy [Luciano Berio], in: The musical quarterly, 1964, Heft 2 (Apr.), 243–250.
WEISSMANN, JOHN: Berio e Boulez a Londra, in: Musica d'oggi, 1964, Heft 7, 77.
ZIMMERLIN, ALFRED: Von der Partitur zur Choreographie. Compass. Berios Auftragswerk für das Opernhaus Zürich, in: Neue Zürcher Zeitung, 11./12.3.1995.

Filme

BERIO, LUCIANO: C'è musica e musica (Fernsehreihe), 12 Sendungen, Regie: Vittoria Ottolenghi, RAI, Milano 1971–72.
HEG, HANS/GIJN, VAN RENE: Zurück zu Maderna, NOS, ohne Ort, 1983.
POLITI, EDNA: Luciano Berio. Folklore privé. Contrechamps TRS, Paris 1986.
MILLE, OLIVIER: A propos d'un portrait. Luciano Berio. Artline Film, La Sept., Paris 1991.

Rundfunk-Features[4]

2.3.1988	OU IL EST QUESTION DE LA BOHEME, Radio France, Redakteur: M. Clary, Band 87M1397A114.
14.5.1988	LE BON PLAISIR DE … VALERIO ADAMI, Radio France, Redakteur: J. Daire, Band 88C3335A017.
16.6.1988	LA VOIX DANS TOUS SES ETATS, Radio France, Redakteur: M. Clary, Band 88M1397S151.
23.7.1988	CARNET DE NOTES, Radio France, Redakteur: P. Bouteiller, Band 88M1319S028.
31.12.1988	CARNET DE NOTES, Radio France, Redakteur: P. Bouteiller, Band 88M1319S048.
26.12.1989	POUR EN FINIR AVEC LE BICENTENAIRE, Radio France, Redakteur: S. Barrouyer, P. de La Croix, Band 89C3512S237.
31.12.1991	LA MUSIQUE MANDIQUE, Radio France, Redakteur: K. Mansila, ohne Bandnummer.
2.2.1991	DESACCORD PARFAIT, Radio France, Redakteur: J. M. Damian, Band 91M1338A005.
4.3.1991	EUPHONIA. LES 5 SENS: LA VUE, Radio France, Redakteur: R. Stricker, Band 91C3512S0044.
6.3.1991	EUPHONIA. LES 5 SENS: L'OUIE, Radio France, Redakteur: R. Stricker, Band 91C3512S0046.
7.3.1991	EUPHONIA. LES 5 SENS: L'ODORAT, Radio France, Redakteur: R. Stricker, Band 91C3512S0047.
12.1.1992	EUPHONIA. MUSIQUE E POLITIQUE, Radio France, Redakteur: G. Gromer, Band 92C3512S014.
17.9.1992	MUSICOMANIA, Radio France, Redakteur: F. Malettra, Band 92C3341SA033.
31.3.1993	AUTO-PORTRAIT, Radio France, Redakteur: S. Goldet, Band 93M1771EA004

---

4 Die Aufstellung enthält lediglich Sendungen, in denen Berio persönlich zu Wort kommt (reine Musik-Portraits ausgenommen). Darüber hinaus existiert ein geradezu unübersehbares Konvolut an Features und O-Tönen, die insbesondere auf Berios Zeit als Rundfunkredakteur bei der RAI Milano zurückreichen.

15.4.1994	LA LOI ET SA TRANSGRESSION DANS LA MUSIQUE, Radio France, Redakteur: D. Disse, Band 94C3512SO19.
15.3.1995	DEPECHE-NOTES, Radio France, Redakteur: F. Castang, M. Larivière, S. Haik, Band 95M1682EA074.
16.3.1995	MUSICOMANIA, Radio France, Redakteur: F. Malettra, Band 95P3341SA0011.
16.6.1995	MUSICOMANIA, Radio France, Redakteur: F. Malettra, Band 95P3341SA024.
26.10.1995	MUSICOMANIA, Radio France, Redakteur: F. Malettra, Band 95P3341SA036.
15.6.1996	LE BON PLAISIR DE ... LUCIANO BERIO, Radio France, Redakteur: F. Malettra, Band 95C3335EA038.

Sonstige verwendete Materialien

Literatur

ABRAHAM, WERNER (Hg.): Terminologie der neueren Linguistik, Tübingen 1974.
ADORNO, THEODOR W.: Musikalische Schriften I–III (= Gesammelte Schriften, hg. v. Rolf Tiedemann u.a., Bd. 16), Frankfurt a. M. 1990.
ADORNO, THEODOR W.: Einleitung in die Musiksoziologie, Frankfurt a. M. 1992.
ARENS, HANS: Sprachwissenschaft. Der Gang ihrer Entwicklung von der Antike bis zur Gegenwart, Bd. 2, Das 20. Jahrhundert, Freiburg, München 1969.
BARTHES, ROLAND: Mythen des Alltags, Frankfurt a. M. 1976.
BLUM, DAVID (Hg.): Die Kunst des Quartettspiels. Das Guarneri-Quartett im Gespräch mit David Blum, Kassel 1988.
BOEHMER, KONRAD: Zur Theorie der offenen Form in der neuen Musik, Darmstadt 1988.
BOEHMER, KONRAD: Das böse Ohr. Texte zur Musik 1961-1991, hg. v. Burkhardt Söll, Köln 1993.
BORIO, GIANMARIO: Italienische Musik der 1950er Jahre, SFB 3 (Radio-Feature), 4. und 6.12.91, 22.30–23.00 Uhr.
BORIO, GIANMARIO: Musikalische Avantgarde um 1960. Entwurf einer Theorie der informellen Musik (= Freiburger Beiträge zur Musikwissenschaft, hg. v. Hermann Danuser, Bd. 1), Laaber 1993.
BOULEZ, PIERRE: Musikdenken heute 1 und 2 (= Darmstädter Beiträge zur Neuen Musik V und VI, hg. v. Ernst Thomas), Mainz 1963 bzw. 1965.
BOULEZ, PIERRE: Anhaltspunkte. Essays, Kassel 1975.
DAHLHAUS, CARL: Die Idee der absoluten Musik, Kassel 1978.
DAHLHAUS, CARL: Die Neue Musik und das Problem der musikalischen Gattungen, in: Schönberg und andere. Gesammelte Aufsätze zur Neuen Musik, Mainz 1978, 72–82, darin auch: Form, 343–357.
DAHLHAUS, CARL: Die Musik der fünfziger Jahre. Versuch einer Revision (= Veröffentlichungen des Instituts für Neue Musik und Musikerziehung Darmstadt, Bd. 26), Mainz 1985.
DAHLHAUS, CARL: Die Musik des 18. Jahrhunderts (= Neues Handbuch der Musikwissenschaft, hg. v. Carl Dahlhaus, Bd. 5), Laaber 1985.
DAHLHAUS, CARL: Musikästhetik, Laaber 1986.
DANUSER, HERMANN: Die Musik des 20. Jahrhunderts (= Neues Handbuch der Musikwissenschaft, hg. v. Carl Dahlhaus, Bd. 7), Laaber 1984.
DARHEN, ANDREW: Lenox Quartet, in: High fidelity and musical america. The journal of classical music, hg. v. Charles B. Fowler a.o., Great Barrington/Mass., April 1979, 18.
ECO, UMBERTO: Apokalyptiker und Integrierte. Zur kritischen Kritik der Massenkultur, Frankfurt a. M. 1987.
ECO, UMBERTO: Im Labyrinth der Vernunft. Texte über Kunst und Zeichen, hg. v. Michael Franz und Stefan Richter, Leipzig 1989.
ECO, UMBERTO: Lingua Sancta Babylon. Von der Suche nach der vollkommenen Sprache, in: Lettre International. Europas Kulturzeitung, 1994, Heft 24, 28–33.

ECO, UMBERTO: Das offene Kunstwerk, Frankfurt a. M. 1996.
FINSCHER, LUDWIG: Streichquartett [Stichwort]: in: Die Musik in Geschichte und Gegenwart hg. v. Friedrich Blume u.a., Bd. 12, Kassel 1965, Spalte 1559–1601.
FINSCHER, LUDWIG: Studien zur Geschichte des Streichquartetts I. Die Entstehung des klassischen Streichquartetts. Von den Vorformen zur Grundlegung durch Haydn (= Saarbrücker Studien zur Musikwissenschaft, hg. v. Walter Wiora, Bd. 3), Kassel 1974.
FUNK, VERA: Klavierkammermusik mit Bläsern und Streichern in der 2. Hälfte des 18. Jahrhunderts (= Detmold-Paderborner Beiträge zur Musikwissenschaft, hg. v. Gerhard Allroggen und Silke Leopold, Bd. 5), Kassel 1995.
GRIFFITH, PAUL: The string quartet, Bath 1983.
KONOLD, WULF: Das Streichquartett. Von den Anfängen bis Franz Schubert (= Taschenbücher zur Musikwissenschaft, hg. v. Richard Schaal, Bd. 71), Wilhelmshaven 1980.
KOSTELANETZ, RICHARD: John Cage im Gespräch zu Musik, Kunst und geistigen Fragen unserer Zeit, Köln 1989.
KRAMARZ, JOACHIM: Das Streichquartett (= Martens-Münnich Beiträge zur Schulmusik, hg. v. Wilhelm Drangmeister und Hans Fischer, Heft 9), Wolfenbüttel 1961.
KÜHN, CLEMENS: Form [Stichwort], in: Die Musik in Geschichte und Gegenwart. Allgemeine Enzyklopädie der Musik, begr. v. Friedrich Blume, zweite, neubearbeitete Auflage, hg. v. Ludwig Finscher, Sachteil, Bd. 3, Kassel, Stuttgart 1995, Spalte 607–642.
LACHENMANN, HELMUT: Die gefährdete Kommunikation. Gedanken und Praktiken eines Komponisten, in: Musica, Heft 3, 1974, 228–230.
LACHENMANN, HELMUT: Vier Grundbestimmungen des Musikhörens, in: Neuland. Ansätze zur Musik der Gegenwart, hg. v. Herbert Henck, Bd. 1, Köln 1980, 66–75.
LACHENMANN, HELMUT: Hören ist wehrlos ohne Hören, in: MusikTexte, 1985, Heft 10, 8.
LÉVI-STRAUSS, CLAUDE: Mythologica I. Das Rohe und das Gekochte, Frankfurt a. M. 1990.
LEWANDOWSKI, THEODOR: Synchronie [Stichwort], in: Linguistisches Wörterbuch, Bd. 3, hg. v. id., Heidelberg 1990, 1123.
LIGETI, GYÖRGY: Pierre Boulez. Entscheidung und Automatik in der Structure Ia, in: Die Reihe. Informationen über serielle Musik, hg. v. Herbert Eimert unter Mitarbeit von Karlheinz Stockhausen, Bd. 4, junge Komponisten, Wien 1958, 38–63.
LUTOSŁAWSKI, WITOLD: Über das Element des Zufalls, in: Melos, Heft 11, 1969, 457–460.
MYERS, DANIEL (Hg.): Chamber music America, membership directory, New York 1991.
NOHL, LUDWIG: Die geschichtliche Entwicklung der Kammermusik und ihre Bedeutung für den Musiker (Nachdruck von 1885), Wiesbaden 1969.
POUSSEUR, HENRI: Zur Methodik, in: Die Reihe. Informationen über serielle Musik, hg. v. Herbert Eimert unter Mitarbeit von Karlheinz Stockhausen, Bd. 3, Musikalisches Handwerk, Wien 1957, 46–88.
POUSSEUR, HENRI: Analyse und Interpretation, in: MuB, Heft 10, 1969, 459–460.
POUSSEUR, HENRI: La musica elettronica, Milano 1976.
POUSSEUR, HENRI: Sviluppi, in: Musica elettronica, testi scelti e commentati da Henri Pousseur, Milano 1976, 120–124.
RATZ, ERWIN: Einführung in die musikalische Formenlehre. Über Formprinzipien in den Inventionen und Fugen J. S. Bachs und ihre Bedeutung für die Kompositionstechnik Beethovens, Wien 1973.
SAUSSURE, FERDINAND DE: Cours de linguistique générale (1916), krit. Ausgabe, hg. v. R. Engler, Wiesbaden 1967, dt.: Grundfragen der allgemeinen Sprachwissenschaft, hg. v. Peter von Polenz, Berlin 1967.

SCHALZ, NICOLAS: Nach Luigi Nono. Überlegungen vor dem Hören von Streichquartetten der 80er Jahre, in: Mozart-Moderne. Musik der 80er Jahre für Streichquartett. Texte zur Konzertreihe des Nomos-Quartetts im Kleinen Sendesaal des NDR Hannover, hg. v. Hans-Ulrich Schäfer, Hannover 1991, 13–18.

SCHALZ, NICOLAS: Nach Luigi Nono. Streichquartette der 80er Jahre, in: »... mit innigster Empfindung«. JETZT das Streichquartett. Reader zur gleichnamigen Tagung vom 22.–24. März 1991 im Theater am Leibnizplatz Bremen, hg. v. projektgruppe neue musik (ohne Einzelherausgeber), 35–45.

SCHICK, HARTMUT: Studien zu Dvořáks Streichquartetten (= Neue Heidelberger Studien zur Musikwissenschaft, hg. v. Ludwig Finscher und Reinhold Hammerstein, Bd. 17), Laaber 1990.

SCHWINDT-GROSS, NICOLE: Drama und Diskurs. Zur Beziehung zwischen Satztechnik und motivischem Prozeß am Beispiel der durchbrochenen Arbeit in den Streichquartetten Mozarts und Haydns (= Neue Heidelberger Studien zur Musikwissenschaft, hg. v. Ludwig Finscher und Reinhold Hammerstein, Bd. 15), Laaber 1989.

SPAHLINGER, MATHIAS: Gegen die postmoderne Mode. Zwölf Charakteristika der Musik des 20. Jahrhunderts, in: »... mit innigster Empfindung«. JETZT das Streichquartett. Reader zur gleichnamigen Tagung vom 22.–24. März 1991 im Theater am Leibnizplatz Bremen, hg. v. projektgruppe neue musik (ohne Einzelherausgeber), 11–19.

STAHMER, KLAUS: Anmerkungen zur Streichquartettkomposition seit 1945, in: Hamburger Jahrbuch für Musikwissenschaft, Bd. 4. Zur Musik des 20. Jahrhunderts, hg. v. Constantin Floros, Hans Joachim Marx und Peter Petersen, Hamburg 1980, 7–32.

STAMMERJOHANN, HARRO: Handbuch der Linguistik. Allgemeine und angewandte Sprachwissenschaft, München 1975.

STEINECKE, WOLFGANG (Hg.): Darmstädter Beiträge zur Neuen Musik, 3 Bd., Mainz 1958, 1959, 1960.

STOCKHAUSEN, KARLHEINZ: Texte zur elektronischen und instrumentalen Musik, Bd. I. Aufsätze 1952–1962 zur Theorie des Komponierens, hg. v. Dieter Schnebel, Köln 1963.

STOCKHAUSEN, KARLHEINZ: Texte zu eigenen Werken. Zur Kunst anderer. Aktuelles, Bd. 2, Aufsätze 1952–1962 zur musikalischen Praxis, hg. v. Dieter Schnebel, Köln 1975.

STOCKHAUSEN, KARLHEINZ: »... wie die Zeit verging ... « (= Musik-Konzepte, hg. v. Heinz-Klaus Metzger und Rainer Riehn, Bd. 19), München 1981.

STOCKHAUSEN, KARLHEINZ: Figurentypologie, Handout im Rahmen der Darmstädter Ferienkurse für Neue Musik 1996, unveröffentl., Mss.

THOMAS, ERNST (Hg.): Darmstädter Beiträge zur Neuen Musik IV, 1961, Mainz 1962.

THOMAS, ERNST (Hg.): Form in der Neuen Musik (= Darmstädter Beiträge zur Neuen Musik X, 1961), Mainz 1966.

TILMOUTH, MICHAEL: Streichquartett [Stichwort], in: The New Grove Dictionary of Music and Musicians, hg. v. Stanley Sadie, Bd. 18, London 1980, 276–287.

UNVERRICHT, HUBERT: Kammermusik im 20. Jahrhundert. Zum Bedeutungswandel des Begriffs, München 1983.

WEHNERT, MARTIN: Thema und Motiv [Stichwort], in: Die Musik in Geschichte und Gegenwart. Allgemeine Enzyklopädie der Musik, hg. v. Friedrich Blume, zweite, neubearbeitete Auflage, hg. v. Ludwig Finscher, Sachteil, Bd. 13, Kassel 1995, Spalte 282–311.

ZENCK, MARTIN: Der Garten der Pfade, die sich verzweigten. Komponieren von Streichquartetten im 20. Jahrhundert, in: Die Befreiung der Musik. Eine Einführung in die Musik des 20. Jahrhunderts, hg. v. Franz Xaver Ohnesorg, s.a., 188–207.

ZENCK, MARTIN: Nach Nonos Quartett. Vortrag vom 22.3.1991 bei der Tagung »... mit innigster Empfindung«. JETZT das Streichquartett in Bremen, unveröffentl., Mss.

Musikalien (Berio)[5]

ALLELUJAH I (1956) für Orchester, Skizzen (PSS), 142-0389ff.
BRIN (1990) für Klavier (UE), Nr. 19591.
CIRCLES (1960) für Frauenstimme, Harfe und 2 Schlagzeugspieler, Partitur (UE), Nr. 13231, Skizzen (PSS), 143-0149ff.
DIFFÉRENCE (1958) für fünf Instrumente und Tonband, Skizzen (PSS),143-0608ff.
DUE PEZZI (1951) für Violine und Klavier, Partitur (SZ), 5081.
FOLK SONGS (1963/64) für Mezzosopran und sieben Instrumente, Partitur, Version 1 (UE), Nr. 13717.
GLOSSE (1997) für Streichquartett Partitur (UE), Nr. 546
NONES (1954) per orchestra, Partitur (SZ), 5203.
NOTTURNO (QUARTETTO III) (1986/93) Partitur (UE), Nr. 30134.
O KING (1968) für Stimme und 5 Instrumente, Partitur (UE), Nr. 13781, Skizzen (PSS), 144-0671ff.
QUARTETTO PER ARCHI (1956) Partitur (SZ), 5283, Stimmen (SZ) 5284.
SEQUENZA I (1958) für Flöte (SZ), 5531 Z.
SEQUENZA II (1963) für Harfe (UE), Nr. 18101.
SEQUENZA III (1966) für Stimme solo (UE), Nr. 13723.
SEQUENZA IV (1966) für Klavier (UE), Nr. 13137.
SEQUENZA V (1966) für Posaune (UE), Nr. 13725.
SEQUENZA VI (1967) für Viola (UE), Nr. 13726.
SEQUENZA VII (1969) für Oboe (UE), Nr. 13754.
SERENATA I (1957) per flauto e 14 strumenti, Partitur (SZ), 5424.
SINCRONIE (1963/64) Partitur, 1. Ausgabe (UE), Nr. 13790 Mi; 2., revidierte Ausgabe, ebd., Nr. 13790 Mi; Stimmen: ebd., Nr. 13791, Skizzen (PSS), 146-0462 bis 146-0474 sowie 142-0277, Korrespondenz im Besitz der Universal Edition Wien, der Paul Sacher Stiftung Basel und des Grinnell College Iowa (vgl. auch S. 23f.).
SINFONIA (1968/69) für acht Singstimmen und Orchester, Partitur (UE), Nr. 13783.
STUDY (1952, rev. 1985) for string quartett, Partitur (RCA), CLF 9025, Skizzen (PSS), 146-0533ff.
TEMPI CONCERTATI (1964) per flauto principale, violino, due pianoforti ed altri strumenti, Partitur (UE), Nr. 13205, Skizzen (PSS), 146-0573ff.
THEMA (OMAGGIO A JOYCE) (1958) Elektronische Musik (Tonband) (SZ), 5993.
PSS 142-0245 bis 142-0272, Nicht identifizierte Skizzen.
PSS 142-0273 bis 142-0286, Nicht verwendete Skizzen.

---

[5] Die Jahreszahlen richten sich hier nach den entsprechenden Angaben in der Druckfassung. Abweichungen zu den Angaben im Werkverzeichnis (vgl. S. 169–181) ergeben sich, wenn Berio den Entstehungszeitraum eines Werkes im Zuge seiner Drucklegung noch einmal zusammengefaßt hat. Die Numerierung der Verlagsausgaben unterliegt den Praktiken der einzelnen Verlage (zur Abkürzung der Verlage siehe Vorspann). Die unter PSS angegebenen Signaturen beziehen sich auf unveröffentlichte Materialien der Paul Sacher Stiftung.

Charlotte Seither

Bei Bärenreiter erschienene Werke:

»… im Umgang mit Ton und Wort versucht Charlotte Seither neuartige ungeahnte Klangfärbungen aufzuspüren und in ihren Schattierungen minutiös festzulegen. Gerade im Hineinhorchen in die Schwingungen jenseits des Wahrnehmbaren und Fassbaren liegt die Bestimmung dieser Musik, von dort erhält sie ihre Kraft und Originalität.«

Aribert Reimann, Laudatio zur Verleihung des Wilfried-Steinbrenner-Stipendiums an Charlotte Seither, Berlin 1995

Fragen Sie auch nach dem Werkverzeichnis »Charlotte Seither«

Bühnenwerk

anderes/selbst
Oper für Sopran, Mezzo, Bariton, 16st gemischten Chor und 16 Instrumentalisten nach einem Entwurf von Charlotte Seither und Christoph Ernst (1998/2000). BA 7702

Orchester- und Ensemblewerke

L'uno dall'altro
für kleines Orchester (1993). BA 7395

objet diaphane
Kammersinfonie für 13 Instrumente (1993). BA 7391

Kammermusik

Playing both ends towards the middle
für Violine und Violoncello (2000). BA 7791

merging strain
für Violoncello (1999). BA 7790

Peser ses mots
für Kontrabassblockflöte/Bassblockflöte, Bassklarinette/B-Klarinette, Klavier, Schlagzeug, Violoncello und Kontrabass (1997). BA 7476

Coq-à-l'âne
für drei Spieler mit sound producing objects (1997). BA 7474

Alleanza d'archi
für Violine, Viola und Violoncello (1996). BA 7471

Klang und Schwebung
für Klavier (1996). BA 7462

Champlève
für Violine, Violoncello und Klavier (1994). BA 7466

Frames and fingers
für drei Schlagzeuger (1992). BA 7475

Vokalwerke

Monad's face
für Sopran, Klarinette und Violoncello (1997). BA 7473

Sieben Verlautbarungen
für Männerstimme und Inside-Piano (1997). BA 7493

Waters, earth and air
für Frauenstimme, Bassflöte, Bassklarinette, Klavier und zwei Schlagzeuger (1997). BA 7472

Waters, earth and air
für Frauenstimme, Bassflöte, Akkordeon und Schlagzeug (1997). BA 7465

Liquid desires
für Sopran, Flöte, zwei Schlagzeuger und Violoncello (1993). BA 7492

Fra l'altro
für Kammerchor zu zehn Stimmen (1991). BA 7463

Bärenreiter

http://www.baerenreiter.com